전면개정판

영상미디어와 사회

이 도서의 국립중앙도서관 출판예정도서목록(CIP)은 서지정보유통지원시스템 홈페이지(http://seoji.nl.go.kr)와
국가자료종합목록 구축시스템(http://kolis-net.nl.go.kr)에서 이용하실 수 있습니다.
CIP제어번호: CIP2020008641(양장), CIP2020008643(무선)

전 면 개 정 판

영상미디어와 사회

주형일 지음

한울
아카데미

  영상은 규정하기 어려운 단어이다. 영상은 시각을 자극하는 원인이면서
시각에 의해 지각된 내용이고 동시에 시각과 무관하게 두뇌 활동에 의해
생산되는 것이기도 하다. 그런 점에서 영상은 미디어이자 메시지이다. 영
상을 미디어라는 관점에서 접근하면, 영상이 가진 고유한 물질적 속성이나
기술적 특징 등을 고려하게 된다. 영상을 메시지라는 관점에서 접근하면,
영상이 의미를 생산하고 담아내는 기호적 관계를 분석하게 된다. 우리는
어떤 관점을 취하느냐에 따라 영상미디어라는 말을 사용하기도 하고 영상
기호라는 표현을 쓰기도 한다.

  어떤 사람들은 미디어와 기호를 특별히 구분하지 않고 사용하기도 하고,
어떤 사람들은 미디어 안에 기호가 포함된다고 주장하거나 기호 안에 미디
어가 포함된다고 말하기도 한다. 왜냐하면 일반적으로 미디어는 메시지를
전달하는 수단이라고 정의되는데, 기호도 메시지를 전달하는 수단이라고
규정될 수 있기 때문이다.

  미디어에 대해서는 이 책의 본문에서 상세하게 다룰 것이기 때문에 여기
에서는 기호에 대해 간략히 언급하기로 하자. 미국의 철학자 찰스 퍼스
(Charles Peirce)는 기호를 "어떤 방식으로든 한 대상에 대한 정해진 개념을 알
려주는 모든 것"(Peirce, 1978: 116)이라고 규정했다. 대상에 대한 정해진 개념
을 알려주기 위해 기호는 의미를 생산하는 관계를 내포하고 있어야 한다. 그

래서 퍼스는 기호가 표상체(representamen), 대상체(object), 해석체(interpretant)라는 세 가지 요소의 삼원적 관계에 의해 의미를 생산한다고 봤다. 한편, 비슷한 시기에 기호에 대해 연구한 스위스의 언어학자 페르디낭 드 소쉬르(Ferdinand de Saussure)는 기호가 기표(signifiant)와 기의(signifié)라는 두 가지 요소의 이원적 관계에 의해 의미를 생산한다고 주장했다. 따라서 우리가 미디어와 기호를 엄밀히 구분한다면, 미디어는 메시지를 전달하는 수단이고, 기호는 메시지를 생산하는 관계라고 볼 수 있다. 이러한 정의에 따른다면, 미디어는 기호적 관계가 작동할 수 있는 물질적 기반을 구성한다.

소쉬르와 퍼스의 기호 개념을 살펴보면, 기호의 물질적 존재 기반으로서의 미디어는 언급되지 않는다. 소쉬르의 기호 개념 중에서 우리가 흔히 기호의 물질적 측면이라고 이해하고 있는 기표도 물리적 실체가 있는 것이 아니라 물리적 실체에 의해 유발된 심리적 흔적이다. 예를 들어, 소쉬르는 언어 기호를 설명하면서 언어 기호의 기표인 청각 영상(image acoustique)은 "순전히 물리적 사물인 실체적 소리가 아니라, 그 소리의 정신적 흔적, 즉 감각이 우리에게 증언해 주는 소리의 재현"(Saussure, 1972: 98)이라고 말한다. 다시 말해, 기표는 물리적 속성을 가진 미디어가 아니라 물리적 속성을 가진 외부 자극에 의해 우리의 정신 속에 생겨나는 심리적인 영상이다.

한편, 퍼스는 주체에게 대상에 대한 어떤 정보를 제공하는 모든 것을 기호라고 규정한다. 퍼스에게는 세상에 존재하는 모든 것이 기호가 될 수 있다. 이러한 이유로 퍼스에게 중요했던 것은 기호 자체에 대해 정의를 내리고 그것을 설명하는 것이 아니라 기호가 어떤 관계 속에서 어떤 방식으로 존재하는지를 밝히는 것이었다. 소쉬르와 달리 퍼스는 기호 내부의 구조적 관계를 밝히기보다는 기호(표상체)와 기호가 지칭하는 대상(대상체), 기호와 그 대상 사이의 관계를 보여주는 규칙(해석체)들이 맺는 삼원적 관계를 통해 기호의 존재 양식과 의미 작용을 설명하려 했다.

물론 소쉬르나 퍼스 그리고 다른 많은 기호학 연구자들이 물리적 실체로서 기호가 가진 특성을 완전히 간과한 것은 아니다. 사실, 기호가 어떤 의미를 생산해 내기 위해서는 주체에 의해 지각돼야 한다. 즉, 기호는 특정한 물리적 속성이 있어야 한다. 하지만 기호가 가진 물리적 속성이 기호의 의미 생산 과정에서 중요한 역할을 담당하는 것으로 여겨지지는 않는다. 기호의 의미 생산 과정에서 중요한 역할을 하는 것은 특정 기호가 가진 특정한 물리적 속성이 아니라 기호적 관계 안에서 발견되는 대상 또는 해석자와의 관계이다. 바로 이러한 이유로 기호에 대한 개념이나 이론적 틀이 다양한 물리적 속성들을 가진 기호들에 일률적으로 적용될 수 있다. 우리는 기표, 기의, 형태소, 의미소, 환유, 은유, 표상체, 대상체, 해석체 등과 같은 기호 일반에 대한 이론적 틀을 말, 문자, 그림, 사진, 영화 등과 같이 서로 다른 물리적 속성을 가진 다양한 유형의 기호에 적용해 그들의 의미 생산 과정을 분석할 수 있다. 기호의 관점에서 영상이 어떻게 의미를 생산하고 전달하는지와 관련해서는 다른 책 『영상커뮤니케이션과 기호학』을 참조하면 좋을 것이다.

이 책은 영상 기호의 의미 생산 과정이 아니라 미디어로서의 영상이 어떻게 발명됐고, 어떤 방식으로 사회적으로 이용되고 있으며, 영상미디어의 존재와 사용이 발생시키는 효과는 무엇인지에 대해 말하고자 한다. 미디어는 메시지를 담아내는 그릇이기 때문에 미디어가 어떤 물리적 속성이 있는지는 미디어가 전달하는 메시지의 해석과 수용에 큰 영향을 미친다. 예를 들어 그림과 사진은 다른 방식으로 의미를 생산하며, 동일한 사진도 그것이 일반적인 인화지를 통해 전달되는 것과 포스터, 잡지, 신문을 통해 전달되는 것, 전자 디스플레이장치를 통해 전달되는 것 등은 사진의 메시지에 대한 각기 다른 해석과 수용, 효과를 초래할 수 있다.

기호의 관점에서 영상에 접근하면, 다양한 영상미디어가 가진 기술적 속성의 차이에 크게 신경 쓰지 않고 영상을 통해 어떤 방식으로 의미가 만들어지고 전달되는지 분석할 수 있다. 하지만 미디어의 관점에서 영상에 접근하면, 다양한 종류의 영상미디어가 가진 기술적 속성의 차이가 사회문화적 환경과 어떤 관계를 맺는지 분석하게 된다. 특정한 영상미디어의 기술적 속성이 특정한 사회문화적 태도를 만들어낼 수 있다. 반대로 특정한 사회문화적 환경이 특정한 영상미디어의 발명을 초래할 수도 있다.

독자들은 이 책을 읽으면서 영상과 미디어의 개념에 대해 정리할 수 있는 시간을 가질 수 있다. 특히 인간의 육체가 최초의 영상미디어로서 어떻게 활용되는지를 비판적으로 생각할 기회가 될 것이다. 이 책은 영상미디어를 근원적인 기술적 특성에 따라 크게 세 가지 유형으로 구분한 뒤, 그림에서부터 시작해 판화, 만화, 사진, 영화, 텔레비전, 비디오, CGI에 이르는 대표적인 영상미디어들의 발명과 발달 과정 그리고 사회문화적 효과에 대해 기술할 것이다.

이 책은 2004년에 출간된 『영상매체와 사회』의 전면개정판이다. 많은 내용을 첨가하고 내용을 대폭 수정했다. 기술이 발전하고 사회가 변화함에 따라 끊임없이 새로운 영상미디어들이 만들어지고 있으며, 영상미디어를 사용하는 방식도 계속 새로워지고 있다. 새로운 영상미디어의 등장과 영상미디어를 사용하는 새로운 방식의 창조는 사회의 모습과 문화의 전경을 쉴 새 없이 변화시키고 있다. 이 책이 전하는 영상미디어에 대한 이야기도 곧 낡은 것이 될 수 있다. 하지만 영상미디어의 발달과 사용을 사회문화적 요인과 결부해 보고자 하는 이 책의 관점은 한동안 유효할 것이다. 영상문화의 시대를 살고 있는 우리가 일상생활 속에서 접하고 이용하는 영상미디어에 대한 비판적 시각을 유지하는 데 이 책이 도움이 되기를 바란다.

1장

영상과 미디어

1 | 영상의 개념

국어사전을 찾아보면 영상(映像)에는 세 가지 의미가 있다. 첫 번째 의미는 빛의 굴절이나 반사 등에 의해 이루어진 물체의 상(像), 두 번째 의미는 머릿속에서 그려지는 모습이나 광경, 세 번째 의미는 영사막이나 브라운관, 모니터 따위에 비친 상이다. 중국어 사전에서 영상은 두 가지 의미를 가진 단어로 소개된다. 하나는 빛의 굴절이나 반사효과로 나타나는 물체의 상, 다른 하나는 사람의 머릿속에 나타나는 사물의 상이다. 일본어 사전에서 영상은 우리 사전과 동일하게 세 가지 의미가 있다.

한국, 중국, 일본에서 영상은 모두 빛의 굴절이나 반사에 의해 나타나는 상이라는 공통의 의미를 가진 단어이다. 하지만 일상적인 용법에서는 국가에 따라 주로 통용되는 영상의 의미가 다르다. 일본어의 경우에는 사람 머릿속에 나타나는 사물의 상을 의미할 때는 보통 외래어인 イメージ(image)를 사용하기 때문에 영상은 영화, 텔레비전, 비디오 등에서 나타나는 화면의 상을 일컫는 경우가 많다. 반면에 중국어에서 영상은 어떤 대상에 대해 사람의 머릿속에 나타나는 상이라는 의미로 더 자주 사용된다. 한국어에서 영상은 중국보다는 일본의 용례에 가깝게 사용된다. 한국에서도 머릿속에 떠오르는 상을 의미할 때는 이미지라는 외래어를 사용한다. 그리고 일상적으로 영상이라고 하면 주로 사진, 영화, 텔레비전, 비디오 동영상 등을 의미한다.

영상에 해당하는 서양어는 image다. 이미지는 라틴어 imago(이마고)에서 유래한 단어로, 대상을 재현(representation)하는 상을 의미한다. 대상을 재현한다는 말은 대상을 다시 보여준다(re + present)는 의미다. 대상이 지금 여기에 없더라도 대상의 모습을 그대로 다시 보여주는 것이 바로 재현이다.

따라서 기본적으로 재현이란 대상의 모습을 유사하게 다시 보여주는 영상이다. 이와 같은 재현 영상은 그림, 사진, 영화 등과 같은 물질적 수단을 통해 얻어지는 상일 수도, 두뇌 활동을 통해 얻어지는 정신적 상일 수도 있다. 기본적으로 대상의 재현이라는 의미에서 출발한 image는 여러 가지 의미로 사용되는 다의적 단어다. 예를 들어 영어 사전에서 image는 국어사전에 표기된 영상의 세 가지 의미 외에도 개인·기관·사물이 가진 속성으로서의 인상이라는 의미, 그리고 은유의 의미를 가진 것으로 제시돼 있다. 프랑스어 사전에서 image는 이런 뜻 외에도 닮음이나 복사물이라는 뜻, 생각이라는 뜻도 표기돼 있다.

image가 워낙 다양한 의미를 갖고 있기 때문에 한국어로 번역될 때는 맥락에 따라 형상(形象 / 形像), 화상(畫像), 영상(影像 / 映像), 인상(印象), 심상(心象 / 心像) 등 여러 단어가 사용된다. 이런 여러 번역어 중에서 주로 사용되는 번역어는 영상이다. 하지만 영어 발음을 그대로 차용한 이미지라는 말을 쓰기도 한다. 앞에서 말했듯이, 한국의 일상생활에서 이미지는 머릿속에 떠오르는 상이라는 의미로 사용되지만 인터넷의 여러 포털 사이트에서 검색 카테고리로 사용되는 '이미지'라는 단어는 그림이나 사진 같은 정지 영상을 지칭한다. 이때 '이미지'는 '동영상'과는 구분되는 별도의 범주다.

한국에서는 빛의 굴절에 의해 나타나는 물체의 상을 의미하기 위해서는 형상이라는 단어를 사용하고 머릿속에 나타나는 상을 지시하기 위해서는 주로 이미지라는 단어를 사용하기 때문에 영상이라는 단어는 대개의 경우 그림, 사진, 영화, 텔레비전 등에서 보이는 상을 지시하기 위해 사용된다. 그리고 사진과 같은 정지된 영상 및 영화와 같은 움직이는 영상을 각각 영상과 동영상으로 구분해 부르기도 한다. 하지만 동시에 영상은 이 모든 종류의 상들을 총칭하는 단어이기도 하다. 사전에 표기된 영상의 의미가 다양한 것은 이 때문이다.

여러 사전에서 제시된 영상의 의미가 보여주듯이 영상은 물질적이면서 동시에 정신적인 것이며, 현실에 존재하는 것이면서 동시에 머릿속에 나타나는 것이다. 나타나는 양태가 어떻든 영상은 변하지 않는 본질적 속성을 갖고 있다. 그것은 바로 영상이 항상 어떤 사물의 상이라는 점이다. 영상은 정신적이든, 물질적이든, 실재적이든, 상상적이든 간에 항상 어떤 것의 상이라는 특성을 갖는다. 영상이 어떤 것의 상이라는 사실은 반드시 또 하나의 사실과 연관된다. 바로 영상을 인지하는 사람이 반드시 필요하다는 점이다. 영상을 인지하는 사람이 없다면 영상이 어떤 것의 상이라는 말은 아무런 의미가 없다. 결국, 영상은 영상이 재현하는 대상과 영상을 인지하는 주체를 필요로 한다. 영상은 영상을 지각하는 주체에게 영상이 재현하는 대상에 대해 알거나 식별하거나 생각할 수 있도록 한다. 영상은 주체와 대상이라는 두 존재와의 관계에서만 의미를 갖는다. 영상은 주체와 대상 사이에 위치하면서 그 둘을 연결시키고 의미를 발생시킨다. 바로 이런 점에서 영상은 단순한 현상이나 사물이 아니라 처음부터 커뮤니케이션(communication) 과정 안에만 존재하는 미디어가 된다.

영상은 재현할 대상이 없다면 존재할 수 없고, 지각하는 주체가 없다면 존재 의미가 없다. 영상은 기본적으로 대상에 대해 주체가 만들어내고 지각하는 상이다. 따라서 영상에 대해 알고자 한다면 우선 영상이 대상과 어떤 관계인지를 파악하고, 주체가 왜 영상을 만들어내며 그 영상을 어떻게 지각하는지 분석해야 한다. 영상은 대상과 주체를 매개하면서 주체가 대상에 의미를 부여하고 대상을 이해하는 방식을 보여준다.

2 | 미디어로서의 영상

미디어는 원래 medium의 복수형 명사다. medium은 중간이라는 뜻을 가진 라틴어 medius가 어원이다. 커뮤니케이션은 행위자들이 미디어를 통해 메시지를 공유하는 과정 혹은 현상이다. 커뮤니케이션 과정에 참여하는 행위자들의 중간에 위치해 그들의 메시지가 서로에게 전달될 수 있도록 매개하는 것이 바로 미디어다. 미디어가 커뮤니케이션 과정에서 메시지를 전달하고 공유하는 수단이라는 의미일 때는 단수 집합명사로 사용된다. 특히 신문, 잡지, 영화, 라디오, 텔레비전, 인터넷 등과 같이 사회적으로 널리 이용되는 매스커뮤니케이션 수단을 지칭할 때 미디어란 단어가 사용된다. 여러 매스미디어를 가리킬 때는 medias라는 복수 형태의 단어가 사용될 수도 있다. 한국에서는 일반적으로 매체로 번역되지만, 미디어라는 단어가 그대로 사용되는 경우도 많다. 영상과 이미지, 매체와 미디어의 경우에서 나타나는 것처럼 동일한 의미의 한국어와 외래어가 공존하면서 사용되는 것은 흥미로운 현상이다. 영상미디어, 영상매체, 이미지매체, 이미지미디어라는 말이 모두 사용 가능하다.

영상이 다양한 의미로 해석될 수 있는 것처럼 미디어도 여러 가지 의미가 있다. 커뮤니케이션 행위자들을 매개하는 미디어는 여러 형식으로 나타난다. 미디어는 크게 세 가지로 구분될 수 있다. 첫 번째, 부호화(encoding) 미디어가 있다. 이것은 메시지를 표현하는 부호나 기호로서의 미디어를 의미한다. 두 번째, 운반체(vehicle) 미디어가 있다. 이것은 메시지를 담은 부호나 기호를 운반하는 미디어다. 공기, 종이, 전화기, 컴퓨터, 프로젝터, 텔레비전 수상기 같은 것들이다. 세 번째, 연결망(network) 미디어가 있다. 이것은 미디어들 사이의 연결망으로서의 미디어를 말한다. 통신망, 신문 배급망, 방송망, 인터넷 같은 것들이다. 영상미디어는 이 세 종류의 미디어에 모두 속할 수 있다. 예를 들어, 우리는 일반적으로 텔레비전이 영상미디어라고 말한다. 이때 텔레비전이라는 말은 텔레비전 수상기에 나타나는 기호로서의 영상을 의미할 수도 있고, 영상을 구현하는 텔레비전 수상기를 의미할 수도 있으며, 방송망으로서의 텔레비전을 의미할 수도 있다. 미디어로서의 영상이 무엇을 의미하는지는 그 말이 사용되는 맥락에 따라 달라진다.

우리는 앞에서 영상이 주체와 대상 사이에 위치하면서 그 둘을 연결시키고 의미를 발생시킨다는 점에서 커뮤니케이션 과정상에 존재하는 미디어라고 말했다. 그런데 여기에서는 다시 미디어는 커뮤니케이션 과정에서 행위자들 사이에서 그 둘을 매개하면서 메시지를 전달하는 수단이라고 말했다. 그렇다면 영상은 주체와 대상 사이에 위치하는 동시에 행위자(주체)들 사이에 위치하는 미디어라고 할 수 있다. 이것은 매우 간단해 보이지만 사실은 아주 복잡한 관계에 대한 진술이다. 왜냐하면 주체와 대상 사이의 영상과 행위자들 사이의 영상은 성격이 다소 다르기 때문이다.

주체와 대상 사이의 영상은 주체가 보는(눈으로 보거나 머리로 떠올리거나) 대상의 상이다. 이 영상의 역할은 대상을 재현하는 것이다. 다시 말해, 대상이 없더라도 대상의 모습을 주체가 인식할 수 있게 하는 것이다. 이 경우 영상은 주체가 대상을 인지하도록 하기 때문에 주체에게는 대상의 의미로 기능한다. 결국, 영상은 주체가 대상의 모습을 파악하도록 하는 미디어인 동시에, 대상의 의미 즉 메시지이기도 하다.

커뮤니케이션 행위자들 사이의 영상은 한 행위자가 다른 행위자에게 메시지를 전달하기 위해 사용하는 미디어다. 이때 메시지는 특정한 대상이거나 그 대상이 가진 의미다. 예를 들어, 텔레비전 뉴스에 나오는 지진 현장의 영상이 전달하는 메시지는 "이것이 지진 현장의 모습이다"라는 것이다. 영상은 이 메시지를 전달하기 위해 사용되는 미디어다.

커뮤니케이션 행위자들을 매개하는 영상은 우선적으로 미디어이지만 주체와 대상 사이의 관계 안에서 영상은 미디어이면서 메시지다. 커뮤니케이션 행위자들 사이에서 둘을 매개하기 위해서 영상은 무엇보다도 우선 물질적이고 기술적인 속성을 가진 사물이어야 하지만, 주체와 대상 사이에서 영상은 구체적 사물이라는 관점보다는 대상의 재현이라는 관점에서 우선적으로 이해된다.

주체와 대상 사이에서 영상은 미디어이면서 동시에 메시지라는 속성을 갖

모나리자
레오나르도 다빈치, 1503~
1506년

는다. 영상은 보는 관점에 따라 부호화 미디어이기도 하고 운반체 미디어이기도 하다. 주체는 시각을 통해 대상의 영상을 지각하며 기억에 남아 있는 영상 자료들을 조작해 새로운 영상을 상상해 내고 붓이나 물감 같은 여러 도구나 카메라, 컴퓨터 같은 기계를 이용해 구체적이고 물질적인 영상을 만들어낸다. 주체가 지각하거나 상상하거나 만들어낸 영상들은 주체가 세상을 지각하는 일차적인 통로이며, 세상에 대해 생각하는 데 사용하는 기본 재료인 동시에 세상과의 일정한 관계 속에서 존재하는 또 하나의 세상을 구성하는 물질이다.

시각으로 지각된 영상과 머릿속에서 상상된 영상, 인간이 물질로서 만들어낸 영상은 완전히 다른 존재인 동시에 서로 분리해 생각하기 매우 어려운 존재다. 예를 들어, 내가 레오나르도 다빈치의 그림 〈모나리자〉를 보고 있다고 가정하자(<그림 1-1>). 그 상황 속에는 캔버스에 그려진 그림 자체, 그 그림을 눈으로 볼 때 내 머릿속에 나타나는 그림, 〈모나리자〉라는 특정한 인물을 상상할 때 머릿속에서 상상되는 그림이 있다. 이 세 그림은 모두 동일한 영상이면서 동시에 아주 다른 속성을 가진 영상이다. 이 영상은 미디어이면서 메시지다.

주체가 시각을 통해 대상을 지각할 때 주체와 대상 사이에 영상이 놓이게 된다. 주체의 눈에 보이는 모든 것이 영상 상태로 인지되며, 주체가 상상하는 영상들 또한 눈을 통해 이전에 지각했던 영상들의 조합이다. 주체가 만들어낸 영상을 지각·평가·판단하는 것도 시각을 통해서다. 이것은 영상이 있기 위해서는 우선 시각을 자극하는 원인이 먼저 있어야 한다는 것을 의미한다. 영상은 시각을 자극하는 원인에 의해 만들어진 결과물이다. 다른 말로 표현하자면 시각을 자극하는 원인이 없다면 영상도 없다. 메를로퐁티(2008: 52)는 "눈은 세계와 부딪친 후 받았던 충격 바로 그것이요, 바로 그 충격을 손이 지나간 자국들을 통해 보이는 세계로 복원한다"라고 말했다. 눈이 받았던 충격은 영상으로 남고 그 영상은 다시 그림과 같은 영상을 통해 복원된다. 메시지가 미디어로 복원되는 것이다.

영상은 시각을 자극하는 원인에 종속된다. 전통적인 의미에서 영상은 일반적으로 그 자체가 독립적으로 존재한다기보다는 어떤 것의 영상이라는 지위를 갖는다. 내가 어떤 나무 한 그루를 볼 때 눈이 받은 충격의 결과는 그 나무의 영상으로 인지되고, 상상을 통해 재생되며, 그림 등과 같은 영상을 통해 복원된다. 이 영상은 그냥 영상이 아니라 어떤 나무의 영상이다. 결국 영상은 어떤 것을 다시 보여주는 것, 즉 어떤 대상의 재현이다. 대상의 재현으로서 영상은 대상을 의미하는 메시지다. 그리고 이 메시지를 커뮤니케이션 행위자들은 영상이라는 미디어를 통해 전달한다. 항상 대상의 재현일 수밖에 없다는 점에서 영상의 메시지는 구조적으로 고정돼 있지만, 그 재현을 구현하는 물질적·기술적 수단으로서의 영상이라는 미디어는 다양하게 변한다. 이 미디어로서의 영상의 속성은 메시지로서의 영상의 속성에 영향을 미친다. 레오나르도 다빈치가 살던 시대에 사진과 영화를 제작할 기술이 있었다고 가정해 보자. 다빈치가 그린 〈모나리자〉 그림과 그 여성을 촬영한 사진, 영화가 재현하는 〈모나리자〉는 어떻게 다를까? 다빈치의 〈모나리자〉가 재현하는 신비한 미소의 여성은 계속 존재할 수 있을까? 어떤 영상이든 그것이 여성의 재현이라는 사실은 변하지 않지만, 각 영상에 의해 재현되는 모나리자의 모습은 달라질 것이다(<그림 1-1>).

인류 역사를 살펴보면 대부분 영상은 미디어와 메시지로 명확히 구분되지 않고 사용돼 왔다. 그것은 영상이 가진 자명함에서 상당 부분 비롯된 것이다. 1만 7000년 전에 그려진 라스코 동굴 벽화를 보라. 우리는 그 동굴 벽에 그려진 소와 말들의 영상을 보며 "바로 벽에서 튀어나올 듯 생생하다"라고 말하는 많은 사람들을 만날 수 있다. 그들에게 벽화의 영상은 그 자체로 그것의 메시지다. 영상은 다른 어떤 설명도 없이 우리에게 그에 상응하는 메시지를 전달하는 것이다. 물론 이 자명함은 형상 차원에서의 자명함이다.

영상이 가진 이 자명함은 미디어로서의 영상을 사라지게 만들기도 한다. 예를 들어 신라 시대 솔거가 그린 소나무 그림에 새들이 와 앉으려 했다는 이야기나, 고대 그리스의 화가 제욱시스(Zeuxis)가 파라시오스(Parasios)의 그림을 덮고 있는 천을 치우고자 했지만 사실은 그 그림이 천을 그린 영상이었다는 이야기는 바로 미디어로서의 영상이 사라지면서 영상이 대상 자체가 되는 순간을 표현한 것이다. 제욱시스가 그림을 실제 천이라고 지각하는 순간, 미디어로서의 그림은 소멸한다. 영상이 천의 재현이 아니라 천 자체로 인지되기 때문이다. 볼터와 그루신(2006)은 최소한 르네상스 시기부터 인간은 미디어로서의 영상이 소멸하는 것을 꿈꿔왔다고 주장한다. 그들에 따르면, 르네상스 시대 선원근법은 그림을 사라지게 해 관람객이 대상을 직접 보는 것과 같은 효과를 내기 위해 발명된 것이다. 또한 화가들은 미디어를 보이지 않게 투명하게 만들기 위해 그림의 붓 자국을 없애려 노력했다. 그림의 공간을 현실의 공간과 연속된 것으로 보이게 만드는 눈속임 그림(trompe l'oeil)이 유행한 것도 같은 맥락에서 이해될 수 있다.

볼터와 그루신에 따르면, 19세기 이후에 발명된 사진, 영화에서부터 현재의 디지털 기술을 기반으로 만들어진 CGI(Computer Generated Imagery)에 이르기까지 많은 영상미디어들은 모두 주체와 대상 사이를 매개하기보다는 투명하게 사라지는 것을 지향한다. 주체와 대상 사이를 매개하는 미디어를 투명하게 사라지게 함으로써 비매개(immediacy) 상태에 도달하고자 하는 인간의 욕망이 새로운 영상미디어의 발명과 사용에 관여한다는 것이 그들의 주장이다. 카메라를 이용해 만들어진 사진과 같은 영상미디어는 그림의 선원근법을 기계적으로 완성시키고 형태적으로 매우 유사하게 대상을 재현함으로써 투명해지고자 했다. 최근에 등장한 디지털 장비를 이용해 생산되는 CGI는 가상현실 공간을 구현하고 이용자들이 현실 공간 안에서처럼 가상공간 안에 잠기도록(immerse) 하면서 투명해진다.

선사시대부터 제작된 영상미디어는 인간 사회가 발전하면서 점점 그 수와 양이 증가해 왔다. 현대는 미디어의 관점이든, 메시지의 관점이든 모든 의미에서 영상의 시대라고 할 수 있다. 영상미디어는 우리의 일상생활 곳곳에 존재하는 환경이 됐으며, 우리는 영상미디어를 통해 전달되는 메시지에 일희일비하고 정치적·사회적·경제적 이익을 취하거나 문화적 여가를 즐긴다. 새롭게 고안되고 생산되는 많은 기술과 장치들이 영상을 기반으로 하거나 적극적으로 활용하고 있다. 이 수많은 영상은 각자의 고유한 물질적·기술적 속성을 간직하면서 인간과 세계를 매개한다.

3 | 영상미디어로서의 육체

1) 살과 틀

미디어이자 메시지이기도 한 영상이 도달하는 최종 단계는 장자(莊子)의 꿈에서 완성된다. 장자의 꿈 이야기는 다음과 같이 전개된다. "나비가 하늘을 날아다닌다. 이 꽃, 저 꽃으로 옮겨 다니며 즐겁게 날아다닌다. 그리고 나비는 꿈에서 깨어나면서 자신이 장자라는 사람임을 깨닫는다. 꿈에서 깬 장자는 자신이 나비가 돼 날아다니는 꿈을 꾸었다는 것을 안다." 나비가 자신을 나비라고 생각한 것은 나비의 모양을 가진 자신의 영상을 봤기 때문이다. 장자가 자신이 사람임을 아는 것 역시 자신에게 익숙한 모양의 영상을 봤기 때문이다. 나비 장자와 인간 장자는 서로 다른 형태의 육체를 갖고 있지만 이 두 육체에 대한 지각은 영상으로 환원돼 장자에 의해 자기 자신의 영상이라고 인지된다. 그러기에 장자는 꿈에서 깬 후에 나비가 장자의 꿈을 꾸었는지 장자가 나비의 꿈을 꾸었는지 알 수 없다고 말한다. 나비와 인간이라는 두 육체의 영상은 다르지만 이 두 영상이 재현하는 존재는 동일하기 때문에 미디어로서의 영상과 메시지로서의 영상 사이의 구분이 사라진 것이다. 나비 장자와 인간 장자는 다른 형태의 영상으로 지각되기 때문에 다른 존재여야 하지만, 그 두 영상이 재현하는 대상은 동일한 존재로 인식되기 때문에 생긴 혼란이다. 이 혼란은 영상의 자명함을 통해 미디어가 곧 메시지로 이해되기 때문에 생긴 것이다.

인간이 커뮤니케이션을 위해 최초로 사용했던 미디어는 바로 육체였을 것이다. 그리고 육체는 오늘날에도 여전히 가장 기본적인 커뮤니케이션 미디어의 지위를 유지하고 있다. 태초부터 인간은 육체 기관을 이용해 소리를 내고 표정을 짓고 팔다리를 움직이며 자신의 의사를 표현했다. 또한 상대방의 냄새를 맡고 소리를 듣고 표정과 몸짓을 보며 그의 의사를 이해해 왔다. 손으로 만지고 입과 혀로 느끼며 서로 감정의 공감대를 형성했다. 사랑, 분노, 슬픔, 기쁨 등 가장 근본적인 감정들이 육체를 통해 직접적으로 표현됐다. 육체는 말, 문자, 영상 등 그 어떤 미디어보다도 가장 오래된 미디어이며, 모든 미디어의 출발이다.

육체는 물질과 형상으로 구분된다. 육체에서 물질 부분은 우리가 흔히 살이라고 부르는 것이다. 살은 육체를 이루는 물질을 대표하는 것으로 비정형화된 육체를 가리킨다. 살은 외부 환경과 직접 부딪치는 것이며 외부 환경을 느끼고 파악하는 것이다. 살은 모든 감각의 집합소이며 느낌의 출발지다. 살이 느끼는 쾌락과 고통은 인간이 살면서 얻는 가장 직접적 느낌이기 때문에 살은 인간의 존재를 증명하는 최초의 근거가 된다. 살은 인간이 자신이 존재하고 있다는 것을 스스로 확인시키는 일차적 물질이다.

살은 구체적인 형태를 갖고 있지 않다. 그것은 정해진 형태 없이 존재하는 물질이다. 살은 공간을 차지하며 인간에게 존재한다는 느낌을 제공하지만 어떤 구체적인 형태를 갖고 있지는 않다. 메를로퐁티가 말했듯이 살은 육체가 보고 느끼고 만질 때 그 존재가 확인되는 것이다. 그렇기 때문에 메를로퐁티(Merleau-Ponty, 1964: 191~194)는 살을 단일한 시간과 공간 속에 존재하는 단단한 실체(l'en-soi)로 보지 않고 대상과 주체에 형체를 부여하는 환경으로 본다. 그에 따르면 살은 일반적 존재 양식의 구체적 상징(emblème)이다. 따라서 바로 살을 통해 주체와 세계는 서로 만나고 교섭한다.

하지만 육체는 살의 상태로만 존재하지는 않는다. 육체는 특정한 형태로 가시화되고 지각된다. 육체는 일정한 형상을 갖는다. 이러한 형상을 통해 육체는 개별성을 획득한다. 살의 차원에서 육체는 모든 존재가 공통적으로 가진 보편적인 것이지만, 형상의 차원에서 육체는 각 개체마다 다른 특수한 것이 된다. 형상으로서의 육체는 물질이라기보다는 외형적 틀이다. 틀은 물체를 일정한 형태로 유지하기 위해 사용되는 딱딱하고 고정된 테두리다. 틀이 무너진다는 것은 물체가 형태를 잃고 사라진다는 것을 의미한다.

틀은 딱딱하고 고정된 것으로 기술적인 제약이 있다. 틀은 아무렇게나 만들어질 수 없고 아무렇게나 움직일 수 없다. 틀이 형성되고 변형되는 것은 일정한 규칙을 따르는 일이다. 틀이 무작위로 형성되거나 변형된다면 틀이 담고 있는 물질은 그 존재에 영향을 받을 정도로 큰 타격을 받는다. 따라서 틀은 단순히 물질에 시각적인 형상을 부여하는 기능을 하는 데서 그치는 것이 아니라 물질의 존재 자체를 만들어낸다.

인간의 육체도 일정한 틀을 갖고 있다. 이 틀이 훼손되는 것은 인간성의 심각한 손상으로 받아들여진다. 육체의 일부가 변형되거나 손실된 장애인들은 바로 이러한 이유로 비정상적인 것으로 여겨진다. 그들은 정상적인 육체를 갖지 못한 것으로 간주되며, 심하게는 다른 부류의 인간으로 간주되기조차 한다.

육체는 물질과 형상, 즉 살과 틀로 이루어져 있다. 살은 인간이 세계와 만나는 것을 가능하게 하는 존재 양식이며, 틀은 인간에게 사회적 존재로서의 가시적 개별성을 부여하는 수단이다. 살과 틀은 인간 존재의 물질적 조건인 육체 안에 통합된다. 커뮤니케이션 미디어로서의 육체는 존재 양식으로서의 살의 특성과 개별적 형상으로서의 틀의 속성에 의해 제약받는다.

살은 감각과 지각의 원천으로 커뮤니케이션 자체를 가능하게 한다. 커뮤니케이션을 통해 행위자들이 메시지를 공유하기 위해서는 그 메시지를 지각할 수 있는 수단으로서의 미디어가 필요하다. 살은 메시지를 지각하는 일차적인 미디어이다. 시각, 촉각, 후각, 미각, 청각과 같은 살의 감각들은 타인의 존재와 그가 보낸 메시지를 지각하는 통로이며 커뮤니케이션을 가능하게 함으로써 인간을 사회적 상호작용 속에 위치시킨다.

틀은 커뮤니케이션 상황에 영향을 미친다. 틀이 드러내는 개별성은 커뮤니케이션 행위자의 지위를 표출함으로써 커뮤니케이션 상황에 일정한 한계를 긋고 메시지의 성격을 변화시킨다. 틀은 개별적 인간에 대한 구체적 정보를 제공하기 때문에 커뮤니케이션 행위의 자발성, 감정이입의 정도, 형식 등을 결정한다. 커뮤니케이션 과정에서 우리가 할 수 있는 것, 해야 하는 것, 하지 말아야 하는 것, 하고 싶은 것 등은 마주하는 행위자가 가진 육체의 틀이 제공하는 정보에 따라 달라진다.

오늘날의 커뮤니케이션, 특히 매스 커뮤니케이션 과정에서 중요하게 거론되는 문제는 어떻게 틀로서의 육체가 영상의 지위를 획득하며 의미를 만드는가 하는 것이다. 그렇기에 육체의 틀을 가꾸는 데 엄청난 돈과 노력이 투자되는 것은 놀라운 일이 아니다. 과거 사회에서 육체의 틀은 사회적으로 결정돼 있는 규범을 따랐다. 사회적 지위와 신분에 따라 갖춰야 할 틀의 형태가 이미 정해져 있었다. 반면에 구체적 메시지를 담아 전달할 미디어로 육체가 적극적으로 이용됐기 때문에 커뮤니케이션 과정에서는 틀보다

살이 더 중요한 역할을 했다. 살은 메시지를 담고 구현하고 표현하는 물질이었다. 메시지는 살 속에 각인됐고, 메시지가 빠져나간 살은 존재를 잃었다. 이러한 메시지와 살 사이의 관계가 가장 극명하게 드러난 것이 마라톤 전투의 승전보를 알린 아테네 전령의 전설이다.

기원전 490년 페르시아의 대군이 아테네를 공격하기 위해 밀려들었다. 아테네는 모든 시민에게 동원령을 내리며 총력으로 맞섰다. 아테네는 시민 직선으로 10명의 장군을 선출해 군을 이끌도록 했다. 2만여 명의 페르시아 대군에 맞서 1만여 명의 아테네 군대가 격전지가 될 마라톤에 집결했다. 아테네는 페르시아와의 전투를 위해 스파르타의 지원군을 기다렸다. 아테네 군의 실질적인 총사령관 밀티아데스(Miltiades)는 마라톤 전투 전날 희생제를 올리고 짐승의 내장으로 신의 뜻을 구했다. 신탁의 예언은 좋았다. 그 결과 스파르타의 도움 없이 독자적으로 페르시아군을 공격한다는 작전이 수립됐다. 다음 날 마라톤전투는 아테네의 승리로 끝났다. 무려 6400명의 페르시아 병사가 죽은 데 비해 아테네 병사는 192명이 사망했을 뿐이었다. 페르시아군을 피해 도시를 불태우고 피난을 가려 서두르던 아테네인들에게 이 승리를 알리기 위해 전령 페이디피데스(Pheidippides)가 아테네를 향해 40여 킬로미터에 이르는 길을 쉬지 않고 달렸다. 전설에 따르면 이 영웅적인 전령은 도착하자마자 "기뻐하라! 우리가 승리했다"라고 소리치고는 그 자리에서 숨을 거두었다.

오늘날 올림픽경기의 꽃이라고 불리는 마라톤경주의 모태가 된 이 전설은 메시지의 발현과 함께 그 메시지를 담고 있던 미디어가 소멸되는 극적인 사건을 보여준다. 아테네에서 전령이 되기 위해서는 매우 뛰어난 기억력과 우람한 목소리를 지녀야 했다. 전령은 전해야 하는 메시지를 모두 철저히 암기해야 했다. 단어를 바꾸거나 하면 큰 비난을 받았다. 전령은 메시지와 동일시되는 경우가 많았다. 좋은 소식을 전한 전령은 큰 환대와 보상을 받았지만, 나쁜 소식을 전한 전령은 심한 경우 죽임을 당하기도 했다(쿨레, 1999).

고대 그리스에서 전령은 메시지를 전달하는 살을 가진 사람이었다. 살을 구성하는 뼈와 근육은 메시지를 먼 곳에 전달하기 위해 쉼 없이 움직여야 했으며, 살 속의 뇌는 메시지의 세세한 부분까지도 암기해야 했다. 그렇게 해서 메시지는 전령의 살에 글자 그대로 각인됐다. 메시지를 받는 사람들은 전령의 살에 각인된 메시지를 축복하기 위해 그 살에 쾌락을 제공했고, 살에 새겨진 메시지를 저주하기 위해 그 살에 고통을 가했다. 메시지를 전달하기 위해 살의 모든 것이 동원될 때 살과 메시지는 하나가 됐고, 메시지의 발현은 곧 살의 소멸을 의미했다. 마라톤전투의 승전보를 전하기 위해 달린 전령의 살에게 그 메시지는 유일한 존재 이유이며 목적이었다. 40여 킬로미터에 달하는 거리를 달리며 살은 구르고 찢겨도 메시지를 암기하고 각인했을 것이다. 먼 거리를 달려 탈진한 전령의 살이 마지막까지 붙들고 있던 숨은 메시지를 발현하기 위한 것이었고, 메시지의 발현과 함께 그 존재 이유를 다한 살은 사라져야만 했다.

살은 커뮤니케이션 자체를 가능하게 만드는 미디어인 동시에 커뮤니케이션 메시지이기도 하다. 살을 대신하고 연장할 다양한 미디어의 발명은 점점 살을 커뮤니케이션 무대 저편으로 퇴장시키고 있다. 커뮤니케이션의 기본적 미디어인 살이 다른 미디어들에 의해 대체된 곳에서 살은 더는 미디어가 아니라 미디어에 의해 재현되는 대상이 된다. 이제 육체는 살이 아니라 틀로서 중요한 역할을 한다. 미디어는 육체의 틀을 재현하면서 인간의 신분이나 지위는 물론이고 그의 감정과 생각까지도 드러낸다. 기독교 『성경』의 「창세기」에 신의 영상대로 만들어졌던 육체는 이제 그 자신의 영상이 된다.

2) 육체라는 영상

기독교사상에 따르면 태초의 인간은 "신의 영상대로(in the image of God)" 만들어졌다. 이 구절은 오랫동안 많은 논란을 불러일으켜 왔다. 그 이유는 영상이라는 말을 신의 구체적인 형상으로 볼 것인지, 추상적인 영성(靈性)으로 볼 것인지를 놓고 해석이 분분했기 때문이다. 다시 말하면, 아담이 신의 영상대로 창조됐다는 말은 아담의 모습이 신의 모습과 유사하게 창조됐다는 뜻인데, 이때 아담의 육체가 신을 닮았는지 아니면 그의 정신이 신을 닮았는지가 분명하지 않은 것이다. 신의 영상은 신의 육체적 모습인가 아니면 신의 정신적 모습인가를 판단하는 것이 논쟁의 핵심이다.

『구약성경』「창세기」에 나오는 이 문제의 구절에서 이미지는 히브리어 tselem, 그리스어 eikon, 라틴어 imago의 번역어이며, 한국에서는 일반적으로 형상 또는 모습이라고 번역한다. 한국어 『성경』의 경우에는 대부분 형상이라고 번역하기 때문에 구체적인 육체의 모습이라는 뉘앙스를 강하게 풍긴다. 반대로 영상이라는 말은 정신성과 물질성을 모두 포함하는 단어이기 때문에 해석의 여지를 남긴다. 대다수 성경학자들은 여기에서의 신의 영상은 육체적인 모습이 아닌 정신적인 개념을 의미한다고 생각한다. "신적 존재는 무한하고 부분에 의해 한정되거나 정념에 의해 규정될 수 없다. 따라서 그는 인간의 육체를 만들기 위한 본이 되는 육체적 영상을 가질 수 없다. 영상과 유사성은 반드시 지적인 것이어야 한다"(Mitchell, 1986: 31에서 인용된 A. 클라크의 말).

앞에서 말했듯이, 영상은 유사성을 통해 어떤 대상을 재현한다. 인간이 신의 영상대로 만들어졌다는 말은 인간이 어떤 유사성을 통해 신을 재현한다는 뜻이다. 신은 본질적으로 무한한 존재이기 때문에 한정된 육체를 갖고 있지 않다. 신이 인간처럼 유한한 틀을 가진 육체를 갖고 있다는 것은 무한한 존재라는 신의 개념에 부합하지 않는다. 따라서 인간의 유한한 육체는 신과 어떠한 유사성도 가질 수 없다. 그렇다면 인간에게서 발견할 수 있는 신과의 유사성이란 구체적이고 물질적인 것이 아니라 추상적이고 정신적인 것이 될 수밖에 없다. 인간이 가진 신과의 유사성은 아마도 존 밀턴(John Milton)이 『실낙원(Paradise Lost)』에서 말한 것처럼 "진리(truth), 지혜(wisdom), 성덕(sanctitude)"과 같은 이성적 영혼의 속성일 수 있다. 그러나 밀턴은 동시에 직립, 나체, 시선과 같은 육체적인 속성에서도 신과의 유사성을 찾고 있다. 밀턴은 『실낙원』에서 아담과 이브를 묘사하면서 이렇게 쓰고 있다. "그중 훨씬 고상한 두 모습, 키가 크고 하느님처럼 곧게 서 있는 위엄 있는 나신(裸身)에는 타고난 영광이 입혀져 있고, 만물의 장답게 보이며 그만한 가치가 있어 보인다. 그 거룩한 얼굴엔 영광스러운 창조주의 영상(image), 진리, 지혜, 엄하고 순결한 성덕이 빛난다(밀턴, 1999: 154. 번역 일부 수정). 밀턴이 이와 같은 모호함을 보이는 것은 그가 정신적인 개념과의 유사성을 특정한 물질적인 속성에서 발견하려 했기 때문이다(Mitchell, 1986: 36). 예를 들어, 직립이라는 육체적 속성은 올곧음이라는 정신적 개념과 유사한 것으로 이해될 수 있다.

그런데 물질적인 영상 안에서 정신적인 개념과의 유사성을 발견하려고 한 것은 밀턴만이 아니다. 회화, 사진, 영화 등과 같은 영상 안에서 그 영상이 재현하는 대상의 정신적 특성을 발견하려는 시도는 아주 일반적인 것이다. 월터 페이터(Walter Pater)는 다빈치의 〈모나리자〉를 보며 이렇게 썼다. "강가에 그토록 신비하게 몸을 일으킨 존재는 천년의 세월이 흐르는 동안 인간이 갈망하게 된 것을 표현하고 있다. 그녀의 얼굴은 '세상의 종말을 눈앞에 둔' 얼굴이며, 눈꺼풀은 조금은 지쳐 보인다. 그 아름다움은 내면으로부터 살갗 위로 배어나온 것이며, 이 살갗의 작은 세포 하나하나에는 진기한 사상과 신비한 환상과 격렬한 열정이 침적돼 있는 것이다. 이 여인을 잠시 저 창백한 그리스 여신이나 고대의 미인들 곁에 세워본다면, 영혼과 그 모든 혼돈까지 고스란히 스며 있는 그 아름다움에 고대의 여신과 미인들은 얼마나 당황할 것인가! 거기에는 이 세상의 모든 사상과 경험들이 식각되고 성형돼 있다. …… 확실히 이 초상화 속의 리자는 옛날부터 전해오는 공상의 화신이며, 근대적 관념의 상징이다"(페이터, 2001: 127~128).

인간의 육체는 신의 영상대로 만들어진 것이다. 그런데 신은 한정된 육체를 가진 존재가 아니다. 따라서 인간의 육체는 신의 구체적 형상을 닮았을 수 없다. 오히려 육체는 신의 영적인 측면을 닮았다고 봐야 한다. 그런데 문제는 물질적인 존재인 육체가 어떻게 신의 영성을 닮을 수 있는가 하는 의문에서 발생한다. 구체적이고 물질적이며 가시적인 육체가 어떻게 추상적이고 초월적이며 비가시적인 신의 영성을 드러낼 수 있는가? 과연 신의 영성이 영상으로 구체화될 수 있는가? 서구 기독교 사상사를 관통해 온 성상 파괴론자들과 성상 숭배론자들의 끝없는 갈등은 바로 여기에서 출발한다.

인류 역사를 통해 신의 초월성에 다가가기를 원했던 사람들은 모두 육체를 부정했다. 그런데 이들이 부정했던 육체는 바로 살로서의 육체다. 그들은 살에 극한의 고통을 가하면서 또는 살이 느끼는 극한의 쾌락을 추구하면서 살이 가진 유한성을 극복하고 살의 속박과 분리된 정신의 자유를 추구하려 한다. 그런데 이들은 영상으로서의 육체인 틀에 대해서는 모호한 태도를 취한다. 한편에서 틀은 특히 여성의 육체가 가진 틀은, 유혹의 동인이자 대상으로서 부정되지만, 다른 한편에서 온전한 형태의 틀을 가꾸는 것은 신에 다가가는 고결한 행위로 추구된다. 온전한 형태의 틀을 갖지 못한 사람들, 여성, 아이, 유색인, 장애인, 하층민들은 심한 경우에는 인간 부류에 속하지 못한 것으로 받아들여졌다. 틀은 부정하고 극복해야 하는 것이면서 동시에 긍정하고 가꿔야 하는 것이다.

살의 측면에서 본다면, 인간은 동물과 하등 차이가 없다. 살은 쾌락과 고통에 따라 즉각적으로 반응하기 때문이다. 반면에 틀의 관점에서 본다면 인간과 동물의 차이는 글자 그대로 "눈에 띄는 것"이다. 신은 인간만을 자신의 영상대로 만들었다. 결국 신의 영성을 닮지 못한 살은 끊임없이 부정됐지만, 틀은 그것이 신의 영성을 표현할 수 있는 형태로 가꿔진다면 긍정됐다. 육체라는 영상은 이처럼 살이라는 물질성과 틀이라는 가시성으로 구분되며 결국 틀이 온전한 영상의 지위를 차지하게 된다. 틀을 통해 신의 영성은 가시성을 갖는다. 밀턴이 『실낙원』에서 노래했던 것이 바로 이것이다.

육체를 가꾼다는 것은 두 가지 의미가 있다. 하나는 살을 가꾼다는 것이고, 또 하나는 틀을 가꾼다는 것이다. 살을 가꾼다는 것은 감각과 지각의 원천으로서의 살의 충실성을 확보하는 것이다. 동양의학의 관점에서 보면, 기가 쇠해지면 지각 능력이 떨어진다. 인간을 인간답게 하는 최고의 조건인 지각 작용은 신(神)의 작용인데, 신을 생하는 것은 기이고 기를 생하는 것은 정(精)이므로 지각 작용의 근원에는 바로 정이 위치한다. 이러한 정은 음식물의 섭취와 호흡을 통해 보충될 수 있다. 음식물 섭취는 땅의 기운을 취하는 방법이며, 호흡은 하늘의 기운을 취하는 방법이다. 또한 음란한 소리, 아름다운 색, 남녀 간의 교합 등도 기를 쇠하게 하므로, 욕망을 다스리는 것도 살을 가꾸는 데 매우 중요하다(김호, 2002: 26~27). 쉽게 말하면, 잘 먹고 잘 쉬고 무분별하게 쾌락을 추구하지 않는 것이 살을 가꾸는 방법이다. 따라서 살을 가꾸는 행위에는 단순히 건강을 돌보는 물리적 행위 외에도 심리적인 안정과 도덕적 자세를 견지하는 정신적 행위가 포함된다. 즉, 살을 가꾸는 데는 외부 자극에 충실히 반응할 수 있는 온전한 감각을 유지하는 것도 필요하지만 살을 이용하고자 하는 욕망을 조절하는 것도 필요하다. 따라서 살은 정신에 의해 지배되는 물질로서 위치한다.

틀을 가꾼다는 것은 사회의 문화적·미적 관습이나 규범에 맞는 틀의 가시성을 확보하는 것이다. 각 사회는 틀과 관련된 독자적인 관습이나 규범들을 갖고 있다. 태국 북부의 고산족인 카렌족의 여성들은 쇠고리를 이용해 인위적으로 목을 늘린다(<그림 1-2>). 그 사회에서는 여성의 긴 목이 아름다움의 기준이 되기 때문이다. 조선 시대의 남성들은 일정한 나이가 되면

그림 1-2 **카렌족 여성**
위키피디아
ⓒ Steve Jurvetson

긴 머리카락을 위로 올려 상투를 틀었다. 상투는 남성이 성인의 지위를 가졌는지를 알리는 기준이 됐다. 관습이나 규범에 따라 틀을 가꾸는 행위는 조선 시대 남성들처럼 특정한 방식으로 틀을 장식하는 것에서 카렌족 여성들의 경우처럼 틀 자체를 변형시키는 데 이르기까지 다양하게 이루어진다. 의복이나 장신구와 같은 외부적 요소들도 틀을 가꾸는 행위의 주요한 구성 요소로서 개입한다. 또한 서 있는 방식, 앉아 있는 방식, 걷는 방식, 절하는 방식, 웃는 방식 등과 같이 틀의 움직임과 관련된 자세들을 제어하는 것도 틀을 가꾸는 행위에 포함된다. 따라서 틀을 가꾼다는 것은 눈에 드러나는 모든 외형적 요소에 관련된 행위다. 틀은 이러한 가시성을 통해 눈에 보이지 않는 관습이나 규범, 심리 상태와 같은 정신적인 것을 표현한다. 결국 틀은 정신을 드러냄으로써 정신을 규정하는 가시성으로 자리 잡는다.

틀은 이처럼 정신을 규정하는 가시성으로 자리를 잡으면서 한 사람의 사회적 지위를 확인시키고 그와 다른 사람을 구별시켜 주는 장치로 기능한다. 피부색과 성기는 인류 역사상 가장 주요한 차별의 장치였고, 의복과 장신구는 과거는 물론이고 현재에도 신분제 사회에서 가장 주요한 구별 장치다. 차별하는 집단은 이러한 차별의 장치들을 계속 유지하고 강화하려 하지만, 차별을 받는 집단은 이 장치들을 이용하거나 전복하거나 파괴하려 한다. 따라서 육체와 관련해 흑인, 여성 등 사회적 소수자들이 끊임없이 문제를 제기하는 것은 바로 틀이다. 많은 사람들이 성형수술 등을 통해 이 차별의 장치가 기능하는 구조에서 유리한 위치를 차지하려 애쓴다. 일부 페미니스트들은 아예 틀의 차이를 부정하며 차별을 극복하려 한다(박희경, 2002).

오늘날 육체의 영상은, 특히 매스미디어에 의해 제공되는 영상을 통해 재현되면서 고유의 물질성을 완전히 잃어버린다. 그 대신에 그것은 자신을 재현하는 미디어의 물질성에 종속된다. 물질적 영상에 의해 재현되는 육체는 그 영상이 담긴 미디어의 물질성에 의해 의미를 부여받고 이해되고 평가된다. 육체가 회화로 재현되느냐, 사진이나 영화·텔레비전으로 재현되느냐에 따라 육체의 영상이 수용되는 과정에 각 미디어의 물질적 속성이 개입한다. 예를 들어 스마트폰의 카메라와 연동되는 사진 보정 애플리케이션은 육체의 틀을 사회가 원하는 바람직한 형태로 수정하면서 육체라는 영상을 사진이라는 영상을 통해 이상적으로 재현한다. 이렇게 해서 육체의 영상은 신의 영상이 된다. 예를 들어, 육체의 아름다움이 잘 재현된 영상을 사람들은 '남신 짤'이나 '여신 짤'이라고 부른다.

르브르통(Le Breton, 1990)에 따르면, 육체는 인간의 존재를 보장하는 기반이기 때문에 인간과 육체를 구분하는 것은 불가능하다. 하지만 근대 이후 인간을 육체와 정신으로 구분하는 이분법이 자리를 잡았으며, 인간의 본질을 정신이라고 규정하고 육체는 정신이 머무는 기계적 장치로 간주하면서 육체와 인간 사이의 분리가 이루어졌다. 1960년대 이후 현대사회에서 육체는 인간의 일종의 '분신(alter ego)'으로 기능하며 다른 사람들과의 차이를 드러내 보여주는 기호로서 사람들의 개인화에 기여한다. 따라서 육체는 현대사회에서 개인의 정체성을 드러내는 기호인 동시에 인간(정신)과는 분리된 기계적 장치라는 이중적 지위를 갖는다.

육체가 기호로서 기능함에 따라 "의미와 가치들이 유동적인 시대에, 육체는 겨우 한 장의 스크린만큼의 두께를 갖는다. 그 위로 일시적인 장식들로 쉼 없이 갱신되는 픽션이 투사된다"(Le Breton, 1990: 174). 현대사회에서 성형수술, 보디빌딩, 에어로빅, 화장 등을 통해 육체를 가꾸고 만드는 것은 다른 사람들과 구별되는 개인으로서의 정체성을 확립하는 작업이다. 하지만 육체가 구현하는 정체성의 기호들은 유동적인 가치체계하에서 항상성을 가질 수 없다. 따라서 인간은 끝없이 새로운 기호를 찾아야 한다. 결국 인간이 찾는 것은 자기 자신의 영상이 아니라 그가 속한 사회의 가치체계에 알맞은 기호다. 이러한 기호의 가치체계에서 육체의 참조 기준이 되는 것은 바로 마네킹이다(Baudrillard, 1976: 177). 마네킹은 노동을 하지도 않고 사랑을 하지 않으며 생산을 하지도 않는다. 아무도 마네킹에 어떤 육체적 작업을 하라고 요구하지 않는다. 마네킹에 요구되는 것은 특정한 의미를 전달하는 기호로서의 기능뿐이다.

게임 등에서 사용되는 3D 캐릭터는 CGI(computer-generated imagery)로 구현된 마네킹이다. 마네킹과 마찬가지로 3D 캐릭터의 육체도 사회의 기호체계에 의해 규정된다. 사용자는 캐릭터의 육체를 현실의 육체와 동일하게 인식하며 사용한다. 3D 캐릭터는 현실 세계의 육체가 할 수 있는 여러 기능을 구현함으로써 인간의 욕망을 실현하는 또 하나의 구체적인 기호로서 기능한다. 3D 캐릭터 안에서 영상은 실재의 육체와는 분리되지만 기호로서 육체를 완전히 구현한다.

기호이기 이전에, 인간과 분리할 수 없는 존재인 육체는 공간과 시간을 점유하며 현존한다. 육체의 현존은 인간의 현존이며 육체의 부재는 곧 인간의 부재다. 하지만 육체가 인간과 분리돼 단순히 정보를 담는 미디어로, 그리고 나아가 기호로 여겨지면서, 육체의 현존과 부재는 인간을 말하는 데 더는 중요한 것이 아니다. 중요한 것은 육체가 얼마나 정보를 제공할 수 있는가, 즉 얼마나 유형화될 수 있는가, 부호화될 수 있는가 하는 것이다. 결국 육체는 공간적·시간적 현존을 통해 인간의 존재를 드러내는 것이 아니라, 일정한 유형으로 꾸며지고 만들어짐으로써 인간의 정체성을 표현하는 수단이 된다. 바로 이 지점에서 육체는 영상이 된다.

2장

미디어의 역사

1 | 미디어와 시대 구분

육체가 이미 미디어이기는 하지만, 인간은 이 육체의 기능을 확장시키는 다양한 미디어들을 계속 만들어냈다. 여러 영상미디어의 발명과 발전도 육체가 가진 감각적 기능의 확장이라는 측면에서 접근될 수 있다. 이와 관련해 캐나다 학자 마셜 매클루언(Marshall McLuhan)의 미디어론을 참고하는 것이 도움이 될 수 있다. 1960년대에 활발하게 활동한 매클루언은 미디어가 사람들의 태도는 물론이고 사회와 문화의 구조에까지 결정적 영향을 미친다고 주장했다. 그의 생각은 후일 미디어가 개인과 사회에 미치는 영향에 대해 연구하는 미디어생태학(Media Ecology) 연구의 발전에 크게 영향을 미쳤다.

매클루언은 인류의 역사를 크게 네 시대로 구분했다. 부족 시대, 문자 시대, 인쇄 시대, 전자 시대가 그것이다(매클루언, 2002). 각각의 시대는 특정한 미디어의 발명에 의해 명확히 나뉜다. 기원전 2000년경 표음문자가 발명됨으로써 부족 시대가 끝나고 문자 시대가 시작된다. 15세기 인쇄 기술의 발명은 문자 시대에서 인쇄 시대로 바뀌는 계기가 된다. 그리고 19세기 말 전신이 발명됨으로써 인쇄 시대는 전자 시대로 변한다. 이러한 매클루언의 생각에 따르면 우리는 현재 전자 시대에 살고 있는 셈이다.

부족 시대에는 아직 문자가 발명되기 전이라 사람들은 말과 표정, 행동을 통해 커뮤니케이션을 했다. 입으로 하는 말, 즉 구두미디어가 이 시대의 지배적인 미디어였다. 문자가 발명된 후에는 문자 미디어가 지배하는 사회가 됐다. 15세기 이후에는 인쇄 미디어가 지배하는 사회가 된다. 인쇄 시대 후에는 라디오, 텔레비전 등이 지배적인 미디어로 자리를 잡은 전자 시대가 시작된다.

매클루언이 각각의 시대가 특정한 미디어의 등장에 의해 구분된다고 주장하는 것은 새로운 미디어의 등장이 각 시대의 사회적·문화적 환경에 영향을 미쳤다고 보기 때문이다. 특정한 미디어의 등장은 무엇보다도 우선 인간이 감각기관을 사용하는 과정에 영향을 미친다. 인간은 다른 사람과 커뮤니케이션을 하기 위해 몸의 감각기관을 이용한다. 청각, 시각, 후각, 미각, 촉각을 가진 기관들이 자극을 지각함으로써 커뮤니케이션이 이뤄지는 것이다.

예를 들어, 전화를 할 때는 청각을 주로 사용한다. 문자 메시지나 편지를 읽을 때는 시각에 의존한다. 시각장애인이 점자로 된 책을 읽을 때는 촉각을 이용한다. 이처럼 커뮤니케이션을 위해 사용하는 미디어는 모두 우리의 감각기관들을 자극해 메시지를 전달한다. 그런데 전화와 같은 미디어는 주로 청각기관만을 자극하고, 문자와 같은 미디어는 시각기관만을 통해 메시지를 전한다. 결국 미디어마다 주로 사용되는 감각기관이 정해져 있다고도 할 수 있다. 그렇다면 하나의 미디어를 주로 사용하면 그 미디어와 관련된 감각기관만 주로 사용하게 될 것이다.

매클루언은 한 미디어를 집중적으로 사용하면 다른 감각들에 비해 하나의 특정한 감각이 특히 발달한다고 보았다. 한 사회가 전체적으로 특정한 미디어를 주로 사용한다면 사람들이 감각을 사용하는 과정에서 조화가 무너지고 특별히 발달하는 감각에 어울리는 방식으로 사회적·문화적 변화가 일어난다고 생각했다. 그래서 시대마다 주로 사용되는 미디어를 발견하고 각 미디어의 특성에 따라 시대의 특성을 구분하게 된 것이다.

2 | 구두미디어와 부족사회

문자가 발명되기 전에 사람들은 직접 만나 주로 말을 통해 커뮤니케이션을 했을 것이다. 한마디로 대화를 한 것이다. 그런데 대화를 나눈다는 것은 온몸의 감각을 이용하는 커뮤니케이션이다. 말로 대화를 나누는 것은 우선 청각을 이용하는 커뮤니케이션이다. 하지만 곰곰이 생각해 보면 우리가 직접 만나 대화를 나눌 때 청각만 이용하는 것은 아니다. 앞에 있는 사람과 대화를 나눌 때 우리는 단지 귀로 말을 듣기만 하는 것이 아니라, 그 사람의 표정, 몸짓을 눈으로 보고 코로 여러 가지 냄새도 맡는다. 또 손이나 몸을 만지기도 한다. 따라서 얼굴을 마주하고 대화를 나눌 때는 온몸의 감각을 총동원한다고 할 수 있다. 그래서 직접 만나 대화하는 것은 청각뿐만 아니라 시각, 촉각, 후각 심지어 미각까지도 동원하는 커뮤니케이션이라고 할 수 있다. 따라서 대화와 같은 커뮤니케이션에서는 모든 감각이 상호작용을 하면서 조화로운 지각이 이루어진다.

우리가 사람을 직접 만나 이야기를 나눈다는 것은 그 사람의 존재를 온몸으로 느끼는 일이다. 목소리가 좋은 사람과 대화하면 기분이 좋다. 얼굴이 잘생기거나 착하게 생긴 사람과 말을 나누는 것도 기분 좋은 일이다. 몸에서 불쾌한 냄새가 나는 사람보다는 좋은 냄새가 나는 사람과 같이 이야기를 할 때가 더 좋다. 그래서 우리는 면접이나 회의, 데이트 등 좋은 결과를 얻고자 나갈 때 거울을 보고 얼굴과 옷매무새를 단정히 하고 목욕을 하거나 향수를 뿌린다. 상대방에게 좋은 인상을 주고 싶기 때문이다. 우리는 사람을 직접 만나 커뮤니케이션을 하는 것이 모든 감각을 이용하는 공감각적 활동이라는 것을 알고 있는 것이다.

대화에서는 모든 감각이 고루 사용되지만, 그중에서도 특히 촉각이 중요한 역할을 한다. 물론 대화는 말을 주고받는 행위이기 때문에 청각도 아주 중요한 역할을 한다. 하지만 대화는 단지 말을 주고받는 데서 그치는 것이 아니라, 서로 만난다는 느낌을 갖는 것이 중요한 행위다. 사실 우리는 요즘 컴퓨터나 휴대전화를 통해 서로 얼굴을 보면서 대화를 나눌 수 있다. 그런데 화상통화로는 뭔가 부족하고 아쉬운 느낌이 든다. 바로 상대방의 존재를 온몸으로 느낄 수 없기 때문이다. 이렇게 몸으로 상대방을 느끼는 것은 촉각의 영역에 속하는 것이다. 따라서 대화와 같은 공감각적 커뮤니케이션에서 핵심적인 역할을 하는 것이 촉각이다. 물론 청각도 촉각 못지않게 중요한 역할을 한다.

대화처럼 말로 하는 커뮤니케이션에서 사용되는 미디어를 구두미디어라고 한다. 이 구두미디어가 지배하는 사회는 부족사회였다. 부족사회에서는 청각, 촉각, 후각, 미각, 시각이 모두 커뮤니케이션을 위해 사용되지만, 특히 청각과 촉각이 주요한 기능을 한다. 청각과 촉각을 비롯한 오감을 모두 사용하며 커뮤니케이션을 하려면 사회의 모든 구성원들이 가까운 곳에 모여 살아야 한다. 엎어지면 코가 닿을 곳에 모여 살아야 언제든지 마을의 중요한 일들을 알려주고 논의하면서 공동생활을 할 수 있는 것이다. 그렇기 때문에 구두미디어를 사용하는 부족사회는 아주 넓은 지역을 포괄할 수 없다. 사람들이 몸을 움직여 쉽게 닿을 수 있는 곳에 모든 구성원이 모여 살아야 한다. 쉽게 닿을 수 없는 곳에 사는 사람들은 다른 부족의 사람들이 된다. 너무 멀리 떨어져 있으면 비록 왕래는 할 수 있겠지만 같은 공동체 문화를 공유하는 하나의 부족이 되기는 어려울 것이다.

사람이 직접 만나 대화를 한다는 것은 동일한 공간에서 온몸의 감각을 이용해 커뮤니케이션하는 것이다. 높거나 낮게, 느리거나 빠르게 소리를 내고 몸을 움직이거나 만지면서 하는 대화는 모든 감각이 참여하는 커뮤니케이션이다. 이런 공감각적 커뮤니케이션 형식이 지배적인 사회는 모든 감각이 조화를 이루면서 작동하는 사회라고 할 수 있다. 이 사회의 사람들은 온몸의 감각기관을 이용해 다양한 소리와 몸짓이 풍부하게 사용되는 커뮤니케이션을 한다. 춤, 노래 등이 일상생활 속에서 아주 흔하게 사용된다. 비교적 좁은 공간에 구성원들이 모여 살면서 춤과 노래를 통해 세상의 기원과 부족의 역사를 이야기하고 세대를 넘어 전달한다. 이 부족사회는 공통된 춤과 노래를 향유하고 동일한 옷, 음식, 집을 사용하면서 모든 사람들이 서로 알고 의지하는 공동체문화가 깊이 뿌리 내린 사회라고 할 수 있다.

소리의 높낮이와 표정, 행동을 통해 기쁨, 슬픔, 분노, 공포 등을 전달할 수 있는 음성언어와 몸짓언어는 문자에 비해 훨씬 더 감정적으로 풍부하며 사람들의 일상적 경험에 즉각적으로 연결돼 있다. 따라서 이런 구두미디어를 주로 사용하는 사람들의 삶은 자연과 유기적으로 연결돼 있다. 그들은 통합적인 삶을 산다고 할 수 있다. 음성언어와 몸짓언어를 위주로 한 구두미디어를 주요 커뮤니케이션 수단으로 사용하는 부족사회의 사람들은 자연의 힘에 순종하면서 신화와 의례로 가득 찬 마법의 세계에서 살아가며, 신을 믿고 따르는 집단적 무의식을 공유한다.

월터 옹(Walter Ong)은 『구술문화와 문자문화(Orality and Literacy)』에서 구술문화 속의 사람들은 말이 마법의 힘을 갖고 있다고 생각한다고 주장한다 (Ong, 1982). 왜냐하면 그들에게 말은 단순히 대상을 가리키는 기호가 아니라 벌어지는 사건이기 때문이다. 말은 소리가 날 때만 존재하고 소리가 사라지면 같이 사라져버린다. 문자처럼 고정돼 눈으로 볼 수 있는 기호가 아니라 소리에 의해 발생하는 사건인 것이다. 문자는 죽어 있는 사물이고 말은 역동적으로 살아 움직이는 힘이자 사건, 행동이라고 볼 수 있다.

이 부족사회에서는 정치, 종교, 일상이 명확히 분리돼 있지 않고 통합돼 있다. 이런 사회에서 사회적 커뮤니케이션의 주요한 통로 역할을 하는 것은 바로 샤먼(shaman)이다. 샤먼은 하늘과 땅, 사람과 자연을 연결하는 매개체이자 시간을 가로질러 과거, 현재, 미래를 아우르는 역사가이자 예언자이다. 샤먼의 활동은 바로 이야기를 통해 이뤄진다. 샤먼은 사회의 가장 중요한 공식적 이야기꾼이기도 하다.

보름달이 밝은 밤, 모닥불을 피워놓고 온 마을 사람들이 둥그렇게 모여 춤과 노래로 자연, 영혼, 조상을 곁으로 불러와 커뮤니케이션하는 부족사회의 모습을 상상해 보라. 가면을 쓰고 온몸에 색칠을 한 부족의 이야기꾼인 샤먼이 커다란 북소리와 다양한 악기 소리에 맞춰 노래와 춤으로 조상신과 부족의 전설에 대한 이야기를 전해준다. 열정적인 음악과 춤에 따라 움직이는 사람들은 모두 하나가 되는 황홀경에 빠져 공동체의 구성원이라는 것을 온몸과 마음으로 받아들이게 된다. 이처럼 청각과 촉각을 중심으로 모든 감각을 커뮤니케이션에 동원하는 부족사회는 모든 것이 유기적으로 얽혀 상호작용 하는, 감성적으로 풍부한 세계라고 할 수 있다.

3 ı 표음문자의 발명과 개인의 탄생

표음문자가 발명되자 이 모든 것이 변한다. 한글이나 알파벳처럼 스무 개가 조금 넘는 문자만으로 모든 의미를 나타낼 수 있는 표음문자는 그것이 지시하는 대상과 아무런 관계가 없다. '나무'라는 글자 자체는 현실의 나무와는 전혀 관계가 없다. 문자를 모르는 사람에게 그 문자는 무의미한 그래픽일 뿐이다. 당신이 아랍문자를 보면 그냥 구불구불한 선과 점으로밖에는 보이지 않을 것이다. 아랍문자를 배우지 않았기 때문이다. 한글을 모르는 외국 사람들도 우리가 쓰는 글자를 보면 그렇게 생각할 것이다.

표음문자는 오로지 시각을 통해서만 지각된다. 이런 표음문자가 지배적인 커뮤니케이션 수단으로 사용되면서 청각과 촉각을 중심으로 조화롭게 감각을 발달시켰던 부족사회가 변하기 시작한다. 시각이 가장 중요한 감각으로 자리를 잡은 것이다. 청각과 촉각을 따돌리고 시각이 지배적인 감각이 됐다는 것은 매우 중요한 환경 변화를 예고한다.

표음문자 이전에 이집트, 바빌로니아, 중국 등에서는 상형문자나 표의문자가 사용됐다. 그런데 이 문자들은 지시하는 대상과 일정한 관계가 있다. 모양이나 소리 같은 것이 비슷했던 것이다. 예를 들어, 한자의 사람 인(人)은 실제 사람이 서 있는 모습과 비슷하다. 이집트의 상형문자는 동물이나 집, 사람의 형태를 단순화된 그림으로 그려 소리나 의미를 나타낸다. 따라서 상형문자나 표의문자에서는 시각적 경험과 청각적 경험 사이의 분리가 완전히 이뤄지지 않았다.

하지만 표음문자의 등장으로 이런 감각적 경험과 문자 사이의 관계가 완전히 바뀐다. 표음문자는 문자의 형태와 소리 그리고 의미가 어떤 관계도 없이 별도로 존재한다. '나무'라는 글자는 /나무/라는 소리와 전혀 관계가 없다. 또 나무라는 사물과도 아무런 관계가 없다. 이런 표음문자가 발명돼 사용되기 시작하면서 사람들의 청각적 경험과 시각적 경험은 문자 사용과 완전히 분리됐다.

표음문자는 눈으로 보고 읽는 미디어이기 때문에 표음문자의 사용으로 커뮤니케이션에서 시각이 중요한 감각으로 떠오른다. 이에 따라 청각과 촉각을 중심으로 구성됐던 부족사회의 공간에도 큰 변화가 찾아온다. 커뮤니케이션에서 모든 감각이 동시에 사용되면서 함께 상호작용 하는 일이 사라지고 시각만이 강조된다. 아마도 부족사회에서는 샤먼이나 원로들에게 듣는 이야기와 몸으로 느끼는 감정이 눈으로 직접 보는 것보다 더 믿을 만한 것이었을 게다. 부족사회 사람들은, 눈은 사람을 쉽게 현혹시켜 거짓된 것을 보게 만든다고 생각했을 것이다. 신기루 같은 것처럼 말이다. 하지만 이제는 시각이 정보를 얻고 세상을 알고 살아가는 데 가장 중요한 감각으로 이해되기 시작한다. '백문불여일견(百聞不如一見)', 즉 '백 번 듣는 것이 한 번 보는 것만 못하다'라는 말은 바로 시각이 다른 감각보다 더 우월한 감각이 됐다는 것을 보여주는 말로도 이해할 수 있을 것이다.

청각과는 달리 시각은 세상을 거리를 두고 바라보는 감각이다. 눈으로 대상을 제대로 보려면 일정 거리 이상을 떨어져야 하기 때문이다. 눈에 너무 가까이 있는 물체는 보이지 않는다. 예를 들어, 속눈썹은 사실 우리 눈에 가장 가까이 있는 것들 중 하나인데 전혀 보이지 않는다. 그래서 눈으로 사물을 본다는 것은 사물과 거리를 둔다는 것을 의미한다. 이것은 사실 단순한 공간적 거리일 뿐이다. 하지만 공간적으로 거리를 둔다는 것은 심리적으로도 거리를 두는 결과를 낳는다.

실제로 공간적 거리와 심리적 거리는 아주 밀접한 관계가 있다. 우리가 다른 사람들과의 공간적 거리를 유지하는 방식을 사회문화적 관점에서 연구하는 것을 근접공간학(proxemics)이라고 한다. 에드워드 홀(Edward Hall)은 사람들 사이의 거리를 포옹이나 키스 등의 신체적 접촉이 허용되는 친밀한 거리, 친구와 유지하는 개인적 거리, 사무적인 만남이 이뤄지는 사회적 거리, 모르는 사람과의 일시적 만남이 이뤄지는 공적거리로 구분한다. 모르는 사람일수록 더 멀리 떨어져 있는 것이 편하다. 이 거리들은 성, 주거 환경, 지역, 문화에 따라 달라질 수 있다. 예를 들어 열정적이고 개방적인 문화를 가진 남미 사람들은 북미 사람들에 비해 잘 모르는 사람과의 거리도 더 가까이 유지하는 경향이 있다(Hall, 1966).

우리는 친한 사람일수록 공간적으로도 가까운 거리를 유지한다. 길거리에서 전혀 모르는 사람이 바로 앞에서 나를 바라본다거나 바로 옆에서 같이 걷는다고 생각해 보라. 기분이 아주 어색하고 불쾌할 것이다. 우리는 감정적으로 얼마나 친숙한지에 따라 다른 사람과 일정한 공간적 거리를 유지하면서 만난다. 아주 친하다면 손을 잡거나 팔짱을 껴도 전혀 어색하지 않으니까 공간적 거리는 0이 될 것이다. 만약 내가 아주 친하다고 생각하는 사람이 나와 함께 있을 때 항상 1미터 정도 떨어져 있다면 어떤 생각이 들겠는가? "아, 저 사람은 나를 별로 좋아하지 않나 보다"라고 생각할 것이다. 그렇게 거리를 두고 만나다 보면 어느새 두 사람은 정말 친하지 않은 사람이 돼버릴 수 있다. 공간적으로 멀어지면 심리적으로도 멀어진다.

눈으로 사물을 보는 것은 사물과 거리를 둔다는 것이다. 이것은 사물과 심리적으로도 거리를 두는 결과를 가져온다. 그래서 시각을 통해 사물을 지각한다는 것은 사물을 객관적으로 관찰하고 분석하는 것을 쉽게 해준다. 싫은 소리를 듣거나 불쾌한 냄새를 맡거나 이상한 물건을 만지는 것은 매우 힘든 일이다. 그 이유는 그것들이 즉각적으로 매우 나쁜 감정을 불러일으키기 때문이다. 하지만 눈으로 끔찍한 사물을 관찰하는 것은 그다지 어

그림 2-1 촉각적 공간의 마을

렵지 않다. 심지어는 아름답게 보일 수도 있다. 예를 들어, 쓰레기를 재현한 그림이나 사진을 상상해 보라. 오로지 시각적으로만 접하는 쓰레기는 조형적 관점에서 아름답게 보일 수도 있다. 다른 감각이 배제된 상태에서 시각만을 통해 사물을 접하게 되면, 비교적 차분하게 사물을 관찰할 수 있다.

앞서도 말했지만 시각은 사물을 거리를 두고 관찰하고 분석하는 감각이다. 그래서 시각이 지배적으로 많이 사용되는 사회에서 사람들은 객관적이고 분석적인 사고를 하게 된다. 부족사회의 청각적이고 촉각적인 공간은 유기적이고 통합적이었다. 사람, 사물, 자연이 모두 한데 어우러져 있었다. 하지만 표음문자 때문에 확장된 시각적 공간은 획일적·순차적·단선적(linear)이 된다.

예를 들어 우리는 마을을 촉각적인 방식으로 만들 수도 있고, 시각적인 방식으로 건설할 수도 있다. 마을을 촉각적으로 만든다는 것은 마을과 마을을 만드는 사람 사이의 거리가 별로 떨어져 있지 않다는 뜻이다. 그래서 우리는 땅이 높으면 높은 대로, 낮으면 낮은 대로 자기 마음에 드는 장소에 하나둘씩 집을 만든다. 집들은 여기저기 자연스럽게 흩어져 건설될 테고 집 사이로는 자연스럽게 구불구불 골목길이 생겨날 것이다. 옛날 마을들은 이런 식으로 자연적 지형에 맞춰 자연스럽게 형성된다. 이런 마을은 촉각적 공간을 갖는다(<그림 2-1>).

반면에 시각적인 방식으로 마을을 만드는 사람들은 마을을 건설할 때 우선 거리를 두고 바라보는 일부터 시작한다. 즉, 마을 전체의 설계도를 만들고 필요한 건물과 길의 위치를 미리 결정한 후에 차례차례 순서대로 만들어가기 시작한다. 높은 언덕이 있으면 깎아내고 움푹 들어간 곳이 있으면 메워 평평하게 만들 것이다. 중요한 건물부터 부차적 건물까지 순서가 정해지면 효율적인 교통을 위해 바둑판무늬처럼 짜인 직선 도로들을 따라 순서대로 건설한다. 이런 마을 공간은 별다른 지형적 차이 없이 어디나 동일하고, 효율을 위해 건물들이 순서대로 늘어선 획일적·순차적·단선적 공간이 될 것이다. 바로 시각적 공간이 되는 것이다.

표음문자의 등장으로 청각과 촉각에서 시각이 지배하는 사회로 옮겨가면서 과거에는 공동체의 일부분으로 자연은 물론이고 다른 사람들과 융화돼 살던 사람들은 자신을 환경으로부터 분리하기 시작한다. 이처럼 문자는 시각을 지배적인 감각으로 만들면서 사람을 개별적인 존재로 분리시키는 개인주의적 환경을 만든다. 시각이 가능하게 해준 관찰과 분석은 이성적이고 논리적인 생각을 중요시하게 만든다. 그래서 시각적 인간은 논리적이며 합리적이고 전문화된다.

부족 시대의 인간이 총체적 인간이었다면 문자 시대의 인간은 파편화된 인간이 된다. 부족사회의 공명(resonance)하는 마법 속에 조화로운 감각들을 통해 세계를 지각하던 총체적 인간은 사라지고 사회적으로 전문화되고 심리적으로 단순해진 개인이 등장한다. 개인(individual)이라는 말은 원래 나누는(divide) 것이 불가능하다는 뜻이다. 나누고 나눠서 마지막에 더는 나뉘지 않는 어떤 것으로서 다른 것과는 완전히 구분되고 분리된 것이 바로 개인이다. 즉, 개인은 자기만의 독자적인 정체성을 가진 존재다. 문자 문화는 이처럼 개인과 공동체의 분리, 육체와 정신의 분리, 이성과 감각의 분리를 바탕으로 한다. 이 문자 문화가 바로 오늘날과 같은 서구 문명을 발전시킨 토대가 된다.

표음문자의 발명으로 수학, 과학, 철학의 발전이 이루어졌다. 또 문자를 통해 문서의 기록과 보존이 가능해지면서 한 세력이 넓은 영토를 지배하고 관리하는 것이 가능해졌다. 구두미디어를 사용하는 부족사회에서는 바로 근처에 사람이 있어야만 커뮤니케이션이 가능했기에, 그 사회가 더 넓은 영토로 확장되기 어려웠지만 문자 미디어의 사용으로 아주 멀리 떨어진 곳의 사람들과도 커뮤니케이션이 가능해졌기 때문이다. 한마디로 중앙정부에서 지방 관리들과 커뮤니케이션할 수 있게 된 것이다. 이로써 체계적인 국가의 성립과 확장이 시작됐다고 할 수 있다.

해럴드 이니스(Harold Innis)는 『제국과 커뮤니케이션』에서 문자 사용으로 고대 이집트, 페르시아, 여러 도시국가, 로마제국 등이 탄생할 수 있었지만, 문자를 어떤 미디어에 기록해 사용하느냐에 따라 사회의 성격이 달라진다고 주장했다. 그는 미디어를 크게 돌, 토기, 양탄자처럼 오랜 시간 변하지 않는 시간 편향적 미디어와 파피루스, 종이처럼 쉽게 마모되는 공간 편향적 미디어로 구분한다. 시간 편향적 미디어가 오래 지속되는 강력한 왕국을 만들었다면, 운반이 쉬운 공간 편향적 미디어는 거대한 제국을 유지·관리할 수 있게 해준다. 제국이 공간적·시간적으로 유지될 수 있으려면 시간 미디어와 공간 미디어 간의 균형과 조화가 중요하다는 것이 이니스의 생각이었다(Innis, 1950).

4 | 인쇄술과 구텐베르크 은하계

인쇄술의 발명은 표음문자의 발명으로 시작된 시각의 지배를 더욱 확고히 만들었다. 표음문자가 청각적 세계에 떨어진 포탄이었다면 인쇄술은 수소폭탄의 위력을 가진 것이었다. 활자 인쇄는 표음문자가 극단적으로 확장된 것이다. 활자 인쇄는 시각을 절대적인 감각으로 만든다. 활자 인쇄는 우리가 앞에서 살펴본 획일성, 순차성, 논리성처럼 표음문자가 가져온 속성들을 강화했다. 개인은 무한정 반복해 인쇄될 수 있는 책을 소유할 수 있게 됐다. 획일적이며 반복 가능한 인쇄는 무한정한 정보를 생산·유통시킴으

그림 2-2 인쇄소
요스트 아만(Jost Amman),
1568년.

로써 개인을 보편적 지식의 소유자로 만들었다. 많은 책이 대량으로 인쇄되면서 값이 싸졌고, 많은 사람들이 책을 소유하고 읽을 수 있게 됐기 때문이다. 개인은 부족 공동체로부터 완전히 분리되고 합리적인 개체로 독립적이고 평등한 지위를 누리는 존재로 이해되기 시작한다. 인권 개념이 등장하게 된 것이다.

이처럼 인쇄술의 발명으로 시각이 지배적인 감각의 지위를 확고히 차지하면서 인간, 공간, 지식은 극단적으로 파편화되고 전문화된다. 활자로 인쇄된 책을 읽는 것은 독자와 책을 분리시키고 분석력을 증가시킨다. 현대사회에서 책은 조용히 눈으로만 읽는 것으로 여겨진다. 그러나 사실 책을 눈으로만 읽는 것은 근대에 와서 생긴 일이다. 예전에는 책을 소리 내서 읽었다. 아마 모두들 역사 드라마에서 양반집 도령이 책을 소리 내 읽는 장면을 본 기억이 있을 것이다. 당시에 책을 소리 내서 읽은 것은 아마도 부족사회의 청각적 습관이 문자 시대에 들어와서도 어느 정도 유지되고 있었기 때문일 것이다.

하지만 인쇄술이 발명되고 책이 대중화되면서 책은 눈으로만 읽는 것이라는 생각이 자리를 잡는다. 책을 눈으로만 읽는다는 것은 주변 환경과는 고립된 채 혼자 책의 내용만을 생각하고 분석한다는 뜻이다. 책의 내용을 이해하고 분석하는 모든 책임을 개인이 지게 된 것이다. 인쇄술이 종교개혁을 일으킨 원인이 된 것도 이와 관계가 있다. 인쇄술은 1450년경 발명된 후 급속도로 유럽 각국에 퍼졌다(<그림 2-2>). 요하네스 구텐베르크(Johannes Gutenberg)가 가장 먼저 인쇄한 책은 『성경』이었다. 이후 각국의 인쇄소에서 대량으로『성경』을 인쇄해 내기 시작한다. 1517년 독일의 마르틴 루터 (Martin Luther)가 쓴 가톨릭교회의 부패를 비판하는 「95개조 반박문」이 대량 인쇄돼 독일은 물론이고, 유럽 전역으로 퍼져나가면서 종교개혁 운동이 시작된다.『성경』은 각국 언어로 번역돼 인쇄·출판됐고, 종교개혁 운동가들은 선전 책자를 대량 인쇄해 보급하면서 대중의 지지를 이끌어냈다.

인쇄술의 발명으로『성경』을 대량으로 출판하는 것이 가능해졌고, 그 전까지 교회와 성직자들만이 읽을 수 있던『성경』을 누구나 읽을 수 있게 됐다. 교회가 제공하는『성경』의 해석에만 의존하던 사람들이 이제 직접『성경』을 읽고 나름대로 의미를 해석할 수 있게 된 것이다. 그래서 종교개혁은 단순히 부패한 가톨릭교회의 행태에 반대해 시작된 것이 아니라 바로『성경』의 해석권을 로마 교황청이 독점하는 것에 대한 저항이라는 의미를 갖고 있다. 결국 로마 교황청에서『성경』해석권을 가진 가톨릭교와는 달리 개신교에서는 원칙적으로 누구나『성경』을 해석할 수 있기에『성경』해석 방식에 따라 다양한 종파가 등장하게 됐다.

인쇄술 덕분에 책이 대중화되면서 전문 지식도 대중화된다. 대중의 교육을 위한 학교가 세워지고 지식의 축적과 전수가 활발히 이뤄지면서 과학이 발달한다. 과학은 구체적 현상을 추상적인 언어로 분석·예측하고 정리하는 작업이다. 언어를 분석하고 정리해서 언어의 추상적 규칙 체계를 만들어내는 언어학도 함께 발달한다. 언어학을 비롯한 모든 과학은 다양한 현상을 단일하고 획일적인 체계 안에서 정리해 설명하는 것이다. 지역마다 다양한 방언을 가진 언어도 언어학을 통해 동일한 체계를 가진 하나의 획일적 언어로 재구성된다. 그리고 대량으로 인쇄되는 책에 사용될 수 있는 언어와 사용될 수 없는 언어가 구별된다. 한 국가에서 사용되는 대표 언어가 정해지고 그 국가에서 발행되는 모든 책은 그 언어로만 써진다. 즉, 표준어가 생기고 표준어 외의 언어는 방언이 된 것이다. 결국, 활자로 인쇄된 책은 지역의 방언들을 없애고 단일 국가 안에 단일 언어가 사용되는 체계를 구축하게 된다. 예를 들어, 제주도 방언으로 쓰인 철학책이나 과학책은 존재할 수가 없는 것이다. 지역 언어에 대한 관심이 다시 나타나는 것은 인쇄 시대가 끝나고 전자 시대로 접어들어야 가능해진다.

이처럼 획일적이고 폐쇄적인 단일 언어 체계는 민족주의(nationalism) 개념을 낳는다. 민족주의는 사람들이 자신들을 하나의 동일한 민족(또는 국민)으로 인식하고 단일한 민족(국민)으로 단일한 국가를 구성하고자 하는 정치적 이념을 가리키는 말이다. 인쇄 시대 이전의 사람들은 비록 동일한 국가의 구성원들이라 하더라도 국가보다는 자신이 사는 고장이나 도시 또는 지도자에 대한 소속감과 충성심이 더 높았다. 국가 전체의 구성원을 아우르는 정체성이나 동질감 같은 것이 없었던 것이다. 앞에서 언어의 사례에서 봤듯이 인쇄 시대는 국가 차원의 획일화된 환경을 만드는 경향을 증가시킨다. 지역의 방언이 억압되고 단일한 언어를 사용하도록 강요받으면서 같은 단일 언어를 쓰는 같은 민족(국민)이란 생각이 등장하게 된다. 또한 화폐, 시장, 교통 등도 국가 전체 차원에서 동일한 것으로 통일된다. 이에 따라 민족주의가 등장하고 강화될 수 있는 환경이 만들어졌다고 볼 수 있다. 같은 언어로 읽고 말하고 같은 돈을 사용하고 같은 철도를 이용한다면 같은 국가의 국민이라는 생각이 들 것이다.

베네딕트 앤더슨(Benedict Anderson)은 『상상의 공동체』에서 민족이란 사람들이 상상하는 공동체라고 주장한다. 왜냐하면 민족의 구성원들을 일상생활에서 모두 만나고 아는 것은 불가능하기 때문이다. 민족이란 공동체가 상상될 수 있는 이유는 우선적으로 동일한 언어를 사용한다는 사실에서 온다. 공동체가 동일한 언어를 사용하게 된 것은 인쇄 자본주의(print capitalism) 덕분이었다. 돈을 벌기 위해 자본가들은 많은 사람들이 읽을 수 있는 일상의 언어로 책과 신문을 만들기 시작했던 것이다. 앤더슨은 이런 책과 신문들이 동일한 언어와 사건을 공유하는 동일한 민족이라는 공동체 의식을 만들어냈고 민족주의 담론을 탄생시켰다고 주장한다(Anderson, 1983).

획일성, 순차성, 논리성을 강화하는 인쇄술은 기계를 이용한 생산, 순차적인 분석, 단계적인 일처리에 우호적인 환경을 만들어낸다. 지식의 축적과 과학의 발전을 가능하게 한 인쇄술 덕분에 다양한 발명품이 만들어지는데, 특히 기계의 발명과 발전이 두드러지게 나타난다. 증기기관을 비롯한 다양한 기계가 산업에 활용되면서 산업혁명과 대량생산의 기반이 만들어진다. 그런데 대량생산은 단지 기계를 사용한다고 해서 가능한 것이 아니다. 노동 분업이나 조립생산 라인과 같은 산업기술의 발명이 필수적이다. 이런 산업 기술은 기본적으로 시각 문화에 바탕을 둔 획일성, 순차성, 논리성이 없다면 고안되기 어렵다. 하나의 전체로 뭉뚱그려져 있는 노동을 수많은 단순 작업들이 연속적으로 늘어선 과정으로 분해해 내려면 마을을 하나의 시각적 공간으로 만들 때처럼 미리 계획해 노동 과정을 획일적이고 순차적인 것으로 정리해 낼 수 있는 사회문화적 환경이 마련돼 있어야 한다.

인쇄술은 표음문자의 발명으로 시작된 시각적 문화의 특성을 극단적으로 강화하면서 오늘날 우리가 아는 것처럼 르네상스, 종교개혁, 계몽사상, 과학과 기술의 발전, 민족주의의 등장, 산업혁명을 기반으로 한 물질문명을 가능하게 만들었다고 할 수 있다. 인쇄술의 발명으로 초래된 이와 같은 새로운 사회를 매클루언은 '구텐베르크 은하계'라고 부른다.

5 | 마르코니 성운의 지구촌

구텐베르크 은하계는 '마르코니 성운'에 의해 그 빛을 잃게 된다. 잘 알려져 있듯이 굴리엘모 마르코니(Guglielmo Marconi)는 전신을 발명한 사람이다. 마르코니는 이탈리아 전기공학자로 19세기 말에 전자기파를 이용해 멀리 떨어진 곳에도 신호를 전달할 수 있는 장치를 만든다. 쉽게 말하면 무선통신 장치를 발명한 것이다. 초창기 무선통신은 주로 해상에서 선박끼리의 커뮤니케이션을 위해 사용된다. 1912년 빙산에 부딪혀 침몰한 타이타닉호는 바로 빙산이 있다는 다른 선박의 무선통신 내용을 무시한 결과로 비극을 맞이했지만, 또한 무선통신을 이용해 조난신호를 보낸 덕분에 그나마 다른 선박의 도움을 받아 적지 않은 인명을 구해낼 수 있었다. 무선통신 기술은 1906년 소리 신호를 증폭해 전달할 수 있는 삼극진공관이 발명되면서 곧 라디오의 발명으로 이어진다.

전신의 발명으로 전기미디어의 시대가 열린다. 전신, 라디오, 영화, 전화, 텔레비전, 컴퓨터와 같은 전기미디어는 책과 같은 기계적 미디어와는 완전히 다른 감각을 발전시킨다. 전기미디어는 바로 인간의 대뇌, 척수와 같은 중추신경계를 연장하고 확장시키는 것이다. 매클루언은 전기미디어와 마찬가지로 인간의 중추신경계도 전기적 자극을 통해 신호를 전달하기 때문에 이런 말을 한 것으로 보인다. 그만큼 전기미디어는 즉각적으로 인간의 뇌에 영향을 미친다는 뜻으로 볼 수 있다. 이에 따라 인간의 심리적·사회적 환경에 큰 변화가 발생한다.

매클루언이 보기에 전기미디어 중에서 현대사회에 가장 중요한 영향을 미친 것은 텔레비전이다. 텔레비전은 흔히 시각적 미디어로 생각하기 쉽다. 실제로 우리는 '텔레비전을 본다'고 말한다. 하지만 매클루언은 텔레비전이 촉각적인 미디어라고 주장한다. 왜 그럴까?

텔레비전의 화면은 작은 점들로 이루어진 모자이크와 같아서 화면이 선명하지 않다. 물론 현재 우리가 보는 고화질 텔레비전은 화면의 화소수를 높여 상당히 선명한 영상을 제공하지만, 그 전에 사용하던 텔레비전의 화질은 그다지 좋지 못했다(<그림 2-3>). 게다가 음질도 상대적으로 좋지 않았다. 스크린이 엄청나게 큰데도 선명한 영상을 보여주고 뛰어난 음질의 음향효과를 제공하는 영화와 비교한다면 텔레비전은 여전히 영상과 소리에서 부족한 점이 있다. 따라서 텔레비전의 정보를 잘 파악하기 위해서는 모든 감각을 동원해야 한다.

이와 관련해, 매클루언은 핫 미디어(hot media)와 쿨 미디어(cool media)를 구분한다. 핫 미디어는 정보를 세밀히 전달하기 때문에 사용자가 편히 지각할 수 있는 미디어이고, 쿨 미디어는 정보를 세밀히 전달하지 않기 때문에 사용자가 감각기관을 동원해 적극적으로 지각하려 노력해야 하는 미디어다. 영화는 핫 미디어라 할 수 있고, 텔레비전은 쿨 미디어라고 할 수 있다. 매클루언은 쿨 미디어가 사람들을 능동적인 참여자로 만든다고 생각했다. 따라서 쿨 미디어가 지배적인 사회는 능동적이고 민주적인 사회가 된다고 봤다.

촉각은 모든 감각이 상호작용 하는 공감각이기 때문에 촉각적 미디어인 텔레비전은 인간의 감각을 고루 발전시킨다. 결국 텔레비전은 문자의 발명 이후 계속 돼온 시각의 지배에 종지부를 찍는다고 할 수 있다. 이에 따라 시각이 지배적이었던 사회는 청각, 촉각이 다시 중요한 지위를 차지하는 사회로 변한다. 이것은 부족사회의 인간이 다시 등장한다는 것을 의미한다.

사실상 표준어만을 사용하는 인쇄미디어와는 달리 텔레비전과 같은 전기미디어에서는 사투리나 지역 언어가 자주 등장한다. 드라마에서 사투리를 쓰는 등장인물이나, 다른 지역 출신이어서 서울말이 서툰 연예인을 떠올려 보라. 그들이 쓰는 말 자체가 독특한 캐릭터를 만든다. 우리는 그것을 개성으로 받아들이거나 그런 모습에 친근감을 느끼기도 한다. 아예 지방의 한 도시를 배경으로 그 지역 사투리를 쓰는 인물들만 등장하는 드라마가 인기를 끌기도 한다. 이처럼 텔레비전에서 획일화되고 표준적인 것이 아니라 다양한 지역의 특성을 보여주는 것은 부족사회와 같은 유대감을 강화하는 역할을 한다. 텔레비전을 통해 인간 사회는 다시 부족사회화한다고 볼 수 있는 것이다.

또 텔레비전은 전기의 힘으로 지구 위의 모든 지역을 동시에 연결시킬
수 있다. 우리는 런던이나 뉴욕, 남아프리카공화국에서 일어나는 일을 텔
레비전을 통해 생중계로 경험할 수 있다. 마치 지구가 하나의 마을공동체,
즉 지구촌(global village)이 된 것과 같다. 사실 이 지구촌이라는 말도 매클루
언이 처음 사용한 것이다. 결국 모든 장소의 모든 사람이 텔레비전을 통해
연결되고 관계를 맺는 것이다. 텔레비전을 통해 전 지구적 차원에서 다시
부족사회가 등장했다고 보는 것이다.

텔레비전을 통해 우리는 세상의 여러 사건에 마치 직접 참여하는 듯이
연루되며 나도 모르게 개입하게 된다. 이처럼 공감각적인 공통의 경험과
참여를 촉진시키는 텔레비전은 인쇄미디어가 우리에게 조장하는 특성들을
없앤다. 인쇄 시대에는 획일성, 순차성, 논리성을 바탕으로 공장의 조립생
산 라인에서처럼 단순하고 파편적으로 나뉘어 있는 행위를 반복하는 노동,
직무의 전문화 같은 현상들이 지배적이었다. 예를 들면, 자동차를 만드는
공장에서 누군가는 엔진을 장착하는 일만, 누군가는 문을 붙이는 일만, 누
군가는 바퀴를 다는 일만 하루 종일 반복하는 것과 같다. 이 경우 자기가
하는 일에 대해서는 잘 알지만, 같은 공장에서 일하더라도 다른 사람은 어
떻게 일하는지, 자동차를 만드는 데 전체적으로 어떤 작업이 필요한지 그
노하우는 잘 알지 못한다. 이렇게 각자 맡은 일만 반복하게 되고, 정해진
순서에 따라 행해지는 작업들이 합쳐져 하나의 자동차가 탄생된다.

반면 전자 시대에는 단순하고 반복적인 일만 하는 공장의 조립 라인은
점차 사라진다. 또 전체를 보지 못한 채 단편적인 것만을 암기하는 교육이
나 직업은 설 자리를 잃는다. 이제 새로운 감각의 시대가 시작된 것이다.
시각에만 의존하는, 다시 말해 논리적인 사고만을 하는 기계적 감수성을
가진 사람에게는 너무나 불안한 시대가 된다. 인쇄 시대에 가장 중요시됐
던 것이 IQ(지능지수)였다면, 이제는 EQ(감성지수)나 CQ(창조성지수)가 더 중

요해진 것이다.

매클루언은 인터넷을 경험하지 못한 시대에 살았기 때문에 텔레비전이 전자 시대의 지배적인 미디어라고 생각했다. 그런데 매클루언이 텔레비전과 관련해 한 이야기는 인터넷을 이용하는 디지털 미디어에도 해당된다고 할 수 있다. 실제로 매클루언은 전자 시대에 인간은 자신의 뇌를 두개골 밖에 두고 신경을 피부 밖에 내놓는다고 말했다. 매클루언은 미디어가 인간 몸의 확장이라고 생각했다. 매클루언식으로 이해하자면 오늘날의 컴퓨터와 인터넷은 우리의 뇌와 신경이 확장된 것이라고 말할 수 있는 것이다. 실제로 매클루언은 전기미디어가 인간의 중추신경 조직을 확장해 부족적인 그물망으로 사람들을 연결시키고 지구를 하나의 마을처럼 만든다고 했다. 이것은 마치 오늘날의 디지털 미디어와 인터넷 환경을 설명하는 것처럼 보이기도 한다.

6 | 미디어와 메시지

매클루언은 미디어를 아주 넓은 의미로 사용한다. 일반적으로 미디어라고 하면 대개는 말, 문자, 그림, 책, 신문, 전화, 사진, 영화, 라디오, 텔레비전, 컴퓨터 등을 떠올린다. 그런데 매클루언은 인간의 몸과 감각을 확장시키는 모든 기술을 미디어라고 부른다. 바퀴는 발의 확장이고 옷은 피부의 확장이기 때문에 바퀴와 옷도 미디어에 포함된다. 철도, 자동차, 화폐, 주택, 무기 등도 모두 미디어에 포함된다. 따라서 매클루언은 인간이 사회생활을 하며 만들어낸 모든 것을, 그것이 인간의 감각 활동에 영향을 미친다면, 미디어라고 부르는 것으로 보인다.

매클루언은 미디어가 가진 기술적 속성이 인간의 감각을 발달시키고 나아가 인간관계와 사회제도에 영향을 미친다고 주장한다. 미디어가 전달하는 메시지는 부수적인 영향만 미칠 뿐이다. 일반적으로 사람들은 미디어 자체는 중립적이라고 생각하고 미디어가 전달하는 메시지가 사람에게 영향을 미친다고 본다. 예를 들어, 사람들은 텔레비전 자체가 문제가 아니라 텔레비전에서 폭력적이거나 선정적인 프로그램을 방송하는 것이 문제라고 본다. 하지만 매클루언은 텔레비전 자체가 존재한다는 것만으로도 인간의 심리적·사회적 환경은 변한다고 주장한다.

미디어의 기술적 속성이 인간의 감각에 직접적인 영향을 미치고 사회제도를 변화시키기 때문에 미디어에 무엇을 담는지 알고자 하는 식으로 미디어에 대응하는 것은 바보 같은 짓이 된다. 인쇄된 책이 인간과 사회를 변화시킨 것은 책의 내용이 특별했기 때문이 아니라는 것이다. 책의 내용과는 관계없이 인쇄된 책이 대량으로 제작됐고, 사람들이 그것을 읽었기 때문에 시각적·논리적 사고가 발달되고 민족주의의 등장, 산업혁명 등의 변화가 일어났다는 것이 매클루언의 생각이다.

다른 예를 들어보자. 철도의 등장은 새로운 종류의 도시와 노동 형태, 여가 생활을 만들어냈다. 19세기 초부터 상용화되기 시작한 철도는 많은 사람과 물자를 한꺼번에 운송하면서 사회의 모습을 바꿔놓았다. 물자 운송이 빠르고 쉬워지면서 대량생산을 하는 공장들이 모인 산업도시들이 증가한다. 농촌에서는 도시에 판매하기 위해 대량생산이 가능한 작물들을 재배하기 시작하고 어촌도 수산물의 대규모 처리시설을 갖춘 항구도시로 발달한다. 또 철도를 따라 새로운 도시들이 생겨난다. 도시 근교에서 도심의 일터로 노동자들을 운송하는 일이 쉬워지면서 도시 근교의 주택 지역이 개발되고 장거리 여행이 증가하기 시작한다.

이러한 변화는 철도가 어떤 종류의 화물을 운반했는가 하는 것과는 아무런 관계가 없다. 철도(미디어)가 어떤 화물(메시지)을 운반하는지가 중요한 것이 아니라, 철도가 어떤 종류의 기술적 속성을 가지고 있는지가 중요한 것이다. 철도가 생겼기 때문에 사회제도가 변하고 인간 생활이 달라지고 새로운 문화적 환경이 생겼다면, 철도가 전달하는 것은 구체적인 화물이 아니라 바로 그러한 변화들이다. 이러한 변화들이 철도의 기술적 속성 때문에 생긴 것이기 때문에 철도가 전달하는 메시지는 바로 철도 자체의 기술적 속성이라고 말할 수 있다는 것이다. 결국 미디어 자체가 메시지라고 할 수 있을 정도로 미디어와 메시지는 불가분의 관계를 맺고 있다.

그래서 매클루언은 미디어가 메시지라고 말한다. 이 말은 미디어 자체의 기술적 속성이 인간과 사회에 영향을 미침으로써 그 자체로 어떤 메시지처럼 기능한다는 뜻이다. 전기와 같은 미디어는 그 자체로는 아무런 내용도 갖고 있지 않다. 하지만 전기를 사용한다는 것만으로도 인간 생활에는 큰 변화가 발생한다. 우리는 전기를 쓰는 것이 당연한 세상에 살고 있지만, 그렇지 않았던 시절을 상상해 보라. 전기가 없다면 밤에 책을 읽는 것도, 시도 때도 없이 휴대폰을 사용하는 것도, 텔레비전이나 영화를 보는 것도 불가능했을 것이다. 전기가 없던 세상과 전기를 이용하는 세상에서 사람들이 살아가는 방식은 너무나 다르다고 할 수 있다. 매클루언은 미디어는 마사지(massage)라고도 말했다. 미디어가 마치 마사지처럼 우리의 모든 감각기관들을 주무르고 만져서 완전히 변화시킨다는 것을 강조하기 위해 사용한 말이다.

이와 같은 관점에 따른다면, 영상미디어도 각각의 영상미디어가 가진 물질적·기술적 속성에 따라 서로 다른 방식으로 사회와 문화에 영향을 미친다고 할 수 있다. 미디어와 사회의 관계 안에서 영상미디어가 다른 미디어에 비해 더욱 흥미로운 기능을 할 수 있는 것처럼 보이는 것은 영상미디어 안에는 서로 완전히 다른 기술적 속성을 가진 영상들이 있기 때문이다. 모두 영상이라는 말로 총칭되지만 사실은 존재 양식이나 작동 방식이 완전히 다른 것들이 있다. 예를 들어, 그림과 텔레비전 영상은 매우 다른 영상미디어다. 그렇다면 각각의 영상미디어가 가진 기술적 속성이 사회와 문화에 어떤 영향을 미치는지에 대해 알아보도록 하자.

3장

영상미디어와 시대

1 | 영상과 언어

미디어의 물리적·기술적 속성에 따라 육체의 특정한 감각이 장려되고 촉진된다고 생각한 매클루언에 따르면, 인류의 역사는 육체의 다양한 감각이 모두 촉진되던 시대에서 시각만이 중요시되는 시대를 거쳐 다시 여러 감각이 사용되는 시대로 변해왔다. 매클루언의 주장과 관련해 한 가지 아쉬운 점은 그가 시각의 문제를 오로지 표음문자와 인쇄 활자라는 미디어와의 관계 속에서만 고찰했다는 점이다. 이 과정에서 시각과는 떼려야 뗄 수 없는 미디어인 영상의 역할은 중요하게 다뤄지지 않았다.

미디어와 사회의 역사를 고찰하는 과정에서 영상미디어가 차지하는 위치는 특별하다. 먼저 영상 자체가 언어와는 완전히 다른 성격을 가진 것으로 간주된다. 영상과 언어는 인간의 커뮤니케이션에서 가장 중요하게 사용되는 미디어이면서 성격이 상반된 미디어로 여겨진다. 언어가 이성적이면서 논리적이고 세분화·전문화되고 분절된 메시지를 전달하는 미디어로 여겨진다면, 영상은 감성적이면서 비논리적이고 구체화·총체화된 포괄적 메시지를 전달하는 미디어로 이해된다. 매클루언의 시대 구분에서도 나타나듯이 인쇄술과 관련한 이성, 계몽, 과학의 발달은 언어와 직결된 것처럼 서술되는 반면에, 그와는 반대되는 감성적·시적 경향의 발달은 영상과 결부된 것처럼 기술된다. 영상은 언어와는 대척점에 서 있는 미디어로서 이성의 시대 이후에 등장하는 감성의 시대를 대표하는 미디어처럼 이해되는 것이다.

이처럼 영상은 언어와 서로 구분되면서 각각 역사의 다른 시대를 대표하는 미디어처럼 다루어지지만, 동시에 영상미디어 자체가 하나의 단일한 미디어로 취급되기 어렵다는 문제도 갖고 있다. 영상미디어 안에는 매우 다양한 미디어들이 포함돼 있으며, 각각의 영상미디어는 서로 다른 존재 양식과 제작 방식을 갖고 있다. 예를 들어, 그림과 텔레비전은 둘 다 영상으로 총칭될 수 있다는 공통점을 갖고 있을 뿐 전혀 다른 미디어다. 이처럼 다양한 영상미디어들은 탄생한 시기도 서로 다르다. 이들을 시기순으로 나열한다면 우리는 영상미디어의 연대기도 만들어볼 수 있을 것이다.

먼저, 영상과 언어가 어떻게 서로 비교되고 구분되는지 알아보자. 서양 문화권에서는 영상과 언어를 이항대립적 관계로 파악하는 경향이 있다. 물론 한국을 포함한 동양 문화권에서도 영상과 언어를 구분하면서 언어를 더 중요시하고 영상을 상대적으로 괄시하는 경향을 보여왔지만, 서양 문화권에서 나타나듯이 체계적으로 영상과 언어 사이의 대립적인 구도를 만들어 내지는 않았다. 동양 문화권에서 영상과 언어의 관계는 좀 더 유연하게 얽혀 있다. 레지스 드브레(Régis Debray)는 서양 문화권에서 영상과 언어에 대해 전개돼 온 이항 대립적 사고를 〈표 3-1〉과 같이 정리한다.

이것을 보면 서양 문화권에서는 영상과 언어 사이의 관계가 기독교 사상을 바탕으로 이해돼 왔다는 것이 나타난다. 영상이 육체적인 것, 여성적인 것, 감성적인 것, 자연 상태의 것 등으로 이해되는 반면에, 언어는 정신적인 것, 남성적인 것, 이성적인 것, 문화적인 것 등으로 이해된다. 영상은 자연 상태의 것이기 때문에 질서가 없는 혼돈 상태에 있지만, 언어는 질서와 법이 부여된 문화적인 것이다. 영상이 죄를 지은 인간적인 상태에 머물러 있는 것이라면, 언어는 신의 말씀에 의해 규범화된 것으로 구원받은 상태에 도달한 것이다. 따라서 영상은 인간이 손쉽게 접근 가능한 것으로 신과의 만남을 중간에서 매개할 수 있지만, 언어는 그 자체가 신으로부터 나온 것이기 때문에 언어를 이해할 수 있는 선택받은 이들만이 신과 직접 만날 수 있는 기회를 제공한다. 영상은 신의 말씀인 언어가 정해놓은 시나리오를 구체적으로 연출해 드러내는 것이다. 영상은 공간을 재현하고 공간 안에 존재하지만, 언어는 순서대로 단어를 나열하면서 의미를 전달하기 때문에 시간 속에 존재한다. 대상의 형태를 유사하게 재현하는 영상은 대상과 연

표 3-1 **영상과 언어의 비교**

영상	언어
자연(phusis)	문화(nomos)
수동성(오목, 자궁, 모태)	능동성(볼록, 정액, 종자)
육체	정신
여성적(관능, 포용)	남성적(엄격, 청교도 정신)
의태, 모방(속임수)	상징(확실성)
쾌락 원리(유혹)	현실 원리(교정)
감성의 가치(예술, 본능, 직관)	지성의 가치(지식, 거리 두기, 연역)
뜨거움의 반가치(오염, 불순, 병)	차가움의 반가치(폭력, 억압, 불모)
복사물(재생산을 보장)	원본(출산을 보장)
매개하는 개체(성모마리아, 연출)	매개된 개체(말씀, 시나리오)
삼차원적(대중적, 접근 가능한)	이차원적(엘리트적, 까다로운)
공간	시간
연속	불연속
다신론(원죄)	일신론(구원)

자료: 드브레(1994: 193).

속적인 관계를 유지하지만, 대상과의 유사성을 갖지 않는 언어는 대상과
단절돼 있다. 또한 의미론적 차원에서도 영상은 형태의 점진적이고 연속적
인 변화를 통해 의미의 변화를 만들어내지만, 언어에서의 변화는 단절적이
고 불연속적이다. 예를 들어, '나'에서 '너'로의 변화는 연속적이고 점진적인
방식으로 일어날 수 없다.

　예술 영역에서 주로 활용되는 영상은 직관적이고 포괄적인 방식으로 의
미를 만들어내지만, 과학 영역에서 주로 활용되는 언어는 논리적이고 분석
적인 방식으로 의미를 만들어낸다. 영상을 이용하는 예술가와 언어를 이용
하는 과학자는 서로를 이해할 수 없는 존재다. 예술가는 직관적인 이해를

추구하지만 과학자는 분석적인 설명을 요구하기 때문이다. 언어가 문자나 활자의 형태로 존재할 때는 영상과의 차이가 더욱 뚜렷이 드러난다. 매클루언은 표음문자와 인쇄 활자의 시대에 시각이 극도로 촉진되면서 사회의 여러 분야에서 전문화, 파편화, 체계화 경향이 나타난다고 봤다.

여기에서 흥미로운 점은 시각과 직접적 관계를 맺고 있는 것은 언어보다는 영상이라는 사실이다. 매클루언은 구두언어와 문자언어를 구분하면서 시각에 호소하는 문자언어가 청각에 호소하는 구두언어와는 완전히 다른 방식으로 사회와 문화에 영향을 미친다고 봤다. 반면에 동일하게 시각에 호소하는 영상에 대해서는 별다른 관심을 기울이지 않는다. 그가 텔레비전에 주목한 것은 텔레비전이 시각뿐만 아니라 청각에도 호소하는 공감각적 미디어이기 때문이다. 하지만 텔레비전보다 훨씬 이전부터, 아마도 인류가 등장한 때부터 영상은 제작돼 왔고 중요한 커뮤니케이션 미디어로 사용돼 왔기 때문에, 시각에 호소하는 영상미디어의 존재가 사회와 문화에 미친 영향이 무엇인지에 대해서도 생각해 볼 필요가 있다.

드브레는 매클루언과 비슷한 방식으로 인류의 역사를 각 시대마다 지배적으로 사용되는 미디어를 중심으로 세 단계의 시대로 구분한다. 드브레의 시대 구분이 매클루언의 것과 다른 점은 미디어의 사용을 육체의 감각과 연결시키기보다는 종교와 문화의 속성과 연결시킨 것이다. 그래서 그는 각 시대마다 영상이 어떤 방식으로 존재하며 어떤 사회문화적 기능을 하는지 설명할 수 있었다.

드브레는 미디어 세계(médiasphère)라는 관점에서 사회를 조망한다. 미디어 세계는 "메시지와 인간의 전달과 운송 환경"을 의미한다(Debray, 1994: 40). 드브레는 역사적으로 세 개의 미디어 세계를 구분한다. 구어 세계(logosphère), 활자 세계(graphosphère), 비디오 세계(vidéosphère)가 그것이다.

구어 세계는 문자가 입으로 하는 말에 의해 지배받던 세계다. 이 세계는 문자가 탄생한 시기부터 인쇄술이 발명된 시기까지 존재했다. 이 시기에

문자는 존재했지만 문자를 기록해 전달하는 미디어(돌, 파피루스, 양피지 등)가 무겁거나 비싸거나 희귀했기 때문에 많은 정보를 담기 어려웠고, 많은 사람들이 넓은 지역에서 사용하기도 힘들었다. 따라서 문자의 전파는 좁은 지역에서 소수의 사람들에 의해 느리게 이뤄졌다. 문자로 된 텍스트는 드물었을 뿐만 아니라 신성한 것으로 간주됐다. 그 텍스트의 내용을 전달하기 위해서는 문자를 소리 내 읽어야 했다. 결국 구어 세계는 문자는 존재했지만 말이 지배하는 세계였다. 예를 들어, 『성경』은 신의 말씀을 기록한 것이었고 『성경』의 말씀을 전달하기 위해서는 성경을 소리 내 읽어야 했다. 문자는 신의 말씀을 고정시키는 수단인 반면에 구어는 그 말씀의 내용을 드러내는 수단이었다.

활자 세계는 인쇄된 책이 신화와 지식의 모든 상징적 영역을 지배하던 세계이다. 이 세계는 인쇄술이 발명된 때부터 컬러텔레비전이 발명된 때까지 존재했다. 인쇄술의 발명으로 기록되는 정보의 양이 크게 증가했고 정보가 배포되는 지역의 넓이도 매우 확대됐다. 책은 수출되고 번역됨으로써 책이 원래 만들어진 공간과 시간을 뛰어넘게 됐다. 구어 세계를 지배하던 연설가나 음유시인은 일반적으로 익명의 인물이었지만, 활자 세계를 지배하는 책의 저자들은 유명해졌고 숭배됐다. 활자 세계에서는 책이 축적하고 전달하는 지식을 기반으로 과학적이고 실증적 사고와 논리가 발달했고, 인간과 사회가 진보한다는 믿음이 형성됐다.

비디오 세계는 텔레비전 방송이 정보와 이야기의 전달을 지배하는 세계다. 이 세계는 비디오 기술을 바탕으로 컬러텔레비전이 발명된 때부터 현재까지 이어진다. 이 세계에서는 책이 상징적 권위를 잃어버리고 가시적인 것이 비가시적인 것을 압도한다. 신, 역사, 이성과 같이 과거에 세계를 지배하던 비가시적인 위대한 개념들은 힘을 잃는다. 텔레비전 기술에 의해 시간과 공간의 거리가 소멸하면서 지구의 모든 지역이 하나로 연결되는 세계화의 시대가 열린다.

표 3-2 **세 가지 미디어 세계의 비교**

	구어 세계	**활자 세계**	**비디오 세계**
지배 미디어	말, 문자	인쇄미디어	시청각미디어
집단의 모습	절대주의 (도시, 제국, 왕국)	민족주의, 전체주의 (민족, 인민, 국가)	개인주의 (주민, 사회, 세계)
시간의 모습	원(영원, 반복)	선(역사, 진보)	점(현재, 사건)
규범 연령	옛사람	어른	청년
상징적 기초	종교(신학)	체계(이데올로기)	모델(도상학)
정신적 지주	교회(교리)	지식인(지식)	미디어(정보)
복종의 기준	신앙	법	의견
개인의 지위	백성(지휘 대상)	시민(설득 대상)	소비자(유혹 대상)
동일시 대상	성인(saint)	영웅	스타
영향력 수단	예언	출판	출현
설득의 문장	신이 말했다	책에서 읽었다	텔레비전에서 봤다
상징적 권위 체제	비가시성, 입증 불가능함	가독성, 논리적 진리	가시성, 그럴듯함

자료: 드브레(Debray, 1991) 참조.

드브레가 내세운 미디어 세계를 구성하는 세 가지 세계의 특성은 간략히 〈표 3-2〉와 같이 정리될 수 있다. 구어 세계에서는 영혼이 중요했고 활자 세계에서는 정신이 중요했다면 비디오 세계에서는 육체가 중요해진다. 구어 세계에서 보이는 것은 의심스러운 것이었다. 구어 세계에서 절대적 진리의 원천인 신은 보이지 않는 존재다. 활자 세계에서 진리는 추상적 논리를 통해 접근할 수 있는 것이다. 숨겨진 진리를 가시화하는 것은 바로 이성적 활동이다. 비디오 세계에서는 보이지 않는 것은 존재하지 않는 것이 된다. 텔레비전 화면에 출현할 수 없는 추상적 개념들은 믿을 수 없는 것이다. 오직 보이는 것만이 상대적인 진리의 자리에 오를 수 있다.

세 가지 미디어 세계 중에서 영상이 지배적인 미디어로 군림하는 것은 비디오 세계다. 하지만 구어 세계나 활자 세계에서도 영상은 사회적 커뮤니케이션의 주요한 미디어로 사용됐다. 그렇다면 영상은 각각의 미디어 세계에서 어떤 역할을 한 것일까?

드브레는 『이미지의 삶과 죽음(Vie et mort de l'image)』에서 세 미디어 세계 안에서 영상이 어떤 역할을 했는지에 대해 이야기한다(드브레, 1994).

첫째, 구어 세계에서 영상은 신과 연결돼 있다. 영상은 신성이 깃든 우상으로 존재한다. 따라서 영상은 그 자체로 살아 있는 존재이며 원형의 순환적 시간 안에서 살아가는 영원한 것으로 이해된다. 신이 영상 안에 들어 있는 것으로 이해되기 때문에 사람들이 영상을 보는 것이 아니라 바로 영상이 그 자체로 빛을 발하면서 사람들을 본다. 신은 원칙적으로 눈에 보이지 않는 존재이지만 영상을 통해 모습을 드러내면서 사람들을 바라보기 때문에 영상은 두려운 존재이다. 신이 깃든 영상은 인간이 바라보는 대상이 아니다. 영상은 그 자체로 신의 현존을 나타내면서 경배를 받는다. 중요한 것은 영상 자체가 아니라 영상에 깃든 신의 정신이다. 구어 세계의 영상에서는 바라보는 시각이 중요한 것이 아니라 영상을 통해 드러나는 신통력이 중요하다.

둘째, 활자 세계에서 영상은 예술이 된다. 영상은 신이 아니라 자연과 세상을 재현하는 것으로 이해된다. 따라서 영상은 물리적 사물이며 순차적으로 흐르는 선형의 시간 안에서 예술가에 의해 창조되고 소멸하는 것이 된다. 자연과 세상을 재현하는 영상은 외부의 빛에 의해 모습이 변화한다. 사람들은 영상에 표현된 형상과 색의 구성을 보면서 아름다움을 느끼고 구성 방식에 대해 이야기한다. 영상은 더 이상 두려운 존재가 아니라 형식적 미를 통해 사람들을 매혹하는 사물이다. 따라서 활자 세계에서는 영상을 바라보는 시각의 문제가 중요해진다.

셋째, 비디오 세계에서 영상은 자기 자신을 지시하는 시뮬레이션(simulation)이 된다. 영상은 가상적인 지각의 산물로 이해된다. 텔레비전 같은 전자미디어를 통해 나타나는 영상은 자체로 빛을 발하는 영상이기 때문에 순간순간 발생하는 사건처럼 점으로서의 시간 안에서 나타난다. 활자 세계의 영상이 미적인 쾌락의 대상이었다면, 비디오 세계의 영상은 순간순간 발생하는 사건을 경험하는 놀라움과 심심풀이의 대상이다. 영상은 유희와 놀이 속에서 소비된다.

드브레의 미디어 세계 분류는 문명사를 크게 전근대(pre-modern), 근대(modern), 탈근대(post-modern)로 나누는 생각과 유사하다. 신이 지배하는 전근대, 인간의 이성이 지배하는 근대, 감성과 유희가 강조되는 탈근대로 문명사를 구분하는 것은 서양 문화권에서는 일반화된 현상이다. 서양 문화권에서는 이성이 언어(문자)와 연결된다면 영상은 주로 감성과 결부되면서 믿을 수 없는 것, 위험한 것으로 주로 치부돼 왔다. 특히 탈근대 사회로 접어들면서 영상이 지배적인 미디어로 부상하자 서양 문화권에서는 영상에 대한 다양한 논의가 급증했다. 드브레의 연구도 그런 맥락 안에서 등장한 것이다.

2 | 영상의 시대적 의미

언어(문자)와 영상을 대립적으로 보는 생각, 문명사를 크게 세 시대로 구분하는 사상은 기독교를 기반으로 한 서양 문화권 안에 확고히 자리를 잡고 있다. 서양 문화권에서는 기독교 역사를 가로지르면서 신을 언어로 재현할 것인지, 영상으로 재현할 것인지 하는 문제가 가장 중요한 논쟁거리였고, 신과 인간 사이의 관계를 어떻게 규정하느냐에 따라 사회제도와 문화 자체가 혁명적으로 변해왔기 때문이다. 또한 인쇄술의 발명을 기점으로 계몽사상을 확산시키면서 이전 시대와는 다른 가치들에 바탕을 둔 사회체제를 만들어내고 그것을 근대라고 명명한 것도 서양 문화권이기 때문이다.

서양 문화권에서 완성된 근대의 정신은 육체(욕망)에 대한 정신(이성)의 승리, 영상에 대한 문자의 승리처럼 간주된다.

한국을 비롯한 많은 아시아 국가들은 불행히도 서구 제국주의 세력의 침략을 겪으면서 서구의 근대정신을 강제적으로 받아들이게 됐다. 이 과정에서 영상에 대한 서구의 담론이 수입됐다. 특히 사진, 영화, 텔레비전과 같은 영상이 서구의 기술적 발명품으로 수입됨으로써 이러한 현상은 더욱 확고해졌다. 따라서 현재 우리가 생산·소비하는 영상에 대한 담론은 서양 문화권의 담론에 그 기원을 두고 있다.

드브레의 주장에서 나타나듯이 언어와 영상을 대립시키고 근대, 탈근대의 문제를 영상을 통해 접근하려는 시도는 근본적으로 서양 문화권에서 비롯된 것이다. 하지만 커뮤니케이션 기술의 발달로 전 세계가 사실상 동일한 영상미디어들을 사용하는 지금, 그와 같은 영상과 관련된 논의가 한국 문화와 완전히 무관한 것이라고 할 수는 없다. 비록 한국 문화와는 조금 어긋나는 점이 있다고 하더라도 현재 우리가 생산·소비하는 영상에 대한 담론의 뿌리를 이해하는 기회를 제공하고 현대사회의 영상문화에 체계적으로 접근하는 것을 용이하게 한다는 점에서 서양의 문명사에 대한 담론을 바탕으로 영상과 시대정신의 관계를 알아보는 것은 일정한 유용성을 갖는다고 할 수 있다. 따라서 여기에서는 우선 근대와 탈근대에 대한 서구의 논의를 바탕으로 영상의 시대적 의미에 대해 좀 더 자세히 알아보도록 하겠다.

시대정신은 독일어 Zeitgeist, 프랑스어 l'esprit du temps를 번역한 것인데, 이 책에서는 특정 시기의 사회적 분위기나 문화적 양상을 지칭하는 데 사용한다. 시대정신은 자기모순에 의해 변증법적으로 발전하는 초개인적인 역사적 힘에 의해 구현되는 헤겔적인 의미에서의 시대정신이 아니라 서로 대립하는 다양한 요소의 불완전한 종합에 의해 나타나는 전반적인 사회문화적 양상을 가리킨다. 근대성(modernity)과 탈근대성(post-modernity)은 모두 특정 시기의 시대정신을 개념화한 것이라 볼 수 있다.

표 3-3 근대성과 탈근대성의 구분

근대성(modernity)	탈근대성(post-modernity)
이성, 합리	감성, 감정
노동의 신성시, 생산성 향상을 위해 매진	유희에 가치를 둠, 삶을 예술 작품으로(éthique de l'esthétique)
미래를 향한 진보에 대한 확신, 새로움의 추구	현재에서의 쾌락 추구(hédonisme, présentéisme), 영원한 현재(présent éternel)
거대 담론, 이데올로기, 보편적 도덕(morale)	다원적인 일상성, 구체적이고 특수한 윤리들(éthiques)
변증법(dialectique)	대화(dialogue)
자의식, 자기 정체성(identité)을 가진 개인(individu)	다양한 역할 동일시(identification)를 통해 여러 개의 얼굴을 가진 사람(personne)
활자의 시대 정신에 대한 강조	영상(image), 상상력(imagination)의 시대, 육체, 외양(apparence)에 대한 강조
합리적 개인주의, 2차적 사회관계(le social), 계약(contrat)	집단적 나르시시즘, 1차적 공동체 관계(la socialité), 감정 이입(Einfühlung)
절대주의	상대주의
낮, 아폴론, 프로메테우스	밤, 디오니소스

프랑스 사회학자 마페졸리(Maffesoli, 1988; Maffesoli, 1990)에 따르면, 근대
성은 이성과 합리를 바탕으로 미래에 가치를 부여하며 진보에 대한 확신
을 갖는 아폴론(또는 프로메테우스)적 정신인 반면, 탈근대성은 감성을 중시
하며 지금 여기에서의 쾌락을 추구하는 디오니소스적 정신이다. 탈근대적
속성은 전근대 속성의 귀환으로 이해된다. 근대를 거치는 동안 억압됐던
전근대적 속성이 이성의 힘이 약화되는 탈근대 시대에 다시 나타나고 있
다는 것이다. 물론 탈근대가 전근대처럼 다시 신이 지배하는 시대가 된 것
이 아니라, 비록 약화되긴 했지만 여전히 인간의 이성을 믿는 시대라는 점
에서 전근대와 탈근대가 동일시될 수는 없지만 많은 부분에서 전근대적

요소들이 되살아나고 있다. 이러한 마페졸리의 생각을 정리한 것이 〈표 3-3〉이다.

근대의 시작은 일반적으로 인쇄술의 발명에서 비롯된 것으로 간주되기 때문에, 마페졸리가 주장하는 것처럼 일반적으로 근대성은 흔히 이성, 합리, 활자 등으로 대표되고, 탈근대성은 감성, 비합리, 영상으로 대표된다. 근대를 대변하는 미디어로 활자가 거론되는 것은 활자의 활용이 내포하는 선적(linear)이고 논리적인 구성 체계가 이성과 합리를 강조하는 근대의 특성과 잘 맞아떨어지기 때문이다. 탈근대성을 대변하는 미디어로 영상이 거론되는 것도 영상이 가지는 정서적인 파괴력이나 유희, 상상으로서의 속성이 탈근대의 특성에 부합하기 때문이다.

영상은 주로 시각에 호소하는 미디어이고 인지 과정에서는 대상과의 유사성에 가장 크게 의존하며, 사회 문화적 관습에 따라 해석된다. 게다가 각각의 영상미디어는 서로 다른 물질적·기술적 속성을 갖고 있다. 모든 종류의 영상미디어가 처음부터 함께 등장한 것이 아니라 등장한 시기가 서로 다르고, 각 시대마다 주로 사용되는 영상미디어도 다르다. 동일한 영상미디어도 시대에 따라 사용되는 방식과 존재하는 형식이 달라지기도 한다. 전근대에 주로 사용되던 영상, 근대에 주로 사용되던 영상, 탈근대에 주로 사용되는 영상이 다르고 각 시대가 영상에 대해 가졌던 생각과 요구가 서로 다르다. 따라서 일반적으로는 영상이 탈근대를 나타내는 중요한 미디어로 거론되지만, 전근대와 근대에서도 영상이 당시의 시대정신을 드러내는 데 나름의 역할을 했다.

예를 들어, 우리는 흔히 탈근대를 영상의 시대 혹은 영상 문명의 시대, 영상문화의 시대라고 한다. 그런데 이미 1960년에 영상 문명에 대해 진지한 논의를 제공한 조르주 귀스도르프(Georges Gusdorf)는 영상 문명의 시작을 16세기 말 발명된 요판인쇄술에서 찾는다. 금속판에 홈을 내 얻은 정교한 영상을 대량으로 인쇄할 수 있는 이 기술은 현실의 모습을 정확히 복제해 많은 사람들에게 전달하는 시대를 열었다. 이 기술을 통해 영상은 책의 활자가 전달할 수 없는 정보를 대중에게 전달할 수 있게 됐고 곧 활자가 배제되고 영상만으로 구성된 책들이 만들어졌다. 이후 지식을 구성하는 데 영상이 필수 불가결한 것으로 인식되기 시작했다. 이때부터 본격적으로 시각이 세계에 대한 정보를 얻는 중요한 감각으로 자리매김했다고 볼 수 있는 것이다. 18세기 말 발명된 석판인쇄술(lithography)과 19세기 초 발명된 사진술은 요판인쇄술에 의해 시작된 시각 혁명을 확장시켰다. 결국, 귀스도르프에 따르면 영상이 세계에 대한 인간의 인식에 영향을 미치는 미디어로 등장한 영상 문명의 시대는 바로 근대다(Gusdorf, 1960). 바로 근대에 들어서서 영상이 시각을 지배적인 감각으로 확립시키는 데 활자와 공조하는 주요한 커뮤니케이션 미디어가 된 것이다.

이처럼 흔히 활자의 시대라고 일컫는 근대에도 영상은 중요한 미디어로 활용됐다. 매클루언이나 마페졸리의 생각에서 드러나듯이, 시각은 근대성을 이해하는 데 가장 주요한 메타포 중 하나다. 보는 주체와 보이는 대상 사이의 일정한 거리를 상정할 수밖에 없는 눈, 세심하고 정확한 관찰과 분석의 능력을 대표하는 시각은 이성이나 합리성의 메타포가 되면서 근대를 대표하는 감각이 된다. 영상은 바로 시각과 직결된 미디어이기 때문에 시각을 이야기할 때 영상을 배제하고 말할 수는 없다. 하지만 동시에 영상은 상상적이고 환영적인 것이 될 수도 있기 때문에 객관적 지식을 형성하는 데 일조하는 미디어라기보다는 오히려 주관적 의견을 확대·재생산하는 데 일조하는 미디어가 될 수도 있다. 그런 점에서 영상은 탈근대를 대표하는 미디어로 제시된다. 또한 전근대에서의 영상은 신을 가시화하는 마법적 능력을 가진 미디어로서 경배와 두려움의 대상이기도 하다.

따라서 영상과 시대정신의 관계를 고찰하려면, 영상이 지각되는 과정에서의 인식론적인 문제, 기술적 속성에 따라 영상을 분류하는 문제, 그 기술적 속성이 다시 주체와 대상 사이의 관계에 어떻게 작용하고 시대정신은 각 영상의 물질성을 어떻게 인지하는지 문제 등 여러 부분을 고려해야 한다.

3 | 영상과 시각

영상은 기본적으로 시각에 호소하는 미디어다. 시각은 이성의 메타포이지만 동시에 환영의 원천이라는 모순적인 성격을 갖는다. 흔히 "영상을 통해 세계를 파악한다는 것은 바로 눈을 통해 세계를 지각하는 것"이라고 말한다. 하지만 눈은 인간이 원래 갖고 태어난 육체적 감각기관이고 영상은 인간이 만들어낸 사물이기 때문에, 눈을 통해 세계를 지각하는 것과 영상을 통해 세계를 파악하는 것이 반드시 같은 것은 아니다.

우리는 여러 감각기관을 통해 세계에 대한 정보를 얻는다. 이 감각들 중 촉각은 외부 세계와의 접촉을 통해 그것의 존재를 알린다는 점에서 가장 직접적이고 믿을 수 있는 감각으로 여겨진다. 실제로 존 로크(John Locke)와 같이 사물의 성질을 본질적 성질(primary qualities)과 부차적 성질(secondary qualities)로 나누는 경험론자들에게는 실재를 그대로 파악할 수 있는 가장 믿을 만한 감각은 사물의 본질적 성질인 부피, 형상, 운동 등을 직접 느낄 수 있는 촉각이다. 반면에 시각이나 청각 등은 색, 냄새, 소리 등 사물의 부차적 성질을 알려주는데, 이 부차적 성질은 사물에 내재하는 성질이라기보다는 언제든지 변할 수 있는 성질이다. 따라서 사물의 본질적 성질에 대해 정보를 주는 촉각은 믿을 수 있는 중요한 감각이지만, 가변적인 부차적 성질을 알려주는 시각이나 청각은 완전히 신뢰할 수는 없는 감각이다.

촉각이 외부 세계에 대해 믿을 만한 정보를 우리에게 전해주는 가장 직접적인 감각이라는 주장을 우리가 쉽게 받아들일 수 있는 것은 바로 촉각을 통해 대상과 물리적으로 직접 접촉하면서 대상의 존재를 확인할 수 있기 때문이다. 우리는 물리적인 접촉, 즉 육체적 접촉을 통해 우리의 몸이 직접 느낀 것에 대해서는 그것의 존재를 확신할 수 있다. 어린아이는 새로운 것을 처음 접했을 때 가장 먼저 그것을 손으로 잡으려고 한다. 우리가 온라인 거래를 할 때 상품에 대한 자세한 정보가 영상과 문자를 통해 아무리 많이 제공되어도 다소 불안감을 갖는 이유는 상품을 직접 만져보지 못했기 때문이다. 우리는 사물을 직접 만질 때 비로소 그것의 존재에 대해 확신할 수 있다.

반면에 시각을 통해 대상을 지각하는 행위는 대상과의 거리두기를 전제한다. 눈과의 거리가 0인 대상은 보이지 않기 때문에 어떤 대상이 눈에 지각되려면 대상은 반드시 눈과 일정한 거리를 두고 떨어져 있어야 한다. 대상은 너무 멀리 떨어져 있어도 보이지 않지만 너무 가까이 있어도 보이지 않는다. 본다는 행위가 성립하려면 보는 주체와 보이는 대상이 적절한 거리를 두고 떨어져 있어야 한다. 보는 행위 안에서 주체와 대상은 분리돼 있다. 이처럼 주체와 대상 사이에 일정한 거리가 존재하기 때문에 주체는 비교적 안전하게 대상을 볼 수 있고 차분히 대상을 관찰할 수 있지만, 동시에 바로 그렇게 떨어져 있기 때문에 대상의 존재에 대해서는 확신할 수 없다.

촉각은 육체의 감각 중에서 가장 기본적인 감각으로 여겨지기에 다른 감각들도 촉각을 통해 이해되는 경향이 있다. 대상과의 접촉을 통해 작동하는 미각은 말할 것도 없고 시각, 청각, 후각도 육체의 감각이라는 점에서 일정한 촉각성을 가진 것처럼 여겨진다. 대상이 거리를 두고 떨어져 있지만, 대상을 시각, 청각, 후각을 통해 지각하는 것은 마치 그 대상이 내 몸에 닿는 듯한 느낌을 준다. 그래서 혐오스러운 대상을 보거나 듣거나 냄새 맡는 것은 육체적 불쾌와 거북함을 불러일으키고, 반대로 사랑스러운 대상을 보거나 듣거나 냄새 맡는 것은 육체적 쾌감과 편안함을 불러일으킨다. 특히 시각은 여러 감각 중에서 가장 촉각적인 속성을 많이 가진 것으로 여겨진다.

일상생활에서 사용되는 말들을 살펴보면, 시각을 촉각적으로 이해하는 사례를 발견할 수 있다. 예를 들어, '눈길이 뜨겁다', '끈적거리는 시선', '그의 시선은 차가웠다' 등과 같은 표현은 시각을 촉각적으로 이해한 것이다.

표 3-4 **육체적 시각에 의해 매개되는 주체와 대상**

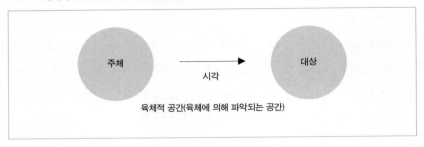

이것은 사회적 커뮤니케이션에서 촉각이 지배적인 감각으로 군림했던 전
근대사회의 생각이 잔존해 있는 사례라고 볼 수 있다. 고대 그리스인들은
우리가 눈으로 물체를 본다는 것은 눈에서 나온 광선이 물체에 닿기 때문
이라고 생각했다. 마치 손이 물체에 닿았을 때 우리가 그 물체의 존재를 느
끼듯이 눈에서 시선이 나와 물체에 닿을 때 그 물체를 볼 수 있다는 것이
다. 즉, 고대 그리스인들은 시각이 일정한 촉각적 속성, 즉 육체성을 가진
것으로 이해했다.

근대는 시각으로부터 이 육체성을 제거한 시대였다. 사실, 시각의 육체
성은 촉각의 육체성과는 차이가 있다. 본다는 것은 손으로 대상을 만지는
것과는 달리 대상과의 공간적 거리가 있다는 것을 전제한다. 대상과의 거
리를 두는 이런 시각의 속성은 시각이 근대성의 주요 메타포가 되는 데 일조
했다. 근대성의 사상적 기초를 닦은 데카르트가 시각에 주목한 것도 이러
한 이유에서다. 데카르트(Descartes, 1991: 149)는 『굴절광학론(La Dioptrique)』
에서 "시각은 가장 보편적이고 가장 고귀한 것"이라고 했다. 시각이 우리의
삶에 필요한 가장 중요한 정보들을 주기 때문이다. 하지만 이러한 시각은
육체의 감각이기 때문에 실수를 할 수 있다. 따라서 이러한 실수를 보정할
수 있는 장치가 필요하다는 것이 데카르트의 생각이었다. 데카르트는 수학
적인 계산을 바탕으로 만들어진 렌즈에서 이 장치를 찾았다. 근대성이 주
목한 시각은 촉각적인 면, 즉 육체성을 배제한 시각이었다. 근대의 시각은

단순히 육체의 시각이 아니라 이성에 의해 보정된 시각이었던 것이다.

이빈스(Ivins, 1964)에 따르면, 고대 그리스와 중세의 지각 세계가 촉각적이었던 데 비해 르네상스 이후의 지각 세계는 근본적으로 시각적이다. 이빈스가 보기에 고대 그리스 예술은 촉각적 감각에 대한 의존에서 결코 완전히 벗어나지 못했다. 고대 그리스인들이 세계와 맺고 있던 관계는 촉각적인 감각으로부터 완전히 벗어날 수 없었고, 그래서 '거리를 두고 바라보는 시각'만이 가져다줄 수 있는 추상이나 연역 논리에 다다를 수 없었다. 예를 들어, 고대 그리스인들이 사용한 기하학은 유한한 크기에 대한 미터법에 한정된 기하학이었다. 이러한 미터법에 의해 지각된 세계는 넓이나 무한과 같은 추상의 개념들과는 거리가 먼 세계다.

물질세계에 대한 촉각적이고 근육적인 관계를 바탕으로 발달된 고대 그리스 예술은 본질적으로 미메시스(mimesis)의 예술이다. 고대 그리스 예술가들은 물체의 '정확한' 재현이라는 문제에 골몰했다. 그들은 사물을 일상생활에서 보이는 대로 재현하고자 했다. 그들은 심지어 높은 건물 위에 있는 석상의 모습을 밑에 있는 사람들이 정상적으로 볼 수 있도록 일정한 비율로 석상의 길이를 늘이기까지 했다. 고대 그리스의 가장 특징적인 예술로 여겨지는 조각과 건축은 어떻게 그리스 예술이 촉각적 감각과 자연주의적 모방에 의해 지배돼 왔는지 보여준다. 실제로 책상 위에 놓여 있는 공책과 같은 직사각형의 물체를 가까이에서 보면 앞쪽보다는 뒤쪽이 더 길게 보인다. 이것은 르네상스에서 발명된 선원근법에 의한 공간구성 논리에 위배된다. 선원근법이 발명되기 전의 그림들을 보면 책과 같은 물체가 앞보다는 뒤가 더 길게 그려진 것을 종종 볼 수 있다. 건축에서는 시각적 안정감을 주기 위해 중간 부분이 볼록한 배흘림기둥을 사용한 것도 같은 이유라고 볼 수 있다. 일자형 기둥을 밑에서 보면 위쪽이 더 굵어 보이기 때문에 위쪽을 더 가늘게 만드는 것이 시각적 안정감을 준다.

이렇게 형상을 눈에 보이는 대로 모방하는 일은 정신과의 조화를 모색하는 일과 연관돼 있었다. 정신과의 조화를 모색하면서 고대 그리스 예술은 이성이나 산술적 계산보다는 감각세계의 무질서를 존중했다. 혹은 고대 그리스 예술은 아직까지는 감각세계의 무질서를 제압할 정도에 이르지 못한 이성의 점진적 부상을 표현했다고 말할 수도 있다. 이빈스에 따르면, 우리가 델피, 올림피아, 아테네의 아크로폴리스 등과 같은 유명한 고대 도시들을 관찰하면, 그곳의 건물들이 무질서하게 배치된 것을 발견할 수 있다. 고대 그리스인들은 전체적으로 배열된 모습을 미리 생각하지 않고 신전, 극장, 석상을 만들었다. 우리나라의 과거 촌락의 구조에서도 이와 같은 시각적 무질서를 발견할 수 있다.

이성에 의해 보정되지 않는 시각은 일정한 촉각성을 가진다. 르네 데카르트도 눈으로 보는 행위를 장님이 손이나 지팡이로 사물을 만지는 행위와 비교하며 시각과 촉각의 유사성에 대해 이야기한다. 특히 그가 눈이 보는 과정을 설명하며 장님이 손을 내밀어 사물을 만지듯 눈에서 사물을 향해 빛이 나와야 한다는 설명은 고대 그리스인이 가졌던 시각에 대한 생각을 연상시킨다(Descartes, 1991: 153).

보기 위해서는 대상과 일정한 거리를 두는 것이 필요하지만 그것이 주체와 대상 사이의 완전한 분리를 의미하지는 않는다. 왜냐하면 시각은 기본적으로 육체의 감각이기 때문이다. 육체의 감각으로서 시각은 주체가 대상이라는 다른 육체와 공동의 시간과 공간 안에서의 교류를 매개한다. 이때 주체는 거리를 두고 대상을 바라보지만 시각을 통한 이런 지각은 동일한 시공간 안에서의 육체적이고 구체적인 상호작용이라는 점에서 주체와 대상 사이에는 일정한 연속성과 동질성이 유지된다.

하지만 시각이 이성이나 수학에 의해 계산된 광학적·기계적 장치 등과 같은 제3의 요소에 의해 보정된다면 주체는 대상과 공유하던 육체적 시공간으로부터 벗어나 추상적이고 초월적 관점에서 대상을 바라볼 수 있게 된다. 이때 시각은 더 이상 육체의 눈에 의해 수행되는 감각이 아니다. 시각은 눈이 아니라 뇌의 활동에 의해 재구성되는 감각이거나 기계에 의해 구현되는 감각이다. 대상의 구체적 형상이 눈에 의해 지각되는 것이 아니라, 대상의 이상적 존재 양식이 지성에 의해 추상화되거나 보이지 않는 대상이 기계에 의해 가시화된다. 이 결과, 시각은 보이는 것뿐만 아니라 보이지 않는 것도 가시화해 내는 감각이 된다.

고대 그리스의 눈이 풍경을 동질적이고 단일한 것으로 볼 수 있도록 해주는 '거리 두고 바라보기'를 모른 채 촉각적인 기관으로 머물렀다면, 수학적 계산을 통해 완성된 르네상스의 선원근법은 엄밀한 규칙에 따라 공간을 의도적으로 구성하는 것을 가능하게 했다. 그 이후로 세계는 기하학적 질서에 종속되고 공간의 재현은 완벽한 일관성을 가지게 된다. 예를 들어, 계획된 도시의 전체 설계도는 눈으로는 볼 수 없는 도시의 모습을 가시화한다. 우리는 아직 만들어지지 않은 도시의 전체적인 모습을 머릿속에서 볼수 있다. 지성과 기계에 의해 만들어진 영상은 아직 존재하지 않거나 인간의 눈으로는 볼 수 없는 것을 보이는 것으로 만들어냄으로써 시각을 육체에 한정된 감각이 아닌 보편적인 감각으로 확장시킨다.

이성에 의해 완전히 보정되지 않는다면, 눈을 통해 외부 세계를 바라보는 것은 정도의 차이는 있지만 촉각과 마찬가지로 본질적으로는 외부 세계와의 육체적인 접촉 행위에 머문다. 반면에 영상을 통해 외부 세계를 바라보는 것은 시각적 행위이기는 하지만, 단순히 눈으로 대상을 보는 것과는 다른 인식론적인 함의를 갖는다. 이성에 보정된 시각은 구체적 대상에 대한 객관적인 관찰과 분석을 가능하게 만들고 추상적 대상을 보이게 만든다. 따라서 시각은 대상에 대한 지식과 정보를 얻는 과정에서 가장 믿을 만한 감각이 된다. 즉, 보는 것이 아는 것이다. 서구 언어에서 본다는 말과 안다는 말은 동의어로 사용된다. 예를 들어, 영어에서 I see는 I know의 의미로 사용될 수 있다.

4 | 인간과 세계의 분리

인간은 세상에 존재하는 순간부터 육체의 감각기관을 이용해 외부 세계를 인지한다. 육체는 인간이 외부 세계를 파악하기 위해 이용하는 최초의 미디어다. 육체를 미디어로 사용함으로써 인간은 외부 세계를 만나고 자신과 세계를 주체와 대상의 관계로 이해한다. 육체는 인간에게 외부와 내부를 만들어주는 경계선이 된다. 육체를 통해 지각되는 외부 세계를 제외한 나머지가 곧 인간의 육체이며, 그 육체는 인간을 외부 세계와는 독립된 하나의 독자적 개체로 만들어준다. 결국, 육체는 인간을 세상에 존재할 수 있게 할 뿐 아니라 인간을 다른 존재들로부터 분리된 별개의 존재로 만드는 물질적 기반이며 모든 커뮤니케이션을 가능하게 하는 출발점이 된다.

인간이 스스로를 독립된 주체로 인식하기 위해서는 우선 다른 육체들과 구분되는 자신만의 육체를 가져야 한다. 그런데 단순히 육체가 존재하는 것만으로는 부족하다. 먼저 인간은 자신의 육체가 외부 세계와 분리된 독자적 개체로 존재한다는 사실을 알아야 한다. 인간은 어떻게 자신의 육체를 외부 세계와 분리된 독자적 개체로 인식하는가? 인간이 단일한 개체로서의 육체에 대한 관념을 선험적으로 가지고 태어나는 것이 아니라면, 단일한 개체로서의 육체에 대한 관념은 감각기관에 의해 수집된 정보들의 처리 과정에서 생겨난다고 볼 수 있다.

인간이 자신의 육체를 하나의 단일한 개체로 인식하고 육체의 각 부분이 유기적으로 결합된 단일체라는 것을 알기 위해서는 먼저 육체에 대한 총체적인 영상을 가져야 한다. 그러자면 자신의 육체를 시각을 통해 지각해야 한다. 그런데 인간은 자신의 육체가 가진 전체 형상을 자신의 눈으로 직접 지각할 수 없다. 왜냐하면 눈은 육체의 손, 발과 몸통을 지각할 수 있을 뿐 얼굴과 머리는 직접 지각할 수 없기 때문이다. 결국 인간이 자신의 육체가 가진 전체 모습을 지각하려면 눈 이외의 다른 미디어에 의존해야 한다.

표 3-5 영상을 통해 매개되는 주체와 대상

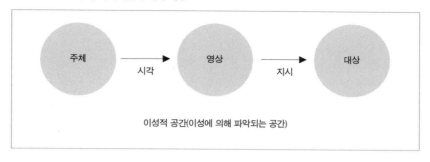

프랑스의 심리학자 앙리 왈롱(Wallon, 1987)에 따르면, 인간은 생후 8개월 정도가 되면 거울에 비친 자신의 육체를 발견하게 된다. 거울을 통해 처음으로 자신의 몸 전체를 보게 된 아이가 거울에 비친 육체를 자신의 것으로 인식하는 데는 상당한 지적 노력이 요구된다. 즉, 촉각과 운동 감각에 의해 느껴지는 육체의 존재감과 시각에 의해서만 지각되는 거울에 비친 육체의 존재감 사이의 불일치를 극복해야만 하는 것이다. 왈롱의 이러한 관찰은 후에 자크 라캉(Jaques Lacan)에 의해 '거울 단계'라는 이름으로 재해석되면서 주체 의식 형성 과정의 핵심적인 단계로 이해된다(Lacan, 1966).

인간은 거울에 비친 육체의 영상을 봄으로써 자신을 하나의 육체를 가진 단일체로 파악하고 자신이 외부 세계나 타자와는 구별된 존재라는 자의식을 갖는다. 아이가 처음 거울에 비친 자신의 육체를 발견할 때, 아이는 그 영상의 육체가 누구의 것인지를 유추한다. 아이는 그 전에는 한 번도 자신의 얼굴을 본 적이 없기 때문에 거울에 비친 육체의 영상을 낯선 이의 것으로 인식한다. 하지만 거울에 비친 다른 사람이나 물건들의 영상과 자신의 영상을 비교하면서 결국 거울 속의 육체가 자신의 육체라는 것을 깨닫는다. 이 과정에서 어머니와 같은 타인은 아이에게 거울 속 육체의 주인이 아이라는 것을 알려주는 역할을 한다. 어머니는 거울에 비친 아이의 육체를 가리키면서 "이것이 너야"라고 말해준다. 어머니의 말과 자신의 추론을 통해 아이는 거울에 비친 자신의 영상을 보면서 '이것이 나'라는 결론에 도달한다. 결국, 아이가 자신을 온전한 육체를 가진 단일체로 인지할 수 있는 것은 영상(이것)과 자신(나)을 구분하고 그 둘을 동일한 것으로 받아들이면서이다.

거울의 영상이 촉발시킨 이런 인식론적 분리를 사진, 동영상과 같은 영상들이 가속화한다. 영상을 통해 자신을 본다는 것은 자신을 대상화한다는 것을 의미한다. 영상을 통해 주체는 자신조차도 대상으로 분리해 바라보고 관찰하고 생각할 수 있다. 영상은 주체와 대상 사이를 단순히 매개하는 것이 아니라 주체와 대상 사이의 분리를 확정하면서 둘을 매개한다. 마치 이성에 의해 보정된 시각이 단순한 육체적 시각이 아니라 대상을 추상화해 내는 시각이듯이 영상을 통해 지각되는 주체의 육체는 주체가 느끼는 구체적 육체가 아니라 주체로부터 분리된 대상으로서의 육체다. 주체는 영상을 통해 자신의 육체를 바라보면서 자신이 하나의 온전한 개체로서 타자와 구별되는 독립된 주체라는 것을 깨닫는다. 결국, 인간이 외부 세계와 자신을 분리시키기 위해서는 단순히 눈을 통해 외부 세계를 바라보는 것만으로는 충분하지 않다. 인간은 바로 영상을 통해 자신과 외부 세계를 거리를 두고 대상으로서 바라봐야 한다.

영상이 인간과 외부 세계 사이의 분리를 확인시켜 준다는 것은 인간을 보는 주체로, 외부 세계를 보이는 대상으로 만든다는 것을 의미한다. 일반적으로 미디어로서의 영상은 보는 주체에 대해서는 보이는 대상으로 존재하고 대상에 대해서는 대상의 반영물 또는 재현물로서 존재함으로써 주체와 대상 사이에서 주체가 대상을 파악하는 과정을 매개한다. 주체는 영상을 통해 자신과 외부 세계를 거리를 두고 분석하고 이해해야 하는 대상으로 인식하고 대상과 객관적 관계를 맺을 수 있다. 영상은 주체와 대상 사이에 위치하면서 둘 사이에 인식론적인 거리를 만들어내는 역할을 하는 것이다. 인간이 육체를 통해 느끼는 외부 세계와의 존재론적인 거리는 영상을 통해 비로소 주체와 대상 사이의 인식론적 거리로 전환된다. 따라서 영상은 주체와 대상의 명확한 인식론적 분리를 사유의 근간으로 삼는 근대성의 메타포로 사용될 수 있다.

근대에 인쇄술의 발명과 발달을 통해 지배적 감각으로 자리 잡은 시각은 단순한 육체적 시각이 아니라 이성에 의해 보정된 시각이다. 인간이 손으로 직접 써야 하는 문자는 일정한 육체성을 간직한다. 글씨를 쓰는 주체의 기분과 상황에 따라 형태가 변하는 문자는 아직 주체나 대상으로부터 완전히 분리된 상태가 아니다. 예를 들어, 우리가 유명인의 사인을 받아 간직하고자 하는 이유를 생각해 보라. 우리는 유명인이 직접 쓴 문자는 그 유명인과 연결돼 있다고 생각한다. 반면에 획일적인 방식으로 제작되고 만들어지는 활자는 문자가 가진 육체성에서 벗어나 객관적인 미디어가 된다. 따라서 활자를 통해 커뮤니케이션을 한다는 것은 주체와 대상 사이의 분리를 완성시킨다. 시각이 지배적 감각이 되는 이유는 단순히 책을 눈으로 많이 읽어야 해서가 아니라 주체나 대상과는 완전히 분리된 활자를 눈으로 읽어야 하기 때문이다. 활자는 육체적 시각이 아니라 이성으로 보정된 시각을 활성화한다. 활자는 글을 쓴 사람이나 읽는 사람과는 완전히 분리돼 있으며, 오직 기표(signifiant: 소리나 문자의 물리적 존재 양식)와 기의(signifié: 기표를 보거나 듣고 떠오르는 생각) 사이의 관계에 의해 발생하는 의미만을 전달한다. 활자를 읽는다는 것은 모든 육체성으로부터 벗어난 순수한 이성적 활동이다.

시각이 기본적으로 주체와 대상 사이의 거리 두기를 전제로 하는 감각이지만, 존재론적 거리를 만들어내느냐 인식론적 거리를 만들어내느냐에 따라 육체적 시각과 이성적 시각으로 구분될 수 있다. 마찬가지로 영상도 기본적으로는 주체와 대상을 구분하면서 둘 사이를 매개하지만, 영상이 가진 기술적·물리적 속성에 따라 영상이 주체, 대상과 맺는 관계는 달라질 수 있다. 따라서 우리가 일반적으로 생각하는 것과는 달리 시각과 영상은 근대, 탈근대와 단순하고 기계적인 방식으로 연결되지 않는다. 각 사회가 가진 특정한 인식론적 구조, 시각이나 영상에 내재하는 기술적이고 물질적 요소들 등에 따라 시각과 영상이 특정한 시대정신과 맺는 관계는 개별적으로 고찰돼야 한다.

영상미디어에는 여러 종류가 있다. 인류 역사를 통해 많은 종류의 영상미디어들이 발명되고 제작돼 왔으며 시대마다 지배적으로 사용되는 영상미디어의 종류와 양식이 변화해 왔다. 한 시대에 집중적으로 제작되고 이용된 영상미디어는 그 시대의 문화나 시대정신과 밀접한 관계를 맺고 있다고 할 수 있다. 영상과 시대정신이 어떤 관계를 맺고 있는지에 대해 알기 위해서는 먼저 어떤 종류의 영상미디어들이 있으며, 각각의 영상미디어는 어떤 특성을 갖고 있는지에 대해 알아볼 필요가 있다.

4장

영상의 세 유형

1 | 영상의 분류

거울과 같은 사물은 빛의 굴절과 반사 현상을 통해 대상에 대한 영상을 자동으로 만들어낸다. 거울 영상은 아마도 인간이 미디어의 형태로 접한 최초의 영상이었을 것이다. 아직 인간이 어떤 도구도 발명하지 못한 시대에도 인간은 잔잔한 물의 표면이나 반질거리는 물체의 표면에 비친 영상을 지각할 수 있었을 것이다. 자연적으로 만들어지는 이 거울 영상은 인간이 자신을 대상화할 수 있도록 도와주는 최초의 영상미디어로서 기능했을 것이다. 유리, 거울, 금속판 등의 물건들을 주위에서 쉽게 볼 수 있는 현대사회에서 거울 영상은 이제 일반적으로 흔히 접하는 영상이 됐다. 하지만 인간의 활동과 무관하게 자연적으로 얻어지는 거울 영상은 원하는 형태의 영상을 상대방에게 전달하는 수단으로 사용될 수 없다는 점에서 인간의 사회적 커뮤니케이션 과정에서 그다지 큰 역할을 하지 않는다.

인간은 커뮤니케이션 활동에 이용하기 위해 거울 영상과는 별개의 다양한 영상미디어들을 만들어냈다. 선사시대 사람들이 동굴에 남긴 그림이나 암벽에 새겨놓은 그림은 인간이 만든 최초의 영상미디어들이었다고 할 수 있다. 그 이후로 인간은 동굴 벽이나 바위의 표면뿐만 아니라 점토, 금속, 가죽, 종이, 필름, 스크린, 모니터 등 다양한 재질의 표면을 활용하고 붓, 펜, 먹, 물감, 카메라 등과 같은 재료와 도구들을 이용해 수많은 영상을 만들어왔다. 수많은 영상 중에는 기술적으로는 동일하지만 형식이나 양식이 다른 것들도 있고, 형식이나 양식은 동일하지만 제작 기술이 완전히 다른 것들도 있으며, 형식이나 양식뿐만 아니라 제작 기술 자체가 다른 것들도 있다.

미디어로서의 영상을 만드는 과정에는 여러 요소가 개입한다. 우선 영상에 내재한 기술적이고 물질적인 속성의 문제가 있다. 영상은 인간이 만들어낸 생산물로서 일반 사물과 마찬가지로 독자적인 물질적 존재 양태를 갖는다. 영상을 제작하는 데 동원되는 인간의 몸, 도구, 기계뿐만 아니라 재료들이 가진 기술적이고 물질적인 특성들은 영상의 존재 양식을 규정한다. 무엇에 의해 어떻게 만들어지느냐에 따라 영상의 존재 양식이 결정된다. 이러한 서로 다른 영상의 기술적·물질적 속성은 주체가 영상에 의해 재현된 대상을 인지하는 방식에 영향을 미친다.

영상은 인간에 의해 생산되고 소비되는 사물이다. 영상의 생산과 소비는 영상을 생산하고 소비하는 사람들의 존재를 필요로 한다는 점에서 사회적인 활동이며, 동시에 특정한 의미를 전달하려는 의도를 내포한다는 점에서 커뮤니케이션 행위라고 볼 수 있다. 앞에서 이야기했듯이 영상은 커뮤니케이션 과정에서 사용되는 미디어다. 커뮤니케이션 미디어로서의 영상은 커뮤니케이션 행위자들이 메시지를 전달하고 수용할 수 있도록 일정한 체계에 의해 제작되고 소비된다. 결국, 영상을 제작하는 과정과 수용하는 과정은 사회문화적으로 구성된 일정한 재현 체계에 의해 지배된다.

미디어로서의 영상은 기술적이고 물질적인 제약과 사회문화적인 제약을 동시에 받는다. 이러한 제약들은 영상과 영상을 제작·수용하는 주체 사이의 관계, 영상과 영상에 의해 재현되는 대상 사이의 관계를 결정한다. 영상의 특성을 좀 더 구체적으로 이해하기 위해서는 우선 영상을 기술적 속성에 따라 구분할 필요가 있다. 주체와 대상 사이를 매개하는 영상에 대한 인식론적 접근과 관련해 영상의 존재 양식을 근본적으로 결정하는 기술적 속성에 따라 영상을 구분한다면, 현재까지 등장한 영상은 크게 세 가지로 구분된다. 그리고 이 세 가지 종류의 영상은 인류 역사에서 차례대로 등장했다.

우리는 주체와 대상 사이를 매개하는 영상미디어의 기술적 속성에 따라 크게 세 종류의 영상을 구분할 수 있다. 먼저 첫 번째 종류의 영상으로 가장 오래된 영상미디어이면서 인류 역사에서 존재했던 수많은 시대와 사회에서 셀 수 없이 다양한 양식, 형식, 기술을 이용해 제작돼 온 그림이라는 영상이 있다. 이것을 우리는 관습적 영상(conventional image)이라고 부르도록 하자. 두 번째 종류의 영상은 비교적 최근인 19세기에 발명된 영상미디어이지만, 발명된 후부터 대중의 엄청난 관심과 사랑을 받으면서 폭발적으로 성장해 결국은 오랜 시간 지배적인 영상이었던 그림을 밀어내고 사회의 지배적 영상의 위치를 차지한 사진, 영화, 텔레비전, 비디오 등과 같은 영상이다. 이 영상을 광학적 영상(optical image)이라고 부르겠다. 세 번째 종류의 영상은 가장 최근에 발명된 영상미디어로 디지털 기술을 기반으로 만들어져 현대사회의 다양한 분야에서 활용되고 있는 CGI다. 우리는 이 영상을 현재적 영상(actual image)이라고 부를 것이다.

첫 번째 영상을 관습적 영상으로 부르는 것은 그림과 같은 영상을 제작하는 과정에서 사회문화적 관습이 결정적 역할을 하기 때문이다. 그림은 인간이 여러 도구를 이용해 손으로 제작하는 영상이다. 이 과정에서 영상 제작자는 자기 마음대로 그림을 그리는 것이 아니라 당시 사회가 요구하는 방식에 적합하게 그림을 그린다. 그림이 대상을 충실하게 재현하느냐는 그림과 대상 사이의 형태적 비교를 통해 판정되기보다는 제작된 그림과 그 시대의 다른 그림들 사이의 형태적 비교를 통해 판정된다. 이것은 그림이 철저하게 사회와 시대가 요구하는 방식으로 대상을 재현한다는 것을 의미한다. 동일한 대상을 재현하는 그림일지라도 시대와 사회에 따라 그림의 형태가 달라지는 이유가 바로 여기에 있다. 모든 종류의 그림은 사회문화적 관습에 의해 만들어진다는 점에서 관습적 영상이다.

두 번째 영상을 광학적 영상이라고 부르는 것은 이 영상이 기본적으로 카메라를 이용해 빛을 기록하는 방식으로 제작되기 때문이다. 19세기 초반에 사진이 발명된 후 연이어 발명된 영화, 텔레비전, 비디오와 같은 영상은 모두 카메라를 이용해 현실의 사건을 기록하는 영상이다. 카메라는 빛이 없다면 영상을 만들어낼 수 없기 때문에, 이 영상들은 기록·저장·유통되는 방식에서는 차이가 있지만 모두 카메라를 통한 빛의 물리적 기록이라는 공통점을 갖는다. 물론 그림과 같은 관습적 영상에서처럼 광학적 영상에서도 영상을 제작하고 수용할 때 사회문화적 약호들을 필요로 하지만 빛을 기록하는 촬영 행위 자체에서만큼은 비교적 사회적 문화적 관습으로부터 자유로운 특징을 보여준다. 카메라를 이용해 만들어진 영상은 본질적으로 빛의 물리적 흔적이라는 점에서 광학적 영상이다.

세 번째 영상을 현재적 영상이라고 부르는 것은 이 영상이 관습적 영상이나 광학적 영상과는 달리 단순히 대상을 재현하는 것에 그치지 않고 영상 자체가 대상처럼 현재하기 때문이다. 디지털 기술을 이용해 만들어지는 영상은 대개 컴퓨터와 인터넷을 기반으로 유통된다. 가장 대표적인 현재적 영상은 디지털 게임 영상이다. 게임 영상은 일반적으로 가상적인 상태에 머물다가 사용자가 게임을 불러올 때 현재화된다. 게임 영상은 사용자의 조작에 반응하고 사용자와 상호작용 하면서 어떤 대상을 재현하는 것이 아니라 그 자체로 존재하는 사물이나 세계인 것처럼 제시된다. 이처럼 CGI는 가상적인 상태와 현재적인 상태를 오가면서 스스로 대상처럼 움직이기 때문에 현재적 영상이다.

세 영상이 이처럼 구분되는 것은 우선 각 영상이 만들어지는 과정에 개입하는 기술들이 서로 다르기 때문이다. 이 기술들은 각 영상이 주체와 대상 사이를 매개하는 관계에도 영향을 미친다. 그림과 같은 관습적 영상이 현실을 얼마나 적절하게 재현하고 재구성해 내느냐의 관점에 의해 제작되고 이해된다면, 광학적 영상은 현실을 기계의 눈을 통해 객관적으로 재현하는 과정에서 인간의 주관성을 어떻게 수용하느냐 하는 관점을 통해 유통되고, 디지털 기술을 통해 만들어지는 현재적 영상은 현실을 재현하는 것이 아니라 그 자체가 현실이 되는 특성을 보여줌으로써 인간이 현실 세계와 맺어온 관계에 근본적인 의문을 제기한다.

2 | 관습적 영상

우리가 그림이라고 총칭하는 관습적 영상 안에는 여러 영상들이 있다. 가장 일반적인 것은 평면의 공간 위에 여러 도구와 재료를 이용해 형상을 그려낸 영상이다. 공간, 도구, 재료가 무엇이냐에 따라 벽화, 암벽화, 수묵화, 유화 등 다양한 이름으로 불린다. 사람이 직접 제작하는 것이 아니라 판화와 같이 기계적 장치를 이용해 제작되는 것도 있다. 그림 대부분은 형태적 유사성을 바탕으로 대상을 재현하는 영상이다. 20세기에 들어서 대상과의 형태적 유사성을 발견하기 어려운 추상화가 등장하면서 대상과의 직접적 재현 관계가 잘 드러나지 않는 관습적 영상도 증가했다. 하지만 기본적으로 관습적 영상은 이차원의 공간에 인간이 직접 봤거나 상상해 낸 대상을 여러 도구를 이용해 형태적으로 재현해 낸 영상이다.

인간의 몸, 그중에서 특히 주로 손에 의해 제작되는 그림은 제작 과정과 그림의 형태가 인간의 의지에 의해 제어될 수 있는 영상이다. 그림은 대상의 특질에 의해서라기보다는 그림을 그리는 주체의 의도에 의해 그 형태가 결정된다. 따라서 그림은 기본적으로 주관적 영상(subjective image)이라고 할 수 있다. 예를 들어, 추상화는 대상으로부터 어떤 속성을 추출해 구성한 영상이다. 이때, 주체는 형태적 유사성을 바탕으로 대상을 재현하려고 시도하지 않고 대상으로부터 추출해 낸 몇 가지 색이나 모양을 이용해 대상에 대한 자신의 주관적 이해를 표현한다. 우리는 추상화에서 대상과의 직접적인 유사성을 발견하기 어렵지만 추상화가 대상에 대한 주체의 이해를 표현한 영상이란 점에서 추상화도 사물, 감정, 행위와 같은 대상을 재현한다고 할 수 있다.

추상화의 경우에서 잘 드러나듯이 사실 그림은 자신이 재현하는 대상과 어떤 필연적인 연관성도 갖고 있지 않다. 우리가 그림을 대상과 연결시키는 것은 일반적으로 그림과 대상 사이의 형태적 유사성 때문이다. 즉, 우리

그림 4-1
제욱시스와 파라시오스의 대결
야코프 폰 산드라르트(Jacob von Sandrart),
1690년경.

는 그림과 그것이 재현한다고 여겨지는 대상이 형태적으로 닮았다는 것을 발견할 때 그림과 대상이 재현 관계에 있다고 생각한다. 우리는 대상이 현재 여기에 없더라도 그림을 보고서 대상이 어떻게 생겼는지를 알 수 있기 때문에 그림이 대상을 다시 보여준다고 여긴다. 따라서 마치 그림과 대상 사이에는 어떤 필연적 연관성이 있는 것처럼 보인다.

대상을 똑같이 재현하는 그림을 그려 모두를 놀라게 한 화가에 대한 이야기는 미술의 역사에서 쉽게 발견되는 오래된 신화이다. 잘 알려져 있듯이, 한국에는 솔거의 전설이 있다. 6세기 말 신라에 솔거라는 화가가 살았다. 그는 황룡사 벽에 노송을 그렸는데 참새들이 이 벽에 그려진 나뭇가지 위에 앉으려 날아들다가 벽에 부딪히곤 했다고 한다. 그러나 수년 후에 벽화의 색이 바래 다른 사람들이 그 위에 덧칠을 하자 더 이상 새들이 날아들지 않았다고 한다. 또한 앞에서 언급했듯이, 유럽에는 제욱시스와 파라시오스의 일화가 전해져 내려온다. 기원전 5세기경에 그리스에서 살았던 두 화가는 그림 그리기 내기를 했다. 포도를 그린 제욱시스의 그림을 보고 새가 날아와 포도를 먹으려 했다. 제욱시스가 파라시오스에게 그림을 덮은 천을 치우고 그림을 보여달라고 했으나 곧 놀랄 수밖에 없었다. 파라시오스가 그린 것이 바로 그 천이었기 때문이다. 제욱시스는 새의 눈을 속였지만 파라시오스는 제욱시스의 눈을 속인 셈이다(<그림 4-1>).

이러한 일화들은 위대한 화가들의 놀랍고도 뛰어난 재능을 부각시키는 역할을 한다. 이 일화들이 알려주는 것처럼 우리는 재현 예술, 특히 그림을 일단은 실재를 모방하는 예술로 간주한다. 현재도 미술 교육에서 그림을 배우는 과정은 대상을 모방하는 데생에서부터 시작한다. 이것은 그림과 대상 사이의 유사성은 당연한 것이라는 생각을 만들어낸다.

그런데 그림과 대상 사이의 형태적인 유사성은 당연한 것이 아니며 그림 자체에 내재된 속성도 아니다. 다시 말해, 그림은 대상과 닮았다는 것을 스스로 증명해 낼 수 없다. 그림과 대상 사이의 유사성은 그림 자체가 가진 어떤 형태나 구성에 의해 필연적으로 확보되는 것이 아니다. 그림은 대상과 닮았다는 것을 스스로 담보할 수 없다. 얼핏 들으면, 이 말은 잘못된 것 같다. 왜냐하면 포도를 그린 그림을 보면서 우리는 그림의 색과 형태에 대한 지각을 통해 그림이 포도를 재현한다는 것을 알아차리기 때문이다. 그림과 포도 사이의 유사성은 부정할 수 없는 사실처럼 보인다. 우리가 그림을 보고서 그것이 포도를 재현한다는 사실을 아는 것은 그림과 포도의 형태가 유사하기 때문이다.

그런데 조금 깊이 생각해 보면 어떤 형상을 지각하는 것과 그것이 무엇인지를 아는 것은 다른 차원의 행위이다. 예를 들어, 포도를 한 번도 본적이 없는 사람이 있다면 그는 포도를 그린 그림을 보면서도 그것이 포도를 재현한다는 것을 알 수 없다. 또 그 그림이 포도와 형태적으로 유사하게 생겼는지도 알 수 없다. 포도에 대한 사전 지식을 갖고 있고 포도를 어떤 방식으로 그림으로 재현하는지를 아는 사람만이 확실하게 그림이 포도를 재현한다는 것을 알아차릴 수 있다.

예를 들어, 유치원 아이가 자신의 엄마를 그린 그림이 있다고 하자. 우리가 그 그림을 처음 보고서 아이의 엄마를 재현한 영상이란 것을 한눈에 알아볼 수 있을까? 우리가 아이의 엄마를 알고 있다고 하더라도 여러 유치원생들이 그린 엄마 그림들 중에서 그 그림을 보고서 즉시 아이의 엄마를 재현하고 있다는 것을 알아차리기는 어려울 것이다. 왜냐하면 그 그림 안에 표현된 형상이 아이의 엄마를 즉각 연상시킬 수 있을 정도로 아이의 엄마와 닮아 있을 가능성은 매우 적기 때문이다. 그럼에도 아이가 그림을 가리키면서 "이것은 우리 엄마야"라고 말하는 것을 듣는다면 우리는 즉각 그 그림이 아이의 엄마를 재현하고 있다는 것을 인정한다. 그리고 나중에 그림을 다시 보더라도 언제나 그 그림이 아이의 엄마를 재현한다는 것을 쉽게 알아차릴 수 있다.

아이가 그린 엄마 그림 같은 경우에는 엄마가 실존하고 있기 때문에 나중에라도 그림과 엄마가 형태적으로 얼마나 유사한지를 비교라도 할 수 있다. 하지만 대다수의 그림들은 대상과 얼마나 유사한지를 비교조차 할 수 없다. 예를 들어, 역사적으로 수없이 생산된 예수의 그림을 생각해 보라. 예수의 모습을 우리가 알지 못하기 때문에 그림과 예수 사이의 형태적 유사성은 확인될 방법이 없다. 그렇기에 그동안 시대, 사회, 화가에 따라 완전히 다른 모습의 예수 그림들이 수없이 제작돼 왔다. 형태적으로 전혀 유사하지 않은 그림들이 모두 예수라는 동일한 대상을 재현하는 것으로 인정된다. 예수를 그린 그림은 예수와 닮았기 때문에 예수를 재현하는 것이 아니다. 사람들이 이 그림이 예수를 재현한다고 인정하자고 약속을 했기 때문에 그림은 예수를 재현하게 된다.

결국, 그림이 대상과 닮았다는 것은 그림을 그리거나 보는 주체에 의해 그러리라고 인정되는 관계이다. 그림과 대상 사이의 형태적 유사성은 그림을 그리거나 보는 사람에 의해 명명되거나 사회문화적으로 인정되는 것이다. 따라서 그림을 제작하고 소비하는 사람들이 바뀌고 사회와 문화가 달라지면 동일한 대상이라 할지라도 그 대상을 재현하는 그림의 형태는 완전히 달라진다.

영상이 어떤 대상을 재현한다는 것은 대상이 부재한 상태에서 영상이 마치 그 대상이 존재하는 것처럼 시각적으로 제시한다는 뜻이다. 즉, 영상은 대상의 부재를 은폐하며 대상을 대신한다. 솔거의 일화에 등장한 참새들이 보기에 벽에 있는 소나무 그림은 소나무를 재현한다. 이러한 재현이 완벽했기 때문에 참새들은 부재하는 소나무를 현재하는 것으로 생각했고 그 위에 날아 앉으려 했다. 솔거가 그린 소나무 그림은 재현 기능을 완벽히 완수한 영상인 것이다. 하지만 이 재현 관계는 단순히 그림과 대상이 닮았기 때문에 맺어지는 것이 아니다.

굿맨(Goodman, 1976)에 따르면, 일단 유사성은 재현의 충분조건이 아니다. 예를 들어, 쌍둥이가 있다고 하자. 그 둘은 서로 대단히 닮았지만 한 사람이 자신의 쌍둥이 형이나 동생을 재현하지는 않는다. 같은 시리즈로 대량생산된 상품들도 마찬가지다. 한 자동차 회사에서 생산된 같은 이름의 자동차는 모두 똑같이 생겼지만 어떤 차가 다른 차를 재현하지는 않는다.

유사성은 대칭적인 데 비해 재현은 그렇지 않다. 즉, 철수와 철호라는 쌍둥이 형제가 있다고 하자. 철수는 철호를 닮았고 철호는 철수를 닮았다. 하지만 철수가 철호를 재현하거나 철호가 철수를 재현한다고 말할 수 없다. 마찬가지로 철수를 그린 그림은 철수를 닮았고 철수는 그 그림을 닮았다. 그런데 철수를 그린 그림은 철수를 재현하지만 철수가 그림을 재현하지는 않는다.

굿맨이 재현에서 유사성의 역할에 대한 잘못된 생각들을 제거하면서 말하려던 것은 재현이 문화와 관습에 따라 변하는 상징적 관계라는 것이다. 르네상스 시대에 발명된 원근법도 기하학적 광학의 법칙에 따르기 때문에 계약적인 것이 아니라 필연적인 것이라고 하지만 절대적으로 사물의 완벽한 상을 보여준다고 볼 수 없다. 왜냐하면 이 원근법의 근거가 되는 움직이지 않는 하나의 눈은 실제로 존재하지 않기 때문이다. 따라서 영상과 대상 사이의 관계는 영상을 제작하는 데 개입하는 재현 체계와 규범 체계에 따라 달라진다.

그림이 재현하는 대상이 현실에 존재하지 않는 허구의 것일 경우, 그림과 대상 사이의 유사성을 찾는 것은 불가능하다. 예를 들어, 백설공주의 그

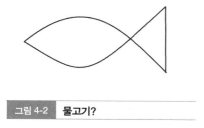

그림 4-2 **물고기?**

림이 백설공주를 닮았는지, 백설공주를 다시 보여주는 것인지 우리는 알 수 없다. 이 경우 우리는 유사성에 대해 말할 수 없다. 영상이 닮아야 하는 대상이 어떻게 생겼는지 알 수가 없기 때문이다.

굿맨의 생각을 따른다면, 재현한다는 것은 물체를 모방하기보다는 분류하는 것이다. 어떤 대상을 재현한다는 것은 그 대상에 명찰을 붙이는 것과 같다. 즉, 그림과 대상의 관계 맺기는 대상에 대한 이름 붙이기와 같다. 그림과 대상의 관계는 이름 붙이기라는 문화적이고 관습적인 행위에 의해 맺어진다. 그림의 제작은 한 사회의 관습적인 재현 체계에 의해 관리되는 것이다.

그런데 그림을 통한 재현 행위는 기존의 관습에 따라 대상의 특정 요소들을 강조할 뿐만 아니라 대상의 새로운 요소들을 발견해서 그것들을 이용하고 친숙한 요소에 새로운 의미를 제공함으로써 대상에 새로운 명찰을 부여하기도 한다. 그림은 대상의 알려지지 않은 면을 드러내고 이전과는 다른 관계들을 만들어내는 것이다. 그렇게 하면서 어떤 의미에서 그림은 세계를 새로 만들고 우리가 세계에 대한 지식을 얻는 데 기여한다.

〈그림 4-2〉가 재현하는 것은 무엇인가? 누가 당신에게 이 그림이 물고기를 재현하는 것이라면 당신은 이에 이의를 제기하지 않을 것이다. 그렇다면 우리는 어떻게 이 그림에서 물고기를 인식하는가? 어떤 사람은 이 그림이 모든 물고기들에게 공통된 형태를 가지고 있기 때문에 물고기를 닮았다고 말할 것이다. 실제로 〈그림 4-2〉가 모든 물고기들이 가지고 있는 공통된 최소한의 선들을 나타내는 것처럼 보인다. 그러나 만약 이 그림을 당신에게 보이면서 그것이 물고기를 재현한다고 말하지 않았다면 당신은 이 그림이 물고기를 재현한 것이라고 즉시 답변할 수 있었을까? 전에 이와 비슷

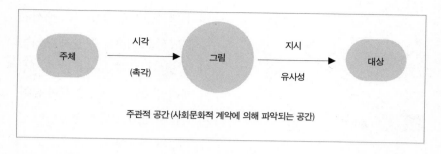

주관적 공간 (사회문화적 계약에 의해 파악되는 공간)

한 그림을 보고 물고기라고 생각한 경험이 없다면, 당신은 아마도 이 그림 앞에서 그림이 재현하는 것이 무엇인가를 알기 위해 이러저러한 생각을 할 것이다. 그러나 누군가가 이 그림은 물고기를 재현한 것이라고 말하는 순간, 당신은 별다른 망설임 없이 그 말에 동의할 것이다. 만약 누가 이 그림은 폭탄을 재현한 것이라고 말을 한다 해도 당신은 역시 그 말에 별 이의를 제기하지 않을 것이다.

우리가 영상을 대상과 연결시키는 것은 영상과 재현된 대상 사이의 유사성을 인식하기 때문이 아니다. 재현 체계나 이름 붙이기가 우리로 하여금 영상과 대상을 연결시킬 수 있도록 하는 것이다. 우리는 이름을 붙이고 난 후에야 영상과 대상 사이의 유사성을 인식할 수 있게 된다. 따라서 어떤 그림이 무엇을 재현하는지를 알기 위해서는 그림이 제작된 시대와 사회의 관습적인 재현 체계에 대해 알고 있어야 한다.

이처럼 그림과 대상 사이의 관계는 필연적이라기보다는 사회문화적인 관습에 의해 결정된다고 볼 수 있다. 그림과 특정 대상 사이의 형태적 유사성은 그림이 제작되고 수용되는 사회의 재현 체계에 의해 부여된다. 더구나 그림의 제작 과정이 거의 전적으로 인간에 의해 통제된다는 점에서 인간이 눈으로 지각한 사물을 기계적으로 모방했다기보다는 눈으로 지각한 사물을 사회문화적으로 습득한 재현 체계에 의해 해석한 후, 그것을 물질적이고 가시적으로 외화했다고 볼 수 있다. 결국 그림은 인간의 몸이 가진 육체적 제약, 그리고 재료와 도구들의 물리적 특성들에 의해 영향을 받으며, 동시에 사회문화적으로 형성된 재현 체계에 의해 그 형태가 규정된다고 볼 수 있다.

그림은 주체의 육체적 활동의 결과로 만들어진다. 우리가 그림을 보는 행위는 단지 시각을 통해 형상을 지각하기만 하는 행위가 아니라 그림에 남아 있는 주체의 육체적 흔적을 느끼는 행위이기도 하다. 그림을 지각하는 행위에서 촉각은 완전히 배제되지 않는다. 그림은 관습화된 사회문화적 재현 체계에 의해 확보되는 대상과의 유사성을 통해 대상을 지시한다. 이처럼 그림 영상에서는 영상이 대상과 맺는 관계나 영상의 형태가 사회문화적인 약속에 의해 결정된다는 점에서 우리는 그림과 같은 영상을 관습적 영상이라고 부를 수 있다. 관습적 영상에 의해 재현되는 공간은 사회문화적으로 해석된 공간이라는 점에서 주관적 공간이라고 할 수 있다.

3 | 광학적 영상

관습적 영상과 다른 형태의 영상은 19세기 이후에 등장했다. 가장 먼저 등장한 것은 사진이다. 사진의 발명은 두 가지 기술의 발명으로 구성된다. 하나는 빛을 조절해 선명한 상을 얻을 수 있는 카메라 장치의 발명이고, 다른 하나는 카메라를 통해 얻어진 상을 종이와 같은 여러 물질의 표면에 고정시키는 기술의 발명이다. 사진 다음에는 영화가 발명됐다. 영화는 일정한 간격으로 연속적으로 사진을 촬영할 수 있는 카메라의 발명과 빛을 이용해 연속된 영상을 일정한 속도로 스크린에 투사할 수 있는 영사기의 발명으로 가능해졌다. 영화 이후에 등장한 텔레비전은 카메라가 촬영한 영상을 작은 점으로 분할해 전기 신호를 바꾸는 장치의 발명과 전기 신호로 바뀐 영상을 전파를 통해 송수신하고 다시 영상으로 전환하는 장치의 발명을 기반으로 만들어졌다. 이런 영상들은 기술적인 차이가 있지만, 모두 카메라를 이용해 빛을 기록함으로써 얻어진다는 공통점이 있다. 따라서 이런 영상들을 총칭해 광학적 영상이라 부를 수 있다.

그림으로 대표되는 관습적 영상은 인간의 육체적 활동에 의해 만들어지기 때문에, 주체와 관습적 영상 사이에는 직접적 접촉이 존재한다. 광학적 영상의 경우에는 주체와 영상 사이에 카메라가 개입하기 때문에, 주체와 대상 사이의 육체적 접촉이 차단된다. 그림과 같은 관습적 영상의 경우에는 붓의 터치라든지, 물감의 두께 같은 것을 느끼는 것이 가능하지만 광학적 영상에서는 동일하고 획일적인 표면 위에 영상이 표현되기 때문에 촉각적 지각은 무의미해진다. 영화나 텔레비전 같은 경우에는 영상을 만진다는 것 자체가 사실상 불가능하다. 그런 영상들에서 우리가 만지는 것은 엄밀히 말해 스크린의 천이거나 모니터의 유리이지 영상이 아니다.

사진의 발명은 인류 역사에서 수천 년 동안 이어져 온 관습적 영상의 지배를 끝장낸 혁명적 사건이었다. 그것은 인간이 영상과 유지해 오던 육체적이고 주관적인 관계가 끝났다는 것을 선언한 사건이었다. 처음 사진이 등장했을 때는 관습적 영상을 옹호하던 지식인이나 화가들을 중심으로 일부 사람들의 반발이 있었지만, 곧 사진은 대중에게 사랑받는 미디어로 발전했다. 뒤이어 영화가 등장했을 때는 모든 사람이 열광했다. 텔레비전은 완전히 세계를 지배했기 때문에 앞에서 봤듯이 매클루언 같은 사람은 텔레비전이 새로운 시대를 열었다고 평가했다. 이제 광학적 영상은 현대사회를 지배하고 있다. 디지털 카메라, 인터넷, 스마트폰과 같은 새로운 기술과 장치들은 광학적 영상을 변화시키면서도 여전히 광학적 영상이 지배적 지위를 유지하는 데 기여하고 있다.

광학적 영상은 카메라를 비롯한 다양한 장치에 의해 만들어진 영상이다. 극단적으로 말한다면, 인간이 없더라도 광학적 영상은 만들어질 수 있다. 예를 들어, 2011년 인도네시아 술라웨시섬에서 영국 사진작가 데이비드 슬레이터(David Slater)의 카메라를 암컷 원숭이 한 마리가 몰래 가져가 촬영한 사진들이 화제가 됐다. 이 원숭이는 카메라로 자신의 모습을 찍었다. 인간의 개입 없이 동물의 힘으로 훌륭한 사진이 촬영된 것이다. 동물이 개입하지 않더라도 카메라에 어떤 충격이 가해져 영상이 만들어지는 경우도 있다. 또 움직임에 반응하는 센서가 달린 카메라는 언제든지 영상을 촬영할 수 있다.

관습적 영상은 인간이 대상에 대해 가진 생각을 일정한 규칙에 따라 표현한 결과물이다. 물론 광학적 영상도 일반적으로는 인간이 대상에 대해 가진 생각을 표현하기 위해 제작되지만, 인간의 의도와 무관하게 제작될 수도 있다는 점에서 관습적 영상과는 완전히 다른 존재 양식을 갖는다. 광학적 영상의 경우, 인간의 의도는 영상의 제작 과정뿐만 아니라 제작된 영상을 선택하는 과정에서 중요하게 개입할 수 있다. 원숭이가 촬영한 셀카는 인간의 의도와는 무관하게 촬영된 영상이지만, 나중에 그것을 발견한 사람들이 영상에 의미를 부여함으로써 사회적으로 널리 유통되는 영상이 됐다. 전쟁터에서 총을 맞고 쓰러지는 카메라 기자가 들고 있던 카메라는 기자의 의도와 달리 흔들리고 불안정한 영상을 기록하지만, 나중에 그 영상은 종군기자의 죽음이나 어려운 상황 등을 의미하기 위해 사용될 수 있다.

광학적 영상은 기계에 의해 포착된 빛의 자국이다. 이것은 광학적 영상이 대상과 필연적으로 연결돼 있다는 것을 의미한다. 대상이 존재하지 않는다면 대상을 재현하는 광학적 영상도 존재할 수 없기 때문이다. 광학적 영상과 대상은 물리적인 접촉 관계를 맺는다. 대상으로부터 나온 빛을 기록한 광학적 영상은 결국 대상의 흔적이라고 할 수 있다. 관습적 영상과 대상 사이의 유사성은 사회문화적으로 결정된 재현 체계에 의해 인정되지만, 광학적 영상과 대상 사이의 유사성은 실질적인 물리적 접촉에 의한 결과로 인정된다. 현실에 존재하지 않는 것은 광학적 영상으로 재현될 수 없고 인간의 지각이나 상상과는 무관하게 광학적 영상은 실제 대상을 형태적으로 매우 유사하게 재현한다. 따라서 광학적 영상은 단순히 대상을 재현하는 데 그치지 않고 대상이 존재했다는 것을 증명한다.

그런데 여기에서 주의해야 할 점은 광학적 영상이 증명하는 것은 오직 대상이 존재했다는 사실뿐이라는 것이다. 광학적 영상은 영상에 재현된 대상이 존재했다는 것만을 증명할 뿐 그 대상의 정체에 대해서는 이야기하지 않는다. 예를 들어, UFO를 촬영한 사진이나 동영상은 특정한 형태의 물체가 있었다는 것을 증명할 뿐 그 물체가 외계인이 만든 것임을 증명하지는 않는다. 그렇기 때문에 광학적 영상은 철저히 주체의 의도와 판단을 배제한다. 광학적 영상의 의미는 온전히 대상에 의해 결정된다. 이런 점에서 광학적 영상은 객관적 영상(objective image)이라고 할 수 있다.

인간이 눈으로 보거나 상상한 것을 해석해 직접 손으로 작업해 가시화한 것이 관습적 영상이라면, 광학적 영상은 카메라가 본 것을 기록해 가시화해 낸 것이다. 그래서 광학적 영상은 주체의 의도적 통제로부터 비교적 자유로워지는 대신에 영상을 만들어내는 기계의 기술적 속성과 대상이 처한 조건에 의해 제약을 받는다. 물론 당연히 광학적 영상의 제작 과정에도 인간의 의도가 개입하지만, 가장 중요한 것은 일차적으로 카메라에 의해 결정된다. 우리는 카메라에 의해 촬영된 영상의 최종 결과물이 어떤 모습을 갖게 될지 확신할 수 없다. 우리가 원하는 형태의 영상이 나올 수 있도록 노력을 한다 하더라도 최종 결과물이 우리가 원하는 대로 된다는 보장이 없다. 그렇기 때문에 광학적 영상은 기본적으로 우리에게 낯선 영상이다. 우리가 카메라 앞에 설 때 느끼는 불안감은 바로 여기에서 비롯된다. 카메라가 촬영한 내 얼굴이 어떤 모습일지 확신할 수 없기 때문이다. 내게 가장 익숙한 내 얼굴이 카메라를 통해 영상으로 재현될 때는 매우 낯선 얼굴이 될 수 있다.

인간의 육체적 활동과는 단절된 채 제작된 광학적 영상은 오직 시각을 통해서만 지각된다. 광학적 영상을 담아 유통하는 미디어 자체가 영상과는 무관하게 별도로 존재한다. 우리는 광학적 영상 자체는 만질 수 없다. 오직

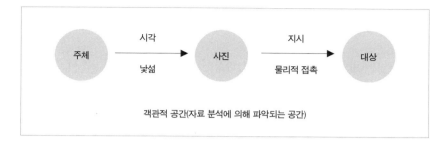

주체 → 시각 / 낯섦 → 사진 → 지시 / 물리적 접촉 → 대상

객관적 공간(자료 분석에 의해 파악되는 공간)

영상을 담아 유통시키는 종이, 스크린, 모니터 등의 표면을 만질 수 있다. 주체와 대상 사이에 카메라가 위치하고 있고 주체가 영상을 오직 시각을 통해서만 지각하기 때문에, 기본적으로 광학적 영상을 매개로 주체와 대상은 완전히 분리돼 있다. 광학적 영상은 현실의 대상과 실질적으로 연결돼 있고 주체와 영상, 주체와 대상은 서로 분리된 채 오직 시각을 통해서만 관계를 맺기 때문에, 주체는 광학적 영상을 통해 대상에 대한 객관적 관찰과 세밀한 분석을 할 수 있다.

결국 광학적 영상은 시각을 통한 주체와 대상 사이, 그리고 주체와 영상 사이의 분리를 구축하면서 현실을 주체에 의해 시각적으로 관찰·분석·파악될 수 있는 객관적 공간으로 만든다. 광학적 영상을 제작하는 과정에서도 사회문화적 재현 체계가 개입하지만 그것은 관습적 영상에서처럼 영상과 대상 사이의 재현 관계를 결정하는 수준의 개입은 아니다. 광학적 영상의 제작에 개입하는 사회문화적 재현 체계는 영상의 구체적 요소들을 조합하고 배열하는 차원에 개입하는 정도에 머물 뿐이다. 예를 들어, 영화제작자는 영상들을 편집할 수는 있지만 영상에 재현되는 대상 자체의 형태를 바꿀 수는 없다. 만약 그런 개입이 가능하다면 그 영상은 더는 광학적 영상이 아니라 다른 종류의 영상이 된다.

4 | 현재적 영상

1972년 사람들은 기존의 관습적 영상이나 광학적 영상과는 전혀 다른 유형의 영상을 접했다. 미국의 컴퓨터게임 회사 아타리에서 〈퐁〉이라 불리는 최초의 디지털 게임을 개발해 선보인 것이다. 텔레비전 수상기에 연결해 사용할 수 있는 이 게임은 흑백 영상으로 구성된 두 개의 막대가 화면 좌우에 각각 자리 잡고, 위아래로 움직이면서 공을 쳐서 주고받는 일종의 탁구 게임이었다. 사람들은 자신이 버튼을 조작해 막대를 위아래로 움직이면서 네모난 공을 치거나 막아내면서 점수를 올릴 수 있는 이 게임에 열광했다. 인류 역사상 처음으로 사람의 행위에 반응해 움직이는 영상이 탄생한 사건이었다. 이 영상은 디지털 기술을 이용해 컴퓨터로 전산 처리된 것을 영상의 형태로 가시화해 낸 것이기 때문에 보통은 CGI(computer-generated imagery) 혹은 디지털 영상이라고 불린다.

정보기술이 계속 발달하면서 CGI를 이용한 다양한 게임이 개발됐다. 컴퓨터가 대중화되면서 컴퓨터 운영 체제 자체가 영상을 이용한 방식으로 만들어졌다. CGI는 사진·영화·텔레비전과 같은 기존의 광학적 영상은 물론이고, 회화·만화와 같은 관습적 영상의 제작 과정에도 이용되기 시작했다. 100% CGI로만 구성된 영화가 제작되기도 한다. 인터넷의 발명과 스마트폰의 등장으로 CGI는 일상생활에서 아주 쉽게 접할 수 있을 뿐만 아니라 일상생활의 다양한 활동을 가능하게 해주는 미디어가 됐다.

디지털 기술을 이용한 영상은 크게 두 종류의 영상으로 나뉜다. 하나는 디지털화된 영상이고, 다른 하나는 순수한 CGI다. 디지털화된 영상은 기존의 관습적 영상이나 광학적 영상을 디지털 기술을 이용해 저장하고 전환한 영상이거나 디지털 기술을 이용해 만든 관습적 영상이나 광학적 영상이다. 디지털화된 영상은 주체와 대상 사이에서 영상이 하는 역할과 관련해 기존의 관습적 영상이나 광학적 영상과 큰 차이를 보이지 않지만, 기존의 영상들과는 달리 유통이나 수정 등이 매우 쉽다는 특징을 보인다. 예를 들어, 필름을 이용해 촬영된 사진과 디지털 카메라로 촬영된 사진은 모두 광학적 영상에 속하지만 디지털 사진의 경우에는 필름 사진에 비해 원본의 손상 없이 무한 복제와 유통이 가능하고 색이나 형태의 수정도 아주 쉽게 이뤄진다.

CGI는 처음부터 컴퓨터 작업에 의해 만들어진 영상이다. 이 영상의 색이나 형태는 0과 1로 이뤄진 수의 배열에 의해 결정된다. 이 영상을 제작하는 과정에는 전자식 펜이나 카메라 등이 사용될 수 있기 때문에 관습적 영상이나 광학적 영상의 제작 방식이 차용된다고도 할 수 있다. 하지만 관습적 영상이나 광학적 영상에서 사용되는 도구를 차용할 뿐이지 CGI는 기존의 영상들과는 완전히 다른 방식으로 존재한다.

관습적 영상과 광학적 영상은 한번 제작된 후에는 변하지 않는 고정된 영상의 상태로 머문다. 고정된 영상에 대해 어떤 수정을 가한다면 수정된 영상은 원본 영상과는 완전히 다른 영상이 된다. 수정된 영상을 다시 원래 영상으로 완벽히 되돌리는 것은 거의 불가능하다. 관습적 영상과 광학적 영상이 구체적인 물질 상태로 존재하는 영상이기 때문이다. 하지만 CGI는 기본적으로 변화 가능성을 가지고 있는 영상이다. 왜냐하면 CGI는 구체적 물질이 아니라 수의 형태로 존재하기 때문이다. 그래서 CGI는 수정과 복구가 자유로울 뿐만 아니라 끊임없이 변화할 수 있다. 단순히 수의 배열을 조작하면 되기 때문이다. CGI는 눈에 보이는 것만이 다인 영상이 아니다. CGI 안에는 아직 가시화되지 않은 부분들이 가시화된 부분과 함께 공존한다.

CGI가 변화를 내재하고 있다는 것은 영상이 사용자와의 상호작용을 통해 변할 수 있다는 것을 의미하기도 한다. 디지털 게임 영상이 대표적이다. 사용자는 스틱이나 버튼을 조작하거나 영상 앞에서 몸을 움직이면서 또는 영상을 직접 손으로 만지면서 영상을 변화시킬 수 있다. 사용자의 행위에 반응하면서 변하는 영상은 이미 수의 형태로 영상 안에 들어 있는 부분이 가시화되는 것이다. 따라서 CGI는 가상적(virtual) 상태와 현재적(actual) 상

주체   시각   영상(대상)

촉각

가상공간(시뮬레이션 공간)

태를 오가면서 사용자와 상호작용한다.

바로 이런 이유로 CGI는 주체, 대상과 맺는 관계에서 관습적 영상이나 광학적 영상과는 다른 모습을 보여준다. 먼저 CGI는 인류 역사 초기부터 영상 사용을 지배해 왔던 재현의 개념을 파괴한다. 앞에서 말했듯이, 영상은 대상의 시각적 재현이다. 영상은 대상을 시각적으로 다시 보여준다. 표면적으로 본다면, CGI도 대상을 재현하는 것처럼 보인다. 예를 들어, 디지털 게임에 나오는 호랑이 캐릭터는 호랑이를 재현하는 영상이라고 할 수 있을 것이다. 그런데 좀 더 깊이 생각해 보면, 디지털 게임 속의 호랑이 캐릭터는 호랑이라는 대상을 재현하기 위해 존재하는 것이 아니다. 호랑이 캐릭터는 사용자와 상호작용 하면서 어떤 임무를 수행하기 위해 존재한다. 즉, 호랑이 캐릭터는 그 자체로 마치 대상처럼 존재한다. CGI를 사용하는 과정에서 주체는 영상을 매개로 대상을 보거나 관찰하지 않는다. 주체는 영상 자체와 상호작용 한다. 바로 영상이 대상처럼 작용하는 것이다. 은행의 현금출납기 모니터에 나타나 있는 버튼 영상은, 버튼이라는 대상을 재현하기 위해 있는 것이 아니다. 그 버튼 영상은 사용자에 의해 실제로 눌려 금전 출납이라는 행위를 가능하게 만들기 위해 존재한다. 버튼 영상은 실제로 버튼으로 기능하기 위해 존재하는 것이다. 따라서 CGI는 대상을 재현하는 것이 아니라 대상처럼 현재한다. 바로 이런 이유로 CGI를 현재적 영상이라고 할 수 있다.

관습적 영상은 사회의 재현 체계에 따라 대상의 형태를 유사하게 모방

(imitation)함으로써 대상을 재현하고, 광학적 영상은 대상으로부터 방출된 빛이 남긴 흔적으로써 대상이 존재했다는 것을 확인시켜 주면서 대상을 재현한다. 하지만 현재적 영상은 스스로 대상처럼 작용하기 위해 존재한다.

영상이 대상을 재현한다는 말은 영상이 대상의 지시체라는 지위를 갖는다는 것을 의미한다. 영상은 대상을 재현함으로써 대상을 지시한다. 이 경우, 영상의 존재는 대상의 존재에 의해 규정된다. 그런데 현재적 영상은 관습적 영상이나 광학적 영상과는 달리 대상을 지시하는 영상이라기보다는 스스로를 지시하는, 다시 말해 대상의 존재와 관계없이 그 자체로 존재하는 영상이다. 비록 현재적 영상이 현실의 대상과 형태적으로 유사하다 하더라도 현재적 영상은 그 대상을 지시하고 재현하기 위해 존재하는 것이 아니라 스스로 기능하고 작용하기 위해 존재한다. 그렇다고 해서 현재적 영상이 대상 자체가 될 수는 없다. 왜냐하면 현재적 영상은 여전히 영상이기 때문이다. 현재적 영상은 대상처럼 작용하기 위해 대상을 시뮬레이션한다. 시뮬레이션의 목적은 대상이 없는 상태에서 대상을 흉내 냄으로써 대상의 기능과 역할을 대체하고자 하는 것이다. 재현이 단순히 대상의 부재를 상쇄하는 역할을 한다면, 시뮬레이션은 대상을 대체하는 작업이다. 현재적 영상은 마치 대상처럼 현재화되면서 주체 앞에서 대상의 역할을 수행한다. 관습적 영상과 광학적 영상이 주체의 시각에 호소하면서 형태의 관점에서 대상을 재현한다면, 현재적 영상은 대상의 작용을 시뮬레이션하면서 주체와 상호작용 한다.

5 | 세 영상의 차이

관습적 영상, 광학적 영상, 현재적 영상은 인류 역사에 등장한 시기, 제작 방식, 사용되는 재료, 주체와의 관계, 대상과의 관계 등에서 차이가 있다. 관습적 영상은 인류의 시작과 함께 등장했다고 할 수 있을 정도로 오래된 영상이고, 수천 년 동안 꾸준히 제작돼 왔으며, 사회적 커뮤니케이션 과정에서 매우 중요하게 사용돼 왔다. 광학적 영상은 19세기 초 사진의 발명과 함께 사용되기 시작한 영상이다. 이제 200년 남짓 사용됐지만, 관습적 영상이 주로 사회적 지배계급이 향유하는 예술·종교 영역에서 사용돼 온 것과는 달리 광학적 영상은 계급에 관계없이 널리 사용되면서 대중문화의 중요한 축을 담당해 왔다. 매스미디어에서 광학적 영상은 핵심적인 위치를 차지하고 있다. 현재적 영상은 디지털 정보기술의 발달과 함께 최근에 등장한 영상이지만 관습적 영상이나 광학적 영상과는 달리 인간과 상호작용하는 특성을 갖고 있기 때문에 사회적 커뮤니케이션 과정에서 차지하는 비중과 중요성이 폭발적으로 커지고 있다.

관습적 영상에는 다양한 종류의 그림과 판화, 만화, 그래픽 같은 것들이 포함된다. 광학적 영상에는 카메라를 이용해 제작되는 사진, 영화, 텔레비전, 비디오, CCTV 같은 것들이 포함된다. 현재적 영상에는 CGI 기술을 이용한 애니메이션, 게임, 가상현실(VR), 증강현실(AR) 등이 포함된다. 관습적 영상이 주로 물감, 붓, 종이 등과 같은 재료와 도구로 만들어지며 구체적인 사물의 형태를 가지는 반면에, 광학적 영상의 경우에는 카메라에 포착된 빛을 처리해 필름이나 마그네틱테이프, 디지털 정보 저장장치와 같은 미디어에 보관했다가 필요할 때 종이에 인화하거나 스크린과 모니터를 통해 볼 수 있도록 한다. 현재적 영상은 디지털 수열 형태로 만들어지기 때문에 수열 정보를 기록할 수 있는 메모리카드나 디스크 등에 저장됐다가 다양한 디스플레이장치를 통해 가시화되고 조작된다.

구체적 사물의 형태로 존재하는 관습적 영상은 한정된 공간 안에 특정한 형태의 공간을 재현한다. 관습적 영상에 의해 재현되는 대상은 공간적으로 한정된 대상이다. 예를 들어, 그림에 재현되는 대상은 그림의 크기와 모양 등에 의해 공간적으로 한정된다. 관습적 영상은 대상을 공간적으로 제한하

표 4-1 **영상의 구분**

	관습적 영상	광학적 영상		현재적 영상
	회화	사진, 영화	TV (VIDEO)	CGI
전형적 도구, 재료	천, 종이, 물감	빛, 카메라, 필름	빛, 카메라, 마그네틱테이프	컴퓨터, 디지털 수열(0,1)
시 · 공간 구속성	공간적 구속	시·공간 구속	시·공간 구속	X
생산 방식	육체	기계	기계	논리적 수열 (프로그램)
대상과의 관계	대상과 닮음	대상의 흔적	대상의 흔적	대상의 시뮬레이션

고 영상을 보는 주체도 공간적으로 구속한다. 관습적 영상을 보는 주체는 대상을 오직 공간적으로만 파악할 수 있기 때문이다. 반면에, 광학적 영상은 공간적으로뿐만 아니라 시간적으로도 대상을 재현한다. 사진의 경우에는 그림과 유사하게 대상을 공간적으로만 재현하지만, 사진에 재현된 대상이 반드시 현실의 특정한 순간에 그런 형태로 존재했었다는 것을 전제할 수밖에 없다는 점에서 대상을 재현하는 과정에서 시간적 구속성을 갖는다. 동영상 형식으로 제공되는 영화와 텔레비전은 영상만의 고유한 시간과 공간을 갖고 있기 때문에 영화와 텔레비전을 보는 주체는 그 시간과 공간에 구속될 수밖에 없다. 현재적 영상은 가상 상태에 머물다가 주체가 필요로 할 때 현재화된다는 점에서 오히려 영상이 주체의 시간과 공간에 종속되는 모습을 보인다. 현재적 영상을 보는 주체는 영상 안에 내재된 시간과 공간에 의해 구속되지 않는다. 주체는 자신의 시간과 공간 안에서 영상을 필요에 따라 이용할 수 있다.

세 영상은 영상의 생산 방식에서도 차이를 보인다.

관습적 영상이 기본적으로 인간의 육체적 활동, 특히 손의 활동에 의해 제작되는 반면, 광학적 영상은 본질적으로 카메라라는 기계에 의해 만들어진다. 현재적 영상은 논리적 수열로 구성된 컴퓨터 프로그램을 이용해 제작된다. 제작 과정에서부터 관습적 영상은 인간의 육체적 활동과 불가분의 관계를 맺고 있지만, 광학적 영상은 인간의 육체로부터 자유로울 수 있다. 한편, 현재적 영상은 컴퓨터 프로그램이 가진 한계 안에서만 제작될 수 있다. 현재적 영상의 완성도는 인간의 육체적 활동의 정교함이나 기계 성능의 뛰어남에 의해서라기보다는 프로그램의 질에 의해 결정된다.

대상과의 관계에서는 관습적 영상이 사회문화적 관습에 의해 확립된 유사성을 통해 대상을 재현하는 반면, 광학적 영상은 우선적으로 대상에서 나온 빛의 흔적이라는 점에서 대상과 연결된다. 광학적 영상은 대상을 형태적으로 유사하게 재현하기도 하지만, 그보다 더 중요한 것은 대상이 존재했다는 것을 광학적 영상이 증명한다는 것이다. 하지만 광학적 영상은 대상이 존재했다는 것만을 증명할 뿐 대상의 정체에 대해서는 말하지 않는다. 현재적 영상은 대상을 시뮬레이션하면서 대체한다. 관습적 영상과 광학적 영상이 기본적으로 대상을 재현하는 반면에, 현재적 영상은 대상을 단순히 재현하는 것이 아니라 대상처럼 작용한다. 현재적 영상은 대상이 주체의 작용에 반응하듯이 주체와 상호작용 한다. 시뮬레이션 형식으로 주어지는 현재적 영상을 조작하면서, 주체는 영상이 재현하는 대상을 보는 것이 아니라 영상 자체를 대상처럼 다룬다.

그림

1 | 그림의 기술적 조건

라스코 동굴벽화의 일부

그림은 처음에 어떻게 그려지기 시작한 것일까? 현재까지 발견된 그림들 중에서 가장 오래된 선사시대 동굴벽화를 생각해 보자. 예를 들어, 3만 2000년 전에 그려진 것으로 추정되는 쇼베(Chauvet) 동굴벽화, 2만 년 전에서 1만 7000년 전 사이에 그려진 것으로 추정되는 유명한 알타미라(Altamira) 동굴벽화와 라스코(Lascaux) 동굴벽화를 떠올려 보자(<그림 5-1>). 그림이 분명히 존재한다는 것 외에 우리는 무엇을 당연히 가정할 수 있는가? 그림의 경우 대부분은 그린 사람이 본 것을 재현한다고 가정할 수 있다. 벽에 그린 들소, 사슴, 말 등의 동물 형상은 당시 사람들이 일상생활에서 보고 접한 동물들의 모습일 것이다. 이런 그림들을 그리기 위해서는 색을 입히고 형상을 묘사할 수 있는 전반적으로 평평한 벽면이 있어야 했다. 그리고 물감, 붓 등과 같은 그림을 그릴 재료와 도구가 있었다. 마지막으로 그림을 그렸던 사람들이 있었다. 결국, 선사시대 동굴벽화와 관련해 우리는 그림의 대상, 그림을 그리는 데 사용될 재료와 도구, 그림을 그릴 사람이 있었다고 가정할 수 있다. 그림이 제작되기 위해서는 대상, 재료와 도구, 제작자라는 요소들이 필요하다.

일반적으로 그림이란 어떤 사람이 여러 재료와 도구를 사용해 평면 공간 위에 특정한 대상을 재현한 영상을 의미한다. 선사시대의 동굴벽화나 현대 사회의 다양한 그림이나 모두 대상, 재료와 도구, 제작자라는 세 가지 요소를 필요로 하는 영상이다. 그림의 경우, 현대인은 선사시대의 사람들과 똑같은 조건 아래 있다고 말할 수 있다. 비록 구체적인 대상이나 재료와 도구는 다를 수 있지만 과거의 그림이나 현재의 그림이나 결국은 사람이 눈으로 보거나 상상한 대상을 각종 재료와 도구를 이용해 평면 위에 재현한다는 점에서는 본질적으로 동일한 행위의 결과물이다.

그렇다면 자신이 본 들소를 그리려는 선사시대 사람과 현대인의 차이점은 무엇인가? 선사시대 사람이 르네상스 시대에 발명된 선원근법을 몰랐다는 것은 확실하다. 벽을 좀 더 평평하게 가공하고 좀 더 정교하게 색과 형태를 표현할 수 있는 다양한 기술에 대해서도 몰랐을 수 있다. 선사시대 사람이 그림을 대상의 원래 모습과 가장 유사해 보이도록 그리기 위해 어떤 방법과 규칙을 갖고 있었는지에 대해서는 확실히 알 수 없다. 하지만 그들이 오늘날 우리처럼 오랜 역사를 통해 축적해 온 많은 그림 기술들을 알지 못했다는 것은 분명하다.

또한 선사시대 사람들은 인간과 자연에 대해 현대인들과는 다른 생각을 했을 것이다. 눈에 보이는 자연의 수많은 대상을 그들은 현재의 우리와는 다른 관점에서 바라봤고 이해했을 것이다. 동물의 형태와 힘에 대해 선사시대 사람들은 나름의 특정한 세계관을 통해 이해했을 것이며, 그렇게 이해한 내용을 그림으로 표현하고자 했을 것이다. 우리는 그들이 어떤 세계관을 가졌는지를 알 수 없기 때문에 그들이 그린 그림들이 정확히 무엇을 의미하기 위해 그린 것인지도 알 수 없다.

선사시대의 동굴벽화들은 처음 발견됐을 때부터 현대인이 그린 그림이라는 의심을 받았을 정도로 오늘날 잘 그린 그림과 비교해도 전혀 어색하지 않을 만큼 풍부한 색과 정교한 형상을 보여준다. 이를 통해 우리는 이 그림이 단순한 낙서가 아니라 상당한 그림 솜씨를 가진 전문가들에 의해 제작된 것이라고 추론할 수 있다. 그림은 어두운 동굴의 벽 위에 남아 있기 때문에 그림을 그리기 위해서는 불과 같은 조명 도구는 물론이고, 경우에 따라서는 발을 딛고 올라갈 수 있는 디딤판 같은 것도 필요했을 것이다. 또한 색을 표현하기 위해 여러 종류의 물감을 사전에 준비해야 했을 것이다.

동굴벽화에는 동물의 모습을 보이는 그대로 정교하게 묘사한 것으로 보이는 그림들도 있지만, 어떤 이야기를 전달하는 것처럼 보이는 그림들도 있다. 많은 경우에 동물의 영상들이 겹쳐진 상태로 그려져 있는데 이것은 일부러 겹쳐 그린 것인지 공간의 문제 등으로 인해 우연히 그렇게 된 것인지는 알기 어렵다. 그림들이 짧은 기간 집중적으로 제작된 것도 아니다. 알타미라 동굴벽화에서 확인됐듯이 가장 오래된 그림과 가장 늦게 그려진 그림 사이에는 무려 1만 년의 시간차가 나타나기도 한다.

우리가 선사시대 동굴벽화를 볼 때 그림의 형상이 우리가 이미 아는 어떤 대상과 유사하다면, 그림이 어떤 대상을 재현하는지 대략 알 수 있다. 하지만 그림의 형상이 우리가 아는 어떤 대상과도 유사하지 않다면 그림이 무엇을 재현하는지 알 수 없을 것이다. 또한 우리가 선사시대의 그림이 어떤 대상을 재현하는지 알 수 있다고 하더라도 그림이 그 대상을 재현함으로써 어떤 의미를 전달하고자 하는지 알기는 매우 어렵다. 그림이 재현을 통해 전달하는 의미는 그림이 제작된 시대와 사회의 사람들이 공유한 사회문화적 의미이기 때문이다.

우리가 선사시대 동굴벽화에 담긴 사회문화적 의미를 알 수 없다는 말은 동굴의 그림들이 어떤 논리와 규칙에 의해 정돈된 것인지 알 수 없다는 의미다. 우리는 개별 동물 한 마리를 그린 그림이 얼마나 정교하게 그 동물을 재현하는지에 대해 말할 수 있지만, 그 동물의 그림이 다른 그림들과 어떤 관계를 맺는지에 대해서는 알 수 없다. 그림들은 동굴 벽에 때로는 불규칙적으로 어지럽게 배열된 것처럼 보이기도 하지만 그런 배치가 우발적으로 발생한 것인지 아니면 어떤 의미를 갖고 의도적으로 이뤄진 것인지는 알 수 없다.

그림의 재현 체계에 대한 정보가 남아 있는 역사시대의 그림들을 볼 때 우리는 그림의 각 요소가 특정한 방식으로 배치된 이유를 안다. 그림은 그 시대의 사람들이 부여한 의미를 충실히 전달하기 위한 방식으로 규칙적으로 구성됐다. 그런 재현 체계에 익숙한 현대인의 눈으로 보기에 무질서하게 배열된 동굴의 그림들에는 특정한 재현 체계가 없는 것처럼 보일 수도 있다. 실제로 당시에는 그림을 그리는 방식을 지배하는 재현 체계가 없었을 수도 있다.

선사시대의 그림들은 선원근법과 같은 재현 체계에 따라 그려진 그림과는 너무나 다르기 때문에 선사시대 사람들이 나름의 어떤 재현 체계를 가졌었다고 하더라도 그 재현 체계는 유치하거나 우리의 것보다 열등한 것으로 이해될 수도 있다. 하지만 이런 생각은 사실 자기중심적인 것이다. 과거에 제작된 그림이 현재의 그림보다 더 열등한 재현 체계에 따라 그려졌다고는 말할 수 없다. 곰브리치(Gombrich, 1956)가 잘 지적했듯이, 예술의 역사에서 진화론은 죽었다. 우리는 이제 시대별로 다르게 등장한 각각의 재현 체계가 그 자체로 온전하게 독립된 세계관의 표현으로 간주돼야 한다는 것을 안다. 파노프스키(2001)의 연구가 잘 보여주듯이, 각 시대는 동시대 사람들이 공유하는 세계관에 적합한 '상징적 형태'로 고유한 원근법을 가졌다. 선사시대 사람들도 분명히 어떤 세계관을 가졌을 것이고, 당시의 그림들은 그러한 세계관을 표출하는 방식으로 제작됐을 것이다.

그림을 그리기 위해서는 여러 가지 도구와 기술이 필요하다. 이 도구와 기술들은 단순히 시간이 흐름에 따라 아주 단순하고 투박한 것에서 점점 더 복잡하고 정교한 것으로 진화하지는 않는다. 각 사회는 시대정신과 사회문화적 환경에 적합한 도구와 기술들을 갖는다. 중국을 중심으로 한 동아시아 국가들에서 그려진 수묵화는 1000년이 넘는 동안 도구나 재료에서 큰 변화를 보이지 않았다. 고대 이집트에 이미 등장한 템페라(tempera)는 중세 유럽에서까지 널리 사용됐지만, 15세기 이후 유럽에서는 유화가 지배적인 회화 기술로 자리 잡았다. 반면에 석회를 이용한 프레스코 벽화는 고대부터 시대와 지역을 가리지 않고 아주 널리 사용된 기술이었다.

동일한 기술을 기반으로 제작된 그림이라고 해서 대상을 재현하는 방식도 동일한 것은 아니다. 예를 들어, 세계 곳곳에서 시대와 사회에 영향을 받지 않고 발견되는 프레스코 기술의 벽화들은 대상을 재현하는 방식에서 큰 차이를 보인다. 12세기 이탈리아에서 로마네스크 양식의 교회에 그려진 프레스코 벽화와 15세기 르네상스 시대에 그려진 교회의 프레스코 벽화는 완전히 다른 재현 체계에 따라 제작됐다. 르네상스 시대에 개발된 선원근법은 중세의 원근법과는 완전히 다른 방식으로 공간을 정돈하는 기술이자 동시에 르네상스의 특수한 문화적 요구에 부응하는 상징적 형태였다.

2 | 그림의 탄생

인류 역사에서 최초의 그림은 어떻게 만들어졌을까? 이것은 마치 최초의 언어가 어떻게 발생했는지를 묻는 질문과 유사하다. 이를 정확히 알 수 있는 방법은 없다. 일반적으로, 언어와 그림은 인간만이 사용할 수 있는 상징이다. 다른 동물들도 의사소통을 위해 간단한 언어를 사용한다고 알려져 있지만, 어떤 동물도 커뮤니케이션을 위해 그림과 같은 영상을 만들지는 않는다. 그런 점에서 영상은 오직 인간만이 만들고 사용하는 상징이라고 할 수 있다.

언어의 사용은 발성기관의 유무나 정교함과 밀접히 연관돼 있다. 인간이 언어를 사용할 수 있게 된 이유 중 하나는 정교한 발성기관을 갖고 있다는 사실에서 발견된다. 이와 유사하게 그림의 제작은 우선적으로 도구와 재료를 섬세하고 자유롭게 사용할 수 있는 손의 유무와 연결돼 있다. 인간은 다른 동물에 비해 도구를 잘 다룰 수 있는 손을 갖고 있다. 물론 인간이 언어와 그림과 같은 상징을 사용할 수 있는 존재가 된 것은 이성이나 지성과 같은 지적 능력을 가진 덕분이지만 그림을 그리는 데 직접적으로 연관된 것은 육체적 능력이다.

실제로 인간이 그림을 그리는 실력은 육체의 움직임을 통제할 수 있는 능력과 밀접히 연결돼 있다. 몸을 잘 가누지 못하는 어린아이가 그린 그림은 불안정한 선과 형태를 보여준다. 아이가 성장하면서 육체를 통제하는 능력이 증가할수록 아이의 그림 솜씨도 좋아진다. 선은 좀 더 반듯해지고 형태도 안정된다. 그런데 흥미로운 사실은 아이가 성장해 어느 정도 육체를 잘 통제할 수 있게 된 이후로는 그림과 관련된 특별한 교육과 훈련을 받지 않는 한 그림 솜씨가 더 나아지지 않는다는 점이다. 예를 들어, 초등학교 1학년 학생이나 대학생이나 특별한 훈련을 받지 않는 한, 그림 솜씨에는 별 차이가 없다.

확실히 우리는 성장하면서 점점 더 많은 지식과 경험을 쌓는다. 그림과 관련해서도 미술사에 기록된 유명한 그림들에 대해 배우고 삼원색의 원리, 채도, 명도와 같은 개념들도 배운다. 그림을 제작하는 다양한 기법에 대해서도 배우고 르네상스에 완성된 선원근법의 원리도 알게 된다. 이렇게 그림에 대한 지식이 많다 해도 실제로 그림을 그리게 되면 이런 지식이 아직 없는 아이와 별 차이 없는 수준의 그림을 그리게 된다. 실제로 지금 당장 종이 위에 닭을 그려보라. 자신이 그린 닭 그림이 초등학교 1학년생이 그린 닭 그림보다 더 뛰어난지 살펴보라.

우리가 일반적으로 생각하는 것과는 달리, 그림 그리는 실력은 나이가 들어가면서 자연스럽게 늘지 않는다. 우리가 육체에 대한 통제력을 완전히 가지기 전까지는 육체를 움직이는 능력과 그림 그리는 능력은 비례하면서 발전한다. 하지만 육체에 대한 통제력이 어느 정도 갖춰지면 그 뒤로는 별도로 특별한 교육과 훈련을 받지 않는 한, 그림 그리는 능력은 발달하지 않는다. 이때 특별한 교육과 훈련이란 그림을 그리는 육체적 움직임을 더 정교하게 발달시키기 위한 것이다. 그림 그리는 훈련을 계속 반복함으로써

그림 5-2 **5세 아동이 그린 꽃**

우리는 비로소 그림을 잘 그릴 수 있게 된다. 그림 솜씨는 나이가 들면서 자연스럽게 발생하는 지식과 경험의 축적과는 관계없이 오로지 그림 그리기 훈련을 별도로 함으로써 좋아진다.

이렇게 그림을 그리는 과정은 우리가 걷는 과정과도 유사하다. 아이가 처음 태어났을 때는 걷지 못하지만, 성장하는 과정에서 시행착오를 겪으면서 육체에 대한 통제력을 증가시킨다. 간신히 일어서게 되고 비틀거리면서 한 발 한 발 앞으로 내딛게 되고 조금씩 걷는 능력을 향상시키다 보면 걷고 뛰는 데 문제가 없는 상태에 도달한다. 이 능력은 육체적 능력을 잃어버릴 때까지 그대로 유지된다. 성인이라 하더라도 별도로 걷거나 뛰는 훈련을 받지 않는 한, 아이보다 더 잘 걷거나 뛸 수는 없다.

별도로 그림 그리는 훈련을 받지 않고 성장 과정에서 자연스럽게 습득하게 된 그림 그리는 능력은 일정 나이 이상이 되면 더 이상 나아지지 않는다. 그림에 관한 사회의 재현 체계를 아직 습득하지 못하고 통상적인 재현 기술들도 알지 못하는 아이도 그림을 그리며, 기술적 관점에서 봤을 때 아이의 그림이 성인의 그림보다 결코 열등하지 않다(<그림 5-2>). 아이의 그림이나 성인의 그림이나 모두 육체의 자연스러운 움직임을 통해 얻어지는 그림이다. 이것은 자생적인 그림이라 할 수 있다.

다라스(Darras, 1996)에 따르면, 이러한 자생적인 그림은 몸의 운동으로부터 생겨난 것이다. 처음 아이가 몸을 움직이면서 자연스럽게 만들어낸 그림은 육체에 대한 통제력이 증가하면서 점점 발달하다가 통제력이 어느 수준에 다다르면 정체하게 된다. 우리가 처음 그림을 그리게 되는 과정을 기술하면 다음과 같다. 우리가 처음 그리는 그림은 손에 의한 공간의 손상이라고 할 수 있다. 아이는 몸을 움직이면서 자연스럽게 주위 공간을 어지럽힌다. 색연필을 손에 쥔 아이는 손을 휘저으면서 여기저기에 낙서를 하기 시작한다. 어떤 의미를 담은 그림을 그려야겠다는 명백한 기호적 의도가 없이 만들어지는 이러한 그림 또는 흔적들은 계속 되풀이된다. 결국, 일정 시간이 흐르면 아이는 자기가 이전에 만든 흔적들을 인식하기 시작한다. 아이는 계속 되풀이된 특정 흔적들을 다른 것들과 구별하고, 그것들이 특정한 것들을 지시한다고 인식한다. 이렇게 하면서 아이는 자신이 그린 흔적들을 자신의 고유한 모방적 재현 체계 속에 통합한다.

이렇게 그림을 그리는 과정 속에서 벌어지는 우발적 사고들로부터 새로운 도상(圖像) 형태들이 나타난다. 아이는 동그라미, 세모, 선 등을 안정적으로 그릴 수 있게 되고, 그것들과 그것들을 조합해 만들어낸 형상들에 이름을 붙인다. 이처럼 각각의 그림에 이름을 붙이는 과정을 통해 아이의 도상 체계는 상대적으로 안정된 구조를 갖는다. 따라서 아이의 그림은 아이가 눈으로 본 것을 단순히 베낀 결과가 아니다. 아이의 그림은 아이가 머릿속에 떠올린 것을 자신이 획득한 도상 체계를 이용해 표현한 것이다. 이러한 이유로 아이의 그림은 물체의 정확한 재현이라기보다는 '도상 형태(iconotype)'나 '도식(schema)'처럼 나타난다. 그 그림은 세부 묘사에 대해서는 별다른 신경을 쓰지 않고, 대상에 대한 최대한의 정보를 제공할 수 있는 형태로 그려진다. 이렇게 해서 아동기에 한 번 나타난 후 성년기에 이르기까지 그 원형을 유지하는 영상이 만들어진다. 다라스는 이것을 '최초 영상(imagerie initiale)'이라고 부른다.

최초 영상은 자연적으로 발생하는 그림이지만, 자연적으로 발전하지는 않는다. 최초 영상보다 형상적으로 더 우수한 그림을 그리기 위해서는 별도의 훈련과 연습이 필요하다. 잘 그린 그림이란 것은 사회적으로 인정된 그림이다. 우리가 미술관이나 교과서 등에서 보는 그림들은 인류 역사의 각 시대와 사회에서 잘 그린 것으로 인정된 그림들이다. 각 사회에서 잘 그린 그림으로 인정을 받으려면 그 사회의 재현 체계를 그림으로 표현하는 방법을 교육을 통해 습득해야 한다. 그림과 관련된 별도의 사회적 교육을 받은 사람만이 자생적인 최초 영상을 뛰어넘는 그림을 그릴 수 있다.

3 ㅣ 그림에 대한 제약

1) 육체적 제약

초등학교 1학년 아이가 그린 그림과 고등교육을 받은 성인이 그린 그림이 기술적으로나 형태적으로 별 차이를 보이지 않는다는 것은 두 가지 중요한 사실을 알려준다. 첫 번째는 그림을 그리는 기술은 나이가 들어가면서 자연스럽게 향상되는 것이 아니라는 점이다. 두 번째는 그림은 몸의 움직임에 의해 얻어진다는 것이다. 우리는 일반적으로 학교의 미술교육을 통해 원근법과 같은 그림의 원리와 그림 그리는 기술 등을 배운다. 하지만 특별한 노력을 기울이며 그림 그리는 연습을 하지 않는다면 그림 그리는 능력의 실제적 향상을 가져올 수 없다. 아무리 그림에 대한 지식을 많이 알고 있어도 그림 그리는 기술이 몸에 익지 않으면 그림을 잘 그릴 수 없다.

일반적인 생각과는 달리 영상의 제작에는 자연적 발달 과정이라는 것이 없다. 전문가적 영상을 제작하기 위해서는 특별한 훈련 과정을 거쳐야 한다. 교육과 훈련을 통해 재현 기술과 규칙들을 배운 사람들만이 영상을 잘 제작할 수 있고, 한 사회에서 전반적인 영상 제작을 책임진다. 선사시대에 동굴벽화를 그린 것도 그 사회에서 그림을 잘 그리는 전문가들이었을 것이다. 인류 역사의 각 시대와 사회에서 제작된 그림들 중에서 오늘날까지 우리에게 전해지는 것들은 모두 전문가들이 제작한 것이다. 과거나 지금이나 어느 사회에서나 사회적으로 인정된 전문가들이 제작한 영상만이 보존되고 전해진다. 왜냐하면 사회적으로 가치가 있다고 여겨지는 영상들만이 보존되기 때문이다. 사회적으로 가치가 있는 영상은 사회가 별도로 교육하고 훈련시킨 전문가들에 의해 제작된다. 결국, 사회의 지배적인 재현 체계에 따라 잘 제작된 영상만이 가치가 있는 것으로 간주된다는 말이다. 각 시대의 전문가가 제작한 영상은 그 시대의 재현 체계에 종속된 영상이다.

그림의 제작은 기본적으로 육체의 움직임에 종속돼 있다. 어린아이가 처음 그린 그림이 매우 서투르다가 성장할수록 점점 나아지는 것은 육체를 움직이는 능력이 점점 향상되기 때문이다. 육체의 움직임을 통제하는 능력이 어느 정도 완성된 후에는 그림 솜씨가 특별히 나아지지 않는 것도 동일한 이유에서다. 인간의 몸은 시대와 사회를 막론하고 동일한 구조를 갖고 있다. 특수한 능력을 갖고 태어나지 않는 한 누구나 비슷한 방식으로 몸을 움직일 수밖에 없다. 몸의 움직임은 일정한 패턴을 갖는다. 그러기에 특별한 교육과 훈련을 받지 않고, 그리는 그림은 비슷한 형태를 갖게 된다. 그림을 그리는 전문가는 특별한 교육과 훈련을 통해 그림을 그리는 데 적합한 방식으로 몸을 움직이는 방법을 익힌 사람들이다.

그런데 선사시대의 그림들, 로마나 중세 시대의 그림들 그리고 현대사회의 그림들 사이에서 놀라울 정도의 유사성이 나타날 수 있다. 이 그림들은 상이한 재현 체계를 바탕으로 제작됐기에 매우 다른 형태를 갖고 있지만, 동시에 일정한 유사성을 보여주기도 한다. 이러한 유사성은 그림이 진화한다는 사실을 알려주는 증거로 제시되기도 한다. 진화론자들은 '원시' 예술 작품들이 가진 단순해 보이는 형태가 그 당시 사람들이 기술적으로 숙달되지 않았기 때문에 생긴 것이라고 주장하고, 그러한 기술적 미숙련은 시간이 흐르면서 축적되는 지식과 발명되는 새로운 기술들에 의해 수정된다고 본다.

그러나 앞에서 이야기했듯이 재현 체계들 사이의 우열을 따지기는 어렵다. 어떤 그림이든, 보존되고 기억되는 그림들은 모두 당시의 재현 체계를 구현할 능력을 갖춘 전문가들에 의해 제작된 것이기 때문이다. 선원근법을 알지 못했다고 해서 선사시대 동굴벽화를 그린 사람들의 솜씨가 현대의 화가들보다 더 떨어진다고 볼 수 없다. 더구나 일반적인 성인의 그림이 아이의 그림보다 형태적으로 더 우수하지 않다는 것을 보면, 단지 시간이 흘러 지식이 축적되면서 자연스럽게 그림이 열등한 상태에서 우수한 상태로 진화한다고 보기 어렵다. 시대에 상관없이, 각 시대의 지배적인 재현 체계와는 무관하게 그림들에서 어떤 형태적 유사성이 발견되는 것은 육체가 가진 구조적 동일성에 따른 움직임의 근본적인 제약 때문이라고 볼 수 있다. 이러한 유사성은 영상 제작 과정에서 나타나는 최초 영상의 존속으로 설명될 수 있다.

최초 영상이 모든 사회문화적 영향으로부터 자유로운 것은 아니다. 그렇지만 보편적인 듯 보이는 영상의 특정한 면들이 있다. 영상에서 나타나는 보편적인 것들은 위상기하학적인 속성을 갖고 있다. 공간에 대한 지각이 우선 몸에 의해 형성되기 때문에 이러한 지각을 이차원 공간 위에 옮기는 작업은 몸이 세계와 맺는 관계에 의해 결정된다. 우선, 영상의 공간은 일정한 한계를 가진 공간이다. 이러한 한계는 일정한 면적으로 잘린 도화지처럼 처음부터 주어진 것일 수 있다. 하지만 미리 한계가 주어지지 않는다고 하더라도 인간의 몸이 가진 움직임의 한계, 시각이 가진 한계 등에 의해 영상의 공간은 일정한 범위 안에 머물 수밖에 없다. 이 공간의 한계를 넘어서는 것은 육체의 한계를 넘어서는 것이다. 눈으로 한번에 볼 수 없는 것을 그리려면 머리로 상상하고 계획해야 한다. 즉, 육체가 아닌 이성이 개입해야 하는 것이다. 일반적인 그림은 육체적으로 한정된 공간을 갖는다.

한편, 그림을 그리게 되는 최초의 동기는 심리적인 것처럼 보인다. 1978년 미국의 '침팬지와 인간 커뮤니케이션 연구소(CHCI)'의 연구자들인 앨런 가드너와 비어트릭스 가드너(Allen Gardner and Beatrix Gardner) 부부는 그림을 그리는 화가 침팬지에게 행한 실험들을 통해 침팬지가 틀에 짜인 순백의 공간을 어지럽히려는 욕망을 갖고 있다는 것을 보여준다. 침팬지에게 흰 종이와 색연필을 주면 침팬지는 흰 종이를 마구 어지럽힌다. 침팬지는 이러한 활동에서 쾌락을 얻는 것처럼 보인다. 이런 유희적 활동은 인간에게서도 쉽게 발견된다. 아이들을 순백의 공간 앞에 놓아두면 즉시 그 공간을 어지럽히는 작업에 몰두하면서 즐거워한다. 아이들뿐만 아니라 성인들도 어지럽히는 쾌락을 느끼고자 하는 충동에서 벗어나기 힘들다. 밤새 내린 눈으로 새하얗게 된 운동장 앞에 섰을 때 그 공간에 발자국을 남기고 싶은 충동을 느끼지 않는 사람이 몇이나 되겠는가?

틀에 의해 한정된 공간이 주어졌을 때, 가장 먼저 사람들의 관심을 끄는 것은 공간의 중심이다. 마치 공간의 중심이 흡인력을 갖고 사람들의 관심을 끌어들이는 것 같다. 이것은 침팬지에 대한 실험에서도 나타난다. 침팬지에게 흰 종이를 주면 맨 먼저 종이 한가운데 낙서하려는 경향을 보인다. 어떤 공간이나 사물의 중심을 중요시하는 이러한 '중앙 잡기' 현상은 침팬지에게만 나타나는 것이 아니라 사람들에게도 나타난다. 이것은 자연에서도 아주 흔하게 발견되는 보편적 현상이어서 어떤 이들은 이 현상을 우주의 질서라고까지 여긴다. 꽃, 어류·조류·포유류 같은 동물들의 몸 등 우주의 모든 사물이 한 점이나 중앙 축 또는 적어도 중앙 면을 중심으로 형태를 구성한다. 자연의 모든 것이 중앙을 중심으로 형태를 구성하기 때문에 사람들도 어떤 것을 그리거나 만들 때 중앙을 중심으로 형태를 구성하려는 것처럼 보인다.

중앙 잡기와 함께 나타나는 현상은 바로 '대칭성'의 추구다. 침팬지들에게 한쪽에만 색을 칠한 종이를 보여주면 그들은 전반적으로 중앙에 모인 형태가 되도록, 원래 제시된 형태에 덧붙여 색을 칠한다. 전체적으로 공간에 있는 형상이 어느 한쪽으로 치우치지 않고, 안정된 방식으로 유지되도록 수정을 하는 것이다.

중앙 잡기와 더불어 수직성도 영상 제작에서 중요한 역할을 한다. 수직성은 영상 공간의 위와 아래를 구분하고 위를 더 중요한 것으로 여기는 현상이다. 이 현상은 우리 몸이 느끼는 지구의 중력과 연관이 있는 것처럼 보인다. 수직성은 우리 몸을 통과하는 중력을 통해 우리에서 직접적으로 주어진다. 중력을 몸으로 느끼면서 우리는 자연스럽게 위와 아래를 구분하게 된다. 위를 보기 위해 머리를 들고 아래를 보기 위해 머리를 숙이는 아이는 종이의 가장 먼 곳을 형상의 위와 동일시하고 가장 가까운 곳을 형상의 아래와 동일시한다. 우리는 몸을 일으켜 세우고 위로 올라가는 행동과 몸을 숙이고 아래로 내려가는 행동을 하면서 위와 아래에 가치를 부여한다. 위와 아래에 부여된 가치는 좋은 세력과 나쁜 세력, 주는 이와 받는 이, 인물들의 위계 서열 등을 표현할 때 나타난다. 좋은 세력, 주는 이, 중요한 인물 등은 영상의 윗부분에 재현되고 나쁜 세력, 받는 이, 덜 중요한 사람 등은 영상의 아랫부분에 재현된다. 아이가 자신의 보호자인 부모를 보기 위해서는 주로 위를 쳐다봐야 한다. 이런 경험을 통해 얻게 된 위와 아래의 가치가 상당 부분 영상에서의 위와 아래의 관계로 드러난다고 할 수 있다.

2) 사회문화적 제약

우리는 흔히 대상을 보이는 그대로 그리려는 노력의 결과물로 그림이 제작된다고 생각한다. 하지만 실제로 대상을 보이는 그대로 그린 그림은 드물다. 우선, 직접 눈으로 본 대상을 그림으로 그리는 경우가 별로 없다. 대다수의 그림에 재현된 대상은 화가가 눈으로 직접 본 것이라기보다는 상상된 것이거나 이야기로 전해들은 것이다. 화가가 직접 눈으로 본 대상을 그림으로 그리는 경우에도 다음과 같은 세 가지 요소에 의해 영향을 받기 때문에 대상을 있는 그대로 재현하기는 쉽지 않다.

첫째, 그림을 그리는 데 사용하는 재료와 도구에 따라 그림의 형태가 우선 제한된다. 같은 대상이라도 어떤 표면 위에 어떤 도구와 재료를 이용해 그리느냐에 따라 그 형상이 달라진다. 예를 들어, 연필로 그리느냐, 펜으로 그리느냐, 붓으로 그리느냐, 물감을 사용하느냐, 먹을 사용하느냐, 종이 위에 그리느냐, 돌 위에 그리느냐 등에 따라 그림은 달라진다.

둘째, 제작자의 육체가 가진 한계 때문에 만들어지는 제약이 있다. 일정하게 유형화될 수밖에 없는 몸의 움직임과 몸이 가진 위상기하학적 속성에 따라 그림은 일정하게 영향을 받는다. 어린아이처럼 육체에 대한 통제력이 아직 완성되지 않는 경우에는 그림을 잘 그리기 힘들다. 성인이라 할지라도 그림을 잘 그리려면 몸의 움직임을 잘 통제해야 한다. 또한 특별한 도구를 사용하지 않는 한, 너무 작거나 큰 그림은 제작하기 힘들다. 그림의 틀 자체가 주로 사각형의 형태를 가진 것도 그런 모양이 우리 몸의 형태나 움직임에 잘 부합하기 때문이다. 눈이 가진 한계도 있다. 눈은 너무 멀거나 가까운 것은 보지 못한다. 또한 착시로부터 결코 자유로울 수 없다. 색맹, 약시, 노안 등의 문제도 대상을 지각하는 과정은 물론이고, 그림의 제작에도 영향을 미친다.

셋째, 그림 그리는 방식이 사회문화적으로 결정돼 있다. 각 사회는 공인된 재현 체계를 가지고 있다. 사회의 구성원은 이 재현 체계에 따라 그림을 그리거나 이해한다. 이 재현 체계 안에서 대상은 사회적으로 부여된 고유한 형태를 갖는다. 예를 들어, 고대 이집트 시대에 제작된 그림에서 사람들은 사회적 신분에 따라 크기가 다르게 재현됐으며 옆모습의 형태로만 재현됐다. 중세 시대의 그림에서 성모마리아와 예수는 다른 사람들보다는 더 크게 그려졌으며 그림의 중앙에 위치하는 방식으로만 재현될 수 있었다. 이런 사회적 재현 체계 외에 개인적인 기억이나 욕망도 대상을 재현하는 방식에 영향을 미친다.

육체적 감각과 행동의 결과물인 최초 영상의 경우에는 많은 부분이 사회문화적 요인들에 의해 영향을 받지 않는 것처럼 보인다. 아주 어린 아동기에 형성되는 최초 영상은 아이가 성장하면서 점차 배우게 되는 사회적 재현 체계, 그리고 뚜렷한 목적을 갖고 개발된 재현 기술들과 충돌하면서 점차 사라진다. 그러나 몇몇 흔적은 남아서 그림을 제작하는 과정에서 형태에 영향을 미치기도 한다. 이러한 이유로 서로 다른 재현 체계를 가진 영상들 안에서 비슷한 형태들이 발견될 수 있다.

최초 영상들의 제작은 충동적인 것이며, 우리가 직접 눈으로 보는 것을 그대로 모방하려는 시도와는 별 관계가 없다. 충동적 제작 단계 이후에도 그림의 제작은 우리가 현장에서 직접 보는 것과 직접적으로 연결돼 있지 않다. 사실, 그림을 그릴 때 실물을 직접 보면서 그린다는 생각은 르네상스 이후에 등장했으며, 그나마도 눈에 보이는 그대로 그리는 것이 아니라 지배적 재현 체계의 규칙에 적합하게 변형시켜 그렸다. 한국의 경우에도, 조선 시대 초상화는 인물의 모습을 정확히 모사한 것으로 유명하지만, 사실 그것은 눈에 보이는 그대로 모사한 것이 아니라 당시의 초상화를 재현하는 규칙에 맞게 그린 것이다. 조선 시대의 초상화는 전신사조(傳神寫照)의 원칙에 따라 인물의 정신세계를 표현하는 것을 주요한 목적으로 삼았다. 그렇기 때문에 조선 시대의 초상화를 보면 현실에서는 눈에 보였어야 할 빛에 의한 그림자나 음영이 전혀 표현돼 있지 않다.

일반적으로 그림을 그린다는 것은 어떤 대상을 눈에 보이는 대로 정확히 재현하기 위함이 아니라 대상에 대한 어떤 의미나 메시지를 전달하기 위함이다. 사회적·종교적·이념적·정치적 목적 등을 위해 전문가가 제작하는 그림이 아니더라도 일반인들이 그리는 그림조차 눈에 보이는 것을 정확히 재현하겠다는 욕구보다는 커뮤니케이션 욕구와 관련이 있다. 이러한 이유로 대다수의 그림에는 그림에 대한 설명이 따라온다. 미술관에 보관된 많은 그림들에는 설명이 붙어 있다. 일상생활에서도 아이들이 그림을 그릴 때 말로 그림을 설명하는 모습을 흔히 볼 수 있다. 아이는 자신이 지금 보는 것을 재현하기 위해 그림을 그리는 것이 아니라 지각했거나 생각하는 것을 이야기하기 위해 그림을 그린다. 바로 이러한 이유로 그림이 반드시 현실에 존재하는 대상과 형태적으로 유사할 필요는 없다. 중요한 것은 그림이 대상과 관련해 사회적 커뮤니케이션에 필요한 정보를 제공할 수 있는가 하는 것이다.

4 | 시각의 합리화와 원근법

우리는 육체의 오감을 통해 세계를 파악한다. 오감이 우리에게 제공하는 정보를 이해하기 위해서는 정보를 논리적으로 연결시킬 수 있는 정보 조직 체계를 가지고 있어야 한다. 오감이 제공하는 정보를 이해하는 것과 그것을 다른 사람들에게 전달하는 것은 다른 문제다. 우리가 오감을 통해 획득하고 이해한 정보를 타인에게 전달하기 위해서는 다른 체계, 즉 음성언어와 같은 커뮤니케이션 체계가 필요하다. 그러나 우리는 우리가 보고 듣고 만지고 느낀 것을 언어를 통해 명확히 묘사할 수 없다. 오감에 의해 제공된 정보가 별다른 손실 없이 전달될 수 있기 위해서는 그러한 감각들이 제공하는 정보를 정리해서 전달하는 방식이 체계적이고 합리적으로 조직돼야 한다.

그런데 인간의 오감 중에서 우리는 오직 시각이 제공하는 정보만을 합리적이고 체계적으로 조직해 전달할 수 있다. 미각이나 후각 등을 위한 정보의 합리화 체계는 아직 만들어지지 않았다. 우리가 맛을 보거나 냄새를 맡은 후에 얻은 정보를 표현하는 방식은 아직 동어반복적인 수준이다. 즉, 딸기는 딸기 맛이 나고 장미는 장미 향이 난다고 말하는 것이 고작이다. 청각이 주는 정보를 합리화하는 방식도 아직은 초보적인 수준이다. 의성어나 음표가 있기는 하지만, 음성이나 음색, 미묘한 음의 떨림 등을 표현해 내지는 못한다.

시각의 합리화 체계는 르네상스 때 형성된다. 레온 알베르티(Leon Alberti)를 비롯한 15세기 이탈리아(Quattrocento)의 피렌체 지방 건축가들과 화가들이 화면 중앙에 소실점을 가진 원근법을 발명한다. 선원근법 또는 투시원근법이라고 불리는 이 체계는 수학과 기하학을 기반으로 해서 구성된다.

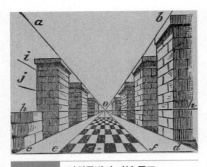

그림 5-3 **선원근법의 기본 구조**
노아 웹스터(Noah Webster),
1758~1843년.

한 점으로부터 평면에 화상을 투사하는 방식으로 만들어지는 선원근법은 투사 면에 수직으로 만나는 시선의 축에 평행한 선들이 한 점으로 모아지는 것이다. 이 원근법에 따르면, 그림에서 물체의 크기가 작게 묘사되는 것은 물체가 점점 멀어지면서 지평선에 가까워지는 것으로 이해된다(<그림 5-3>). 이렇게 해서 선원근법 체계는 화면의 심도에 관한 많은 정보를 제공한다. 선원근법은 곧 모든 사람들에 의해 이해가 가능하고 소통될 수 있는 재현 체계로 자리 잡는다.

시각 정보전달 체계의 합리화 이후, 시각은 세계에 대한 지식뿐만 아니라 생각 자체에까지 큰 영향을 미친다. 이제 시각은 자연에 대한 체계적 성찰의 기반이 된다. 소실점을 가진 선원근법의 발견으로 세계는 고정되고 체계화된 대상이 됐기 때문이다. 세계는 수학적 규칙들에 의해 건설된 공간이 된다. 이렇게 건설된 세계의 공간이 자연적인 것으로 간주되고, 선원근법의 법칙들에 기초해 세계를 지각하는 시각이 정상적인 시각으로 자리 잡는다. 시각 정보전달 체계의 합리화를 통해 인간은 세계 밖에서 세계를 관찰하는 관찰자가 된다. 눈은 우리가 주위 환경을 파악하는 주요 수단이 된다. 보는 것이 아는 것이 되고, 주체가 바라보는 세계는 소유할 수 있는 대상이 된다. 이것은 언어에도 영향을 미쳤다. 예를 들어, 프랑스어의 보다(voir)라는 동사는 갖다(avoir), 알다(savoir)라는 동사와 흥미로운 형태적 유사성을 보여준다.

존 버거(Berger, 1972)에 따르면, 르네상스 이후 등장한 유럽의 유화는 그림의 테두리 안에서 세계를 소유하려는 욕망을 잘 나타낸다. 예를 들어, 18세기의 대지주들은 자신의 정원이나 땅을 배경으로 초상화를 그리게 함으

그림 5-4 **앤드루스 부부**
토머스 게인즈버러(Thomas Gainsborough), 1748~1750년.

로써 땅을 소유하고 향유하는 즐거움을 나타냈다(<그림 5-4>). 미셸 푸코(Foucault, 1966)에 따르면, 17, 18세기의 시대정신은 자연을 체계적으로 정리하고 조합하는 것을 중요시한다. 풍경을 재현하기 위해 어떤 요소도 누락시키지 않는 그림은 발견된 모든 요소를 완벽히 정돈하는 통합적 기능을 완수한다. 이 시대에 등장한 알파벳 순서에 의해 정리된 백과사전은 세계의 완벽한 정돈이라는 당시의 시대정신을 잘 드러낸다.

시각을 통해 세계를 소유하고 지배하려는 욕망은 손택(2005)이 잘 지적했듯이, 오늘날 기념사진이나 사진엽서, 기념 비디오 등을 통해 표출된다. 장 뤽 고다르(Jean-Luc Godard)의 〈헌병들(Les carabiniers)〉(1963)이라는 영화를 보면, 약탈, 강간, 살육을 마음대로 저지르고 부자가 될 수 있다는 말에 혹해 두 명의 농부가 군대에 입대한다. 수년이 흐른 후 이들은 포획물을 담은 큰 가방을 하나 들고 의기양양하게 귀향하는데 그 가방에는 건물, 큰 가게, 자연의 비경, 운송 수단, 예술 작품들 따위를 담은 그림엽서만이 가득 차 있었다. 이 영화가 보여주듯이 그림 그리기, 사진 찍기, 영화 찍기 등은 대상을 소유하는 방식으로 자리 잡는다.

6장

판화

1 ┃ 판화의 발명

　판화는 다양한 종류의 판 위에 형상을 새기고 물감을 바른 후에 종이 등
에 찍어낸 영상을 의미한다. 판화를 제작하는 데 사용되는 판은 돌, 나무,
금속, 플라스틱 등 매우 다양할 수 있다. 일반적으로 형상이 새겨지는 판은
비교적 오래 유지되는 고체의 물질이기 때문에 판 위에 일단 형상이 새겨
지면 그 판을 이용해 동일한 영상을 계속해 찍어낼 수 있는 특징이 있다.
　판화가 언제 처음 발명됐는지에 대해서는 정확히 알 수 없다. 만약 판화
를 고체의 평면 위에 형상을 새긴 것이라고 이해한다면 판화의 역사는 선
사시대로 거슬러 올라갈 수 있다. 인도네시아 자바에서 약 50만 년 전에 살
았던 인류가 형상을 새겨놓은 조개껍데기가 발견됐다. 이 외에도 동물의
뼈나 바위 등에 형상을 새겨놓은 선사시대 유물들은 많다. 하지만 판화를
판 위에 형상을 새긴 후에 종이 등에 찍어낸 영상이라고 이해한다면, 판화
의 발명은 적어도 종이의 발명 뒤로 늦춰질 것이다. 종이는 2세기 중국의
후한 시대에 채륜(蔡倫)이 발명한 것으로 알려져 있다. 종이는 그때까지 글
을 쓰는 데 사용하던 죽편, 파피루스, 양피지 등과 같은 미디어들과는 달리
가볍고 보관과 운반이 쉬울 뿐만 아니라 여러 장을 묶어 책의 형태로 만들
기도 쉽다. 게다가 판 위에 묻은 물감을 쉽게 찍어내는 데 사용할 수도 있
다. 따라서 종이가 발명된 후에 판화는 쉽게 등장할 수 있었을 것이다. 실
제로 중국에서는 이미 오래전부터 개인의 도장을 사용했지만, 처음에는 단
지 보여주는 용도로 사용하다가 종이가 발명된 후부터 비로소 도장을 종이
에 찍는 일이 일반화됐다.
　종이 제작 기술은 오랫동안 중국이 독점했기 때문에 판화의 발명과 사용
도 중국에서 비롯됐다고 할 수 있다. 중국에서는 목판화가 발달했다. 가장

오래된 목판화도 중국에서 발견된다. 현존하는 세계에서 가장 오래된 목판 인쇄 서적은 706년에서 751년경에 제작된 한국의 『무구정광대다라니경(無垢淨光大陀羅尼經)』이지만, 가장 오래된 목판화는 868년 당나라 말기에 제작된 『금강반야바라밀경(金剛般若波羅蜜經)』에 수록된 「석가설교도(釋迦說敎圖)」이다. 한국에 남아 있는 가장 오래된 목판화는 1007년에 제작된 「보협인다라니경 변상도(寶篋印陀羅尼經 變相圖)」다.

중국에서는 송나라 때 목판화가 크게 발달했다. 처음에는 인쇄된 불경의 삽화인 변상도가 많이 제작됐지만, 곧 풍경이나 식물·인물 등과 같은 일상적인 소재들도 목판화로 제작되기 시작했다. 송나라 때는 인쇄술이 일반화됐고 시를 중심으로 한 문학이 융성했으며 수묵화, 산수화 등의 회화가 발달하기 시작했기 때문에 목판으로 인쇄된 서적에 삽화를 넣기 위해 판화가 많이 제작됐다. 1340년 연나라 때는 두 가지 색으로 인쇄된 목판화가 등장했다. 중국의 목판화는 명나라 때 최고조에 달했다. 명나라 말기인 17세기 중반에는 정교한 컬러 인쇄가 가능한 목판화가 만들어졌다.

이 기술은 18세기에 유행한 일본의 '우키요에(浮世繪)' 판화에 영향을 미쳤다. 우키요에는 17세기 후반 히시카와 모로노부(菱川師宣)에 의해 처음 만들어졌는데, 풍속화라는 의미를 갖고 있으며 판화와 회화를 모두 지칭하는 용어였다. 하지만 스즈키 하루노부(鈴木春信)가 발명한 다색 판화 '니시키에(錦繪)'가 큰 인기를 끌면서 우키요에는 주로 18세기의 일본 풍속을 표현한 니시키에 판화를 가리키는 말로 사용됐다.

중국을 중심으로 한 아시아 국가들에서 목판화를 위주로 해서 판화가 발달한 것에 비해 유럽에서는 다양한 판화 기술이 발명됐다. 중국의 제지술은 8세기 중엽에 아랍 세계로 전파됐고, 12세기에는 아랍에서 유럽으로 제지술이 전해졌다. 유럽에서 판화가 등장한 것도 그즈음부터일 것으로 추정된다. 유럽에서 발견된 현존하는 가장 오래된 판화는 1370~1380년 사이에 제작됐을 것으로 추정되는 '프로타 목판(Bois Protat)'이다. 프로타 목판은 프

랑스 부르고뉴 지방에서 발견됐는데, 인쇄된 형태가 아니라 판화를 찍는 데 사용된 목판의 일부였다. 양쪽 면 모두에 그림이 새겨져 있는데, 한쪽 면에는 예수의 십자가형을 묘사한 그림 일부가, 반대쪽 면에는 수태고지의 천사를 묘사한 그림 일부가 새겨져 있다(<그림 6-1>). 인쇄된 판화로서 가장 오래된 것은 독일에서 발견됐는데 '성 크리스토퍼'를 재현한 것으로 1423년에 제작됐다.

유럽에서는 15세기부터 본격적으로 판화가 제작되기 시작했다. 구텐베르크가 금속활자 인쇄술을 발명하기 전부터 유럽에서는 이미 나무와 금속을 이용한 판화가 제작됐다. 15세기에 유럽에서는 판화가 책에 들어가는 단순한 삽화로 취급되기보다 하나의 예술 작품으로 간주됐다. 게다가 이 예술 작품은 일반적인 회화 작품과는 달리 많은 수를 복제해 판매할 수 있다는 점에서 큰 환영을 받았다. 유명한 화가들이 판화 작품들을 제작하는 경우가 많았다. 15세기에는 마르틴 숀가우어(Martin Schongauer), 알브레히트 뒤러(Albrecht Dürer) 같은 화가들이 판화가로도 이름을 날렸다.

유럽에서는 목판화보다는 좀 더 정교한 세부 묘사가 가능한 동판화를 중심으로 판화가 발달했다. 목판화가 주로 튀어나온 부분(凸部)에 잉크를 묻혀 찍어내는 철판(凸版)인쇄 방식인 것에 비해 동판화는 홈이 파인 부분에 잉크를 채워 찍어내는 요판(凹版)인쇄 방식이 가능하다는 장점을 갖고 있다. 16세기 말 요판인쇄술이 발명되면서 목판화가 쇠퇴하고 동판화가 목판화를 거의 대체한다. 요판 기술을 기반으로 한 판화는 구텐베르크가 발명한 인쇄술과 함께 이용되면서 대량생산되는 영상의 지위에 오르게 됐다. 정교할 뿐만 아니라 대량 복제가 가능한 판화는 다양한 서적의 삽화, 유명한 회화 작품의 복제화 등으로 큰 인기를 끌었다. 18세기에 판화는 유럽에서 최고 인기를 구사하게 되는데, 특히 당시 제작되기 시작한 백과사전과 각종 동식물을 기록한 '자연사연감' 등의 삽화로 사용되면서 사진이 발명되기 전까지 사람들에게 세계에 대한 정확한 정보를 주는 영상으로서 역할을 했다.

1798년 독일의 요한 제네펠더(Johann Senefelder)가 발명한 석판인쇄술(lithography)과 18세기 말 영국의 토머스 뷰익(Thomas Bewick)이 개량한 목구목판(gravure sur bois de bout) 기술은 판화의 대량 인쇄를 가능하게 했다. 특히 기존의 목판화보다 더 섬세한 표현을 할 수 있을 뿐만 아니라 동판화에 비해 내구성이 커서 더 오래 많은 부수를 인쇄할 수 있는 목구 목판 기술은 사진이 사용되기 전에 신문의 삽화를 제작하는 데 사용됐다. 판화는 매스미디어에 대량으로 인쇄돼 사용된 최초의 영상이었던 셈이다.

2 ᅵ 판화와 인쇄술

13세기 유럽에서는 경제가 발달해 도시가 커지고 증가하면서 대학과 학교들이 생겨나기 시작했다. 유럽의 여러 도시에 대학, 각종 학교·도서관들이 설립됐다. 학문의 발전은 교육과 연구를 위한 책과 종이의 수요를 증가시켰다. 또한 교육의 확대로 문맹률이 떨어지고 소설이라는 문학 장르가 등장하면서 독서 방식이 집단적인 낭독에서 점차 개인적 독서로 바뀌자 책을 읽고자 하는 독자 수도 증가했다. 이와 같은 사회문화적 환경 속에서 좀 더 저렴하고 질이 좋은 종이를 만들어낼 제지술과 여러 부수의 책을 빠르게 찍어낼 인쇄술이 요구됐다.

유럽에서 금속활자를 이용한 인쇄술은 1448년 독일의 구텐베르크에 의해 발명됐다. 구텐베르크는 알파벳들을 개별적으로 하나씩 금속활자로 주조한 뒤 활자들을 배열해 완성한 텍스트를 종이에 찍어내는 방식을 개발했다. 또한 최초로 지용성 잉크를 사용하고 인쇄용 프레스 장치를 발명했다. 이 방식의 인쇄술은 준비된 알파벳 활자들을 배열함으로써 방대한 텍스트를 빠른 시간 안에 만들어 인쇄할 수 있는 길을 열었기 때문에 당시 유럽 사회에서는 혁명과 같은 사건으로 받아들여졌다.

구텐베르크의 인쇄술이 발명되기 전까지 유럽에서 서적과 관련해 가장 중요시됐던 것은 『성경』의 제작이었다. 인쇄술이 발명되기 전까지 『성경』은 주로 수도사들에 의해 필사 형태로 제작됐다. 『성경』의 분량은 방대했기 때문에 수도사들이 손으로 일일이 필사하는 것은 굉장히 시간이 오래 걸리고 고된 작업이었다. 그러므로 『성경』은 귀하고 비싼 책이 될 수밖에 없었다. 구텐베르크의 인쇄술은 이런 상황을 타개한 엄청난 사건이었다. 구텐베르크가 본격적으로 인쇄할 최초의 책으로 『성경』을 선택한 것도 잠재적인 독자 수가 가장 많았기 때문이다. 인쇄술의 발명으로 『성경』은 대량으로 인쇄될 수 있었고 누구나 구할 수 있는 책이 됐다.

사실 낱개로 만든 금속활자들을 조합하고 배열해 구성한 텍스트를 인쇄하는 기술은 구텐베르크가 인쇄술을 발명하기 전에 이미 한국과 중국에서 사용되고 있었다. 금속활자를 이용해 인쇄한 현존하는 가장 오래된 인쇄본은 1377년 한국에서 출판된 『직지심체요절(直指心體要節)』이다. 하지만 표음문자인 알파벳과는 달리 모든 종류의 글자를 일일이 만들어야 하는 한자의 특성과 소수 지배 집단만이 지식에 대한 독점권을 가진 경직된 계급사회였던 아시아 국가의 특징 때문에 한국과 중국의 금속활자 인쇄술은 큰 사회문화적 파급력을 갖지 못했다.

아시아 국가들의 인쇄술과는 달리 구텐베르크의 인쇄술은 거의 즉각적으로 유럽의 사회문화적 상황을 변화시켰다. 구텐베르크의 인쇄술은 유럽에서 새로운 계급으로 형성되고 있던 부르주아들의 이해관계와 맞아떨어지면서 출판 시장을 폭발적으로 성장시켰다. 원래 부르주아(bourgeois)란 성(bourg) 안에 사는 도시 사람들을 의미하는 말이었다. 중세 이후에 발달하기 시작한 도

구텐베르크가 인쇄한 『성경』
1455년.

시의 성안에 사는 사람들은 주로 상업과 공업에 종사하는 사람들이었다. 성안의 사람들은 성 밖 지역에서 생산한 농산물들을 성안에서 거래하고 다른 성으로 성과 교역하는 과정에서 부를 획득했다. 상업과 공업을 통해 부를 축적해야 했기 때문에 부르주아들은 지식과 정보를 얻고 유통시키는 데 관심이 많았다. 『성경』을 비롯한 다양한 서적뿐만 아니라 나중에 신문으로 발전하는 소식지 등을 빠르게 대량으로 출판하고 유통시킬 수 있는 인쇄술은 부르주아들의 이익과 아주 잘 맞아떨어지는 기술이었다. 부르주아들을 중심으로 인쇄물에 대한 수요가 폭발적으로 증가하면서 엄청난 수의 책들이 인쇄돼 판매됐다. 1455년 구텐베르크가 처음 인쇄한 성경은 180부 정도에 불과했지만 출판 산업이 급성장하면서 1450년부터 1500년까지 유럽에서는 총 1500만 부에서 2000만 부의 책이 인쇄됐다(<그림 6-2>).

인쇄술은 이전부터 존재하던 판화 기술과 함께 사용됐다. 인쇄술 초창기부터 서적에 이미 판화가 삽화로 글과 함께 인쇄됐다. 인쇄술 초창기에 출판한 서적 중에서 가장 인기가 있고, 많이 인쇄된 것은 기도서였다. 기도서에는 『성경』 내용과 관련된 다양한 일화가 판화로 제작돼 수록됐다. 아름답게 채색된 판화를 이용한 기도서들도 많았다. 또한 16세기 프랑수아 라블레(François Rabelais)가 쓴 『팡타그뤼엘(Pantagruel)』과 『가르강튀아(Gargantua)』, 17세기 미겔 데 세르반테스(Miguel de Cervantes)의 『돈키호테(El Ingenioso Hidalgo Don Quijote de La Mancha)』로 대표되는 근대 소설의 등장과 확산은 출판 산업의 발전에 기여했다. 소설책에는 판화가 삽화로 이용되면서 독자들의 상상을 가시화해 내는 작업을 했다. 의학 서적이나 과학 서적 등 전문적인 학술 서적에도 판화가 삽입돼 인쇄됐다.

인쇄술은 또한 신문과 잡지의 등장을 부추겼다. 17세기부터 유럽의 대도시들을 중심으로 근대적 의미의 신문과 잡지가 등장했다. 초기에는 주로 정치적인 선전이나 사건을 전달하기 위한 신문과 잡지가 주를 이뤘지만, 점차 대중화되면서 상업성을 띤 신문과 잡지가 증가하기 시작했다. 대중적인 신문과 잡지는 살인이나 재난 등과 같은 인간적 흥미를 끌 만한 선정적인 내용을 주로 다루기 시작했다. 이 과정에서 판화도 신문과 잡지의 주요한 요소로 사용되면서 인기를 끌었다. 특히 19세기 초부터는 판화를 위주로 제작되는 화보 신문과 화보 잡지가 등장하면서 읽는 신문에서 보는 신문으로 발전했다. 나중에 사진이 발명돼 신문, 잡지에 인쇄되기 전까지 판화는 인쇄물에서 중요한 위치를 차지하는 영상이었다.

3 | 판화의 사회문화적 활용

17세기 유럽에서 판화는 거대한 영상산업으로 발전한다. 유럽의 대도시를 중심으로 큰 판화 제작소들이 만들어지고 판화를 전문적으로 중개하고 거래하는 출판업자들도 생겨났다. 판화는 국제적인 유통망을 갖고 거래되는 상품으로 발전했다. 자유무역을 통해 국가의 부를 축적하고자 하는 중상주의가 유럽을 지배하는 사상이 되면서 판화산업도 중요한 국가 산업이 됐다. 프랑스의 루이 14세(Louis XIV)는 왕궁에서 직접 관리하는 판화 출판사를 설립한 후에 유명한 판화가들을 고용해 만든 작품들을 직접 판매할 정도였다(Préaud, 2009).

유럽 전체에서 유통되는 판화는 단순한 상품이 아니라 문화상품이었다. 판화는 기독교의 종교적 메시지뿐만 아니라 국왕의 업적이나 중요한 정치적 사건, 사회적 풍습, 도시의 건물들과 자연의 풍경들, 유명한 미술 작품들 등을 재현하는 영상이었다. 이런 판화들이 유럽 전체에서 유통되면서 유럽은 중요한 정치적·사회적 사건들에 대한 기억을 공유하고, 동일한 종교적·문화적인 영상들을 소비하면서 사회문화적으로 동질적인 사회로 변해갔다. 오늘날 인터넷이 하는 역할을 당시에는 판화가 했던 것이다.

루이 14세는 자신의 영광과 업적을 기리기 위한 판화들을 제작해 유통시켰을 뿐만 아니라 프랑스의 유명한 그림들을 판화로 복제해 유통시킴으로써 프랑스 문화를 유럽에 전파하려고도 했다. 유명한 그림을 복제한 판화는 유럽 각국에서 화가들의 수련 교재 역할을 하기도 했다. 사람들은 자기 고장에 머물면서도 유럽 각국의 유명한 그림들을 볼 수 있었다. 물론, 원본 그림과 판화 사이에는 차이가 있었다. 특히 판화 대다수는 흑백으로 인쇄됐기 때문에 사람들은 판화를 보고 원본 그림의 색을 상상해야 했다.

판화에 대한 사회적 관심이 적었던 한국이나 중국과는 달리, 유럽에서 판화의 인기는 매우 높았다. 화가들이나 상업적 목적으로 판화 제작소를 운영하는 사람들뿐만 아니라 일반인들도 판화를 만드는 일을 즐겼다. 판화를 만들거나 수집하고 즐기는 일은 교양인의 덕목으로 여겨졌다. 왕족이나 귀족들도 판화 애호가였을 뿐만 아니라 판화 제작법을 배우고 직접 판화를 만들었다. 판화 출판사를 운영했을 뿐만 아니라 판화 애호가였던 루이 14세도 직접 만든 판화 작품을 남겼다.

많은 화가들이 그림을 그릴 뿐만 아니라 판화도 제작했다. 화가들은 본인이 직접 판화를 제작하지 않더라도 판화 장인에게 자신의 작품을 복제해 인쇄하도록 하는 경우가 많았다. 이것은 자신의 작품과 이름을 대중에게 알리고자 하는 홍보의 목적이 있기도 했다. 실제로 작품을 판화로 복제 인쇄하지 않았던 화가 중에는 당대에는 유명했지만 사후에 대중의 기억에서 잊힌 사람들도 있었다. 대표적 사례가 조르주 드라투르(Georges de La Tour)다. 17세기에 프랑스에서 활동한 드라투르는 풍속화와 종교화로 당대에 유명했

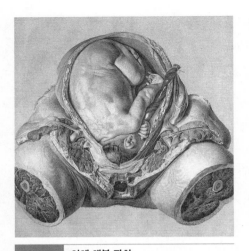

그림 6-3 **인체 해부 판화**
얀 반 림스디크(Jan van Riemsdyk),
1774년.

지만 다른 화가들과는 달리 자신의 작품을 판화로 전혀 복제하지 않았다. 그는 사후에 완전히 잊혔다가 20세기 초에 재발견돼 다시 유명해졌다.

건축물이나 장식품들을 묘사한 판화들은 여러 나라에서 실제로 건물을 짓거나 장식품을 만드는 과정에서 참조하고 모방하는 영상으로 사용됐다. 건축가들이나 가구 디자이너들은 이동하지 않고도 다른 나라에서 가장 유행하는 양식들을 판화를 통해 보고 모방할 수 있었다. 유명한 건축가들은 자신의 작품을 알리기 위해 판화가를 고용해 새로 지은 자신의 건축물을 재현하는 판화를 제작해 유통시키기도 했다.

판화는 과학의 발전과도 밀접히 연관됐다. 과학은 어떤 논리나 현상을 설명하기 위해 영상을 필요로 하는 경우가 많다. 과학적 지식을 전달하기 위해 많은 서적이 출판됐는데, 이때 필요한 영상 자료로 판화가 이용됐다. 대상의 세세한 부분까지 극사실적으로 묘사할 수 있을 뿐만 아니라 대량으로 인쇄될 수 있는 판화는 과학 서적에서 대상을 정밀히 묘사하거나 수학적 논증을 위한 도식과 도형을 표현하는 삽화 역할을 했다. 특히 천문학, 의학, 생물학 등의 과학적 지식을 축적하고 전수하는 데 판화는 결정적 기여를 했다. 신체 기관의 다양한 해부도, 망원경으로 관측한 달과 행성의 모습, 각종 동식물의 도감 등이 판화로 제작됐다(<그림 6-3>).

일반 민중의 경우에는 저렴하게 구입할 수 있는 목판화를 선호했다. 서민들은 채색된 목판화들을 구입해 집 안 벽에 붙여 일종의 장식으로 사용했다. 또한 달력도 판화로 제작됐다. 그림과 날짜가 판화 방식으로 인쇄된 달력을 벽에 붙여 사용했다. 놀이나 타로점을 치기 위한 카드 같은 것들도 판화로 제작돼 대량유통 됐다.

이와 같이 판화는 대량으로 인쇄돼 유럽 전체에 유통될 수 있는 문화상품 이었기 때문에 정치적·경제적·사회적·문화적 파급력이 컸다. 따라서 판화 는 정치적 검열의 대상이 됐으며, 저작권을 보호하기 위한 제도도 만들어졌 다. 18세기 들어 부르주아계급이 성장하면서 기존의 왕과 귀족에 의한 봉건 적 지배체제에 대한 불만이 증가했다. 봉건제에 대한 대안으로 공화제가 사 회적으로 논의되면서 봉건제와 귀족계급을 공격하는 정치운동이 조직됐다. 판화는 봉건제에 대한 반대를 시각화하는 정치적 프로파간다 수단으로 활 용됐다. 부르주아 지식인들은 왕실과 귀족의 부정과 부패를 고발하고, 군주 제에 대한 민중의 적대감을 고취시키기 위해 누구나 쉽게 이해할 수 있고 대 량으로 유통시킬 수 있는 판화를 이용했다. 그들이 제작한 정치적 팸플릿에 는 왕실과 귀족들의 부패를 고발하기 위해 궁정에서의 문란한 성생활과 방 탕한 삶을 재현한 판화가 수록됐다. 예를 들어, 프랑스대혁명이 일어나기 전에 군주제를 공격하던 사람들은 루이 16세, 마리 앙투아네트 왕비, 귀족 들의 불륜 등을 묘사한 포르노그래피를 판화로 제작해 유포했다. 프랑스대 혁명 이후의 정치적 혼란기에도 판화는 프로파간다 수단으로서의 유용성을 인정받으면서 적극적으로 활용됐다.

아시아에서는 일본의 에도시대(1603~1868)에 유행했던 판화 우키요에가 사회문화적으로 크게 영향력을 발휘한 대표적 사례다. 전국시대가 끝나고 도쿠가와 막부가 집권하면서 시작된 에도시대는 평화를 기반으로 경제가 성장하던 번영기였다. 이 시기에 일본에서는 도시를 중심으로 상업에 종사 하는 부르주아 계급이 출현했으며 그들의 이해 관심을 반영하는 다양한 문 화가 등장했다. 저렴하고 대량생산이 가능한 판화는 즉각 부르주아 계급의 주요 소비 상품이 됐다. 우키요에는 유명한 장소의 풍경뿐만 아니라 부르주아들과 서민들이 좋아하던 소재들을 적극적으로 재현하면서 인기를 끌었다. 유명한 게이샤, 가부키 배우, 스모 선수, 성적인 장면을 담은 춘화, 전설 속 괴물 이야기, 달력 등이 판화로 제작돼 큰 인기를 끌었다. 우키요에 작품들은 19세기에 유럽으로 수출돼 당시 유럽의 문화와 예술에 큰 영향을 미쳤다.

4 | 판화의 특성

판화는 인류 역사상 최초로 발명된 복제 재생산이 가능한 영상이다. 판 위에 일단 한 번 영상을 새겨두면 동일한 영상을 반복해 찍어낼 수 있다. 이런 복제성의 획득은 영상의 역사에서 획기적인 사건이라고 할 수 있다. 판화의 등장으로 인류가 영상을 소비하는 방식이 바뀌었으며 사회문화적으로도 큰 변화가 일어났다.

일반적인 그림의 경우에는 한 장소에 하나의 그림만이 존재할 수 있다. 이 유일무이한 그림을 보기 위한 방법은 관객이 그 장소에 직접 가거나 그림을 관객이 있는 곳까지 가져오는 수밖에는 없다. 소수의 전문가만이 사회적으로 인정받는 그림을 제작할 수 있었고 그들이 생산하는 그림의 양은 적었기 때문에 그림은 귀하고 비싼 영상일 수밖에 없었다. 그림을 향유하고 소비하는 사람들도 권력과 부를 가진 소수의 지배계급 사람들로 한정됐다. 왕족과 귀족이나 엄청난 부를 가진 상인들 정도가 그림을 소유하고 즐길 수 있었다. 그림을 제작하고 소유하고 향유하는 사람들의 수가 한정됐기 때문에 사회 전체를 아우를 수 있는 영상문화라는 것이 존재할 수가 없었다.

대량 복제가 가능한 판화는 이런 상황을 변화시킬 수 있는 잠재력을 갖고 있었다. 15세기에 발명된 인쇄술과 판화 기술이 결합하면서 판화의 대량생산과 유통이 이뤄졌다. 사람들은 먼 거리를 이동하지 않아도, 많은 돈이나 권력을 갖고 있지 않아도 손쉽게 영상을 구매하고 소유할 수 있게 됐다. 또한 유명한 화가의 그림이나 대도시의 모습, 멋진 풍경을 자기 집에서 즐길 수 있게 됐다. 인쇄술과 판화를 결합시킨 유럽인들은 공동의 시각적 경험을 할 수 있게 된 것이다. 이를 통해 인류는 최초로 사회 전체적으로 영상문화라고 할 만한 것을 경험할 수 있게 됐다.

판화는 인간이 직접 손으로 그려낸 그림이 아니라 그림을 바탕으로 판 위에 새긴 그림이다. 물론 판화 제작 방법에 따라 그림과 거의 유사한 판화도 있지만, 일반적으로 판화는 그림 그리는 사람과의 직접적 접촉 없이 제작된다. 판화는 그림 그리는 사람의 육체적 움직임보다는 판의 재질이나 인쇄 방식 등에 더 큰 영향을 받는다. 물론 그림 역시 사용하는 물감이나 도구·공간 등에 의해 영향을 받지만, 그림의 제작에는 여전히 화가의 개인적이고 육체적인 접촉이 중요한 역할을 하며 그 흔적이 그림에 남는다. 반면에 판화는 그림을 그리는 사람과 새기는 사람이 분리돼 있는 경우가 대부분이다. 특히 서적이나 정기간행물처럼 대량 인쇄되는 상품에 삽입되는 판화의 경우에는 분업 체계에 의해 생산된다. 또한 판화는 프레스 장치에서 일률적으로 동일한 압력에 의해 찍어낸 영상이다. 따라서 판화에서 화가의 개인적인 접촉의 흔적을 발견하기는 어렵다. 판화는 기계적으로 생산된 영상의 느낌을 준다.

기계적 인쇄 과정을 통해 인간의 개인적·육체적 흔적이 제거된 영상을 대량생산 하고 대량소비 하는 시대가 열림으로써 영상은 이전 시대와는 달리 세계를 객관적으로 묘사하고 관찰하는 도구일 뿐만 아니라 일상적으로 쉽게 소비되는 장식품이나 상품으로 간주됐다. 화가가 그린 단 하나의 작품이라는 가치를 지닌 그림은 소유하기도 관람하기도 어려웠기 때문에 시공간적으로 강한 제약 속에서 공개될 수 있었고 일종의 경배 대상이 될 수 있었다. 그림은 발터 베냐민(Walter Benjamin)이 언급한 예술 작품의 아우라를 가졌던 것이다. 하지만 대량으로 생산되고 판매되는 판화는 그런 아우라를 가질 수 없었다. 최초로 아우라를 갖지 않은 영상이 등장한 것이다. 책이나 신문에 삽입된 판화들은 독자의 관심을 시각적으로 환기시키는 재미있는 볼거리의 역할을 하거나 실제로 발생한 사건이나 현상을 상세히 묘사하는 수단이었다. 낱개로 판매되는 다양한 유형의 판화들은 집 안 벽을 아름답게 꾸미는 장식품으로 사용되곤 했다.

판화는 제작 방법에 따라 매우 다양한 형태와 효과를 낼 수 있다. 판으로 나무를 사용하느냐, 금속을 사용하느냐, 돌을 사용하느냐, 고무를 사용하느냐 등에 따라 영상의 형태가 달라질 수 있고, 같은 금속판을 사용하더라도 단순히 영상을 새기는 것인지, 부식시키는 것인지, 문지르는 것인지 등에 따라 영상의 모습이 달라진다. 정교한 선과 음영의 미묘한 변화를 표현할 수 있는 판화 기술이 발명되면서 대상을 매우 사실적으로 재현할 수 있는 판화들이 기계적으로 복제되고 서적 등에 사용되면서 판화는 과학적 지식의 전수와 축적에 사용됐을 뿐만 아니라 멀리 떨어진 곳에 존재하는 사람과 사물들에 대한 시각적 정보를 제공하는 역할을 했다.

이런 특성들 덕분에 판화는 사진이 발명되기 전에 유럽에서 전체 사회를 아우르는 영상문화를 만들어낸 최초의 중요한 미디어가 될 수 있었다. 판화는 15세기 이후 유럽 사회가 변화하고 발전하는 과정에서 지대한 영향을 끼친 영상미디어다. 사진이 처음 발명됐을 때 판화의 일종으로 간주됐을 정도로 19세기까지 판화는 사회적으로 중요한 영상미디어의 지위를 유지했다. 정밀한 묘사, 기계적 복제, 대량생산과 유통이라는 특성을 바탕으로 판화는 진정한 의미에서 국가 전체 혹은 지역 전체를 아우르는 영상문화를 형성시킨 최초의 미디어였다.

5 ı 민중 미디어로서의 판화

판화 중에서 특히 목판화는 재료를 쉽게 구할 수 있고 제작이 용이할 뿐만 아니라 시각적으로 강력한 인상을 줄 수 있는 표현력을 가진다는 점에서 20세기의 정치적·사회적 격변기에 일반 민중이 자신의 의견을 표현하는 데 적합한 영상미디어로 부각되기 시작했다. 사회문제에 대한 민중의 관심을 일깨우고 지배권력에 저항하는 메시지를 전달할 수 있는 영상미디어로서 목판화가 가진 힘을 적극적으로 이용하고자 했던 대표적 인물은 중국의 문학자이자 사회운동가 루쉰(魯迅)이다.

중국에서는 1912년 신해혁명(辛亥革命) 이후 본격적으로 새로운 근대국가 건설을 위한 신문화운동이 활발히 전개되고 있었다. 신문화운동은 일종의 계몽운동으로, 1915년 창간된 잡지 ≪신청년(新靑年)≫을 통해 봉건적이고 유교적인 문화와 관습에서 벗어나 근대적이고 민주적이며 새로운 문화를 건설하고자 했던 운동이다. 이 운동은 1919년 일본제국주의에 반대해 대대적으로 조직된 반제국주의 민중운동인 5·4운동으로 이어졌다. 이런 상황에서 루쉰은 신문화운동에 적극적으로 참여하면서 새로운 사회를 건설하기 위해서는 민중의 의식 개혁이 필요하다고 생각했다. 그는 1920년대 말부터 목판화에 관심을 보여 소련·독일 등에서 제작된 목판화들을 중국에 소개하면서 미술가들에게 판화를 제작할 것을 독려하기 시작했다. 그는 쉽고 빠르게 제작될 수 있으며, 검고 굵은 검은색을 통해 강력한 메시지를 전달하는 힘을 가진 목판화가 민중의 혁명적 무기가 될 수 있다고 주장하면서 판화운동을 제창했다. 루쉰은 'wood-engraving'을 목각(木刻)으로 번역하고 강습회 등을 조직하면서 목판화를 대중적인 표현미디어로 부각시켰으며, 반제국주의 항일운동을 위한 영상미디어로 이용하고자 했다(후지무라 마이, 2015). 루쉰이 주창한 목각운동은 젊은 화가들을 중심으로 중국 각지로 곧 퍼져나갔다(<그림 6-4>).

그림 6-4 **최전선으로 가자(到前線去)**
후이추안(胡一川), 1932년.

루쉰은 예술 작품으로서 목판화를 주목한 것이 아니라 의식 개혁과 혁명을 위한 교육과 선전미디어로서 목판화에 주목했기 때문에 대중에게 쉽게 다가갈 수 있는 목판화 형식에 대해서도 고민했다. 그는 중국의 고유한 만화 형식인 연환화(連環畵)에 주목했다. 연환화는 그림과 그림을 설명하는 짧은 글이 조합돼 이뤄진 텍스트로서 목판화를 이용해 인쇄하기 좋은 형식의 책이었다. 특히 연환화는 당시 대중에게 큰 인기가 있었고 글을 읽지 못하는 문맹자도 손쉽게 접근할 수 있다는 점에서 목각운동의 대중적 효과를 극대화할 수 있는 미디어로 간주됐다. 루쉰은 1936년 사망했지만 목각운동은 계속 유지돼 목판화는 항일운동 과정에서 강력한 저항 미디어로 기능했다.

제2차 세계대전 후 일본에서는 중국의 목각운동의 영향을 받아 민중판화운동이 전개됐다. 전후 일본의 미술가들은 전문가들을 위한 미술이 아니라 민주적인 미술을 주장하면서 대중의 미술적 자질을 개발하고 자유로운 창작 활동을 독려하기 위한 활동을 조직했다. 이 과정에서 목판화의 중요성이 강조됐으며, 지역별로 노동자, 농민 등 일반 민중의 적극적 참여를 바탕으로 하는 판화운동 단체들이 조직됐다.

한국에서는 1980년대에 판화가 민중미술의 중요한 장르로 부상했다. 한국의 민중 판화는 주로 책이나 잡지의 표지와 삽화 혹은 달력의 형태로 인쇄되는 방식으로 유통됐다. 한국에서 판화가 대중의 관심을 끌기 시작한 것은 1970년대 말에 진보적인 사회적 메시지를 담은 책의 표지로 목판화가 사용되면서부터였다. 당시 표지로 사용됐던 판화는 주로 오윤의 작품이었는데, 흑백의 거칠고 굵은 선으로 민중의 삶을 묘사한 그의 판화는 대중의

시선을 사로잡았다(<그림 6-5>). 이후 홍성담, 조진호, 김경주 등의 작가들이 제작한 판화들이 각종 서적과 달력의 삽화로 유통되면서 인기를 끌었다.

한국의 민중판화운동이 지닌 또 하나의 특징은 시민미술학교라는 공동체 활동의 방식으로 전개됐다는 점이다. 1983년부터 전라남도 광주에서 조직된 시민미술학교를 출발로 각 도시마다 시민미술학교가 조직됐다. 천주교정의평화위원회, 가톨릭센터, 미술운동 단체 등 다양한 시민단체가 주체가 돼 조직한 시민미술학교는 미술과 관련된 강연과 실기로 이뤄졌는데, 점차 실기 비중이 커지면서 특히 판화 제작을 중심으로 강의가 개설됐다. 제작이 쉬운 고무판화가 주로 제작됐으며 목판화도 제작됐다. 제작된 판화들은 무크지나 보고서 등의 형태로 발간되기도 하고 전시회를 통해 공개되기도 했다.

시민미술학교에서 판화를 중심으로 활동한 것은 다음과 같은 문제의식을 가졌기 때문이다. 시민미술학교의 제안자들은 기존의 대중문화가 마취와 소외를 만들어낼 뿐만 아니라 전문성이나 기능성에 갇혀 있다고 비판하면서 총체적 삶을 자유롭게 표현하고 함께 향유하는 공동체적 소통을 추구하는 방식으로 예술 활동이 이뤄져야 한다고 주장했다. 특히 판화는 반독점적이고 반기능적일 뿐만 아니라 쉽게 나누어 가질 수 있다는 점에서 주요한 예술 장르로 간주됐다. 그들은 일반 시민이 창작과 나눔의 즐거움을 체험하면서 스스로 자신의 메시지를 만들어내고 민중예술을 실천할 수 있다고 봤다(서유리, 2018).

시민미술학교에는 주로 20, 30대의 학생들과 직장인들이 참여했다. 시민미술학교 외에도 당시 활발한 활동을 벌이던 노동자 야학에서도 판화 제작이 이뤄졌다. 노동자들이 자신의 삶과 생각을 표현할 수 있는 영상미디어로 판화가 선택된 것이다. 또한 대학교에서도 판화 교실이 열렸다. 이처럼 당시 판화는 민중미술의 주류 장르로 자리를 잡았고, 고립된 개인 작가의 예술 작품이 아니라 공동체적 삶 속에서 공동의 논의와 협력을 통해 만들어지는 자율적 작품으로 간주됐다.

전문가의 작품을 수동적으로 소비하는 것에서 벗어나 일반 민중이 자신의 삶과 생각을 능동적으로 표현할 수 있는 영상미디어를 찾고자 하는 노력은 이후로도 계속됐다. 기술과 경제가 발전하면서 손쉽게 접근할 수 있는 새로운 영상미디어가 등장했다. 이에 따라 일반 민중이 자신의 생각과 감정을 표현하기 위해 사용하는 미디어로서의 판화의 자리는 1990년대에는 사진이 이어받았고, 2010년대 이후로는 동영상이 이어받았다. 최근에는 시민 참여 미디어에 대한 관심이 높아지면서 미디어센터나 문화교실 등을 중심으로 다양한 영상 제작 교육이 이뤄지고 있으며, 텔레비전이나 인터넷을 통한 작품의 공개와 공유도 활발히 일어나고 있다.

7장

만화와 애니메이션

1 ┃ 만화와 애니메이션의 종류

일반적으로 만화와 애니메이션은 서사의 중심인물인 캐릭터를 공유하는 경우가 많고 둘 다 아동이나 청소년을 위한 문화상품으로 인식되기 때문에 함께 다뤄지는 경향이 있다. 해리슨(1989: 21~22)은 만화를 만화삽화, 한 칸 만화, 서술형 만화, 만화영화, 만화 상품, 이렇게 다섯 유형으로 분류하고 있다. 해리슨의 저서를 비롯한 만화에 대한 연구서들을 살펴보면 만화영화, 즉 애니메이션(animation)을 만화의 범주에 포함시키는 경우가 많다. 만화와 애니메이션은 사실 성격이 다른 부분이 많은 영상미디어다. 하지만 우리는 관습적으로 이 둘을 한 가족으로 취급하는 경향이 있다. 특히 한국에서는 애니메이션을 보통 만화영화라고 불러왔기 때문에 이러한 경향은 더욱 강하게 나타난다. 하지만 애니메이션에는 다양한 종류가 있기 때문에 애니메이션을 만화영화라고 부르게 되면 애니메이션을 너무 좁게 이해할 위험이 있다. 좁은 의미의 만화영화는 그림들을 연속적으로 촬영해 움직임을 재현한 것이고, 넓은 의미의 만화영화 즉 애니메이션은 그림뿐만 아니라 찰흙 인형, 종이, CGI 등 다양한 무생물체를 조작해 마치 움직이는 것처럼 보이게 만든 영상을 말한다.

애니메이션을 만화에 움직임 효과를 주는 만화영화로 좁게 이해한다고 하더라도 만화와 만화영화는 서로 상이한 미디어다. 만화와 만화영화의 유일한 공통점은 둘 다 그림이라는 요소를 기본 구성 요소로 가진다는 것이다. 그러나 그림을 제외한 다른 모든 약호, 제작 방식, 제시 방식 등 모든 부분이 서로 다르다. 만화는 수공업으로 제작된 그림, 글, 약호들이 고정된 이차원의 공간 속에 배열된 미디어이고, 만화영화는 서로 형상적 상관관계를 갖도록 제작된 정지 영상들을 배열해 소리와 음향을 첨가한 후 형상이 움직이고 말하는 듯이 시청각 효과를 내서 재현해 내는 미디어다.

이처럼 만화의 구조적 특성이 만화영화의 그것과 근본적으로 다르다는 점에서 만화와 만화영화 사이의 간격은 사진과 영화 사이의 간격보다 더 크다고 할 수 있다. 그런데도 사진과 영화는 엄격히 구분하면서도 만화와 만화영화를 동일한 미디어로 분류하는 것은 잘못이다. 영화가 사진의 일부분을 차지하는 미디어가 아니듯 만화영화도 만화의 일부분으로 간주될 수 없다. 넓은 의미의 만화영화, 즉 애니메이션은 더더욱 만화와 관계가 없다.

만화는 크게 단일 프레임의 만화와 복합 프레임의 만화로 구분된다. 단일 프레임의 만화에는 신문의 만평이나 유머만화 등과 같은 단칸만화, 삽화, 포스터 만화 등이 있으며, 복합 프레임의 만화에는 신문이나 잡지부터 시사만화나 유머만화로 이용되는 다칸만화와 연재만화 그리고 별도로 출간되는 만화책 등이 있다. 반면에 애니메이션은 이런 식의 구분이 불가능하다. 애니메이션은 움직임의 효과를 가지는 재료가 그림이냐, 찰흙이냐, CGI냐 등에 따라 각각 셀 애니메이션, 클레이 애니메이션, 3D 애니메이션 등으로 구분된다.

2 | 만화의 발명

만화는 문자와 그림이 만나 일정한 메시지를 전달하는 미디어다. 만화는 구체적이고 명확한 의미가 담긴 그림이며 이야기를 전달하는 그림이다. 만화(漫畵)에서 '만(漫)'이라는 글자는 부질없다는 뜻이니 만화는 붓 가는 대로 아무렇게나 그린 그림을 말한다고 할 수 있다. 아무렇게나 그린 그림이 만화라면, 만화의 역사는 인류의 역사와 그 출발을 같이한다고 볼 수 있다.

가장 오래된 만화 형태 중 하나인 캐리커처(caricature)는 '무거운 것을 싣다'라는 뜻을 가진 이탈리아어 caricare에서 나왔다. 캐리커처로서의 만화는 과장된 의미를 실은 그림으로 정의될 수 있다. 만화를 의미하는 영어 단어인 카툰(cartoon)은 원래 종이를 의미하는 이탈리아어 cartone, 프랑스어 carton과 동일한 계열의 단어로 미술작품을 그리기 위한 밑그림이라는 의미다. 만화책의 만화처럼 여러 개의 프레임으로 이뤄진 만화를 뜻하는 프랑스어 방드 데시네(BD: Bande dessinée)는 연속된 그림의 띠라는 뜻이다. 그렇다면 만화와 일반 그림은 사실상 같은 뿌리를 가진 것이라 할 수 있다.

만화와 그림의 차이는 우선 내용에서 나타난다. 만화는 사물의 특징을 과장하거나 단순화해서 웃음을 유발하거나 풍자하는 그림이다. 만화는 심각하기보다는 경쾌하고 가벼운 그림이다. 만화를 의미하는 영어 단어 comics, funnies는 만화가 유머와 관계된 그림이라는 것을 보여준다. 또한 가장 오래된 만화 형식인 캐리커처는 인물이나 사물을 과장하거나 왜곡해 그려 풍자적인 웃음을 유발하는 만화의 특성을 잘 보여준다.

단순하고 과장된 형태로 어떤 의미나 이야기를 전달하는 만화는 벽화, 낙서, 삽화, 풍속화 등의 형태로 아주 오래전부터 존재했다. 과거에는 그림과 만화의 구분이 사실상 없었다. 그림과 만화의 가장 큰 형식적 차이는 말풍선의 유무에서 발견된다. 일반적으로 만화만이 가진 독특한 구성 요소로 여겨지는 말풍선은 16세기 유럽의 그림에서 처음 등장했다. 16세기 유럽의 그림에서는 오늘날과 같은 형태의 말풍선이라기보다는 인물의 얼굴 근처에 천을 그린 후, 그 위에 인물이 하는 말을 쓰는 방식으로 말풍선이 등장했다(<그림 7-1>). 현재와 같은 모양의 말풍선은 18세기 영국의 캐리커처 만화가들이 사용하면서 처음 등장했다.

만화의 발달은 판화의 발달과도 깊이 연관돼 있다. 그림보다는 단순한 방식으로 선을 이용해 형상을 묘사할 뿐만 아니라 대중을 대상으로 제작되는 판화는 만화와 같은 단순하고 과장된 그림을 제작하는 데 적합했다. 특히 17세기 이후 소설이 발달하면서 서사를 가진 콘텐츠에 대한 대중의 관심이 증가하자 이야기를 담은 연속된 그림을 판화로 인쇄하기 시작했다.

그림 7-1 **예수의 가족**
베른하르트 슈트리겔(Bernhard Strigel), 1505년.

이것은 여러 개의 프레임으로 구성된 다칸만화의 초기 형태였다고 할 수 있다.

인쇄술의 발달과 함께 18세기에 근대 신문들이 만들어지자 판화 제작 기술의 도움을 얻어 만화는 신문을 구성하는 주요한 콘텐츠가 됐다. 이때부터 만화는 대중적인 영상미디어로 자리 잡았다. 신문에 삽입된 만화는 정치인이나 예술가 등 당시의 유명한 사람들에 대한 다양한 캐리커처를 보여주거나 정치적·사회적 상황이나 사건의 의미를 간단명료하게 묘사하고 웃음을 유발하는 유머를 제공했다. 이런 신문의 만화들은 곧 만화를 사회적으로 인기 있는 영상 장르로 만들었다. 말풍선과 같은 만화 특유의 구성 요소도 일반화됐다. 프랑스대혁명과 같은 대형 사건들이 발생한 18세기 말 격변기에 만화는 정치적·사회적 메시지를 해학과 풍자 형식으로 대중에게 알기 쉽고 재미있게 전달하면서 큰 인기를 끌었다.

유럽에 등장한 최초의 현대적 형태의 만화책은 스위스 작가 로돌프 퇴퍼(Rodolphe Töpffer)에 의해 제작됐다. 퇴퍼는 1827년 흑백 그림과 글을 혼합하는 방식으로 이야기를 만든 후, 1837년『뷰 부아 씨의 사랑 이야기(Amours de Monsieur Vieux Boix)』로 제목을 붙여 출판했다. 이 작품은 그림만 보거나 글만 읽어서는 이야기를 완전히 이해할 수 없게 구성됐다. 이야기를 온전히 이해하려면 그림과 글을 함께 봐야만 했다. 이것은 이전에는 존재하지

뷰 부아 씨의 사랑 이야기
로돌프 퇴퍼(Rodolphe Töpffer), 1837년

않던 새로운 형식의 책이었다(<그림 7-2>).

아시아에서는 특히 판화가 대중적 영상미디어로 크게 발달한 일본에서 만화가 발달했다. 1814년에는 우키요에 판화가로 유명한 가쓰시카 호쿠사이(葛飾北齋)가 '만가'라는 말을 처음 사용하면서 캐리커처 등이 포함된 그림책을 출판했다. 이후 만화는 일본에서 대중의 커다란 관심과 인기를 바탕으로 거대한 문화산업이자 대중문화의 중요한 요소로 발전했다.

전체적으로 보면, 만화는 초기에는 누구나 쉽게 이해할 수 있고 시각적인 즐거움을 주는 신문 만화를 중심으로 발달했으며, 대중적 인기를 얻으면서 점차 다양한 형식으로 발전하기 시작했다. 하지만 만화는 손쉽게 그릴 수 있는 것처럼 보이고 글을 읽지 못해도 쉽게 이해가 되며 즉각적인 재미를 추구한다는 점에서 아주 오랫동안 아동을 위한 볼거리로 취급되면서 저급하고 유치하다는 비판을 받기도 했다.

3 | 만화의 특성

만화의 가장 오래된 형태인 캐리커처에서 나타나듯이 만화는 일반적으로 대상을 과장된 방식으로 왜곡하거나 단순화해 재현하는 영상이다. 물론, 만화 중에는 대상을 세밀한 부분까지 아주 사실적으로 재현하면서 진지하고 무거운 정치적·사회적 내용을 전달하는 것들도 많이 있다. 그림 중에서도 아주 단순하고 우스꽝스럽게 대상을 묘사하는 것이 있으며, 로이 릭턴스타인(Roy Lichtenstein)의 팝아트 그림처럼 원래 만화였던 영상의 일부를 크게 확대해 그린 그림도 있다. 이런 사례를 바탕으로 판단한다면, 만화와 그림을 형태나 내용에 따라 구분하는 것은 어려워 보인다. 극단적으로 말하면, 화가가 미술관에 전시를 하고 판매할 목적으로 그린 개별 작품은 그림이고, 만화가가 신문이나 잡지 등에 연재하거나 책의 형태로 출판하기 위해 그린 대량 인쇄된 작품은 만화라고 말하는 제도적인 구분만이 가능해 보이기도 한다. 그런데 유명한 만화가의 만화는 미술관에서 전시되기도 하고 그림도 대량 인쇄되는 경우가 있으니까 이런 제도적 구분도 완전한 것은 아닐 것이다.

단순히 영상의 형태만을 보고 만화와 그림을 구분하는 것은 쉽지 않다. 말풍선 등처럼 만화에서만 발견되는 독특한 조형적 요소들을 식별하는 방식으로 만화와 그림을 구분하는 것이 가장 쉽게 둘을 구분하는 방법일 것이다. 만화만이 가진 조형적 요소에 의존하지 않고 영상이 대상을 재현하는 방식의 차이로 만화와 그림을 구분하고자 한다면, 우선 캐리커처 같은 만화의 고전적 형태를 바탕으로 만화의 특성을 살펴볼 필요가 있다.

캐리커처와 같은 고전적 만화를 중심으로 말하자면, 만화가 대상을 재현하는 방식에서 그림과 구별되는 특징은 단순화와 과장이라고 할 수 있다. 만화에서 단순화와 과장은 형태와 내용이라는 두 가지 차원 모두에서 나타난다.

우선, 만화는 대상의 형태를 단순화해 표현한다. 대상의 질감이나 양감은 대개 무시되며 흔히 형태의 윤곽선만으로 대상이 표현된다. 전달될 메시지와 직접적인 관련이 없는 불필요한 요소는 과감히 무시된다. 아무런 배경 없이 인물만이 간단한 형태로 재현되는 경우도 많다. 만화는 이처럼 형태만을 단순화하는 것이 아니라 사건이나 현상도 단순화한다. 일반적으로 만화 속에서는 선과 악, 아군과 적군, 아름다움과 추함 등이 뚜렷이 구분될 수 있도록 묘사된다. 아무리 복잡한 배경을 가진 정치적 사건도 시사만화에서는 단순 명료하게 묘사된다. 만화는 인물과 사건을 도식화하는 경향이 크기 때문에 간단한 정보나 지식을 이해하기 쉽게 전달하는 도구로 이용된다. 특히 아동을 교육하기 위한 수단으로 만화가 활용된다. 학습 만화는 교육적이라는 평가를 받기 때문에 어린이들뿐만 아니라 부모에게도 인기가 있다. 하지만 동시에 만화는 복잡하고 미묘한 현상을 지나치게 단순화하고 도식화해 설명한다는 비판을 받는다. 어린아이나 좋아할 수 있는 유치한 내용을 전달한다는 지적을 받기도 한다.

만화는 또한 대상을 과장한다. 캐리커처에서 볼 수 있듯이 만화는 인물이나 사물의 특정한 면을 강조하고 다른 면은 축소함으로써 형태를 과장한다. 눈이 얼굴의 절반 이상을 차지한다거나 얼굴이 몸보다 크다거나 하는 표현이 만화에서는 자연스럽게 허용된다. 만화는 이렇게 형태만을 과장하는 것이 아니라 사건도 과장한다. 총을 맞아도 죽지 않는다거나 목이 잘려도 이야기를 한다거나 하는 일이 만화에서는 일상적으로 표현된다. 만화에서는 슈퍼맨과 같은 초인들을 등장시키기도 하고 시간 여행을 하거나 외계인들 사이에 우주전쟁이 벌어지기도 한다. 만화에서는 모든 것이 가능하다.

만화는 그림과 문자를 통해 일정한 이야기를 전달하기 때문에 대중을 쉽게 이야기 안으로 끌어들이는 힘을 갖는다. 만화가 전달하는 이야기는 단순함과 과장이라는 만화 고유의 특성을 이용해 효과적으로 대중을 설득할 수 있다. 만화는 신문, 잡지, 광고지, 포스터, 포장 디자인, 동화책, 상품 설명서 등 거의 모든 인쇄미디어에서 효과적인 커뮤니케이션을 위해 활용되고 있다. 시각적으로 매력적인 캐릭터를 통해 누구나 이해하기 쉬운 메시지를 전달하는 만화는 강력한 대중적인 호소력을 발휘한다.

만화는 단순하고 과장된 그림이다. 이러한 단순과 과장을 이용해 만화는 현실을 날카롭게 직설적으로 풍자하기도 하고 포복절도할 만한 유머를 전해주기도 한다. 만화는 현실과는 전혀 다른 비현실의 세계를 보여주면서 독자에게 현실을 조롱하거나 현실을 잊고 정신적 휴식을 취할 수 있는 기회를 제공한다. 이것은 만화가 현실도피를 조장한다고 비판받는 이유가 되기도 한다.

4 ┃ 만화의 구성 요소

내용과 형태의 단순화와 과장 이외에도 만화는 다른 영상에서는 발견되지 않는 독특한 조형적 요소를 갖고 있다. 이 조형 요소들을 통해 만화는 고유한 서사 방식과 표현 방식을 발전시켰다.

1) 프레임

프레임(frame)은 만화가 그려지는 공간을 제한하는 틀을 말한다. 이것은 만화와 만화가 아닌 공간을 구분 짓는 기능을 한다. 프레임은 대개 사각형의 형태로 돼 있지만 아주 자유로운 형태를 띨 수도 있다. 복합 프레임 만화의 경우, 각각의 프레임은 영화의 숏(shot)처럼 만화의 서사를 구성하는 기본 요소가 된다. 따라서 프레임들을 어떻게 배열하느냐 하는 것은 이야기를 구성하는 데 아주 중요한 역할을 한다. 프레임의 형태나 크기, 위치는 만화가 어떤 메시지를 어떻게 전달하느냐에 따라 대단히 의도적으로 구성된다. 영화에서 편집이 이야기 구성에 결정적인 역할을 하듯이, 복합 프레임 만화에서 프레임의 편집은 이야기를 구성하고 이끌어가는 데 핵심적 역할을 한다. 만화책과 같은 복합 프레임 만화의 경우, 만화는 프레임 편집의 예술이라고 말할 수 있다.

2) 캐릭터

만화의 등장인물을 말한다. 만화는 캐릭터(character)를 중심으로 구성되기 때문에 캐릭터 선정은 만화의 성공에 가장 큰 영향을 미친다. 중심 캐릭터의 이름이 만화 제목이 되는 경우가 흔하다. 만화 캐릭터는 캐릭터가 가진 인간적인 성격보다는 시각적 형태에 의해 결정된다. 캐릭터의 시각적 형태

The Black Terror #16
그림 7-3   에드 모리츠(Ed Moritz, 1946: 34).

가 그의 모든 내면적 속성을 구현한다. 아이는 아주 귀여운 형태를 갖고 있고 악인은 아주 음흉하고 비열한 모습을 갖는다. 여자는 아주 부드럽고 섬세한 선으로 표현되고 강인한 남자는 아주 굵은 선으로 표현된다. 독자는 캐릭터만 보고도 그가 어떤 인물인지를 알 수 있다. 캐릭터의 모든 성격과 기분, 태도는 항상 구체적인 형상으로 가시화돼야 한다. 따라서 캐릭터의 형태는 사람들이 어떤 감정이나 개념에 대해 가진 스테레오타입에 의존해 구성된다. 캐릭터의 형태는 단순하게 표현될 수도 있고 섬세하게 표현될 수도 있는데, 표현 층위(leveling)가 낮을수록, 즉 캐릭터의 형태가 단순할수록 유머나 풍자를 지향하는 가벼운 내용의 만화가 될 확률이 높다.

3) 배경

배경(setting)은 캐릭터가 위치한 공간을 표현하는 것이다. 만화는 캐릭터를 중심으로 메시지를 구성하는 영상이기 때문에 배경은 상대적으로 부수적인 위치를 차지한다. 배경은 만화의 분위기, 캐릭터의 심리 상태 등을 나타내는 데 사용된다. 배경은 모든 요소가 제거된 백지상태에서부터 극사실적인 표현에 이르기까지 다양한 표현 층위를 갖는다. 일반적으로 표현 층위가 낮을수록 만화의 내용이 단순하고 가벼우며, 표현 층위가 높을수록 복잡하거나 심각한 내용을 전달한다. 하지만 이것은 일반론일 뿐, 작가의 의도에 따라 내용의 심각도와 관계없이 표현 층위는 달라질 수 있다.

4) 동작선

동작선(motion lines)은 캐릭터의 움직임이나 기분 등을 나타내는 선으로, 만화만이 가진 아주 독특한 요소다. 수평운동, 수직운동, 대각선운동, 반복적인 움직임이나 흔들림, 연기나 먼지, 냄새, 땀방울, 놀람, 황당함, 실망 등을 표현하는 동작선은 정지 영상인 만화에 동적인 느낌을 부여하는 기능을 한다. 동작선이 프레임 안의 공간 전체에서 배경으로 사용될 경우에는 사용되는 방식에 따라 영상은 속도감이나 긴박감을 유발하기도 하고 음울함이나 괴기함을 표현하기도 한다. 동작선은 오랜 시간 관습적으로 사용돼 오면서 느슨한 방식이긴 하지만, 사회적으로 의미가 고정된 약호다. 만화 제작 기법을 배우는 과정에서 동작선의 유형과 효과에 대해 배울 수 있다.

5) 타이포그래피

타이포그래피(typography)는 만화에 사용되는 활자를 말한다. 그림과 달리 만화는 활자를 이용해 여러 가지 메시지를 전달할 수 있다. 활자는 단순히 글자 그대로의 언어적 의미를 전달하는 것 외에도 활자의 모양, 크기 등을 변화시킴으로써 캐릭터의 감정이나 소리의 속성 등을 시각적으로 표현할 수 있게 해준다. 일반적으로 큰소리는 크고 굵은 활자로, 작은 소리는 작고 가는 활자로 표현하며, 울리는 소리, 날카로운 소리 등도 시각화해 낼 수 있다. 만화의 타이포그래피는 단순한 문자가 아니라 캐릭터의 감정이나 상황의 위급함 등을 알리는 영상처럼 기능한다.

6) 풍선

풍선(balloons)은 흔히 말풍선이라고 하며 캐릭터의 대사를 둘러싼 일반적으로 동그란 형태의 원을 말한다. 말풍선은 풍선 안의 문장이 캐릭터가 하는 말이나 생각이라는 것을 표시하는 기능을 한다. 풍선에 달린 꼬리가 향하는 방향에 있는 캐릭터가 풍선 안의 문장을 말하는 것으로 이해된다. 말풍선은 또한 캐릭터가 하는 말의 속성을 나타내는 기능도 한다. 풍선의 모양이나 외곽선 형태에 따라 귓속말, 작은 소리, 큰소리, 생각, 기계음 등을 표현할 수 있다. 예를 들어, 풍선의 꼬리가 연속된 동그라미 형태로 표현된다면, 풍선은 캐릭터가 마음속으로 생각하는 말을 의미한다. 또 풍선의 외곽선이 날카로운 톱니 형태를 갖고 있다면 풍선 안의 문장은 캐릭터가 큰소리로 외치는 말이라고 이해된다.

5 | 만화 산업의 발전

만화는 1930년대 미국에서 황금기를 맞이했다. 엄청난 성장을 거듭하던 미국 만화 산업의 양대 산맥 '디시 코믹스(DC Comics)'와 '마블 코믹스(Marvel Comics)'는 1950년대에 폭력과 섹스를 부추기면서 청소년 범죄의 온상이 되고 있는 미디어로 지목되어 '만화윤리규정(CCA: Comics Code Authority)'에 의해 검열을 받는다. 이후 텔레비전과 같은 다른 영상미디어로 인해 성장이 주춤했지만, 최근에는 영화산업 등에 콘텐츠를 제공하면서 주요한 문화 산업으로 자리 잡았다.

아시아에서는 일본이 독자적인 고유성을 가진 만화 산업을 크게 발전시켰다. 일본에서는 제2차 세계대전 이후 『철완 아톰』의 작가로 널리 알려진 데즈카 오사무의 만화를 중심으로 만화의 황금기가 형성되기 시작했다. 이

THE YELLOW KID AND HIS NEW PHONOGRAPH.
A Farce, a Comedy and a Tragedy, All in One, Showing How, in Every Case, Murder Will Out, and Virtue is Its Own Reward.

후 일본 만화는 '만가'라는 고유명사로 세계시장을 점령할 정도가 됐다.

만화의 상업적 성공은 대중적 인쇄미디어의 대량 유통과 밀접한 관계를 맺고 있다. 1896년 미국의 대중신문, ≪뉴욕 월드(New York World)≫에 처음 등장한 '노란 옷의 소년(Yellow Kid)'이라는 만화가 큰 인기를 끌었다(<그림 7-4>). 그러자 ≪뉴욕 월드≫의 경쟁지 ≪뉴욕 저널(New York Journal)≫은 이 만화를 자기 신문에 연재하기 위해 만화가를 데려오려고 공작을 벌였고 ≪뉴욕 월드≫도 이에 적극적으로 대응함으로써 "노란 옷의 소년"을 둘러싼 두 신문사 간의 대립은 치열해졌다. 결국 두 신문사는 서로 다른 만화가를 고용해 동일한 만화를 연재하게 됐다. 두 신문사의 경쟁은 만화 내용에도 영향을 미쳐 점점 더 선정적이고 잔인한 내용의 유머가 만화를 통해 표현되기 시작했다. 결국, 당시 대중신문의 지나친 선정주의를 비난하는 목소리가 높아졌고 이때부터 선정적인 내용을 주로 싣는 대중신문을 '황색신문(yellow journal)'이라고 부르고, 그러한 보도 경향을 '황색 저널리즘(yellow journalism)'이라고 부르게 됐다.

대중신문의 성장과 함께 만화도 대중의 인기를 얻는다. 곧 만화잡지만을 전문적으로 출판하는 회사가 생겨났다. 미국에서는 1930년대 말에 만화가 황금기를 맞이한다. '디시 코믹스'와 '마블 코믹스'가 만화의 황금기를 이끌었다. '디시 코믹스'와 '마블 코믹스'는 현재 미국 만화 시장의 80%를 장악하고 있다. 이 만화 출판사들의 성공은 매력적인 캐릭터의 창작과 인기에 의해 가능해졌다. 1938년 '디시 코믹스'에서 슈퍼맨을 처음 선보이면서 미국 만화의 황금기가 시작됐다. '디시 코믹스'는 원더우먼, 배트맨과 같은 유명 캐릭터들을 내세우면서 발전했다. '마블 코믹스'는 특히 1960년대 스파이더맨, 아이언맨, 판타스틱 포, 헐크, 엑스맨 등 대표적인 캐릭터들을 대거 등장시키면서 청소년들 사이에서 큰 인기를 끌었다. '마블 코믹스'의 슈퍼히어로들은 단순히 악을 무찌르는 심판자에 머무르지 않고 자아 정체성과 현실 문제에 고민하는 모습을 보여줬기 때문에 성장기의 혼란을 겪는 청소년들의 감정에 호소할 수 있었다.

만화 시장이 커지면서 만화 출판사들 사이의 경쟁도 치열해지고 만화 내용도 선정적이 돼갔다. 결국 1940년대 말에 이르자 미국에서 만화는 폭력과 섹스를 부추겨 청소년 범죄의 온상이 되고 있는 미디어로 지목된다. 만화는 아동에게 해롭다는 주장이 학계와 언론계에서 제기되고 정부에서도 청문회를 열어 조사를 했다. 몇몇 지역에서는 만화책을 모아 공개적으로 소각하기까지 했다. 정신의학자였던 프레드릭 웨섬(Fredric Wertham)은 하늘을 나는 슈퍼맨을 보는 아이들은 중력의 법칙 같은 물리 지식에 대해 그릇된 생각을 가질 수 있고, 배트맨과 로빈의 관계를 보면서 동성애적 성향을 발전시킬 수 있다고까지 주장했다. 지금 보면 어이없어 보이는 이야기지만, 유명한 학자까지 나서 이렇게 반대할 만큼 당시 미국 사회에서는 만화에 심각한 문제가 있다고 여기는 분위기가 형성됐다. 이에 위기감을 느낀 만화 잡지사들은 자체적인 만화윤리규정을 만들어 스스로 검열을 하게 됐다. 이후 미국의 만화 산업은 사회의 부정적 인식과 검열, 텔레비전과 같은 경쟁 미디어의 영향으로 점차 쇠퇴했다. 하지만 미국의 슈퍼히어로 만화들은 2000년대 이후 디지털 기술을 기반으로 실사영화로 만들어지면서 세계적 인기를 끄는 문화상품이 됐다.

현재 만화 산업이 가장 크게 발전한 나라는 일본이다. 일본에서는 제2차 세계대전 이후 〈철완 아톰〉의 작가로 널리 알려진 데즈카 오사무(手塚治虫)의 만화를 중심으로 만화의 황금기가 시작했다. 데즈카 오사무는 만가와 아니메(애니메이션)의 아버지라고 불린다. 일본 만화의 특징인 큰 눈을 가진 얼굴 형식을 만든 것이 바로 오사무다. 1950년 〈밀림의 왕자 레오〉, 1952년 〈우주 소년 아톰〉을 선보인 그는 1963년 일본 최초의 TV 애니메이션 〈철완 아톰〉을 제작했다. 〈철완 아톰〉의 대성공으로 일본에서 애니메이션 붐이 일어났다. 성공한 만화를 애니메이션으로 만드는 일본의 산업구조는 오사무에 의해 정착됐다고 볼 수 있다. 〈아톰〉은 최근까지도 애니메이션으로 제작돼 많은 인기를 끌고 있다.

아주 전문적인 직업 세계를 다룬 만화에서부터 SF 만화에 이르기까지 일본 만화의 종류와 장르, 내용은 매우 다양하다. 일본에는 유아부터 성인에 이르기까지 세대와 성, 직업에 따라 각각 즐길 수 있는 다양한 만화가 있다. 거의 모든 국민이 만화를 본다고 해도 과언이 아닐 정도로 독특한 문화 속에서 성장을 거듭한 일본 만화는 '만가'라는 고유명사로 세계 시장을 점령할 정도가 됐다. 한국은 물론이거니와 미국, 유럽의 만화들도 현재는 일본 만화의 영향을 많이 받고 있으며, 각 나라마다 일본 만화 마니아층이 존재한다.

일본의 만화 시장은 잡지를 중심으로 성장했다. 제2차 세계대전 후 많은 만화 잡지들이 등장했다. 이 잡지들은 여러 만화가들의 단편과 연재물들을 모아 정기적으로 발행됐다. 만화가 큰 인기를 끌면서 만화 잡지 수와 종류도 많아졌다. 만화 잡지는 신인 만화가들이 데뷔하는 무대이기도 하며, 직업만화가들이 고정적으로 돈을 벌 수 있는 통로이기도 하다. 잡지에 단 한 차례만 게재되고 사라지는 만화들도 많지만 만화가 인기가 있을 경우에는 계속 연재가 된다. 오래 연재된 만화들은 정기적으로 그동안의 연재 분량을 묶어 단행본으로 출판된다. 단행본으로 출판된 만화들 중 상업성이 있는 것은 텔레비전이나 영화를 위한 애니메이션으로 제작된다. 물론 관련된 캐릭터 상품들도 제작 판매된다. 이렇게 해서 일본에서는 잡지에서 캐릭터 상품에 이르는 거대한 만화 시장이 형성된다.

만화는 신문, 잡지와 같은 저렴한 인쇄미디어를 통해 제공되면서 많은 사람들의 사랑을 받았다. 만화는 주로 종이에 인쇄된 형태로 대중에게 판매됐기 때문에 디지털 미디어의 등장으로 출판 산업이 사양길에 접어들면서 만화도 위기를 맞이했다. 사람들이 잡지나 책을 보기보다는 스마트폰이나 게임기와 같은 디지털 미디어를 사용하는 것을 더 좋아하게 됐기 때문이다. 만화 왕국이라는 일본의 경우에도 많은 만화 잡지들이 경영난으로 폐간되고 있을 정도다.

한국에서는 일본처럼 만화 잡지를 중심으로 만화 산업이 발전하지 못하고 만화방과 같은 단행본 대여소를 중심으로 만화산업이 형성됐다. 게다가 만화에 대한 사회적 인식도 좋지 않았기 때문에 만화 시장이 활성화되지 못했다. 한국에서는 오랫동안 만화는 아동에게 해로운 내용을 담은 불량상품이라는 인식이 강했다. 1969년에는 서울시경에서 아동만화윤리위원회를 만들어 만화를 심의한 후에 5만 권이 넘는 "불량 만화"를 소각하는 행사를 벌였고 이후에도 종종 불량 만화 소각 행사가 열렸다. 1972년에는 당시 초등학교 6학년생이 만화에서 죽은 사람이 다시 살아나는 것을 보고 그것을 흉내내다 목매 숨지는 사건이 발생했다. 이것은 만화가 아동에게 해롭다는 사회적 인식을 고착하는 계기가 됐다. 어린이들은 부모의 눈을 피해 어두침침한 골방 같은 만화방에 앉아 만화를 읽거나 어린이 잡지에 연재되던 만화를 소비했다.

한국의 만화산업은 신문과 잡지를 통해 출판된 연재만화와 대본소를 통해 공급되는 단행본 만화를 중심으로 발전했다. 1970년대와 1980년대에는 《어깨동무》, 《소년중앙》, 《보물섬》 등과 같은 어린이 잡지를 중심으로 아동만화가 연재됐고, 1969년에 창간된 《일간스포츠》 같은 일간지를 중심으로 성인 취향의 만화가 연재됐다. 고우영의 〈임꺽정〉, 〈삼국지〉 등의 만화가 《일간스포츠》를 통해 연재돼 인기를 끈 대표적 사례이다. 1985년에는 성인 만화 잡지를 표방한 《주간만화》가 창간됐고, 1995년에는 《미스터블루》, 《트웬티세븐》, 《빅점프》와 같은 성인 만화를 연재하는 주간지가 등장해 성인 만화 전성기가 시작됐다. 하지만 1998년 이현

세의 〈천국의 신화〉가 음란물로 규정돼 검찰에 의해 기소되는 사건이 발생했고 청소년보호법이 강화되면서 성인 만화는 쇠퇴했다. 이런 상황에서 출판 산업의 퇴조와 함께 만화 잡지들이 폐간되고 만화의 주소비자들의 관심이 인터넷과 디지털 게임으로 이동하면서 만화 산업은 큰 위기를 맞이했다. 2000년대에 들어서면서 만화방과 대여소의 수가 크게 감소한 데다 일본 만화까지 수입되면서 한국 만화는 사실상 생명을 다한 듯 보였다. 하지만 인터넷을 통해 제공되는 웹툰(webtoons)이라는 새로운 활로를 개척하면서 만화 시장이 다시 활성화되고 있다.

인터넷을 기반으로 한 디지털 미디어가 사회의 지배적인 미디어로 자리를 잡으면서 만화도 디지털 환경에 적합한 모습으로 변하고 있다. 인터넷을 기반으로 스마트폰, 태블릿PC 등을 통해 볼 수 있는 만화들이 늘어가고 있는 것이다. 웹코믹스(webcomics), 웹툰이라고 부르는 이 새로운 형태의 만화들은 예전 만화와는 달리 종이에 잉크나 물감을 이용해 그림을 그리는 방식이 아니라 영상 소프트웨어를 이용해 컴퓨터로 작업하는 방식을 주로 이용한다. 또한 단지 그림만으로 이야기를 전달하는 것이 아니라 플래시(flash) 기술을 이용한 간단한 애니메이션을 포함하고 있기도 하다.

한국의 경우, 매우 발달된 인터넷 인프라를 갖고 있고 인터넷 이용자 수도 아주 많다는 것이 웹툰의 성장에 기여했다고 할 수 있다. 또한 미국, 유럽, 일본 등과는 달리 만화책을 구매해 소장하는 문화가 발달하지 않고 대여소를 통해 빌려 보는 방식으로 만화가 소비됐던 것도 웹툰의 성장에 기여했다. 최근에는 포털 사이트를 중심으로 웹툰이 활발하게 공급되고 있고 웹툰을 전문적으로 취급하는 사이트들도 늘고 있다. 대중적 인기를 얻은 웹툰 중 일부는 단행본으로 출판되거나 영화로 제작된다. 한국에서 만화는 이제 대중문화 산업을 발전시키는 주요 동력 중 하나로 성장하고 있다.

6 | 만화 성장의 사회문화적 배경

만화 산업이 급성장하던 1930년대의 미국과 1950년대의 일본은 모두 각각 대공황과 제2차 세계대전의 패전이라는 경제적·사회적 위기를 겪은 후에 급속한 경제 발전과 인구 증가를 경험하던 시기였다. 일간지와 주간지 등 신문과 잡지의 정기간행물들이 급속히 늘어나기 시작했고, 이 정기간행물들은 대중의 흥미를 끌 만한 이야깃거리를 찾고 있었다. 호감 가는 캐릭터가 벌이는 사건들을 중심으로 짧은 이야기를 정기적으로 제공할 수 있는 연재만화는 이들 정기간행물이 찾던 것이었다. 매일 또는 일주일 간격으로 갱신되는 캐릭터의 모험담은 대중을 정기간행물의 정기 독자로 만드는 데 크게 기여했다.

독자들은 매일 또는 일주일마다 같은 정기간행물의 같은 장소에 연재되는 만화에서 그들이 좋아하는 캐릭터가 벌이는 재미있는 사건들을 볼 수 있었다. 매일같이 놀랍고 끔찍하며 개탄할 만한 사건들이 벌어지는 급변하는 현대사회에서 독자들은 항상 같은 곳에서 위기를 멋지게 타개하면서 자신들을 맞이하는 만화의 주인공들을 만날 수 있었다. 이런 경험은 독자들에게 생활의 연속성과 안정감 등을 제공했다.

예를 들어, 1940년대 미국에서 슈퍼맨은 가장 인기 있는 캐릭터였다. 슈퍼맨이 주류 미국인의 정체성과 당시 시대 상황을 잘 반영했기 때문이다. 슈퍼맨은 크립턴 혹성에서 지구로 온 외계인이다. 미국 중서부의 시골 마을에 떨어진 슈퍼맨은 백인 농부의 양자로 자라게 된다. 당시 미국인의 주류도 바로 유럽에서 이민 온 백인 농부들의 자손들이었다. 그는 보통 때는 아주 평범한 클라크 켄트로 살아가지만 일단 문제가 발생하면 초능력을 가진 슈퍼맨이 된다. 초창기 만화에서 슈퍼맨의 적들은 부유하지만 사악한 자본가들과 부패한 정치인들이었다. 바로 대공황을 일으키고도 잘사는 사람들이었다. 미국 사회의 다수를 차지하던 백인 미국인들은 슈퍼맨과 자신을 동일시하면서 자신들의 삶을 파괴시킨 자본가들과 정치인들을 응징하는 슈퍼맨의 모습에서 희열을 느꼈다. 오늘날 슈퍼맨이 과거와 같은 인기를 누리지 못하는 것은 시대 상황이 변했기 때문이다. 이제 미국인의 정체성은 앵글로색슨 백인을 넘어서 다인종의 사람들의 모습에 더 가깝고, 초강대국이 된 미국이 두려워할 만한 것은 별로 없게 됐다. 슈퍼맨이 다시 큰인기를 얻으려면 아마 지금 시대에 맞는 새로운 모습의 슈퍼맨으로 변해야할 것이다.

움베르토 에코(Eco, 1972)는 「슈퍼맨의 신화」라는 글에서 슈퍼맨 이야기에서는 동일한 구조가 에피소드마다 반복된다고 주장했다. 슈퍼맨은 세계를 전쟁, 기아, 독재, 착취로부터 구할 힘이 있지만 강도나 외계 괴물 등만을 응징하는 것도 이런 이야기 구조 때문이다. 슈퍼맨은 오직 사적 소유권을 침해하는 악당들만을 응징할 뿐 근본적 문제를 해결하겠다는 정치적 의식을 갖고 있지 않은 것이다. 근본적 문제를 해결하지 않아야만 매주 동일한 구조의 이야기를 반복할 수 있기 때문이다.

만화에서는 모든 것이 선으로 둘러싸여 있다. 캐릭터, 배경, 풍선, 프레임 등 모두가 선으로 폐쇄된 공간을 갖는다. 만화가 가진 이러한 공간의 폐쇄성은 독자들에게 심리적인 안정감을 제공하는 기능을 한다. 만화의 선은 분명하고 공간은 안정적으로 닫혀 있다. 그 닫힌 공간 안에서 캐릭터는 규칙적으로 서사적으로 거의 동일한 사건을 안정적으로 처리한다. 이것은 급격한 사회적 변동 속에서 혼란스러워하는 사람들에게 정신적으로 안정을 취할 수 있는 공간을 제공하는 역할을 한다. 혼란스러운 현실 세계와는 관계없이 만화 속의 세계는 형식 면에서나 내용 면에서 모두 항상 안정적이다.

또한 만화는 이야기를 들려주는 미디어다. 만화는 그림으로 그려진 소설이라고도 할 수 있다. 문자와 그림이 결합해 일정한 이야기를 구성하는 만화는 독자들을 쉽게 이야기 속으로 끌어들이는 힘을 갖고 있다. 영화나 텔레비전도 똑같이 이야기를 전달한다. 하지만 영화나 텔레비전의 상영 시간은 정해져 있다. 우리는 영화나 텔레비전이 정해놓은 이야기의 리듬을 따라갈 수밖에 없다. 반면에 만화는 그렇지 않다. 만화도 정해진 순서대로 이야기를 전달하지만 그 리듬은 페이지를 넘기는 독자가 결정할 수 있다. 독자는 특정한 프레임이나 캐릭터, 풍선의 글을 위해 오랜 시간을 같은 페이지에 머물 수 있다. 특정 부분을 반복해서 읽을 수도 있고 앞으로 돌아가 이야기의 전개를 다시 구성해 볼 수도 있다. 만화는 일정한 시간적 흐름을 강제하는 이야기를 갖지만 독자는 언제든지 그 시간의 흐름을 멈추게 하거나 뒤로 돌릴 수 있는 것이다.

기차, 비행기와 같은 장거리 대중교통수단의 발달도 만화의 성장에 일조했다. 대중교통수단 안에서 우리는 거대한 기계장치에 몸을 맡긴 채 장시간 한곳에 머물러 있어야 한다. 만화는 대중교통수단 안에서 시간을 때우기 위해 사용하는 가장 중요한 놀잇거리 중 하나가 됐다. 자기가 있던 곳은 떠났고 도착해야 할 곳에는 아직 이르지 못한 상태에 있는 여행의 기간 중, 사람들은 어디엔가 정신을 집중시켜 그 불안정한 상태에서 벗어나길 원한다. 승객은 기차나 비행기의 운행에 개입할 수 없으며 기차나 비행기가 어떤 상황 속에서 어디를 향해 가고 있는지 정확히 알 수 없다. 자신의 운명을 타인의 손에 맡긴 채 알지 못하는 어디론가 가고 있다는 느낌을 주는 대중교통수단의 경험은 만화의 형식과 내용에도 영향을 주었다. 낯선 곳에서 벌어지는 기괴한 이야기, 다른 나라나 다른 혹성, 다른 시대로의 여행과 모험, 꿈처럼 터무니없거나 우스꽝스러운 이야기 등은 만화의 주요 내용이 됐다. 또 만화가 일정한 시간적 흐름을 강제할 수밖에 없는 이야기 구조를 가지고 있으면서도 독자가 그 흐름을 조절할 수 있다는 점은 대중교통수단에 몸을 맡길 수밖에 없는 수동성을 보완하는 역할을 한다.

우리는 급격히 변하는 현실 세계에서 느끼는 왜소함과 불안함에서 벗어나려는 욕구를 갖고 있다. 만화는 바로 이런 욕구를 바탕으로 성장했다. 만화를 가장 많이 보는 사람들이 어린이와 청소년인 이유는 그들이 아직 신체적으로 성숙하지 않았고 사회적으로도 활동의 제약을 많이 받기 때문이다. 아직 어린 독자들은 신체적·사회적 한계 때문에 현실에서는 자신들이 할 수 없는 일들을 만화 캐릭터들을 통해 대리 경험하고자 한다. 아동만화의 캐릭터들은 초능력이나 과학기술을 자유자재로 이용하면서 어른들도 할 수 없는 일들을 해내고 세계를 위험에서 구해낸다. 청소년 만화의 캐릭터들은 스포츠나 무술 등에서 뛰어난 능력을 발휘하면서 역경을 딛고 성공을 이뤄간다. 만화는 이런 이야기들을 영상을 통해 구체적이고 실감 나게 보여준다.

리처드 레이놀즈(Richard Reynolds)는 『슈퍼히어로: 근대의 신화학』(1992)이라는 책에서 슈퍼히어로들이 먼저 나서서 문제를 해결하려 하지 않는다는 점에 주목한다. 슈퍼히어로는 악당이 현 상태를 위협하고 부서뜨리기 전에는 절대 먼저 움직이지 않는 것이다. 변화를 이끌어내는 능동적 인물은 악당이고, 슈퍼히어로는 이에 맞서 현 상황 유지에 전력하는 수동적 인물인 셈이다. 이것은 독립 활동을 추구하지만 현실적으로는 어른의 주도하에 수동적으로 움직일 수밖에 없는 어린 독자의 처지와 유사하다.

7 | 애니메이션의 발달

애니메이션은 글자 그대로 무생물인 캐릭터에 생명력을 불어넣어(animate) 움직임을 재현하는 동영상을 말한다. 애니메이션은 만화의 주요 구성 요소인 프레임이나 풍선을 포함하고 있지 않을 뿐만 아니라 그림이 아닌 점토, 종이, CGI 등을 이용해 제작될 수도 있다는 점에서 만화의 한 종류라 보기 어렵다. 다만 만화의 캐릭터가 그대로 사용되는 경우가 많고 만화와 유사한 그림의 형태를 띤다는 점에서 일반적으로 만화의 연장으로 이해된다. 즉, 움직이는 만화로 이해되는 것이다.

최초의 애니메이션은 영화가 발명되기 전인 1892년 프랑스의 물리학자 레이노가 자신이 개발한 영사용 프락시노스코프를 이용해 상영한 〈불쌍한 광대〉, 〈맥주 한 잔〉, 〈어릿광대와 개〉라는 세 편의 작품이라고 할 수 있다. 이것은 영화용 필름을 이용해 촬영한 것이 아니라 유리판 위에 직접 그림을 그린 것이었다. 여러 개의 유리판 위에 직접 그림을 그리고 연속적으로 불빛을 투사해 움직이는 것처럼 보이게 만들었다.

뤼미에르 형제가 영화를 발명한 이후 많은 사람들이 카메라를 이용해 그림이나 인형 등을 연속적으로 촬영해 움직이는 듯한 효과를 만들어내는 다양한 애니메이션을 제작했다. 1913년 미국의 존 브레이(John R. Bray)는 같은 배경은 반복해 그리지 않고 캐릭터의 움직임만 그려내는 셀(cell) 애니메이션 방식을 개발해 애니메이션 제작을 용이하게 하는 데 크게 기여했다. 셀 애니메이션은 투명한 셀룰로이드판을 이용하는 제작 기법으로, 밑바탕에 배경을 깔고 그 위에 캐릭터만을 그린 투명 셀룰로이드를 놓고 순서대로 교체 촬영하는 방식을 사용한다. 제작 시간과 비용을 크게 절감시켰기 때문에 컴퓨터를 사용해 애니메이션을 만들기 전까지 가장 많이 사용되는 그림 애니메이션 제작 방식이었다.

애니메이션으로 대중적 인기를 끌며 큰 산업적 성공을 거둔 사람은 월트 디즈니(Walt Disney)다. 그는 1928년 소리와 영상이 일치되는 작품 〈증기선 윌리(Steamboat Willie)〉를 발표하고 미키마우스라는 이름으로 세계적으로 유명해질 캐릭터를 소개했다. 이후 월트 디즈니사는 다양한 애니메이션을 제작하며 세계적인 애니메이션 제작사가 됐다. 〈백설공주〉, 〈인어공주〉, 〈신데렐라〉 등 어린이 동화를 원작으로 한 애니메이션들을 제작하면서 세계 시장을 지배해 온 디즈니사는 〈토이 스토리〉로 유명한 애니메이션 제작사인 '픽사'까지 인수하면서 극장용 애니메이션 시장을 장악했다.

또 하나의 애니메이션 강국 일본에서는 1950년대부터 일본의 메이저 영화사 도에이가 애니메이션 전문 제작사 도에이 동화를 설립하면서부터 본

격적으로 애니메이션 제작을 시작했다. 일본의 애니메이션은 '저패니메이
션(Japanimation)', '아니메' 등으로 불리며 미국의 애니메이션과는 다른 독자
적인 영역을 구축했다.

일본에서 제작되는 셀 애니메이션의 특징은 1초에 24장의 그림을 필요
로 하는 풀 애니메이션(full animation) 방식이 아니라 초당 1장에서 12장 정
도의 그림만을 사용하는 리미티드 애니메이션(limited animation) 방식을 사용
한다는 점이다. 이 방식은 섬세한 동작 묘사가 가능한 풀 애니메이션과는
달리 거칠고 단속적이며 빠른 영상을 보여준다. 이 방식은 상대적으로 제
작비가 적게 들고 제작 기간이 단축되기 때문에 비교적 소자본으로 다량의
작품을 생산해야 하는 일본의 산업구조에 적합했다. 특히 일본은 텔레비전
을 위한 애니메이션 제작에 주력했는데, 텔레비전의 특성상 비교적 거친
영상도 충분히 허용됐고, 특히 일본에서 주로 제작하던 로봇 만화와 같이
액션이 많은 애니메이션의 경우에 속도감과 생동감을 주는 기능을 했다.

일본은 이러한 제작 방식의 차이에서 오는 독특한 영상미와 로봇물과 같
은 특수한 내용을 바탕으로 1980년대에는 세계시장에 진출해 서서히 미국
애니메이션의 아성을 무너뜨리기 시작했다. 특히 빠른 이야기 전개와 매력
적인 캐릭터를 내세운 텔레비전용 애니메이션을 수출하면서 저패니메이션
이라는 고유명사를 획득하기에 이르렀다.

TV용 애니메이션 〈미래소년 코난〉의 감독 미야자키 하야오(宮崎駿)는
1980년대 중반부터 애니메이션 제작사 '스튜디오 지브리'를 세우고 〈천공
의 성 라퓨타〉, 〈이웃집 토토로〉, 〈센과 치히로의 행방불명〉 등 뛰어난 극
장용 애니메이션 작품을 내놓으면서 일본 애니메이션만의 독특한 감성과
작품성을 보여줬다.

한국에서는 1967년 최초의 극장용 장편 애니메이션 〈홍길동〉이 제작돼
큰 성공을 거뒀다. 〈홍길동〉은 TV용 CF 애니메이션을 제작하던 신동헌 감
독이 동생 신동우 화백의 〈풍운아 홍길동〉이라는 만화를 기반으로 제작한

것이다. 고전소설이 만화를 거쳐 애니메이션으로 제작돼 성공을 거둔 경우다. 신동헌 감독은 셀룰로이드가 부족해 미군이 쓰다 버린 필름을 이용하면서도 제작하기 까다로운 선 녹음 후 작화와 풀 애니메이션 방식으로 뛰어난 완성도를 가진 애니메이션을 만들었다. 〈홍길동〉은 그해 한국에서 전체 영화 흥행 2위를 차지할 정도로 대성공을 거뒀다(<그림 7-5>). 하지만 단기적 이익만을 추구한 제작자들의 근시안적 태도와 열악한 제작 환경 등으로 애니메이션 제작에 대한 재투자가 이뤄지지 못하면서 이후 이렇다 할 작품들이 만들어지지 못했다.

1970년대에 들어서서는 텔레비전에서 집중적으로 방영하기 시작한 일본 애니메이션의 영향으로 한국 애니메이션 산업은 거의 고사 상태에 이른다. 1976년 〈로보트 태권브이〉가 제작돼 흥행에 성공하지만 고유한 창작 캐릭터 작품으로 발전하지 못하고 일본 애니메이션의 모방작에 머물고 말았다. 한국 애니메이션 산업은 독자적인 작품을 생산하기보다 미국과 일본의 애니메이션을 하청을 받아 제작하는 방식으로 발전했다. 기획과 이야기, 캐릭터는 모두 미국과 일본에서 만들고 우리나라에서는 그림만 그려주며 돈을 번 것이다.

외국의 애니메이션을 하청받아 제작해 주며 기술과 노하우를 축적해 가던 한국 애니메이션 산업은 1988년 서울 올림픽을 전후해 방송사의 투자로 독자적인 TV용 애니메이션이 제작되면서 다시 발전하기 시작했다. 〈날아라, 슈퍼보드〉, 〈달려라 하니〉, 〈아기공룡 둘리〉 등 당시 인기 있던 만화들이 애니메이션으로 제작되면서 큰 인기를 끌었다. 서울 올림픽은 원래 1979년 박정희 정권 때부터 유치를 추진해 전두환 정권 때 유치에 성공한 것이다. 서울 올림픽 유치는 원래 독재정권의 유지와 홍보를 위해 기획됐다. 하지만 전 세계의 시선을 받는 큰 국제 행사라는 점에서 사회문화적 개방성과 다양성을 증가시킨다는 긍정적 효과를 발생시켰다. 방송사에서 TV 애니메이션 제작에 나선 것도 올림픽에 참가하는 외국인에게 한국 문화 산업을 과시하겠다는 홍보 목적에서 시작된 것이지만, 한국 애니메이션의 발전에 기여하는 긍정적 결과를 가져온 것이라 할 수 있다.

1994년 디즈니사가 제작한 애니메이션 〈라이온 킹〉이 세계적으로 엄청난 흥행에 성공하면서 한국에서는 애니메이션이 고부가가치 산업이라는 인식이 생겼다. 정부에서는 애니메이션 산업에 많은 지원을 아끼지 않았다. 하지만 애니메이션을 제작할 수 있는 환경을 조성하기보다는 일회성의 한탕주의적 지원에 집중함으로써 오히려 한국 애니메이션 산업은 발전하지 못하고 정체되는 암흑기에 빠지고 말았다.

2000년대 이후 〈뽀로로〉, 〈뿌까〉, 〈라바〉 등 TV용 디지털 애니메이션 작품들이 제작돼 국내뿐만 아니라 해외에서도 인기를 끌었다. 2011년에는 동화를 원작으로 한 〈마당을 나온 암탉〉이 제작돼 흥행에 성공하면서 한국 애니메이션 산업도 조금씩 발전하고 있다.

애니메이션은 이제 대부분 디지털 기술을 이용해 제작된다. 1995년 개봉된 〈토이 스토리〉가 디지털 기술을 이용한 CGI 애니메이션으로서 큰 성공을 거둔 후 많은 애니메이션들이 디지털 기술을 이용해 제작되고 있다. 그림이라는 느낌이 강했던 기존의 애니메이션과는 달리, 더욱 사실적이고 생생한 질감을 제공하는 디지털 애니메이션은 점점 더 전통적인 만화로부터 멀어져 독자적인 영상미를 만들어가고 있다.

8장

사진

1 | 사진의 개념

사진은 어원적으로 크게 두 가지 의미를 지닌다. 서양 단어인 포토그래 피(photography)는 '빛'이라는 의미를 가진 'photo'와 '그리다, 기록하다'는 뜻의 'graphy'가 합쳐진 단어로, '빛으로 그린 그림'이라는 뜻을 가진다. 반면에 한국에서 사용되는 사진(寫眞)은 원래 오래전부터 초상화를 지칭하는 말이었다. 인물의 터럭 하나까지도 정확히 묘사함으로써[寫] 인물의 내면까지 진실로 표현하는 것[眞]이 올바른 초상화라고 생각했던 것이다. 따라서 '빛의 기록'인 포토그래피와 외면의 정확한 묘사와 내면의 진실한 표현을 의미하는 사진은 엄밀히 말한다면 다른 개념이라고도 볼 수 있다. 빛의 기록이라는 서양의 생각과 정확한 묘사라는 동양의 생각은 사진이 가진 두 가지 특성을 잘 보여준다.

2 | 사진의 발명

사진은 발명 시기가 명확하게 드러나는 최초의 영상미디어라고 할 수 있다. 1826년 프랑스의 조제프 니엡스(Joseph Niépce)는 자신의 2층 방 창문을 통해 바라본 풍경을 금속판 위에 고정시킨 최초의 사진을 제작했다. 여러 가지 발명에 몰두하던 부르주아 니엡스가 사진을 발명하게 된 것은 당시 유행하던 석판화 기술을 개량할 방법을 찾는 과정에서였다. 즉, 판화산업의 연장선에서 사진의 발명에 착수한 것이다.

니엡스가 헬리오그래피(héliographie)라고 명명한 이 사진술에 대해 디오라마(diorama)라는 일종의 환등 극장을 운영하던 화가 출신 루이자크망데 다게르(Louis-Jacques-Mandé Daguerre)가 관심을 보인다. 다게르는 니엡스와 동업 계약을 맺은 후 기술을 발전시켜 1838년 다게레오타입(daguerréotype)이라는 사진술을 발명했다. 다게레오타입은 은판에 사진 영상을 직접 인화하는 방식이었다. 1839년 프랑스 정부는 이 사진술을 사들여 대중이 자유롭게 사용할 수 있도록 허가했다. 같은 시기, 영국의 과학자 윌리엄 탤벗(William Talbot)은 종이에 직접 영상을 인화하는 캘러타이프(calotype)이라는 사진술을 발명했다. 영국 정부는 프랑스 정부와는 달리 이 발명품을 자격증을 가진 사람만 사용하도록 허가함으로써 사실상 다게레오타입이 사진술을 대표하게 됐다. 프랑스 재무성의 하급 관리 이폴리트 바야르(Hippolyte Bayard) 역시 1839년 종이를 이용한 사진술을 발명하지만 세밀한 묘사력 결여 등을 이유로 프랑스 정부로부터 외면받았다.

사진술을 공개함으로써 누구나 사용할 수 있는 기술로 만드는 데 주도적 역할을 한 프랑스 의회 의원 프랑수아 아라고(François Arago)는 과거에는 수많은 화가들이 장시간에 걸쳐 모사해야 할 것을 사진술 덕분에 짧은 시간에 더 정교하게 모사해 낼 수 있게 될 것이라고 보고, 사진술이 고고학, 회화, 천문학, 지형학 등의 발전에 많은 기여를 할 것이라고 예상했다(Arago, 1839). 과학자였던 아라고는 은판 위에 아주 정확하고 섬세한 세부 모사를 할 수 있는 다게레오타입이 과학과 예술을 위한 관찰의 보조 도구가 될 것이라고 본 것이다.

유럽에서 같은 시기에 여러 사람들이 사진술에 대해 연구하고 독자적인 기술을 개발했다는 것은 흥미로운 일이다. 이것은 당시 유럽에 사진과 같은 광학적 영상에 대한 사회적 수요가 있었다는 것을 의미한다. 제프리 배천(Geoffrey Batchen)에 따르면, 17세기 말부터 사진 발명에 뛰어들었던 사람들은 당시에 그림을 그리는 보조 도구로 사용되던 카메라 오브스쿠라(camera obscura)에 의해 생성된 영상을 종이나 금속판 위에 고정시켜 더 이상 변하지 않는 영상을 만들고자 했다(배첸, 2006: 113~140). 카메라 오브스쿠

그림 보조 도구로 사용된 카메라 오브스쿠라
1850년경 사전의 삽화.

라는 렌즈가 달린 작은 상자로 렌즈를 통해 들어온 빛을 투영해 외부의 상을 얻을 수 있는 장치였다. 화가들은 상자 위에 나타난 상에 종이를 대고 베끼는 방식으로 그림의 밑그림을 그렸다 (<그림 8-1>). 또한 당시에는 은이 빛을 받으면 산화되면서 색이 검게 변한다는 사실도 알려져 있었기 때문에 카메라 오브스쿠라를 통해 얻어진 영상에 반응하는 은의 산화를 적절한 단계에서 멈추도록 할 수만 있다면 사진 영상을 얻을 수 있다는 생각을 여러 사람들이 하고 있었다.

3 | 사진 발명의 사회문화적 배경

18세기 말이 되자 부르주아 계급이 급부상하고 과학과 기술이 발달하면서 새로운 시각 장치들이 발명되고 사회적 인기를 얻었다. 이 시기에 시각은 지배적 감각기관의 위치를 확고히 차지하기 시작했다. 사진은 이러한 시대적 분위기에서 발명됐다.

1791년 제러미 벤담(Jeremy Bentham)이 '파놉티콘(Panopticon)'을 발명했다. 파놉티콘의 원리는 간단하다. 둘레에 원 모양의 건물들을 짓고 그 가운데 탑을 세운다. 이 탑에서 우리는 주위를 둘러싼 건물 안에 있는 방들을 관찰할 수 있다. 방에 있는 사람들은 탑에서 그들을 관찰하는 사람을 볼 수가 없다. 이 장치는 푸코가 잘 지적했듯이, "보는 것과 보이는 것 사이의 관계를 나누는 기계다"(Foucault, 1975: 203). 파놉티콘에서는 오직 시각만이 중앙 탑과 주위 건물

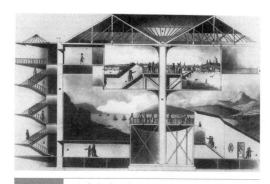

19세기 파노라마 장치의 단면도

을 연결시킨다. 보는 자와 보이는 자 사이에는 어떠한 상호작용도 없다. 보는 자는 오직 시각을 통해 보이는 자들을 관찰·감시할 뿐이다. 파놉티콘은 시각을 통한 주체와 대상의 분리를 실현하는 장치였다.

중앙에 있는 소수의 사람이 시각을 통해 주변의 모든 것을 관찰하고 감시한다는 파놉티콘의 시각적 논리는 예외적인 것이 아니라 당시의 시대정신이었다. 파놉티콘과 거의 동시에 발명된 파노라마(panorama)도 동일한 시각적 논리를 기반으로 작동하는 장치였다. 1787년 로버트 바커(Robert Barker)는 높은 망루에 올라 빙 돌면서 주변을 보듯이 전체 풍경을 360°로 재현할 수 있는 원형의 그림에 대한 아이디어를 갖게 됐다(<그림 8-2>). 1년후, 그는 첫 번째 파노라마 그림을 대중에게 공개했다. '파노라마'라는 단어가 등장한 것은 1792년이다. 이 단어는 그리스어에서 파생된 말로 문자 그대로 '모두 보다'라는 뜻을 가지고 있다. 이렇게 발명된 파노라마는 19세기 유럽과 미국에서 가장 인기 있는 대중적 볼거리 중 하나가 됐다.

파노라마는 특별히 만들어진 원형의 건축물 안의 벽에 360°로 빙 돌아가며 그림을 그려놓고 가운데 위치한 전망대에서 그림을 보게 돼 있는 장치다. 그림은 역사적 사건이나 대도시를 사실대로 묘사한 것으로, 전망대 위의 사람들에게 자신이 사건이나 도시의 한복판에 서서 전체 모습을 관찰한다는 느낌을 주도록 구성돼 있다. 파노라마의 주요 목적은 관객에게 그림으로 재현된 장소에 실제로 있다는 느낌을 주는 것이었다.

당시에 유행한 일종의 그림 슬라이드 쇼인 디오라마(diorama)와는 달리,

파노라마는 환영을 만들어내지도 않고 관객의 감각을 속이지도 않았다. 도시의 전경이나 전투 장면의 파노라마를 보면서 재현된 장면을 실제로 경험했던 관객은 그 장소를 재발견하고 겪었던 일들을 설명했으며, 재현된 대상을 겪지 못한 관객은 자신이 그곳에 있었던 것 같은 경험을 하지만 환상에 빠지지는 않았다. 파노라마에서 중요한 것은 현실의 모습을 전체적으로 제시하는 일이었다. 파노라마 안에서 관객은 어떤 장면을 아주 세세한 부분까지 관찰하도록 초대됐다. 이러한 이유로 파노라마의 그림은 "모든 방향에서 그리고 눈이 구분할 수 있는 한 멀리까지 한 지역의 모습을 정확히" 모방해야 했다(Comment, 1993: 5). 파노라마는 시각이라는 단 하나의 감각으로 한 장소를 검사하도록 만든 장치였던 것이다.

인간의 시각은 인간이 사용하는 여러 시각장치에 의해 제약을 받는다. 파놉티콘이나 파노라마와 같은 장치에 의해 제공된 시각적 관찰 경험은 우리와 세계를 연결시키는 다른 감각을 배제하면서 우리를 순전히 시각에만 의존하는 관람자의 자리로 내몬다. 19세기 중반에 등장한 쇼윈도도 이러한 관찰자적 시각과 같은 논리를 따른다. 긴 아케이드 상점가를 따라 우리는 이 쇼윈도에서 저 쇼윈도로 지나가면서 온갖 종류의 물건을 바라보지만 결코 그것들을 만져보지는 못한다. 행인에게는 오직 시각적 즐거움만이 허용될 뿐이다.

유럽의 근대사회는 다른 감각을 배제한 채 오직 시각을 통해 대상을 관찰하고 감시하는 경험을 바탕으로 작동했다. 니콜라우스 율리어스(Nikolaus Julius)가 잘 지적했듯이 근대는 감시의 논리를 따랐다. 다시 말해 "적은 수의 사람들에게, 아니면 단 한 사람에게 수많은 것들을 일순간에 보여주는 것"(Foucault, 1975: 219에서 재인용)이 시각을 바탕으로 한 근대의 시대정신이었다. 이와는 달리 고대 그리스 문명은 관람의 문명이라고 할 수 있다. 즉, 고대의 시대정신은 수많은 사람에게 적은 수의 물건들을 지켜보도록 허용하는 것이었다.

19세기를 지배한 관찰과 감시라는 시각적 논리는 사진이나 영화와 같은 광학적 영상을 통해 계속 이어진다. 니엡스에 의해 제작된 최초의 사진 중 하나이며 오늘날까지 우리에게 남아 있는 유일한 최초의 사진이기도 한 사진은 바로 건물의 위층에 위치한 방의 창문을 통해 바라본 밖의 풍경이었다는 것은 이런 점에서 의미심장하다.

이처럼 사진은 서구의 근대가 절정을 맞이하던 19세기 초에 발명됐다. 사진의 발명 자체가 당시 새로운 지배계급으로 자리를 잡아가던 부르주아지의 사회적·문화적·경제적 요구에 의한 것이었다(프로인트, 2006). 사진 발명에 기여한 사람들은 과학자, 화가, 하급 관리, 극장주, 발명가 등으로 주로 신흥 부르주아들이었다. 1839년 사진이 공표됐을 때 사진을 열광적으로 받아들인 사람들 또한 사진을 취미나 사업 수단으로 이용하고자 한 또는 단순히 초상 사진을 가지려던 도시의 부르주아들이었다.

좀 더 구체적으로 살펴보면, 사진이 근대와 연결되는 것은 크게 세 가지 이유에서다. 첫째, 사진은 근대적 재현 체계와 관련이 있다. 둘째, 사진은 근대 과학기술의 산물이다. 셋째, 사진은 근대적 표현 미디어다.

첫째, 사진과 근대적 재현 체계의 관계에 대해 알아보자. 근대성은 일반적으로 합리적인 주체가 시각을 통해 대상을 배치하고 조직하며 일정한 '보는 방식'을 구성해 내는 과정에서 나타난다고 여겨진다(Berger, 1972; Ivins, 1973; 주은우, 2003). 르네상스의 원근법 발명과 데카르트의 인식론은 시각을 중심으로 근대성을 설명하려는 시도의 주요 동력이 된다. 이러한 근대의 시각은 물질적이고 기술적인 미디어에 의해 구체화된다. 선원근법을 이용한 회화는 대표적인 예다.

하지만 근대의 시각을 구현한 미디어라고 해도 사진은 회화와 다르다. 크래리(Crary, 1992)는 원근법을 사용하는 회화와 기계적 장치를 이용한 사진은 서로 다른 세계관을 구체화하고 있다고 본다. 이성적으로 재구성한 시각을 통해 대상을 완전하게 정돈하는 것이 원근법을 이용한 회화였다면,

사진은 기계적으로 획득된 시각을 통해 대상을 분리하고 분석하는 미디어라는 것이다. 즉, 19세기의 시대정신은 17, 18세기의 것과는 다르며, 사진은 주체에 의한 세계의 합리적 재구성이라는 근대 회화에 의해 구현된 시각을 넘어 시간과 공간을 수량화함으로써 대상의 분석과 소유, 착취를 용이하게 만든 19세기의 발달된 자본주의의 속성에 더 부합하는 미디어다.

둘째, 사진은 근대 과학기술의 산물이다. 사진은 발명가와 발명 시기가 명확히 드러나는 최초의 영상미디어다. 사진은 19세기의 물리학, 광학, 화학, 기계공학 등의 여러 과학기술 지식을 바탕으로 만들어졌다. 사진은 무엇보다도 우선 19세기에 쏟아지던 수많은 과학적 발명품 중 하나였으며 과학과 사회의 발전에 크게 기여할 수 있기 때문에 국가가 서둘러 사들여 공중에게 공표해야 하는 혁명적 기술이었다.

19세기 유럽에서 사진은 과학이자 기술이며 산업이었다. 과학기술에 대한 강한 신뢰와 열정을 보이던 19세기의 지배계급 부르주아지에게 사진은 "과학과 경이로움을 좋아하는 사람들에게 참을 수 없는 호기심을 불러일으키는"(Gaudin, 1944) 장치였다. 반면에 기계문명에 대해 비판적인 자세를 견지하던 보들레르(Baudelaire, 1859)와 같은 지식인은 "너무 재능이 없거나 너무 게으른 모든 실패한 화가들의 피난처인 사진 산업"이 예술에 큰 위협이 된다고 보았다.

사진은 철도, 전신, 전화, 전구, 유성기 등과 같은 과학기술의 산물이었고, 사용을 위해 구체적인 지식을 요구할 뿐 아니라 실제로 조작해야 하는 가시적인 물건이었다. 따라서 사진은 공업 생산품의 위치를 차지했고, 경제적 이윤을 추구하는 산업자본에 의해 생산과 소비가 통제되는 근대적 상품이 됐다. 시장을 확보하기 위해 식민지를 확장해 가는 근대의 제국주의적 침략과 더불어 사진은 우월한 서구제국주의의 과학 기술력을 보여주는 미디어이자 상품으로 자리 잡았다.

셋째, 사진은 근대의 정신을 표현하는 미디어였다. 19세기 유럽이 요구했던 영상은 현실의 정확한 재현이었다. 과학적이고 실증적인 관찰을 바탕으로 한 현실의 냉철하고 정확한 재현을 중시하는 사실주의(realism)가 새로운 사조로 등장했다. 1855년 귀스타브 쿠르베(Gustave Courbet)가 자비로 연 전시회의 명칭이 〈사실주의〉였으며, 1856년 ≪사실주의≫라는 잡지가 발간됐다.

19세기에 사진이 가진 과학기술적 속성 때문에 예술로서의 사진의 지위에 대해 논란이 많았지만, 재현의 사실성이라는 시대의 요구에 사진이 가장 잘 부응한다는 것은 의심의 여지가 없었다. 현실의 정확한 재현은 곧 진실을 말하는 것이라 여겨졌으며, 이러한 점에서 예술과의 관계에서도 사진은 모든 사람이 진실에 다가갈 수 있게 해주기 때문에 예술의 수준을 높인다고 여겨졌다(Wey, 1851).

사진은 근대의 강력한 시각미디어로서 19세기 회화에도 큰 영향을 미쳤다. 프레이밍을 통해 현실 공간을 잘라내고 사라지는 것을 순간적으로 포착해 내는 사진은 19세기 사실주의와 인상주의 회화에 많은 영향을 미쳤다. 19세기의 많은 화가들이 사진에 대해 적대적인 감정을 드러내기는 했지만, 사진이 만들어낸 특수한 표현 방식을 무시할 수는 없었다. 사실주의 회화에서 나타나는 평면성이나 인상주의 회화가 보여주는 순간성의 포착 등이 사진의 영향을 받았다(곰브리치, 1997; 이토 도시하루, 1994; 다발, 1991).

하지만 사진이 근대정신을 표현하는 미디어로 자리를 잡은 것은 회화와의 관계를 통해서라기보다는 독자적인 사용 영역을 확보하면서부터다. 초상 사진과 기록사진을 통해 사진은 회화와 같은 영상미디어들이 제공하지 못했던 것들을 가능하게 했다. 우선 초상 사진은 19세기에 가장 주목받은 사진 장르였다. 당시의 부르주아들과 노동자들은 비교적 저렴한 가격에 자신의 초상을 가질 수 있다는 사실에 대해 열광했다. 이러한 사회적 수요에 따라 곧 초상 사진을 전문으로 촬영하는 사진가들과 사진관들이 등장했다. 초상 사진은 또한 의학이나 심리학, 인류학, 생물학 같은 과학 분야나 경찰,

군대, 학교와 같은 기관에서 특정한 목적을 위해 사용됐다.

사진이 가진 재현의 정확성과 객관성을 바탕으로 기록사진은 일상생활뿐만 아니라 도시 공간, 외국의 모습, 역사적 사건들을 담아 대중에게 전달했다. 사진 덕분에 사람들은 비로소 자신이 직접 경험할 수 있는 사건과 공간뿐만 아니라 직접 경험할 수 없는 것까지 앉아서 볼 수 있게 됐다. 사진은 단순히 감상하는 미적인 대상이 아니라 정보를 제공하는 상품의 역할을 했다. 생각이나 감정을 주관적으로 표현하는 것이 아니라 사건이나 사물에 대한 사실적이고 객관적 정보를 제공함으로써 사진은 근대가 원하는 영상미디어 중 하나가 됐다.

4 | 사진의 특성

사진은 영상미디어 중에서는 최초로 인간의 육체적 한계에 구애받지 않고 제작된 영상이다. 사진은 카메라와 빛, 감광체(필름, CCD)가 만들어낸 영상이다. 사진 제작 과정에서 인간의 역할은 셔터를 누르는 데 그치며 이 또한 다른 기계장치에 의해 대체될 수 있다. 사진 제작 과정에 인간이 개입할 수 있는 영역이 최소화됐을 뿐만 아니라 사진은 대상을 정확히 재현하기도 한다. 사진이 기계에 의해 제작될 뿐만 아니라 대상을 매우 정확히 재현한다는 생각 덕분에 사진은 객관적이라는 믿음이 만들어졌다.

사진의 객관성은 르네상스 시대에 발명된 선원근법의 이상을 구현하면서 역설적으로 선원근법을 바탕으로 발달한 회화 공간을 파괴하는 데 기여한다. 사진의 등장과 함께 우리는 세계를 더는 정신의 눈으로 바라보지 않고 사물의 눈으로 바라보게 됐다. 르네상스 이후 사진이 발명되기 전까지 그림은 하나의 시점을 통해 완벽하게 정돈된 세계를 구성하는 영상이었다. 이 시점은 인간의 눈으로 보는 시점이 아니라 이성이 만든 시점이었다. 사람들은 그들이 보편적이라고 믿는 합리적 시점에 따라 회화 공간을 계산하고 구성하고 조합했다. 그런데 사진은 공간을 구성하는 대신 잘라내 고정시킨다. 카메라의 프레임은 현실의 공간을 잘라내는 역할을 한다. 따라서 근대의 그림이 선원근법에 따라 세계를 하나의 공간 안에 완벽히 정돈하는 영상이었다면, 사진은 가시적인 현실 세계를 프레임으로 잘라낸 파편적인 영상이다.

사진 안에 포착된 시공간은 현실에 있는 시공간의 파편이다. 현실과 완벽하게 닮아 보이는 사진 속의 시공간은 우리의 손을 벗어나 물리적 메커니즘에 의해 단숨에 주어진 것이다. 현실의 시공간에서 잘려져 나온 사진의 시공간은 인간의 의식에 의해 만들어지는 회화의 시공간과는 달리 인간이 보지 못하고 의식하지 못했던 것을 드러나도록 만들 수 있다.

현실에 존재했지만 지금은 사라진 것을 재현하는 사진은 시간의 덧없음이나 죽음과 연관된 우울한 감정을 불러일으킬 수 있다. 사진은 과거를 현재처럼 제시하면서 큰 감정적 충격을 줄 수 있다. 사진이 재현하는 대상은 현실에 존재했던 것이다. 프랑스의 사진 이론가 롤랑 바르트(Roland Barthes)는 사진 앞에서 "우리는 '그것은 있었다(Ça a été)'는 생각을 부인할 수 없다"라고 주장했다. 그는 자신의 어머니가 죽은 후에 어머니가 소녀 시절에 촬영한 사진을 보고 자신이 느낀 노스탤지어와 슬픔의 감정을 이야기하면서 "사진은 죽음을 예감하게 만드는 영상"이라고 말했다(Barthes, 1980).

이런 특성은 사진이 대상의 물리적 흔적(빛의 기록)이라는 사실에서 출발한다. 사진은 대상과 물리적으로 연결돼 있으며 인과적 관계(대상이 있어야 사진이 있다)를 갖는다. 미국 철학자 퍼스(Peirce, 1991)의 기호학 개념을 통해 말하자면 사진은 대상의 지표(index)다. 사진을 처음 본 사람들은 먼저 사진이 대상을 놀랍도록 정확히 재현한다는 사실에 주목한다. 19세기의 사람들에게 사진은 실재의 정확한 복사물이었다. 당시 사진이 천연색이 아니라 흑백 사진이었는데도 말이다. 처음에는 사진이 대상의 물리적 흔적이라는 것보다는 사진이 대상을 아주 정확히 재현한다는 것을 더 중요하게 받아들였다. 사람들에게 사진과 대상을 연결시키는 것은 지표적 관계가 아니라 사진 복제의 정확성이었다. 따라서 초창기에 사진의 지표적 특성은 그대로 인지되지 않았다. 사진은 단지 대상의 정확한 복제물로만 인지됐다. 사람들은 사진술에 대한 지식을 얻어야 비로소 사진의 지표로서의 속성을 이해하게 된다.

사진의 지표적 속성이 사진적 재현의 정확성으로부터 추론된다는 사실은 흥미롭다. 프랑스의 대문호 오노레 드 발자크(Honoré de Balzac)는 사진에 관해 이른바 '스펙트럼 이론'을 신봉했다. 발자크는 자연의 모든 육체는 미세한 필름들이 층층이 무한히 겹친 일련의 스펙트럼들로 이뤄져 있는데, 사진을 찍을 때 이 필름 중 하나가 떨어진다고 믿었다. 발자크의 생각은 유사성에 근거한 사진과 대상 사이의 관계가 어떻게 지표적 관계로 변화되는지 보여준다. 사진에 의한 형태의 정확한 재현을 설명하기 위해 발자크는 사진과 대상 사이에 물리적이고 실질적인 관계가, 즉 육체의 한 표피가 이탈되는 관계가 있어야 한다고 결론을 내렸다. 사진과 대상이 서로 똑같이 닮기 위해서는 둘 사이에 물리적 접촉이 있어야 한다는 것이다. 주조물이나 지문에서 발견되듯이 물체의 정확한 복제는 영상과 대상 사이의 실질적 접촉을 통해 생산된다. 사진이 대상을 정확히 닮았기 때문에 사진이 대상과 연결돼 있다는 생각은 사진이 대상과 물리적으로 연결돼 있기 때문에 사진이 대상과 정확히 닮는다는 생각으로 대체된다. 즉, 사진의 지표적 속성이 비로소 인식되는 것이다.

사진이 신문에 인쇄된 시기는(1880) 사람들이 사진 기술을 완전히 이해한 시점과 일치한다. 사진에 의한 재현의 정확성은 그때서야 사진 제작 과정의 당연한 결과로 이해됐다. 사진은 그때까지 신문에서 사건을 보여주기 위해 이용되던 판화를 대체했다. 판화는 사진이 도입되기 반세기 전부터 신문에서 사건을 보여주는 역할을 별문제 없이 충실히 수행했다. 그런데 사진이 판화를 대체하게 된 것은 사진의 질이 판화보다 뛰어났기 때문이 아니다. 판화가 사실을 전달하기보다는 허구의 세계를 보여준다는 느낌을 줬기 때문이다. 사실 사진이 처음 신문에 도입됐을 때 인쇄된 사진의 질은 좋지 못했기 때문에 오히려 판화가 더 선명한 영상을 제공했다. 때로는 사진 대신에 판화를 인쇄하면서 사진을 보고 제작한 판화라는 설명을 첨부하기도 했다. 그렇지만 사진은 지표적 특성 때문에 곧 판화를 대체하면서 신문이 요구한 객관성과 사실성을 충족하기 시작했다.

5 | 사진의 기능

1) 과학적 도구

기계에 의해 얻어진 최초의 광학적 영상인 사진은 다양한 분야에서 활용된다. 우선, 아라고가 사진을 소개하며 기대했던 것처럼 사진은 과학 분야에서 주요한 관찰 도구로 활용된다. 사진은 다양한 영역의 과학자들이 현상을 기록하고 관찰·분석하는 데 많은 도움을 준다. 사진은 천문학, 의학, 고고학, 생물학, 인류학, 지리학 등 많은 과학 분야에서 자료 수집과 관찰, 분류, 정밀 분석을 위한 도구로 활용되고 있다.

이처럼 사진이 주요한 과학적 도구로 활용되는 것은 크게 세 가지 이유 때문이다. 첫째, 사진은 제작 과정에서 인간의 개입을 최소화하며 관찰자를 관찰 행위로부터 분리할 수 있기 때문에 편견 없는 객관적 관찰을 중요시하는 근대과학의 요구에 부합한다. 둘째, 사진은 대상의 형태를 정확하게 재현하기 때문에 대상의 기술, 분류, 분석에 유용하게 활용될 수 있다. 셋째, 사진은 대상의 물리적 흔적, 즉 지표이기 때문에 대상의 존재를 증명하는 수단으로 기능하며, 따라서 사실 증명이라는 과학적 요구를 충족시켜 줄 수 있다.

2) 예술의 대중화

사진은 예술 분야에서 활용된다. 사진과 예술 사이의 관계는 사진이 대중에게 공개될 당시 논란의 대상이었다. 이 논란은 사진이 예술의 단순한 보조 수단인가 아니면 예술의 한 분야인가에 대한 것이었다. 많은 사람들은 사진 제작 과정에 인간이 개입하지 않는다는 점을 들어 사진을 예술의 한 분야로 받아들이는 것을 꺼렸다. 이들은 그림과는 달리 사진에는 작가의 영혼이 깃들어 있지 않다고 주장했다. 반대로 사진을 예술로 보고자 했던 사람들은 사진을 새로운 표현 미디어로 간주했다.

사진과 예술의 관계에 대한 가장 낮은 수준의 논쟁은 사진이 회화를 대체할 수 있는가 하는 것이었다. 회화를 단순히 현실의 충실한 재현으로 보는 경우, 사진은 충분히 회화를 대체할 수 있다. 반면에 회화가 대상의 단순한 재현이 아니라 작가의 혼이 깃든 작품이라고 본다면, 사진은 회화를 대체할 수 없다. 19세기 중반 이후 등장한 회화주의(pictorialism) 계열의 사진가들은 사진을 일부러 흐릿하게 찍어 모호한 분위기를 연출하면서 사진이 회화를 모방하거나 단순히 재현하는 것 이상임을 보여주려 했다.

앞에서 언급했듯이, 사진은 19세기의 사실주의와 인상주의 회화가 등장하는 데 기여하면서 회화의 표현 기법에 큰 영향을 미쳤다. 하지만 베냐민(2007)이 지적했듯이 사진은 기계적 복제라는 특성을 통해 단순한 표현 기법에 대한 영향을 넘어 예술 개념 자체에 영향을 줬다. 사진은 기존의 예술 작품들을 기계적으로 복제한다. 예술 작품을 기계적으로 복제한 사진 덕분에 누구나 쉽게 작품들을 접하고 소유할 수 있게 됐다. 예술 작품의 기계적 대량 복제가 있기 전, 미술관은 19세기 초부터 예술 작품을 전시하는 기능을 했다. 미술관에서는 예술 작품들을 한 장소에 모아 전시하고자 그 작품들을 원래 있던 자리에서 분리해 가져왔다. 공식적 예술의 지위를 부여하는 미술관이라는 독자적 공간 안에서 일반인들에게 전시되는 예술 작품들은 애초에 놓였던 환경에서 누렸던 의례 가치(종교화, 주술 도구 등)를 잃어버리는 대신, 예술 작품이라는 새로운 형태의 의례 가치를 획득했다.

사진을 통한 예술 작품의 기계적 복제는 우리가 예술 작품과 맺는 관계에 미술관보다 더 큰 영향을 미쳤다. 미술관이 어떤 물체에 예술 작품이라는 지위를 부여하면서 새로운 의례 가치를 부여하는 데 비해 기계적 복제는 유일한 작품을 획일적으로 대량 복제하면서 예술 작품의 '아우라(aura)'를 소멸시켰다. 예술 작품의 원본을 보려면 특정 시간, 특정 장소에 있어야만 한다. 이런 예술 작품의 원본이 가진 '독특한 시공간 골격'을 아우라라고 한다. 바로 지금 여기에 존재한다는 원본 작품이 가진 존재의 유일성이 복제품에서는 발견되지 않는다. 미술관의 등장으로 바라보는 대상이 된 예술 작품은 기계적 복제와 함께 분석과 소비의 대상이 된다. 기계적 복제 시대에 우리는 예술 작품을 보기 위해 이동하지 않고 집에서 사진을 통해 작품의 세부를 샅샅이 분석하며 마치 화장실 휴지를 쓰듯이 소비한다.

기계적 복제는 의례 가치를 파괴하는 대신 전시 가치를 창출한다. 예술 작품은 그것이 원본이든 복제품이든 간에 우리가 자연과 교감하기 위해 들어가는 공간이 아니라 거리를 두고 바라보는 표면이 된다. 카메라의 차가운 렌즈를 통해 예술 작품은 보이고 분석되고 분류되며 설명되는 사물이 된다. 전시 카탈로그와 책은 여러 다양한 작품을 자기 집이나 길거리에서 볼 수 있도록 만든다. 작품의 사진들은 육안으로는 보이지 않는 작품의 다양한 면을 조명이나 확대 인화 등의 방법으로 부각시켜 내보이기 때문에 우리는 여러 각도에서 작품을 분석할 수 있다. 이에 따라 우리는 작품의 의미나 형태보다는 기계적 복제품이 전해줄 수 있는 세세한 정보들에 더 관심을 가지게 된다.

이렇게 해서 복제품이 원본의 평가 기준이 된다. 우리는 알려지지 않은 작품을 발견하기 위해 미술관에 가는 것이 아니라 수많은 복제품을 통해 너무 잘 알고 있는 작품들을 확인하기 위해 미술관에 간다. 예술 작품 앞에서 우리는 복제품에서 봤던 세세한 부분들을 확인하려 하고 복제품이 줬던 것과 같은 느낌을 받기를 원한다. 우리가 복제품들보다 더 볼품없는 원본을 보고 실망하는 것이 그렇게 드문 일은 아니다.

이처럼 예술 작품의 기계적 복제는 예술 작품의 아우라를 파괴한다. 하지만 이것을 긍정적으로 본다면, 예술이 대중화·민주화되는 데 기여했다고 볼 수 있다. 예전에 예술 작품은 소수의 한정된 사람들만을 위해 존재했지만, 이제는 모든 사람이 보고 즐길 수 있는 것이 됐기 때문이다. 또한 사진 자체가 예술로 인정되면서 사진을 촬영하는 사람이라면 누구나 예술 작품을 만드는 작가가 될 수 있는 길이 열렸다. 사진을 통해 누구나 작가가 되는 대중 예술의 시대가 열린 것이다.

3) 사회적 감시

사진이 발명되자 왕족, 귀족, 대부호들은 자신의 신분을 과시하기 위해 제작했던 초상화를 초상 사진으로 대체했고, 누구나 자신의 모습을 영상으로 제작해 소유하게 됐다. 사진이 폭발적으로 인기를 얻으며 급속히 확산될 수 있었던 것도 초상 사진의 수요가 폭발적으로 증가했기 때문이다. 예술적 가치로부터 자유로워진 초상 사진을 비롯한 각종 기념사진은 이제 가족의 결속력을 높이고 사회적 성공을 과시하는 수단으로 자리 잡았다. 초상 사진을 전문으로 하는 사진가와 사진관이 등장했으며, 초상 사진은 사진이 산업으로 발전하는 과정에서 주요 축으로 기능했다.

초상 사진은 경찰, 군대, 학교와 같은 곳에서 감시와 통제를 위한 목적으로 활용되기도 했다. 19세기 사회는 사회질서, 규율, 통제를 중요시한 사회였다. 국가와 자본은 사회 구성원들을 철저히 관리할 필요성을 느끼고 있었다. 특히 산업화와 도시화에 따라 좁은 지역에 많은 사람이 밀집해 살게

그림 8-3 베르티옹이 개발한 신원 확인 체계
1893년.

되면서 범죄의 발발 가능성이 증가했다. 그리고 제국주의의 발전에 따라 증가한 식민지의 효과적 지배와 관리를 위해서도 주민을 감시할 도구의 필요성이 제기되고 있었다. 따라서 시간과 공간을 수량화함으로써 대상의 분석과 소유, 착취를 용이하게 만드는 사진은 곧 감시와 통제 수단으로 사용됐으며(김형곤, 2003), 제국주의 국가의 식민지 지배를 위한 통치 기술의 하나로 이용됐다(Landau, 2002).

유럽의 경찰은 이미 1840년대부터 범죄자들의 사진을 찍기 시작했고, 1880년대에 들어서자 프랑스 경찰은 알퐁스 베르티옹(Alphonse Bertillon)이 개발한 사진을 이용한 범죄자 신원 확인 체계를 이용하기 시작했으며, 이 신원 확인 체계는 곧 전 유럽과 미국에서 사용하는 보편적 방법이 됐다(<그림 8-3>). 또 인류학자들과 선교사, 고고학자들은 식민지 유적과 사람들을 사진으로 찍어 분류하고 저항 세력을 사진으로 기록함으로써 효율적인 식민지지배를 위한 자료로 사용했다. 오늘날 신분증이나 각종 서류에 요구되는 증명사진이나 도로의 감시카메라 등은 사진이 가진 감시와 통제 기능이 여전히 유효하다는 것을 확인시켜 준다.

4) 보도와 선전

19세기 말 인쇄술과 사진 기술의 발달에 힘입어 사진은 신문에 등장했다. 재현의 정확성과 객관성을 바탕으로 사진은 일상생활뿐만 아니라 도시

공간, 풍경, 외국의 모습, 역사적 사건을 담아 대중에게 전달했다. 사람들은 비로소 자신이 직접 경험할 수 있는 사건과 공간뿐만 아니라 직접 경험할 수 없는 것까지도 집에 앉아 볼 수 있게 됐다. 이것은 자신이 본 것을 다른 이들에게 알리고 자신이 사는 조그만 세계를 벗어나 밖에서 일어나는 일들을 보고자 하는 인간의 욕망을 충족시키는 일이다. 신문에 사진이 도입되면서 매스미디어를 이용한 본격적 영상 커뮤니케이션이 가능하게 됐다.

인쇄 기술의 발달과 더불어 사진은 1880년대에 미국의 ≪더 데일리 그래픽(The Daily Graphic)≫, 영국의 ≪더 일러스레이티드 런던 뉴스(The Illustrated London News)≫, 네덜란드의 ≪에이겐 하르트(Eigen Haard)≫, 프랑스의 ≪르 몽드 일뤼스트레(Le Monde Illustré)≫, 독일의 ≪디 일루스트리어트 차이퉁(Die Illustrierte Zeitung)≫ 등과 같은 신문에 등장하기 시작했다.

사진 기술의 발달로 사진은 신문, 잡지에서 더욱더 적극적으로 이용되기 시작했다. 빛에 더욱 민감하게 반응하는 필름, 가벼운 휴대용 카메라, 밝은 렌즈들이 속속 개발되면서 사진은 곧 매스미디어의 필수 구성 요소가 됐다. 1924년에 등장한 f/2 밝기의 렌즈를 갖춘 더 작고 가벼운 에르마녹스(ermanox) 카메라와 1930년에 등장한 36컷짜리 24 × 36 필름을 사용하는 렌즈 교환식 라이카(leica) 카메라는 사진가들의 활동 영역을 넓혔고, 좀 더 생생한 영상의 포착을 가능하게 했다. 이를 바탕으로 사진저널리즘이 발달하기 시작했다.

사진이 신문과 잡지에서 점점 더 중요한 위치를 차지하면서 정치적 목적으로 사진을 이용하는 빈도도 점차 높아졌다. 사진은 제1차 세계대전 이후 혁명의 소용돌이에 휩싸인 여러 나라에서 이데올로기 투쟁의 효과적 무기로 쓰이기 시작했다. 사진은 기존 체제를 강화하기 위해 쓰이기도 하고, 그 체제를 전복하기 위해 저항 세력을 집결시키기 위해 활용되기도 했다. 제2차 세계대전 당시 사진은 선전 수단으로서 중요한 역할을 했다.

사진 제작 과정의 기술적 속성과 재현의 정확성은 사진의 객관성에 대한

Der Arbeiter-Fotograf
Offizielles Organ der Vereinigung der Arbeiter-Fotografen Deutschlands

DAS AUGE DES ARBEITERS
Von Edwin Hoernle

Thälmann spricht
(Vom 1. Reichstreffen der roten Sportler in Erfurt)

| 그림 8-4 | ≪데어 아르바이터 포토그라프≫에 실린 "노동자의 눈"이라는 글 1930년. |

믿음을 낳았다. 이러한 믿음의 논리를 정리하면 대략 다음과 같다. 사진 영상은 창조된 것이 아니라 순수하게 기계적·광학적·화학적 특정 과정을 거쳐 평면 위에 기록되는 것이다. 인간은 이 기록 과정에 개입하지 않는다. 따라서 사진은 인간의 주관을 배제한다. 사진은 왜곡 없이 세계의 진정한 모습을 보여줄 것이다. 필연적으로 사진은 진실만을 말할 것이다.

이러한 사진의 객관성 이데올로기를 기반으로 해서 객관적 보도를 추구하는 사진저널리즘과 사진을 혁명을 위한 무기로 사용하는 '노동자-사진가(Arbeiter-Fotograf)' 운동이 탄생했다. 노동자-사진가 운동은 제1차 세계대전 이후 구성된 혁명적 노동자-사진가들의 국제적 운동이었다. 이 운동이 가장 활발했던 독일에서 ≪디 아르바이터 일루스트리어트 차이퉁(Die Arbeiter Illustrierte Zeitung)≫과 ≪데어 아르바이터 포토그라프(Der Arbeiter Fotograf)≫ 같은 화보 신문들은 노동자-사진가들의 사진들을 이용해 사회적 혁명을 이루고자 했다(<그림 8-4>). 1930년대에 나치가 정권을 잡으면서 이 운동은 파괴됐고, 후에 미국의 '포토리그(Photo-League)', 헝가리의 '소치오포토(Szociofoto)', 체코의 '필름 포토(Film-Foto)' 등을 통해 그 뜻을 이어갔다.

객관적 보도를 지향하는 부르주아 화보 신문들은 세계의 모습을 있는 그대로 기록할 뿐이라고 주장했다. 즉, 화보 신문의 목적은 카메라로 기록할 수 있는 세계의 완벽한 재현이었다. 노동자-사진가들에게도 역시 사진의 객관성은 이론의 여지가 없는 것이었다. 사실, 노동자-사진가 운동은 부르주아 화보 신문들이 노동자계급에게 왜곡된 세계의 모습을 보여준다는 자각에서 비롯됐다. 하지만 그렇다고 노동자-사진가들이 부르주아 사진저널리즘의 존재론적 기반이 되는 사진의 객관성에 대해 문제를 삼은 것은 아니다. 오히려 그들도 사진에 의해 객관적 보도가 가능할 것이라고 믿었다. 카메라는 현실을 관찰하기 위한 객관적 기계로 간주됐다. 그들은 카메라가 어떠한 속임수 없이 모든 것을 객관적으로 기록할 것이라고 생각했다.

노동자-사진가들에게 사진의 객관성은 현실을 미화하지 않고 보여준다는 순전히 기능적 의미에서 이해됐다. 노동자-사진가들이 사진의 객관성에 찬사를 보낸 것은 그들이 이 객관성에서 사진이 가진 체제 전복의 잠재력을 발견했기 때문이다. 그들은 사진의 객관성 덕분에 부르주아계급에 의해 가려지고 왜곡됐던 프롤레타리아의 삶의 현실을 있는 그대로 드러내 보일 수 있다고 믿었다.

하지만 사진 해석은 두 가지 차원에서 이뤄진다. 지표로서의 사진 위치에 기인한 해석과 사회문화적 영향을 받는 사회 구성원들의 해석이 그것이다. 지표로서의 사진은 아무것도 확언하지 않는다. 그것은 다만 '거기 있었던 것'을 보여줄 뿐이다. 여기에는 어떠한 가치판단도 개입하지 않는다. 이것은 고유한 의미에서의 사진의 객관성이다. 하지만 사진의 제작 과정에는 제작자와 수용자의 주관이 개입한다. 사진 제작자는 자신이 전달하려는 메시지에 맞게 사진을 선별적으로 촬영·선택·편집한다. 수용자는 자신의 사회문화적 이해관계에 따라 사진을 해석한다. 이 두 번째 해석 단계에서는 사진의 객관성이 발견되지 않는다. 일반적으로는 사진에 대한 두 가지 해석의 층위가 구별되지 않고, 개입하는 과정에서 사진이 특정한 정치적 목적을 위해 이용된다.

제2차 세계대전 이후 산업화된 국가들은 대중문화, 대중 소비, 매스커뮤니케이션 시대로 접어들었다. 사진은, 언론은 물론이고 인터넷과 같은 미디어에 의해 적극적으로 이용되는 영상이며 대중에 의해 큰 관심과 사랑을 받는 영상으로 일상생활에서 중요하게 활용되고 있다. 제2차 세계대전, 한국전쟁, 베트남전쟁 등 큰 사건을 거치며 사진저널리즘이 전성기를 누렸다. 사람들에게 정보를 제공하는 것을 주목적으로 하는 사진저널리즘의 경우, 진실의 문제는 특별히 중요시된다. 사진이 언론 영역에 들어온 이후 그역할과 파장에 대한 관심은 커졌다. 사진저널리즘이 본격적으로 시작된 1920년대를 돌이켜 보면 알 수 있듯이 사진은 공정성과 객관성의 상징으로 간주됐다. 그러나 사진은 곧 이데올로기 투쟁에서 효과적인 선전·선동 미디어로 기능하기 시작했다. 이와 동시에 객관성을 내세운 사진저널리즘도 황금기를 맞이했다. 사진이 선전·선동의 수단으로 이용되지만, 사진의 객관성이라는 개념은 별로 공격받지 않았던 것이다. 오히려 사진의 객관성에 대한 사람들의 믿음은 더욱 강화되면서 선전·선동 메시지의 신뢰도를 높이는 데 기여했다. 사진저널리즘은 역설적으로 디지털 카메라와 스마트폰 등의 발달로 사진이 너무 많아지면서 그 영향력이 줄어들었다. 이것은 사진의 객관성에 대한 믿음이 약화됐다기보다는 사진저널리즘의 전문성에 대한 사회적 수요가 적어졌기 때문에 발생한 것이다.

9장

영화

1 ı 영화의 개념

서양에서 영화는 시네마(cinema), 필름(film), 키노(Kino), 모션 픽처(motion picture), 무비(movie) 등으로 불린다. 이 단어들은 모두 '움직이다'라는 뜻을 가진 단어인 'kinetic'이나 'movement'와 관련이 있다. 영화를 발명한 뤼미에르 형제가 자신들의 발명품에 붙인 이름 시네마토그라프(cinématographe)는 '움직임을 기록하는 것'이라는 뜻이다.

반면, 한국과 일본에서 사용되는 한자어 '영화(映畵)'라는 말은 '비친 그림'이라는 의미다. 그리고 중국에서 사용하는 '전영(電影)'이라는 단어는 '전기로 만든 그림자'를 뜻한다. 따라서 서양에서 움직임의 기록이라는 관점에서 영화를 이해했다면, 동양에서는 빛을 이용해 스크린에 투사한 그림자(혹은 그림)라는 관점에서 영화를 이해했다고 볼 수 있다.

2 ı 영화의 발명

영화는 1895년 프랑스의 루이 뤼미에르(Louis Lumière)와 오귀스트 뤼미에르(Auguste Lumière) 형제가 발명했다. 1895년 12월 28일 뤼미에르 형제가 파리에 있는 그랑 카페(Grand Cafè)에서 대중을 상대로 〈역으로 들어오는 기차〉, 〈공장을 떠나는 노동자들〉과 같은 영화를 상영한 것이 영화의 출발이다.

하지만 뤼미에르 형제가 영화의 모든 것을 창조해 낸 것은 아니다. 뤼미에르 형제의 영화가 나오기 전에 이미 영화와 비슷한 미디어는 존재했었다. 어떤 사람들은 선사시대 동굴벽화에서 영화의 기원을 찾기도 한다. 캄캄한 동굴 속에서 어른거리는 횃불을 들고 겹겹이 중첩해 그린 그림들을

마레이의 크로노포토그라피 촬영 장치
1882년, 총 모양을 하고 있다.

보는 것이 일종의 영화 관람 행위와 흡사하다는 것이다. 르네상스에 오락 기구로 사용됐던 카메라 오브스쿠라도 어두운 방에 들어가 벽에 비친 밖의 풍경을 보는 장치였다는 점에서 영화와 흡사한 형태다.

그렇지만 영화의 실질적인 기원은 역시 기술적인 부분에서 찾아야 한다. 영화를 존재하게 만든 기술적 조건은 크게 세 가지로 구분할 수 있다. 현실의 풍경을 연속적인 영상의 형태로 정착시키는 카메라 장치, 영상을 스크린에 투사하는 환등 장치, 움직임을 재현시키는 가현운동 장치가 그것이다.

연속된 영상을 기록하는 카메라 장치는 사진의 등장으로 그 기초가 만들어졌다. 1877년 이후 영국 출신 미국인 사진가 에드워드 머이브리지(Eadweard Muybridge)는 12개나 24개의 사진기를 동시에 이용해 인간이나 동물의 움직임을 연속으로 촬영하는 작업을 진행하면서 연속 사진을 제작했다. 머이브리지의 영향을 받은 프랑스 의사 에티엔쥘 마레(Étienne-Jules Marey)는 1882년 하나의 사진기로 인간이나 동물의 움직임을 연속촬영 할 수 있는 크로노포토그라피(chronophotographie)를 제작한다(<그림 9-1>). 1초에 10장의 사진을 기록할 수 있는 마레의 크로노포토그라피는 사실상 영화 필름의 시초가 됐다.

불빛을 스크린에 투사해 나타나는 영상을 보고 즐기는 장치는 아주 오래 전부터 인도, 중국, 그리스 등지에서 오락을 위한 볼거리로 존재해 왔다. 1644년 독일의 예수회 수도사 아타나시우스 키르허(Athanasius Kircher)가 빛을 스크린에 투사하는 장치인 환등기를 발명했다. '마법의 등(Lanterna Magica)'으로 불린 이 환등기는 양초나 기름등잔의 불빛을 렌즈를 통해 투사하는 장치였

그림 9-2 **1797년에 있었던 판타스마고리아 공연 모습**

다. 유리판 위에 그려진 그림을 환등기에 걸고서 스크린에 영사하는 것은 곧 유럽에서 재미있는 볼거리로 많은 인기를 끌었다. 18세기 말 벨기에의 에티엔 가스파르 로베르(Étienne-Gaspard Robert, 일명 Robertson)가 환등기를 이용해 만든 판타스마고리아(phantasmagoria)라는 영상 공연은 큰 성공을 거두었다(<그림 9-2>). 사진의 발명 과정에 참여했던 다게르도 비슷한 시기에 이와 같은 환등 장치를 이용한 공연인 디오라마를 발명해 성공을 거두었다. 어두운 극장에서 스크린에 투사된 다양한 영상을 보며 환상의 세계로 빠져드는 것은 영화의 경험과 동일하다고 볼 수 있다.

19세기 초에는 움직임을 재현하는 장치에 대한 관심도 크게 증가했다. 프랑스의 파트리스 다르시(Patrice d'Arcy) 같은 과학자들은 잔상효과를 입증하는 연구 보고서들을 발표했고, 잔상효과를 이용한 소마트로프(somatrope, 1825) 같은 장치들이 발명됐다. 소마트로프는 작은 원판의 양면에 각각 말과 사람을 그려놓고 빠르게 회전시키면 말 위에 사람이 타고 있는 것처럼 보이게 만든 장치인데, 움직임을 재현하는 장치는 아니다. 잔상효과를 이용한 장치들은 곧 사물이 움직이는 것처럼 보이게 만드는 장치들의 발명을 가져왔다.

영상 안의 대상이 움직이는 것처럼 보이는 가현운동 장치는 잔상효과에만 의지하는 것은 아니다. 실제로 잔상효과는 영상과 영상 사이의 빈 공간을 채워주는 역할을 하는 것이지 가현운동과는 직접적인 연관성이 없다. 고전적인 필름 영화는 1초에 24개의 영상이 스크린 위에서 명멸하는 방식으로 진행된다. 한 개 영상이 스크린에 투사되는 시간은 48분의 1초이고 다음 영상이

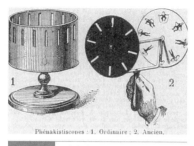

그림 9-3 페나키스티스코프

스크린에 투사되기 전까지 48분의 1 초 동안은 스크린에 아무것도 투사되지 않는 암흑 상태가 된다. 잔상효과는 이 암흑 상태를 지각하지 못하도록 하는 역할을 한다. 잔상을 지각하지 않는다면 우리는 영상이 쉼 없이 깜박인다고 느낄 것이다.

가현운동은 공간적으로 근접한 두 개의 시각적 자극이 일정한 시간적 간격을 두고 가해질 때 그 자극을 각각 독립적으로 지각하는 것이 아니라 하나의 자극으로 지각한다는 파이 현상(Phi phenomena)에 의해 주어진다. 즉, 가까운 거리에서 시간차를 두고 차례로 명멸하는 두 개의 불빛은 하나의 불빛이 좌우로 움직이는 것처럼 지각된다.

대표적인 초기 가현운동 장치 중 하나인 페나키스티스코프(phenakistiscope)는 1832년 벨기에의 물리학자 조세프 플라토(Joseph Plateau)와 오스트리아의 시몬 리터 폰 슈탐퍼(Simon Ritter von Stampfer)에 의해 각각 독립적으로 발명됐다. 페나키스티스코프는 원판 위에 빙 돌아가며 연속된 그림을 그리고, 고정된 구멍을 통해 돌아가는 원판을 볼 때 그림이 움직이는 것처럼 보이도록 만든 장치다(<그림 9-3>). 이 장치는 점점 개량돼 조에트로프(zoetrope, 1834), 프락시노스코프(praxinoscope, 1877) 같은 장치들로 발전했다.

고정된 영상에 재현된 형상이 움직이는 것처럼 보이게 만든 장치는 사실상 영화의 탄생을 예감하게 하는 것이다. 실제로 프락시노스코프를 발명한 프랑스의 물리학자 에밀 레노(Émile Reynaud)는 프락시노스코프가 상업적인 성공을 거두자 1880년 영사용 프락시노스코프를 개발했다. 1892년 10월 28일 파리의 그레뱅 박물관에서 레노는 영사용 프락시노스코프를 이용해 자신이 직접 제작한 애니메이션 〈불쌍한 광대〉, 〈맥주 한 잔〉, 〈어릿광대와 개〉를 상영했다(<그림 9-4>). 영화가 상영되기 3년 전에 애니메이션이 먼

1892년 레노의 프락시노스코프 상영 모습

저 등장한 것이다.

미국의 발명가 토머스 에디슨(Thomas Edison)은 1891년 연속 촬영된 사진 영상을 이용해 움직임을 재현하는 키네토스코프(kinetoscope)를 공개했다. 키네토스코프는 상자 모양의 장치로 위에 달린 구멍을 통해 개별적으로 영상을 감상할 수 있는 장치였기 때문에 환등 장치를 이용해 어두운 공간에서 스크린에 영상을 투사하는 형식의 영화라고 보기는 어려웠다. 에디슨의 이 발명품은 뤼미에르 형제의 발명에 직접적으로 영향을 미쳤다.

3 ㅣ 영화 발명의 사회문화적 배경

영화의 발명은 사진의 발명과 마찬가지로 기술, 과학, 산업 등에 대한 부르주아의 관심과 열정에 상당 부분을 빚지고 있다. 산업혁명 이후 기술과 과학의 급격한 발전 속에서 많은 부르주아들은 기술적 발명을 산업적으로 이용해 부를 획득할 기회를 갖기 위해 노력했다. 발명의 시대라고 불릴 만큼 많은 기계장치가 발명됐던 19세기의 역동성은 발명품을 산업적으로 이용함으로써 부를 축적하려는 부르주아의 욕망과 활동에서 비롯됐다. 새로운 발명품의 성공 여부는 사회적 수요의 존재 여부에 달려 있었다. 사회적 요구를 충족시키지 못한 많은 발명품들은 금방 잊힌다. 일단 사회적 성공을 거둔 발명품들은 사회의 모습과 사고방식을 변화시키면서 다른 새로운 장치의 발명을 요구한다.

예를 들어, 19세기 중반에 일반화된 철도는 19세기 사회에 가장 큰 영향을 미친 발명품이 됐다. 철도 교통은 세계를 바라보는 새로운 방식의 발달에 기여했다. 슈테른베르거(Sternberger, 1996)가 잘 관찰했듯이, 철도는 육지와 바다의 새로운 세계를 파노라마로 구성해 경험시켰다. 철도는 멀리 떨어진 지역들을 서로 연결시켰을 뿐만 아니라 편안하고 체계적인 여행을 통해 승객들이 마음 놓고 창문 밖의 경치를 즐길 수 있게 만들었다. 강철과 유리로 만들어진 기차 안에서 여행하는 동안 승객들이 얻을 수 있는 유일한 경험은 차창 밖에서 풍부하게 제공되는 풍경을 영상 형태로 보는 것이었다.

승객은 달리는 기차의 창을 통해 풍경을 바라보기 때문에 움직이는 기차란 승객이 완전히 수동적인 상태에서 세계를 바라보게 만드는 장치다. 기차 안에서 승객의 눈은 유리와 철에 의해 외부로부터 완전히 차단된 공간 안에 위치한다. 달리는 기차에 몸을 맡긴 채 차창 밖으로 스쳐 지나가는 풍경을 영상 형태로 감상하게 되는 승객은 어두운 극장에 앉아 스크린 위에 펼쳐지는 영상을 바라보는 관객과 아주 흡사한 경험을 하게 된다. 기차 여행을 경험함으로써 사람들은 수동적인 관찰자로서 영상을 소비하는 활동을 하도록 길든다. 뤼미에르 형제가 처음 상영한 영화가 〈역으로 들어오는 기차〉였음은 이러한 점에서 대단히 흥미롭다. 이러한 관찰적 시각의 강조는 동시대의 백화점, 쇼윈도 등에서도 나타난다. 19세기에 유럽에서 발명된 백화점과 쇼윈도는 사람들이 거리를 움직이면서 시각을 통해서만 상품을 관람하는 행동양식을 만들어냈다.

사진과 마찬가지로 영화도 시각을 강조하던 19세기의 시대정신 속에서 발명됐다. 하지만 영화의 성공은 20세기의 산업사회의 등장과 밀접하게 연관된다. 영화의 발명자인 뤼미에르 형제도 예상하지 못했던 영화의 성공은 사회적 환경의 특수성과도 연관된다. 18세기부터 시작된 산업혁명으로 유럽 각국에서 새로운 공업 도시들이 생겨났으며, 노동자 수의 급증으로 도시 인구가 증가하기 시작했다. 1817년에 71만 명이던 프랑스 파리의 인구는 1900년에 271만 명으로 급증했다. 또한 1800년대에 20여 개이던 인구 10만 명의 유럽 도시가 1900년대가 되자 135개가 넘었다.

산업화와 도시화로 도시의 좁은 지역에 많은 노동자들이 모여 살게 되면서 소득 수준과 교육 수준이 낮은 노동자들을 위한 오락 시설이 필요하게 됐다. 우선, 잡다한 단막극과 곡예, 노래 등으로 이루어진 보드빌(vaudeville)이 공연되는 극장들이 생겨나 대중에게 인기를 끌었다. 발명 초기의 영화도 이 보드빌 공연에서 한 꼭지로 상영됐다. 소리가 없는 무성영화로서 피아노 반주를 곁들여 상영되는 짧은 영화들은 교육 수준이 낮은 노동자들과 아이들 사이에서 큰 인기를 끌었다. 〈역으로 들어오는 기차〉처럼 일상에서 볼 수 있는 사건을 단순히 촬영한 기록영화가 1900년에 전체 영화의 87%를 차지할 정도로 초기 영화는 단순한 기록영화가 주를 이루었다.

1900년대 들어서 영화만을 전문으로 상영하는 상설 영화관들이 생겨나면서 영화의 성격도 변했다. 영화의 생산과 배급이 산업화되면서 안정적인 수입을 올려야 할 필요가 생겼기 때문에 노동자들 외에도 중산층을 관객으로 확보해야 했다. 일정한 교육 수준을 갖춘 중산층의 취향을 만족시키기 위해 서사를 갖춘 픽션 영화가 제작되기 시작했다. 픽션 영화는 즉각적인 호응을 얻었다. 1908년이 되면 전체 영화의 96%를 픽션 영화가 차지한다.

〈달세계 여행〉(1902)이라는 영화로 유명한 영화 제작자 조르주 멜리에스(Georges Méliès)는 픽션 영화의 발달에 큰 역할을 했다(<그림 9-5>). 그는 다양한 특수효과를 개발해 환

그림 9-5 〈달세계 여행〉의 한 장면
조르주 멜리에스 감독.

상적인 이야기를 영화를 통해 보여주었다. 이때부터 영화는 현실을 기록하는 영상이 아니라 꿈과 환상의 세계를 이야기로 만들어 가시화해 내는 오락산업으로 발전했다.

4 | 영화의 장치

영상을 대중적이고 집단적으로 소비하는 오락거리로 만든 최초의 매스미디어인 영화는 다른 매스미디어처럼 기술적 요소에 의해 규정되는 측면이 강하다. 사실, 영화를 텔레비전이나 비디오와 구분 짓는 것은 영화의 내용이 아니라 영화의 기술적 장치들이다. 동일한 내용의 이야기가 영화와 비디오로 제시될 수 있지만, 우리는 영화와 비디오를 동일한 것으로 여기지 않는다.

영화를 다른 영상미디어들과 구분 짓는 장치는 크게 세 가지가 있다. 영화관, 영사기(카메라), 스크린이 그것이다.

첫째, 영화관은 영화가 상영되는 밀폐된 어두운 공간을 말한다. 유럽에서 영화를 의미하는 말인 시네마나 키노가 모두 영화관을 의미하는 단어이기도 하다는 사실은 영화와 영화관이 얼마나 밀접히 연관돼 있는지 잘 보여준다. 영화관은 단순한 건물이 아니라 사회적이고 문화적인 제도이자 기구로서 영화 관람이라는 행위에 특정한 의미를 부여하는 역할을 한다.

영화관이라는 독립된 상영 공간 때문에 영화는 몇 가지 특성을 갖는다. 우선, 영화 소비가 집단적으로 이루어진다. 동일한 공간 안에서 모르는 사람들과 뒤섞여 익명의 존재로서 영화를 관람해야 한다. 또한, 영화관을 정하고 친구와 만날 약속을 하고 표를 사고 들어가는 일련의 과정을 겪어야 하는 영화 소비 행위는 의례적(ritual)이고 사회적인 행위가 된다. 특히, 영화를 보기 위해 표를 사고 영화관에 입장하기 위해 표를 검사하는 행위들은 현실의 공간과 허구의 공간이라는 서로 분리돼 있는 두 개의 다른 공간들을 연결하는 일종의 통과의례 역할을 한다. 예를 들어, 영화 〈라스트 액션 히어로(Last action hero)〉(1993)에서 주인공 소년은 마법의 영화표를 찢음으로써 영화의 세계로 들어간다.

영화관은 영화의 생산과 배급에 관련된 여러 산업적 고려의 핵심에 위치한다. 영화의 흥행은 영화관을 이용한 관객의 수에 의해 결정된다. 영화관 시설은 영화의 내용과 무관하게 관객을 유인하는 주요한 요소가 된다. 영화관은 일반적인 건물이나 공간보다는 더 화려하고 안락하며 특별한 분위기를 연출하는 형식으로 꾸며진다. 영화가 상업적으로 성공하는 데는 영화관 자체 시설도 중요한 역할을 한다.

둘째, 영사기가 있다. 영사기는 빛을 투사하는 장치로 영화를 글자 그대로 발현시키는 장치다. 영사기는 영화를 촬영한 카메라와 동전의 앞뒤 면 같은 관계에 있다. 카메라가 현실의 빛을 받아들여 기록하는 장치라면, 영사기는 그 빛을 다시 내보내는 장치이기 때문이다. 관객의 뒤에서 빛을 내보내는 영사기는 관객의 시선과 동일한 방향으로 빛을 보내는 셈이 된다. 그 결과 관객은 자신의 시선을 영사기의 투사와 동일시하는데, 결국은 영사기를 통해 카메라의 시선과 자신의 시선을 동일시하게 되는 셈이다. 따라서 영사기는 관객이 영사기에 의해 투사되는 영상에 재현된 사건과 인물을 자신이 직접 보고 있다는 생각을 갖도록 만든다.

셋째, 스크린도 영화의 주요한 장치다. 스크린은 사각형의 흰 공간으로 영화의 영상이 투영되는 곳이다. 이것은 영화 상영 내내 유일하게 빛으로 가득 찬 곳이다. 캄캄한 영화관 내에서 관객이 볼 수 있는 밝은 곳은 스크린뿐이다. 어두운 방과 밝은 스크린이라는 대조는 환영적인 측면이 있다. 어두운 방에서 의자에 고정된 채 밝은 스크린 속의 영상을 바라보는 일은 꿈을 꾸는 경험과 흡사하다.

영화관, 영사기, 스크린이라는 영화의 장치는 관객을 일상생활 공간으로부터 격리시키고 몽환적인 분위기 속에서 꿈의 경험과 흡사한 경험을 하도록 만든다. 이것은 관객을 감정적으로 고양시켜 관객이 자신을 망각한 채 영화에 몰입하도록 만드는 기능을 한다. 영화관에 들어오면서 일정한 통과의례를 치른 관객은 일상생활과는 다른 세계를 경험할 마음의 준비를 한다. 그는 자신의 눈이 아닌 카메라의 눈, 즉 타인의 눈으로 본 세계를 자신이 보는 것처럼 받아들이며 몽환적인 상태에 몰입한다. 이것은 영화가 가진 큰 매력 중 하나다.

5 | 영화 관람의 쾌락

영화를 본다는 것은 상당히 큰 정신적 쾌감을 불러일으키는 행위다. 영화 관람 행위가 정신적 쾌감을 일으키는 원인은 크게 두 가지로 구분해 볼 수 있다.

첫째, 영화 관람 행위가 관음증(voyeurism)과 유사한 쾌감을 불러일으키는 작용을 한다는 점을 지적할 수 있다. 관음증이란 정신분석학적으로는 남의 성기를 훔쳐봄으로써 정신적 쾌감을 얻는 심리적 현상을 말한다. 심리적 발달 과정에서 어린아이는 자신의 몸의 일부가 성적 쾌감을 일으킨다는 것을 알면서 성기에 관심을 갖게 되고 자신의 성기를 타인에게 보여주거나 다른 사람의 성기를 보고자 하는 욕망을 갖는다. 이 심리 발달 단계를 거친 후에도 계속 유지되는 지나친 관음증은 성도착의 하나로 간주되지만, 누구나 일상생활 속에서 어느 정도는 훔쳐보기를 통한 쾌감을 추구한다. 2층 창가에서 거리를 지나가는 사람들을 볼 때 느끼는 재미 같은 것이 일상적 관음증의 사례다.

영화는 훔쳐보는 즐거움을 제공하는 대표적 미디어다. 일반적으로 영화에서는 배우가 카메라를 바라보는 것이 금지돼 있다. 배우가 카메라를 바라본다는 것은 카메라를 통해 관객을 바라본다는 의미다. 배우가 카메라를 바라보지 않으면 관객은 배우가 자신을 바라보지 않는다고 생각하고 몰래 배우의 행동을 훔쳐보고 있다는 느낌을 갖는다. 이것은 관음증의 쾌락을 만들어낸다. 예를 들어, 어떤 영화에서 남녀 배우가 정사를 벌이는 장면을 보고 있는데 갑자기 배우 중 한 명이 카메라를 바라보며 "재미있어요?"라고 말한다면 얼마나 당황스러울까? 그 전까지 느끼던 미묘한 긴장과 즐거움이 한순간에 날아가 버릴 것이다.

영화는 집단적 관람 형태이지만 영화관 내부의 어둠은 관객을 개별적인 사적 공간 속에 위치시킨다. 영화의 장치들에 의해 극대화되는 몰입 상황 속에서 어둠 속의 관객이 가진 관음증적 욕구가 부추겨진다. 관객이 영화관이라는 어두운 공간에 숨어 자신의 시선과 동일한 영사기의 광선에 의해 밝게 빛나는 스크린을 응시하는 일은 일상생활에서 타인의 행동을 훔쳐보는 상황과 동일하다. 영화의 장치들은 관음증을 부추기는 기능을 한다.

둘째, 영화를 보며 느끼는 정신적 쾌감은 이중 동일시(double identification)에 의해서도 얻어진다. 영화 관람 행위에서 동일시는 두 가지 차원에서 이루어진다. 우선은 관객의 눈과 카메라(영사기) 렌즈 사이에 동일시가 이루어진다. 관객은 카메라가 촬영하는 것을 자신이 직접 보는 것과 동일시한다. 이 과정에서 카메라라는 기술적 장치는 사라지고 그 자리를 관객이 차지하게 된다.

이 동일시의 가장 극명한 효과는 최초의 영화 〈역으로 들어오는 기차〉가 상영될 때 나타났다. 카메라와 자신을 동일시한 당시의 관객은 카메라를 향해 다가오는 기차를 보고 자신에게 달려오는 기차를 피하듯 놀라 달아났다. 공포 영화를 보다가 무서운 장면이 나오면 눈을 가리는 것도 동일한 이유에서다. 카메라와의 동일시를 통해 관객은 사건의 관찰자가 되기도 하고 사건에 직접 참여하는 행위자가 되기도 한다. 카메라는 제3자의 위치에서 사건을 보여주기도 하고 사건에 참여한 당사자의 위치에서 사건을 보여주기도 하기 때문이다.

두 번째 동일시는 관객과 영화 속 인물이나 상황 사이에서 일어난다. 관객은 카메라와의 동일시를 통해 자연스럽게 인물과의 동일시를 경험한다. 관객은 등장인물에 대해 감정이입을 함으로써 그 인물과 자신을 동일시한다. 따라서 관객은 영화가 재현하는 특정한 상황에 처한 인물과 자신을 동일시하면서 인물과 함께 즐거워하고 슬퍼하고 분노할 수 있게 된다.

이처럼 카메라나 인물과 동일시함으로써 관객은 영화에 몰입하게 되고 영화를 더욱 실감 나게 경험하게 된다. 그런데 이러한 동일시는 관객이 영화에 의해 제시된 특정 상황이나 인물, 이야기를 특정한 방식으로 수용하도록 만든다. 즉, 동일시를 통해 관객은 영화의 이야기가 담고 있는 특정한 이념적 성향을 쉽게 받아들이고 자신의 것으로 만들 수 있다.

6 ı 영화의 구성

한 편의 영화가 구성되기 위해서는 기본적으로 세 가지 차원에서의 조작이 필요하다. 첫 번째는 카메라 조작이고, 두 번째는 미장센이며, 세 번째는 편집이다. 카메라의 조작은 영화 형식의 최소 단위인 숏(shot)의 물리적 생산을 가능하게 하는 가장 기초적인 활동이다. 미장센은 숏의 내용을 구성하는 활동이며 편집은 숏과 숏을 연결해 이야기를 만들어내는 활동이다.

1) 카메라의 조작

카메라의 위치, 앵글, 렌즈, 이동 등은 영화 촬영을 위한 가장 기본적인 카메라 조작에 속한다. 이러한 카메라 조작은 영상에 일정한 의미를 부여하는 기능을 한다. 카메라 위치는 카메라가 대상과 어느 정도의 거리를 두고 떨어져 있느냐 하는 것이다. 대상과의 거리에 따라 크게는 롱숏(long shot), 풀숏(full shot), 미디엄숏(medium shot), 클로즈업(close-up)으로 불리는 영상이 제작된다.

롱숏은 주어진 환경을 전체적으로 보여주는 기능을 하며, 보통 영화의 시작이나 사건의 시작을 알리는 데 사용되기 때문에 설정숏(establishing shot) 이라고도 불린다. 풀숏은 등장인물의 몸 전체를 보여주면서 인물의 속성을 보여주는 기능을 한다. 미디엄숏은 등장인물의 상반신을 보여주며 등장인물들의 행동을 강조해 보여줄 때 사용한다. 클로즈업은 대상의 특정 부분을 강조해 보여주며 대상의 감정이나 중요성을 알리는 기능을 한다. 롱숏에서 클로즈업으로 올수록 관객의 감정이입이 커지는 경향이 있다.

카메라 앵글에는 대상을 밑에서 올려다보는 로 앵글(low angle), 눈높이에서 보여주는 미디엄 앵글(medium angle), 위에서 내려다보는 하이 앵글(high angle)이 있다. 일반적으로 로 앵글은 대상을 우월하고 강력한 존재로 보이게 하며, 하이 앵글은 대상을 왜소하고 가련한 존재로 보이게 만드는 기능을 한다.

카메라 렌즈는 광각·표준·망원 렌즈로 구분된다. 광각렌즈는 화각이 넓고 피사계 심도가 깊어 넓은 범위에 있는 물체를 모두 선명하게 보여준다. 또 사물의 형태를 왜곡하거나 원근감을 강조하면서 역동적인 화면을 만들어내는 기능을 한다. 표준렌즈는 인간의 눈이 보는 것과 비슷한 느낌의 화면을 제공한다. 망원렌즈는 화각이 좁고 피사계 심도가 얕아 특정한 대상에만 초점을 맞춰 선명하게 재현하고 나머지 부분은 초점이 맞지 않아 흐리게 재현할 수 있다. 또한 원근감이 없는 평면적인 화면을 만들어 낭만적인 분위기를 연출하는 기능을 한다.

카메라는 좌우, 앞뒤로 움직이거나 카메라 머리가 상하·좌우로 돌아갈 수 있다. 카메라 머리가 상하·좌우로 움직이는 팬(pan)과 틸트(tilt), 카메라가 앞뒤·좌우로 움직이는 달리(dolly)와 트래킹(tracking), 크레인을 이용해 카메라를 자유자재로 들어 올리는 크레인(crane) 등 여러 카메라의 움직임은 사건의 환경이나 대상을 보여주거나 인물의 시선이나 감정을 표현하는 기능을 한다.

2) 미장센

프랑스어 미장센(mise-en-scène)은 '장면을 만든다'는 의미이며 원래 연극 연출을 지칭하는 단어다. 영화에서 미장센은 영화 필름의 프레임(frame) 안에 여러 요소를 구성해 넣는 작업을 말한다. 영화는 카메라를 통해 현실의 시공간을 잘라내는 작업인데, 이것을 프레이밍(framing)이라고 한다. 프레임은 대상을 취사선택하거나 강조하거나 또는 훔쳐보는 틀을 제공하는 기능을 한다.

미장센은 영화 촬영, 프로덕션 디자인, 배우의 연기라는 세 가지 요소로 구성된다. 영화 촬영은 카메라를 조작해 다양한 화면의 구성, 영상의 색채, 조명 등을 결정하는 작업을 말한다. 프로덕션 디자인은 의상, 소도구, 세트, 미니어처 등을 기획·제작하는 작업을 말한다. 배우의 연기는 캐스팅, 연기 지도 등을 포함한다.

미장센 개념이 영화에서 강조된 것은 1950년대의 프랑스 영화이론가 앙드레 바쟁(André Bazin)의 영향을 받은 것이다. 바쟁은 기본적으로 영화를 사실주의(realism) 예술로 보고 현실의 재현을 중요시했다. 그는 소련 영화의 몽타주 이론에서 나타나듯이 지나치게 편집에 의존하는 영화는 현실을 왜곡하는 경향이 있다고 비판하고, 긴 시간 동안 하나의 장면을 촬영하는 롱 테이크 숏을 통해 영상을 구성하는 미장센을 중요한 영화 제작 기법으로 내세웠다. 편집에 의해 가해진 인위적인 의미의 생성에 의해 관객이 영향을 받는 것보다는 미장센을 통해 구성된 영상을 관객이 해석하는 과정을 중요시한 것이다(Bazin, 1994).

결국, 미장센은 영화의 내용을 구성하기 위해 여러 가지 원재료를 조합해 내는 작업이라고 할 수 있으며, 영화의 스타일을 결정하는 중요한 기반이 된다. 영화 제작자들은 하나의 숏에 들어갈 모든 요소를 기획하고 통제함으로써 그 숏이 구체적이고 특정한 의미를 전달할 수 있도록 만든다.

미장센은 다양한 분야를 아우르기 때문에 결국 감독, 제작자, 촬영감독, 미술감독, 배우 등 영화 제작진이 모두 참여하는 공동 작업의 형태를 띤다. 물론 미장센에서 총지휘와 최종 결정을 담당하는 감독의 역할이 크지만, 영화의 규모가 점점 커지는 현 상황에서 영화의 미장센을 오로지 감독 개인의 독자적 능력의 결과라고만 보기는 어렵다.

3) 편집과 몽타주

몽타주(montage)는 '조립한다'는 의미의 프랑스어로, 일반적으로 편집이라고 해석할 수 있다. 하지만 몽타주는 편집이라는 의미의 일반명사 외에 특정한 형식의 편집을 지칭하는 고유명사로도 사용된다. 최초의 영화들에서는 편집을 하지 않았다. 〈역으로 들어오는 기차〉와 같은 영화들은 하나의 숏으로 구성된 영화들이었다. 하지만 영화가 단순히 눈에 보이는 사건을 전달하는 데서 벗어나 특정한 이야기를 전달하게 되면서 여러 숏을 연결한 영화들이 등장했다. 숏과 숏의 결합은 신(scene)을 형성하며, 신과 신이 모여 시퀀스(sequence)가 이루어진다. 그리고 이러한 시퀀스들의 결합으로 하나의 영화(film)가 만들어진다. 편집은 하나의 영화를 만들기 위해 숏과 숏, 신과 신, 시퀀스와 시퀀스를 연결하는 작업이다.

일반적으로 편집은 크게 세 가지 종류로 구분될 수 있다. 영화 발명 초기에는 사건의 진행 순서에 따라 단순히 숏과 숏을 연결시킨 연대기적 편집이 주를 이루었다. 편집은 이질적인 시공간을 기록한 두 개의 숏을 서로 연결시켜 시공간적으로 연속되는 느낌을 제공하는 인위적인 작업이기 때문에 연대기적 편집이 정착되는 과정에서도 여러 시행착오와 실험들이 있었다. 예를 들어 어떤 방에 있던 인물이 옆방으로 건너갈 경우, 초기의 편집에서는 시공간적 연속성을 지나치게 염려한 나머지, 앞의 숏에서는 인물이 문을 열고 옆방으로 건너가는 장면까지 촬영하고 다음 숏에서는 인물이 문을 열고 들어오는 것을 옆방에서 촬영해 연결함으로써 문을 여는 장면이 두 개의 숏에서 중복돼 나타나도록 편집하기도 했다.

단순히 시간의 흐름에 따라 숏을 연결시키는 데서 벗어나 편집을 통해 특별한 의미를 생성시키려는 의도에서 탄생한 것이 교차편집이다. 교차편집은 같은 시간대에 서로 다른 장소에서 일어나는 사건들을 담은 숏을 교대로 연결시키는 기법을 말한다. 예를 들어, 악당이 누군가를 죽이기 위해 접근하는 장면과 경찰이 살인을 막기 위해 그곳으로 달려가는 장면을 교차편집 해 보여주면 사건의 긴장감이나 긴박감이 크게 고조되는 효과를 볼 수 있다. 교차편집은 미국인 감독 에드윈 포터(Edwin Porter)의 영화 〈미국인 소방수의 생활(Life of an American Fireman)〉(1903), 〈대열차 강도(The Great Train Robbery)〉(1903)에서 처음으로 시도됐으며 데이비드 그리피스(David Griffith)의 장편영화 〈국가의 탄생(The Birth of Nation)〉(1915)에서 효과적으로 이용됐다.

그림 9-6 **쿨레쇼프 효과**

그리피스의 편집 기술에서 영향을 받은 소련의 여러 영화 제작자들은 편집에 대한 독특한 이론을 발전시켰다. 레프 쿨레쇼프(Lev Kuleshov)는 배우 이반 모슈킨의 표정을 이용한 유명한 실험에서 배우의 얼굴을 찍은 숏을 먼저 보여주고 난 뒤에 관에 들어 있는 소녀, 식탁 위에 놓인 수프, 누워 있는 여인을 촬영한 3개의 다른 숏을 각각 이어서 편집했다. 당시 관객은 배우의 표정을 담은 숏이 어떤 숏과 연결되느냐에 따라 그 표정을 각각 슬픈 표정, 배가 고픈 표정, 욕망을 품은 표정으로 해석했다. 이 실험은 배우의 연기가 아니라 편집에 의해 의미가 생성될 수 있다는 것을 보여준 것이다(<그림 9-6>). 숏을 건물을 짓기 위한 벽돌에 비유한 프세볼로트 푸돕킨(Vsevolod Pudovkin)은 숏과 숏을 어떻게 연결하느냐에 따라 완전히 다른 의미의 영화를 만들 수 있다고 생각했다. 이러한 생각을 발전시킨 세르게이 에이젠슈타인(Sergei Eisenstein)은 서로 전혀 다른 숏과 숏의 충돌과 갈등에 의해 완전히 다른 의미의 장면(scene)이 생산된다고 생각했다. 흔히 몽타주 이론이라고 부르는 변증법적 편집 이론은 〈파업〉(1925), 〈전함 포템킨〉(1925)과 같은 영화를 통해 구체화됐다.

7 | 영화의 정치적 이용

영화는 광학적 영상 중 하나로, 사진과 마찬가지로 지표로서의 기호적 속성을 가진다. 영화도 객관적으로 사실을 기록하는 영상이다. 픽션 영화의 경우는 의도적으로 가공된 내용으로 구성되기 때문에, 현실과는 다른 것으로 인식된다. 하지만 이 경우에도 여전히 영화는 현실이라는 느낌을 줘야 한다. 관객은 영화 영상이 보여주는 사실적 영상과 이야기의 그럴듯함 때문에 영화 속의 사건이 실제로 일어나는 듯한 느낌을 받는다. 이것을 우리는 '현실효과(effet de réalité)'라고 부를 수 있다. 관객은 이러한 현실효과를 바탕으로 영상으로 재현된 대상이 실제로 존재하는지 아닌지를 판단한다. 이렇게 관객이 영상의 대상이 실제로 존재했다는 것을 믿게 되는 것을 '실재효과(effet de réel)'라고 할 수 있다(Aumont, 1990: 82).

현실효과와 실재효과를 적절히 이용하면서 영화는 기쁨, 슬픔, 분노 등 현실적인 감정을 불러일으킬 수 있다. 이러한 영화의 속성 덕분에 영화는 중요한 설득 도구로 활용될 수 있다. 실제로, 소련과 같은 사회주의국가나 나치 치하의 독일과 같은 파시즘국가, 1인 독재체제 국가는 물론이거니와 자유주의를 표방하는 국가에서도 때로는 노골적으로 때로는 암시적으로 영화를 이용해 특정한 이념과 메시지를 전달하려 시도한다.

픽션 영화와 달리 객관성을 내세우는 다큐멘터리영화도 이러한 정치적 선전에서 자유롭지 않다. 우리가 사진의 경우에서 보았듯이, 영상이 선별 적일 수밖에 없다는 사실은 광학적 영상의 객관성에 심각한 문제를 제기한 다. 영화 영상의 경우, 촬영뿐만 아니라 미장센이나 편집 작업 등은 주관적 메시지를 담아내는 수단이 된다. 게다가 영화에 내재된 영상의 연속성이 만들어내는 서술성(narrativity)은 객관적 자료라는 다큐멘터리영화의 위상에 타격을 입힌다.

다큐멘터리영화는 영화 영상의 지표적 특성에 의해 탄생하지만, 그것의 객관성은 영화 영상의 특성인 선별성과 서술성에 의해 타격을 받는다. 그 렇지만 사람들은 항상 픽션 영화와는 달리 다큐멘터리영화는 실재 사실을 충실히 전달한다고 생각한다. 다큐멘터리영화를 지칭하는 '실재의 영화 (cinéma du réel)'나 '진실 영화(cinéma vérité)'와 같은 말들은 다큐멘터리영화에 내포된 주관적 측면에 대한 비판들에도 불구하고 사람들은 다큐멘터리영 화를 왜곡 없이 실재를 재현하는 자료로 간주한다는 것을 알려준다. 그러 나 보여주는 것은 단순히 노출하는 것이 아니다.

영화 영상의 선별성은 제작자에게 현실을 재구성하거나 발명할 수 있는 기회를 주면서 동시에 관객에게는 실재를 본다는 느낌을 준다. 게다가 만 약 어떤 영화가 다큐멘터리로 소개되면, 관객은 그 영화가 보여주는 것을 현실로 받아들이는 경향이 있다. 다큐멘터리영화는 실제로 객관적인 겉모 습과 달리 제작자가 보여주려고 하는 것을 보여준다. 제작자는 영화가 자 신이 원하는 것을 잘 나타낼 수 있도록 장면들을 선택하고 화면에 담고 편 집한다. 따라서 장면들은 아무렇게나 선택되어 화면에 담기고 편집되는 것이 아니다. 그것들은 제작자의 일정한 스타일을 반영하고 특정한 미적 측면을 가진다.

이미 조명, 색, 음향 등이 영화를 아름답게 만든다. 특히 화면 구성과 편집을 통해 영화는 미적인 것이 된다. 가난이나 죽음조차도 영화에서는 아름답게 촬영될 수 있다. 촬영되는 대상과 바라보는 주체 사이에 영상이 자리 잡고 있다는 사실에 의해 가능해지는 거리 두기는 대상을 내용의 측면에서가 아니라 형태의 측면에서 바라보게 만든다. 영화를 보는 즐거움은 우선 영화 제작자에 의해 특정한 형태로 재현된 대상을 보는 즐거움이다.

광학적 영상의 지표적 특성을 기반으로 한 설득력과 미적인 면을 기반으로 한 유혹 능력 덕분에, 다큐멘터리영화는 선전·선동 수단으로 이용됐다. 예를 들어, 나치의 다큐멘터리영화가 그 대표적인 경우다. 들라주(Delage, 1989)는 나치가 얼마나 다큐멘터리영화를 선전·선동 수단으로 잘 이용했는지 보여준다. 나치는 자신들의 이데올로기를 대중에게 각인시키기 위해 영화를 이용한 것이 아니라 대중을 유혹하고 길들이기 위해 영화를 이용했다. 나치는 다큐멘터리영화의 객관적이고 중립적인 겉모습을 이용해 전통적인 가치를 고양하는 데 주력했다. 나치의 다큐멘터리영화는 나치 이데올로기를 찬양하는 좁은 의미에서의 선전·선동 영화의 모습을 거의 보여주지 않았다.

나치 체제의 이데올로기와 정책들을 되풀이하는 대신 나치의 다큐멘터리영화는 감성에 호소하는 영상 고유의 설득력에 기대어 대중의 마음을 움직이려 노력했다. 나치의 다큐멘터리영화는 고향으로의 귀환과 조상들의 땅에 정착하는 것을 찬양하고, 가족과 마을공동체의 친근한 정서에 새로운 가치를 부여했다. 영화 영상의 지표적 특성에서 기인한 영상의 객관성에 대한 대중의 믿음을 발판 삼아 나치는 관객이 영화에 담긴 이야기가 그럴듯하다고 믿도록 유도했다. 그리고 영화의 미적인 부분들에 대한 세밀한 조작은 관객이 받는 감동을 증폭시키는 기능을 했다. 영화 제작자들의 노하우와 감도가 낮고 세밀한 입자를 가진 아그파 필름의 사용은 나치의 영화가 가진 정서적 흡입력을 높이는 데 기여했다. 즉, 검은색과 흰색 사이의 폭넓은 회색 톤은 자연적인 색감을 잘 나타냄으로써 영화가 전원생활에 대한, 그리고 농촌과 지역의 전통에 대한 조화와 균형감을 보여주도록 하는 데 적지 않은 영향을 미쳤다.

8 | 영화산업의 발달

19세기 말의 시각 문화 속에 탄생한 영화는 20세기 초 대중사회에서 가장 주요한 오락산업으로 급성장했다. 거대한 도시에 밀집해 살면서 과도한 노동에 시달리던 대중은 영화를 통해 잠시나마 어려운 현실을 잊을 수 있었다. 제1차 세계대전, 대공황 등의 사회적·경제적 어려움 속에서도 영화산업은 꾸준히 성장했다. 특히 두 번의 세계대전으로 유럽 영화산업의 기반이 파괴된 틈을 타 미국의 할리우드가 세계 영화의 중심지로 급부상하기 시작했다.

영화산업의 발달은 영화 기술의 발달과 맥을 같이한다. 영화산업은 주기적으로 닥치는 경제적 위기를 새로운 기술의 도입을 통해 해결해 왔다. 뤼미에르 형제류의 초기 기록영화에서 벗어난 이야기 구조를 갖춘 픽션물의 개발, 영화 트릭의 개발, 편집 기술의 개발 등은 초기 영화산업의 성장을 주도한 요소였다.

제1차 세계대전 후 영화 산업이 일정한 침체에 빠지자 토키(talkie)로 불린 유성영화가 개발됐다. 재정난을 겪고 있던 미국의 워너브러더스사는 위기를 타개하기 위해 유성영화 개발에 착수해 1927년 최초의 유성영화 〈재즈 싱어(Jazz Singer)〉를 제작·상영함으로써 큰 성공을 거두었다. 당시 영화계는 고가의 사운드 장비에 대한 부담감, 미학적 우려 등을 이유로 유성영화

도입을 꺼리는 분위기였다. 하지만 새로운 경제적 돌파구를 찾던 워너브러더스사의 모험은 대중의 열렬한 호응을 얻었다. 특히 무성영화의 반주를 위해 오케스트라단을 어려움 속에 운영해야 했던 소규모 영화관들은 유성영화의 도입을 적극적으로 지지했다. 많은 영화감독들과 비평가들의 부정적 견해에도 상업적으로 눈부시게 성공한 유성영화는 짧은 시간 안에 무성영화를 대체했다.

사운드의 도입은 제작비를 상승시켰기 때문에 자본력을 갖춘 대규모 영화사를 중심으로 영화산업이 재편됐다. 먼저 사운드를 도입한 미국의 영화사들은 상승한 제작비를 회수하기 위해 시장을 해외로 확장하는 데 적극적이었다. 제1차 세계대전 이후 어려움을 겪던 유럽의 영화사들은 더욱 큰 타격을 받을 수밖에 없었다. 결국 사운드 도입은 미국의 영화산업이 세계 영화 시장을 지배하는 데 중요한 계기가 됐다.

1940년대를 고비로 관객 수가 감소하면서 영화산업은 큰 위기를 맞는다. 이 위기의 원인으로는 텔레비전의 등장, 도시 근교 주택가의 형성으로 인한 생활양식의 변화, 경제적 수준의 향상으로 인한 레저·스포츠 활동의 증가를 들 수 있다. 사람들은 이제 오락을 위해 도심에 위치한 영화관을 찾기보다는 집에서 텔레비전을 보거나 집 근처 체육시설에서 운동을 즐기는 것을 선호하게 됐다. 위기를 극복하기 위해 영화산업은 1950년대부터 새로운 기술의 도입을 시도했다. 특히 텔레비전과의 경쟁에서 비교우위를 차지하기 위한 기술들이 집중적으로 도입됐다.

1953년 등장한 시네마스코프(cinemascope)는 1 : 2.55 비율의 와이드스크린을 이용해 텔레비전의 작은 화면과는 다른 스펙터클한 영상을 제공했다. 또한 영상을 3차원으로 보이게 하는 입체영화와 컬러영화가 도입됐다. 이 중 입체영화는 영화 관람 시 특수한 안경을 써야 하는 번거로움과 시각적 불편함 때문에 큰 인기를 끌지 못했다. 하지만 와이드스크린과 컬러영화는 텔레비전과 영화의 차이를 부각시키면서 영화의 기본 요소로 자리를 잡았다.

최근의 영화산업은 디지털 기술의 도입을 통한 다양한 특수 효과, 입체 음향 효과 등의 이용, 멀티플렉스 영화관의 도입, 영화관 시설의 고급화 등을 통해 위기를 극복하려는 모습을 보이고 있다. 고화질 텔레비전, 비디오, DVD, 인터넷과 같은 새로운 미디어의 등장은 영화관에서 관람하는 영화라는 형식에는 위기감을 주었지만, 역설적으로 영화산업 자체는 이 미디어들을 경쟁 대상이 아닌 새로운 상품 판매 창구로 이용함으로써 살아남았다. 다양한 미디어가 공존하는 현대사회에서 고전적 의미의 영화관 영화는 이제 과거와 같은 폭발적인 인기를 누리지는 못하지만, 여전히 영화관 장치들을 활용해 대중에게 꿈의 세계를 제공하는 기능을 충실히 수행하고 있다.

10장

텔레비전

1 | 텔레비전의 개념

텔레비전(television)은 멀리(tele) 있는 것을 본다(vision)라는 의미를 갖는다. 텔레비전을 의미하는 독일어 페른제엔(Fernsehen)도 멀리(fern) 보다(sehen)라는 뜻이다. 한편, 중국에서는 텔레비전을 전시(電視)라고 하는데 전기(빛)를 이용해 본다는 의미다. 텔레비전은 기본적으로 멀리 떨어진 대상의 영상을 전기신호로 처리해 즉시 전달함으로써 공간적인 거리나 장벽을 극복하고, 실시간으로 대상을 볼 수 있게 만든 장치다.

2 | 텔레비전의 발명

텔레비전의 발명은 이전의 다른 영상미디어의 발명에 비해 훨씬 더 복잡한 양상을 띤다. 사진이나 영화가 비교적 짧은 시간에 특정인들에 의해 발명됐다면, 텔레비전을 위한 여러 기술적 요소들의 발명 과정에는 많은 사람들의 참여와 비교적 오랜 시간을 투자해야 했다.

텔레비전은 대상으로부터 오는 빛과 소리를 전기신호로 바꾸어 전파를 이용해 전달한 후 다시 전기신호로 바꾸어 가시적인 영상과 소리를 재현하는 장치다. 따라서 텔레비전이 발명되기 위해서는 빛과 소리를 전기신호로 바꾸는 장치와 전파 송수신 장치의 발명이 선행돼야 했다.

1817년 스웨덴의 화학자 옌스 야코브 베르셀리우스(Jöns Jakob Berzelius)가 셀레늄(selenium)이라는 화학물질에 빛을 비추면 전자가 방출된다는 사실을 발견한 후, 빛의 세기를 이용해 전기신호를 만들어내는 장치에 대한 연구가 진행됐다. 1875년 미국의 조지 캐리(George Carey)는 영상을 옮기는 데 이러한 광전효과를 활용했다. 그는 셀레늄으로 수많은 광전지를 만들어 네모난 판에 붙이고, 각각의 광전지에 전선을 연결한 다음 다른 쪽에 전구를 매달 았다. 그리고 셀레늄 광전지판 앞에 여러 가지 모양의 물체를 세웠더니, 빛에 반응한 전구들이 점멸하면서 전구판에는 광전지판 앞에 세워놓은 물체의 윤곽이 나타났다. 전기신호를 통해 영상을 전달한 최초의 사건이었다.

케리의 영상 전달 방식은 각 화소마다 전선이 연결돼 있어서 좋은 화상을 얻으려면 너무 많은 전선이 들어가는 것이 결점이었다. 1884년 독일의 전기기술자 파울 닙코(Paul Nipkow)는 셀레늄 광전지판 앞에 24개의 구멍을 뚫은 원판을 두고 이를 모터로 돌렸다. 구멍을 통해 물체의 영상을 담은 빛이 순차적으로 광전지에 도달하기 때문에 여기서 발생하는 신호 역시 순차적으로 나올 수밖에 없다는 원리를 이용한 것이다. 그 결과 수많은 광전지에서 발생한 신호를 한 개 전선으로 다른 곳으로 보내어 반대 순서로 영상을 재생하는 것이 가능해졌다. 닙코의 원판을 통해 주사(走査)된 영상은 명멸하는 수많은 화소의 연속이었지만 시각의 잔상효과 덕분에 하나의 완성된 영상으로 보일 수 있었다.

한편, 소리를 전기신호로 바꿔 전달하는 전화에 대한 연구는 1844년부터 다양한 사람들이 시도했지만, 상용 가능한 전화 기술의 공식 특허권은 1876년 알렉산더 벨(Alexander Bell)이 처음으로 획득했다. 그리고 1887년 독일의 물리학자 하인리히 헤르츠(Heinrich Hertz)가 전자기파의 존재를 실험적으로 증명한 이후 이를 실용적으로 이용하려는 시도가 여러 곳에서 진행됐다. 1895년 이탈리아의 기술자 굴리엘모 마르코니(Guglielmo Marconi)는 전자기파를 이용해 무선통신을 개발하는 데 성공했다. 1896년 영국에서 특허를 낸 마르코니는 영국 우편국의 지원을 받아 기술을 발전시켰고, 1899년에는 영국과 프랑스 사이에 무선통신을 연결하는 데 성공한다. 이러한 마르코니의 발명은 곧 라디오의 등장으로 이어졌고 영상이 나오는 라디오로 여겨진 텔레비전의 발명을 부추겼다.

베어드의 기계식
텔레비전 영상

이런 기술적 발명을 바탕으로 1920년대에 여러 기술자들이 각각 텔레비전 장치를 발명해 내기 시작한다. 현재 텔레비전의 발명가로 기억되는 사람은 세 명이다. 영국 기술자 존 베어드(John Baird), 러시아 출신 미국 공학자 블라디미르 즈보리킨(Vladimir Zworykin), 미국 유타주의 소년 필로 판즈워스(Philo Farnsworth)가 그들이다. 이들은 각각 서로의 존재를 모른 채, 혹은 서로 경쟁하면서 텔레비전을 발명했다.

영국 기술자 베어드는 1925년 닙코의 원판을 단 기계식 텔레비전 시스템을 제작했다. 집 안에 있던 상자, 렌즈, 네온등 등으로 만든 텔레비전은 30개의 주사선이 1초에 10번씩 번쩍였다. 베어드는 이것을 '텔레바이저(televisor)'라고 불렀다. 베어드의 이 기계식 텔레비전은 런던의 한 백화점에서 1926년 1월 26일 대중에게 공개됐다(<그림 10-1>).

베어드의 기계식 텔레비전을 이용해 영국의 BBC 방송은 1929년 9월 30일 실험적인 텔레비전 방송을 최초로 시작했으며, 1930년대에 들어서면서 수상기 텔레바이저의 보급으로 다양한 프로그램을 방영할 수 있게 됐다. 하지만 베어드의 기계식 텔레비전은 화질이 좋지 못했기 때문에 미국에서 개발된 전자식 텔레비전에 밀려 사라졌다. BBC는 1936년 결국 기계식 텔레비전을 포기하고 전자식 텔레비전을 선택했다.

전자식 텔레비전은 독일의 물리학자 카를 브라운(Karl Braun)이 1897년 발명한 음극선관(cathode ray tube)을 이용한 것이다. 음극선관은 발명자의 이름을 본떠 브라운관이라고 부르기도 한다. 브라운관은 전자총으로 빛을 쏴 스크린에 발라놓은 인을 발광시키는 장치로 다양한 영상을 표현할 수 있다. 웨스팅하우스 전기회사에서 일하던 즈보리킨은 1923년 전자식 영상 스캐닝 튜

RCA가 생산한 초기 텔레비전 수상기
1946~1947년.

브 아이코노스코프(iconoscope)를 개발하고 1924년 브라운관을 이용한 원시적인 전자식 텔레비전의 개발을 시도한다. 하지만 당시의 개발 성과물은 너무나 화질이 좋지 않아 웨스팅하우스 임원진이 개발을 중단하라고 할 정도였다.

이러한 텔레비전의 상업적 성공 가능성을 예측한 것은 미국라디오방송공사(Radio Corporation of America, 이하 RCA)였다. RCA는 텔레비전이 장차 모든 가정에 보급될 것이라고 생각해 1929년 즈보리킨을 영입해 텔레비전 개발에 박차를 가했다. 그 결과 1931년 7월 21일 전자식 텔레비전의 첫 시험 방송을 했고, 1939년 뉴욕 세계박람회 개회식에서 본격적인 텔레비전 방송이 시작됐다.

라디오 장치의 특허권을 소유하고 있던 RCA는 텔레비전의 특허를 가짐으로써 텔레비전을 자사의 통제하에 놓으려 했다. 하지만 1921년 15세 소년 판즈워스가 RCA와 즈보리킨에 앞서 독자적인 전자 영상 스캐닝 튜브와 주사 체계를 개발하기 시작해 1927년 완성하여 특허권을 획득함으로써 텔레비전 시장을 독점하겠다는 RCA의 꿈은 깨졌다. RCA와의 오랜 특허권 소송에서 승리한 판즈워스는 미국에서 텔레비전 발명가로 알려져 있다.

텔레비전을 발명하기 위해 비교적 오랜 시간과 다양한 기술, 연구자들이 필요했다는 점 외에도 텔레비전의 발명은 크게 세 가지 점에서 사진이나 영화의 발명과 차이가 있다.

첫째, 텔레비전의 발명은 새로운 기술의 발명이 개인의 독자적 연구 결과에서 조직 내의 집단적 연구 결과로 옮겨가는 과도기의 모습을 보여준다. 사실상 전자식 텔레비전을 완성시킨 즈보리킨은 전기·전자 제품을 만드는 회사에 고용된 연구자 중 하나로, 텔레비전을 개발하는 연구를 담당했다. 사실 RCA의 적극적 투자와 개발 의지가 없었다면 텔레비전의 발명은 더 늦춰졌을 것이다. 기술자이자 사업가였던 베어드는 여러 사람의 재정 후원을 바탕으로 텔레비전 개발 회사를 설립해 기계식 텔레비전의 개발을 추진했다.

이러한 점에서 볼 때, 판즈워스의 경우는 흥미롭다. 그는 말을 타고 시골 고등학교를 다니던 소년으로 밭을 갈다 영감을 얻은 주사 체계에 대한 아이디어를 바탕으로 독자적으로 텔레비전을 개발했다. 판즈워스는 아마 20세기 최후의 천재적이고 입지전적인 발명가로 기억될 것이다. 개인적 가치를 중요시하는 미국에서 판즈워스를 텔레비전의 발명자로 치켜세우는 것은 이러한 이유에서다.

둘째, 발명의 상업적 목적이 처음부터 뚜렷이 강조됐다. 베어드, 즈보리킨, 판즈워스는 모두 텔레비전을 상업적으로 이용하고자 했다. 특히 베어드는 텔레비전 사업을 통해 재정적 위기를 탈출하려 시도했으며, RCA의 전자식 텔레비전과 경쟁하면서 BBC를 대상으로 자신의 기계식 텔레비전을 표준 방식으로 채택시키기 위해 노력했다. 즈보리킨은 웨스팅하우스와 RCA의 연구자로 일하며 상업적 목적으로 텔레비전 발명을 추진했다. 당시 텔레비전 개발을 추진했던 회사의 가장 큰 관심은 텔레비전 수상기를 얼마나 많이 보급시킬 것인가였다.

셋째, 텔레비전의 발명은 기계장치의 발명에 한정된다. 사진과 영화의 발명은 기계장치의 발명과 동시에 기계장치에 의해 기록된 영상의 발명을 의미하는 반면에, 텔레비전의 발명은 텔레비전을 위한 영상물의 발명과는 무관하게 영상물을 제작할 수 있는 장치의 발명에 한정된다. 텔레비전의 발명과 관련해 최초의 텔레비전 영상에 대한 기억이 없다는 것은 주목할 만하다. 베어드나 RCA는 텔레비전에 대한 대중의 관심을 유발해 수상기를 팔기 위해 단지 텔레비전이 멀리 떨어진 물체를 실시간으로 보여주는 데 만족했다. 텔레비전 장치의 제작자와 텔레비전 영상의 제작 및 공급자가 달랐으며, 텔레비전 장치의 개발이 텔레비전 영상의 개발보다 더 중요했다는 사실은 텔레비전 미디어를 이해하는 데 중요한 역할을 한다.

3 | 텔레비전 발명의 사회문화적 배경

텔레비전을 발명하기 위한 구체적인 시도는 1920년대부터 시작됐다. 당시에는 이미 라디오방송이 자리를 잡아가고 있었다. 라디오방송 자체는 1906년 미국에서 실시됐고, 1920년대에는 본격적으로 라디오방송국들이 방송을 하고 있었다. 가정에 라디오수신기를 두고 각종 프로그램을 듣는 것은 일반적인 일이 됐다. 따라서 전파를 이용해 소리뿐만 아니라 영상을 보내는 것이 상업적으로 성공할 가능성이 있다는 것을 많은 사람들이 인식하고 있었다. 라디오 시장에서 이미 큰 성공을 거둔 라디오 송수신기 제작사들뿐만 아니라 일반 기술자들이나 사업가들도 영상을 기록·전송·시청할 수 있는 장치를 개발하기 위해 노력하고 있었다.

이미 사진, 영화, 라디오를 경험한 대중은 영화와 라디오를 합쳐 집에서 볼 수 있는 텔레비전의 등장을 기대하고 있었다. 미국에서 1922년에 4000만 명이던 영화 관객 수가 1929년에 8500만 명으로 급증할 정도로 1920년대에 영화는 폭발적으로 인기를 끌었다. 또한 1929년에는 미국 가정의 절반 정도가 라디오를 소유했다. 라디오는 광범위한 지역에 사는 사람들이 동일한 메시지를 자신의 집에서 접하는 경험을 자연스러운 것으로 만들었다. 사람들은 텔레비전을 라디오의 자연스러운 연장으로 받아들였다. 이제 텔레비전은 15세의 시골 소년 판즈워스가 구체적인 형태를 고안할 정도로 대중의 상상 세계 속에 자리 잡았다. 따라서 기업들의 상업적 이익 추구를 위한 새로운 도구로서, 대중의 상상력을 자극하는 영상 기계로서 텔레비전에 대한 잠재적인 수요가 1920년대에 이미 존재했었다고 볼 수 있다.

1920년대는 특히 미국을 중심으로 '포효하는 20년대(roaring twenties)'라고 불릴 정도로 다양한 문물이 쏟아져 나왔으며 미래에 대한 장밋빛 전망으로 번영을 누리던 활기찬 시대였다. 영화와 재즈가 전성기를 맞이했고 자동차가 대량생산 되기 시작했으며, 비행기를 타고 대서양을 횡단하는 것이 가능해졌다. 특히 대량생산을 통한 자동차의 보급은 텔레비전을 수용할 수 있는 문화적 환경을 만드는 데 기여했다.

1908년 포드자동차 회사는 사상 첫 대량생산 자동차인 포드 T형을 825달러로 출시한다. 그리고 1913년 헨리 포드(Henry Ford)가 기획한 세계 최초의 컨베이어벨트 생산 라인에서 자동차가 쏟아져 나오면서 자동차가 대중화되기 시작했다. 자동차를 이용해 출퇴근이 자유로워지면서 도시 거주민들은 살기 좋은 교외로 거주지를 옮기기 시작했다. 교외에 거대한 주택단지가 형성되기 시작했다. 교외의 개인 주택에서 살게 된 중산층 사람들에게 라디오는 외부 세계와 연결시켜 주는 정보의 통로이자 오락 수단으로 인기를 끌었다. 교외의 중산층은 자연스럽게 텔레비전의 잠재소비자층을 형성했다.

자동차가 대중화되면서 개인적인 문화가 발달했다. 자동차 안에서는 누구에게도 방해받지 않고 자신만의 즐거움을 추구할 수 있게 된 것이다. 자동차를 타고 하는 데이트가 인기를 끌었다. 차를 탄 채 음식을 주문해 먹는 드라이브 인 레스토랑과 차를 타고 교외에서 물건을 대량 구입할 수 있게 한 창고형 대형 쇼핑몰, 차를 탄 채 영화를 보는 자동차극장이 속속 생겨났다.

교외에 사는 중산층에 의해 향유되던 이러한 개인적 소비문화는 텔레비전의 등장을 촉구했다. 따라서 미국에서 전기·전자 제품 회사의 적극적인 투자와 개발로 텔레비전이 발명된 것은 우연이 아니다. 사진과 영화가 19세기 유럽의 사회문화적 환경에서 등장했다면, 텔레비전은 20세기 미국의 사회문화적 환경의 영향으로 개발됐고 성공을 거두었다고 할 수 있다.

4 । 텔레비전 장치의 특성

텔레비전은 20세기 사회와 문화에 가장 큰 영향을 미친 미디어로 엄청난 사랑과 증오를 동시에 받아온 가장 중요한 매스미디어 중 하나다. 영화가 공적으로 소비되는 사회적 장치로서 대중에게 제시됐다면, 텔레비전은 좀 더 사적으로 소비되는 영상의 형태로 제시된다. 텔레비전 장치의 특성은 대단히 많지만, 그중에서 가장 자주 언급되는 특성들은 다음과 같다.

1) 일상생활의 미디어

텔레비전을 개발한 RCA의 사장이던 데이비드 사르노프(David Sarnoff)는 텔레비전이 모든 가정에 보급돼 아이들과 교양에 유익한 것이 될 것이라고 예언했다. 텔레비전이 아이들의 교육과 가족의 교양에 유익한 역할을 했는지는 확실하지 않지만, 모든 가정에 텔레비전이 보급된 것은 사실이다. 오늘날 산업화된 사회의 모든 가정은 텔레비전을 보유하고 있다고 해도 과언이 아니다. 텔레비전은 이제 가정용 생활필수품 지위를 획득했다. 이제 막 걷기 시작한 아이들이 자연스럽게 텔레비전을 켜고 끄고 채널을 바꿀 정도로 텔레비전은 아주 친숙한 미디어가 됐다.

텔레비전은 집 안 한구석을 차지하는 가구로 결혼하거나 새로운 살림을 차릴 때 반드시 모양과 위치를 고려해야 하는 물건이 됐다. 벽걸이형 텔레비전은 이제 텔레비전이 집 안 벽을 장식하는 인테리어 장식품의 역할까지 하고 있음을 보여준다.

텔레비전을 시청하는 것도 일상생활의 한 부분이 됐다. 처음 텔레비전이 보급됐을 때 사람들은 거실에 텔레비전을 놔두고 온 가족이 그 앞에 둘러앉아 마치 영화를 보듯이 불을 끄고 시청했다. 텔레비전의 방영 시간도 정해져 있었기 때문에 시간에 맞춰 텔레비전 앞에 모여야만 했다. 이것은 영화를 보던 사람들의 습관이 텔레비전이라는 새로운 미디어에도 한동안은 그대로 적용됐다는 것을 보여준다.

하지만 텔레비전은 영화와 달리 자체로 빛을 발산하기 때문에 어느 곳에서나 조명에 구애받지 않고 영상을 보여줄 수 있다. 결국 텔레비전이 일반화되면서 불을 끄는 일은 없어졌으며, 방영 시간에 얽매이지 않고 언제나 텔레비전을 켜놓게 됐다. 텔레비전은 거실뿐만이 아니라 방 안과 부엌, 심지어 화장실 안에도 놓이게 됐다. 굳이 텔레비전을 보기 위해 텔레비전을 켜는 일은 드물어졌다. 사람들은 습관적으로 텔레비전을 켜며 텔레비전의 영상과 소리는 일상의 잡음으로 받아들여졌다. 이제 텔레비전은 일상적인 환경의 일부분으로 자연스럽게 사람들의 삶에 들어오게 됐다.

2) 생방송과 공동의 기억

텔레비전 프로그램의 꽃은 생방송(live) 프로그램이다. 원래 텔레비전은 생방송을 근간으로 한 미디어다. 텔레비전이라는 말 자체가 의미하듯이 멀리 떨어져 있는 곳에서 벌어지는 일을 마치 그곳에 가서 보듯이 직접 보도록 하는 것이 텔레비전이다. 비디오 기술의 개발로 녹화방송이 가능해졌지만, 텔레비전의 매력은 여전히 실시간으로 사건의 추이를 지켜볼 수 있다는 데 있다.

축구나 야구와 같은 운동경기 중계는 물론이거니와 연례행사로 하는 '제야의 종' 타종 중계와 같은 것들은 텔레비전의 생방송만이 제공할 수 있는 재미를 준다. 걸프전쟁이나 이라크전쟁에서 벌어진 미군의 공습이 충격적이었던 것은 텔레비전으로 생중계됐기 때문이다. 2001년 9·11 테러 당시 뉴욕의 쌍둥이 빌딩이 무너지는 것을 텔레비전을 통해 실시간으로 보는 것은 그 어떤 것에도 비할 수 없는 정신적 충격을 주었다. 2014년 4월 16일 세월호가 침몰하는 장면도 텔레비전을 통해 생중계되면서 사람들은 매우 큰 충격을 받았다.

우리가 세계 어디에 있든 사건의 현장을 직접 목격할 수 있도록 만들어주는 텔레비전 덕분에 세계는 진정한 의미의 지구촌이 됐다. 텔레비전은 사회의 주요한 사건들을 중계함으로써 사회 구성원들이 사건에 참여할 수 있는 길을 열어준다. 텔레비전을 통해 사람들은 집 안에 앉아서 사회의 주요한 사건을 직접 보고 듣는다. 많은 사람들이 텔레비전을 통해 동일한 정보를 동시에 접하기 때문에 사람들은 공동의 기억을 갖는다. 이러한 공동의 기억은 그 기억을 가진 사람들이 모두 동일한 사회의 구성원이라는 공동체 의식을 형성하는 데 도움을 준다.

월드컵이나 올림픽과 같은 세계적인 규모의 행사를 텔레비전을 통해 시청한 사람들은 선수들의 동작 하나하나에 일희일비하며 공동의 기억을 만들어간다. 전 세계인들은 텔레비전 덕분에 지구촌이라는 공동체의 일원이 되며, 월드컵이나 올림픽은 글자 그대로 지구촌 축제가 될 수 있다. 한국이 2002년 월드컵 때 전 국민이 공유하는 하나의 기억을 만들 수 있었던 것도 텔레비전 덕분이다.

이러한 텔레비전의 특성 때문에 정치권력은 국가적 단합과 국민적 정체성을 만들기 위해 의도적으로 텔레비전을 이용하기도 한다. 특히 독재국가에서 권력은 매우 노골적으로 텔레비전을 정치적 목적으로 이용한다. 텔레비전 방송사의 채널이 하나이거나 모든 채널이 국가권력에 의해 독점되는 경우, 텔레비전은 공동의 기억을 넘어 획일적 사고를 만들어내기까지 한다.

특정 집단이나 세력이 큰 사건을 터뜨리는 이유 중 하나도 텔레비전 중계를 통해 전 세계에 자신의 존재를 알리려는 목적에서 찾을 수 있다. 비행기 납치나 건물 폭파와 같은 테러는 텔레비전을 통해 중계돼 전 세계인의 이목을 집중시킬 수 있다. 1972년 뮌헨 올림픽 당시 팔레스타인해방기구(PLO)는 선수촌을 습격해 이스라엘 선수들을 살해하고 인질극을 벌였다. 이 사건으로 PLO는 올림픽을 시청하던 전 세계인들에게 자신의 존재를 알렸고 팔레스타인 문제에 관심을 갖게 하는 데 성공했다. 뉴욕의 9·11테러도 텔레비전을 통해 전 세계에 생중계되면서 세계인에게 오사마 빈 라덴(Osama Bin Laden)과 알카에다라는 이름을 알렸고, 미국의 패권과 이슬람 무장단체에 대한 관심을 불러일으켰다.

3) 흐름으로 지각

텔레비전은 영화와 달리 프로그램 단위로 소비되지 않는다. 영화는 시작과 끝이 분명히 정해진 한 편의 영화 단위로 소비된다. 하지만 텔레비전에는 시작과 끝이 정해진 시청 시간이 존재하지 않는다. 우리는 아무 때나 텔레비전을 켜고 마음 내키는 대로 끌 수 있다. 텔레비전은 하나의 흐름(flow)으로 우리에게 제시되며, 언제 그 흐름에 동참하거나 빠져나올지는 우리가 결정하기 나름이다.

텔레비전은 시청자가 보든 안 보든 항상 영상과 소리를 내보내야 한다. 텔레비전 방송이 조금이라도 중단되는 것은 엄청난 방송 사고로 인식된다. 천재지변이나 전쟁과 같은 엄청난 국가적 변란이 발생하지 않은 이상 텔레비전 방송은 중단되지 않는다. 텔레비전은 절대 끊겨서는 안 되는 흐름이다. 단 1초의 단절이라도 용납되지 않는다.

텔레비전이 이처럼 흐름으로 지각되고 소비되기 때문에 텔레비전에서는 프로그램이나 채널에 대한 고정된 시청 행위가 나타나지 않는다. 정해진 시간 동안 꼼짝 없이 어떤 프로그램을 지켜보는 일은 없다. 우리는 프로그램을 보는 동안 가족이나 친구와 이야기를 나누고, 전화를 받고 밥을 먹거나 체조를 한다. 일상적인 행위들을 하면서 우리는 텔레비전을 흘깃거린다(glance).

리모컨은 우리에게 이러한 흘깃거리는 시청 행위를 손쉽게 조작할 수 있도록 해준다. 리모컨의 단추를 누르며 우리는 이 프로그램에서 저 프로그램으로, 이 채널에서 저 채널로 쉼 없이 이동한다. 우리는 방송사에서 정해준 편성표를 따르기보다는 쉴 새 없는 채널 바꾸기(zapping)를 통해 우리 나름대로 편집한 영상을 즐긴다. 우리가 아무리 자주 채널을 바꿔도 텔레비전의 흐름은 전혀 영향을 받지 않는다.

프로그램의 구분 없이 흐름으로서 소비되는 텔레비전에서는 어떤 내용의 프로그램을 방송하느냐보다는 어떤 방식으로 방송하느냐가 더 중요해진다. 흘깃거리며 채널을 바꾸는 시청자들을 붙잡기 위해 수많은 새로운 시각적 자극이 첨가되기 때문에 텔레비전 화면은 점점 더 복잡해지고 소란스러워진다. 흘깃거리는 눈동자와 채널 바꾸는 속도를 따라잡기 위해 텔레비전 영상은 점점 더 미세하게 파편화된다. 그리고 역설적으로 이것은 기본적으로 영상을 파편화하는 속성을 가진 흘깃거리기와 채널 바꾸기를 더욱 부추긴다.

4) 위장된 면대면 커뮤니케이션

텔레비전 프로그램은 기본적으로 시청자에게 말을 거는 형식을 나타낸다. 드라마를 제외한 거의 모든 프로그램에서 출연자는 항상 시청자를 향해 말을 한다. 뉴스 진행자, 토크쇼 출연자, 오락프로그램의 진행자나 출연자들은 모두 "여러분! 안녕하십니까?", "따라 해보세요", "식사 시간에 죄송합니다" 등 쉼 없이 시청자에게 말을 건넨다.

영화에서는 일반적으로 배우가 카메라를 똑바로 쳐다보는 것이 금지돼 있지만, 텔레비전 출연자들은 카메라를 바라보며 말을 한다. 이러한 직접 화법의 사용을 통해 텔레비전은 우리에게 좀 더 친근한 미디어로 다가온다. 밤새 있었던 사건 정보나 날씨를 알려주고 건강과 자녀의 교육을 걱정해 주는 텔레비전 진행자들은 친구나 가족처럼 우리에게 말을 한다.

이처럼 직접 말을 걸기 위해 텔레비전은 클로즈업을 위주로 구성된 영상을 제공한다. 텔레비전은 전경을 다 보여주는 롱숏을 거의 사용하지 않는다. 대부분의 텔레비전 영상은 클로즈업으로 구성된다. 이처럼 텔레비전이 주로 클로즈업 영상을 내보내는 가장 큰 이유는 텔레비전의 화면이 상대적으로 작기 때문이다. 롱숏을 주로 사용할 경우 화면 안의 대상을 식별하기가 쉽지 않다.

이러한 기술적인 이유로 클로즈업을 자주 사용할 수밖에 없는 텔레비전의 속성과 직접화법에 소구하면서 친밀한 면대면 커뮤니케이션을 가장하려는 의도가 잘 맞아떨어진다. 텔레비전 안에서 얼굴이 클로즈업된 출연자가 시청자를 향해 말을 할 때 시청자는 아주 가까운 거리에서 얼굴을 마주본다는 느낌을 받기 때문이다. 현재의 대형 고화질 텔레비전 수상기에서는 화질 문제가 어느 정도 해결됐지만, 친밀한 커뮤니케이션을 가장하기 위해 여전히 텔레비전은 클로즈업을 선호한다.

클로즈업은 롱숏이나 미디엄숏에 비해 대상과의 감정적 친밀성을 쉽게 고조시킬 수 있는 특성이 있다. 출연자의 클로즈업된 얼굴을 바라보며 그가 건네는 말을 듣다 보면 우리는 그와 대화를 나누는 느낌을 갖게 되고, 친밀감을 느끼게 된다. 따라서 텔레비전을 통한 면대면 커뮤니케이션이 무리 없이 구현되기 위해서는 텔레비전과 적당한 거리를 두고 있어야 하며, 화면 크기가 적당해야 한다. 좁은 공간에서 지나치게 큰 화면을 가진 텔레비전을 볼 경우, 화면에 나타나는 사람들의 얼굴이 지나치게 크게 보여 그로테스크한 느낌을 받을 수 있다. 이런 문제를 피하기 위해 방이나 거실의 크기에 적절한 텔레비전 수상기 크기를 알려주는 지침이 있을 정도다.

5 | 영화와 텔레비전의 차이

텔레비전은 흔히 영화와 비교된다. 영상과 소리를 통해 메시지를 전달한다는 점에서 영화와 텔레비전은 매우 흡사한 미디어처럼 보인다. 하지만 기술적 장치에서부터 제작 방식, 소비 방식, 전달하는 내용, 효과에 이르기까지 텔레비전은 영화와 매우 다른 미디어이다. 전통적인 영화와 텔레비전을 비교함으로써 우리는 두 미디어의 특성을 좀 더 잘 이해할 수 있다.

영상의 존재 방식에서 전통적인 영화 영상은 필름과 스크린 위에 물질적으로 존재하는 반면, 텔레비전에서는 작은 빛의 점들만 존재할 뿐 영상은 실제로 존재하지 않는다. 필름에 기록된 영상이 직접 스크린에 투사되는 영화와는 달리, 텔레비전에서는 빛의 점들이 주사선을 따라 연속적으로 점멸할 뿐이다. 따라서 엄밀히 말해 텔레비전에는 영상이 존재하지 않는다. 시청자는 연속적으로 점멸하는 작은 빛들을 영상으로 인식할 뿐이다.

이처럼 실질적인 영상이 존재하지 않는다는 점에서 텔레비전은 찰나적이다. 텔레비전은 스쳐 지나가는 시각적 자극일 뿐이며 기록되지 않고, 따라서 기억되지 않는다. 비디오 기술의 발달로 텔레비전의 녹화가 가능해졌지만, 비디오테이프에 기록된 것은 전기신호일 뿐 영상이 아니다. 텔레비전의 본질은 비디오테이프 속에 있는 것이 아니라 점멸하며 사라지는 신호들을 영상으로 지각하는 시청자의 노력에 있다.

그림 10-3 **텔레비전 영상 조정실**

제작 방식에서도 영화와 텔레비전은 차이가 있다. 영화는 집단적인 창작물이지만 감독, 제작자, 배우 등과 같은 개인의 의도나 역량이 중요시되고 제작 주체들 간의 인간적이고 특수한 관계가 큰 역할을 한다. 반면, 텔레비전의 제작은 거대한 조직에 의해 주도되고 통제된다. 개별 프로그램의 구체적 작가가 중요한 것이 아니라 텔레비전이라는 거대한 조직이 중요하다. 구체적 작가는 언제든지 다른 사람으로 교체될 수 있다. 텔레비전에서 중요한 것은 누가 텔레비전 프로그램을 만드는가보다 누가 텔레비전을 소유하고 운영하느냐다. 레지스 드브레(Regis Debray)가 말했듯이 맥도날드 햄버거에서 중요한 것은 소유주이지 주방장이 아닌 것처럼 텔레비전에서도 개인보다는 방송사라는 조직이 더 중요하다.

영상의 소비 방식을 보면, 영화의 경우에는 공적인 장소에서 집단적으로 관람하지만 어둠 속에 묻혀 혼자 영상을 즐기는 사적 소비라는 이중적 속성도 있다. 반면에 텔레비전은 일반적으로 사적인 장소에서 보는 미디어지만, 옆에 있는 가족이나 친구의 시선을 의식하는 공적인 소비를 유발한다. 영화는 여럿이 보지만 혼자 즐기고, 텔레비전은 혼자 보지만 여럿이 즐긴다.

미디어를 핫미디어와 쿨미디어로 구분한 매클루언의 견해에 따른다면, 영화는 핫미디어이고, 텔레비전은 쿨미디어다. 영화는 화면이 크고 영상의 입자가 세밀하며 실감 나는 생생한 소리를 전달하기 때문에 텔레비전에 비해 정보의 세밀도가 높아 관객이 극장에 앉아 쉽게 몰입하게 함으로써 관객의 참여도를 떨어뜨리는 핫미디어다. 반면에 텔레비전은 화면이 작고 적은 수의 주사선으로 구성되기 때문에 영화에 비해 정보의 세밀도가 낮다. 또 시청자는 주위의 소음과 빛을 극복하고 텔레비전을 봐야 하기 때문에 영화에 비해 시청자의 참여도가 높다.

내용 측면에서 보면 영화에서는 영상 안의 세계와 현실과의 경계가 뚜렷한 반면, 텔레비전에서는 그 경계가 불분명하다. 우선, 영화는 주로 가공된 픽션물 형태로 제공되며 외부와는 완전히 분리된 영화관이라는 공간에서 상영되기 때문에 허구의 세계를 보여준다는 느낌을 강하게 준다. 사람들은 영화관에 표를 사서 들어가면서 허구의 세계를 즐길 마음의 준비를 한다. 반면에 텔레비전은 일상적인 현실 공간에서 소비되며 내용도 허구의 세계를 재현하기보다는 현실의 모습을 보여주는 것이 주를 이룬다. 또한 '흐름'으로 소비되는 텔레비전에서는 방금 전까지 드라마에서 연기하던 배우가 토크쇼에 나와 자신의 실생활을 털어놓는 것을 보는 일이 흔하다. 이 때문에 텔레비전 속 허구의 세계와 현실 세계 사이의 경계를 분명히 인식하지 못하는 일도 발생한다. 2000년대 이후 유행하는 '리얼리티 쇼' 프로그램이나 관찰 예능 프로그램 등은 현실과 허구 사이의 구분을 불분명하게 만듦으로써 이러한 혼란을 가속화하고 있다.

영화의 세계가 '그때 그곳(then and there)'의 세계라면, 텔레비전의 세계는 '지금 여기(now and here)'의 세계다. 영화의 세계는 현실과 구분된 어떤 다른 세계라는 인식이 강하지만, 텔레비전의 세계는 우리의 일상적인 현실과 같은 지금 여기에 있는 세계처럼 인식된다. 텔레비전의 특징인 생방송은 이런 인식을 더욱 강화한다.

우리가 영화와 텔레비전의 영상을 향하는 시선에도 차이가 있다. 우리는 영화를 볼 때 몰입하고 집중해 바라보지만, 텔레비전을 볼 때는 일반적으로 흘깃거리는 시선을 취한다. 영화를 볼 때 응시하는 시선(gaze)과 텔레비전을 볼 때 흘깃거리는 시선(glance)은 영상에 대한 인식에 영향을 미친다. 영화의 영상은 바라보고 분석해야 하는 대상이지만, 텔레비전의 영상은 스쳐 지나가는 일상의 시각적 자극일 뿐이다. 텔레비전은 영상이라기보다는 시각적 자극(the visual)이다.

이러한 시선의 차이는 의식의 지향성과도 관계가 있다. 영화를 보는 행위는 의도적이다. 우리는 영화를 보기 위해 영화관과 장르, 시간 등을 정하는 의식적인 활동을 해야 한다. 반면에 텔레비전은 무심코 켜게 되는 일상적 미디어다. 우리는 영화를 보러 간다. 하지만 거실에 켜져 있는 텔레비전은 특정한 프로그램을 보라고 우리를 부른다. 물론 텔레비전을 시청할 때도 특정 드라마 같은 프로그램을 의식적으로 찾아보는 경우가 없는 것은 아니지만 대부분의 텔레비전 시청 행위는 채널 돌리기를 통한 무작위적 시청으로 이뤄진다.

6 | 텔레비전의 영향력

　일상생활의 일부분을 차지하면서 우리의 기억과 경험에서 많은 부분을 차지하는 친숙한 미디어 텔레비전은 가장 강력한 사회문화적 영향력을 가진 미디어 중 하나다. 텔레비전은 우리를 둘러싼 환경에 대한 다양한 정보를 제공해 줄 뿐만 아니라 어떻게 생활하고 행동하는 것이 유익한지 알려 주며, 즐거움과 감동을 제공하기도 한다.

　텔레비전은 영상과 소리로 정보를 전달하기 때문에 연령, 성, 교육 정도에 관계없이 일상생활이 가능한 사람이라면 누구나 이해할 수 있는 정보를 전달한다. 또한 전파를 이용해 신호를 전달하기 때문에 공간적 거리에 구애받지 않고 많은 사람에게 동시에 동일한 내용을 전달할 수 있다.

　많은 사람들이 이해할 수 있는 방식으로 동일한 내용을 동시에 전달하는 텔레비전의 속성은 국가적 통합을 이루고 정권을 유지하거나 국민을 교육하려고 하는 정치세력에는 매력적으로 보일 수 있다. 실제로 텔레비전은 공공연히 또는 암묵적으로 사람들을 설득하는 수단으로 활용된다. 과거 텔레비전은 지배세력들의 역사적 위업이나 문화유산을 과시하며 국민의 문화적 정체성을 형성시키기도 하고, 정부의 업적을 홍보하면서 정권에 대한 충성을 강요하기도 하며, 건강이나 생활 안전, 환경 등에 대한 캠페인을 벌여 국민을 교육시키기도 한다.

　텔레비전은 개인에 의해 운영되는 것이 아니라 국가나 공공기관, 전문가 집단에 의해 운영되기 때문에 텔레비전이 전달하는 메시지는 강한 공신력이 있다. 또한 일반인들이 이해하기 어려운 복잡한 기술들로 구성된 텔레비전이라는 장치를 불신하는 것은 매우 힘든 일이다. 따라서 특정한 개인이 하는 말과 달리 텔레비전이 전달하는 담론은 믿을 만한 것이고 진리라는 생각이 쉽게 형성될 수 있다. 이러한 생각이 텔레비전이 가진 설득력을 강화한다. '내가 텔레비전에서 봤는데 ……'는 누구도 반박하기 어려운 설득력을 가진 논거로 작용한다. 초창기 텔레비전 광고가 보여준 폭발적인 판매 효과도 여기에서 비롯된다.

텔레비전이 우리가 일상생활에서 즐기는 가장 주요한 오락 수단 중 하나라는 것은 부인하기 어렵다. 2018년 통계청 조사에 따르면, 한국인의 여가 활동 중 가장 높은 비중을 차지하는 것이 바로 텔레비전 시청이다. 비중이 조금씩 줄어들고 있기는 하지만, 수십 년 동안 텔레비전 시청은 압도적으로 중요한 여가 활동으로 자리 잡아 왔다. 텔레비전 프로그램 중 가장 많이 시청하는 프로그램은 드라마, 오락, 스포츠, 영화 등 오락 관련 프로그램이다. 텔레비전 오락프로그램에서 제공되는 여러 단어, 말투, 행동 등은 쉽게 모방된다.

텔레비전의 등장으로 가장 큰 변화를 겪은 것은 바로 정치다. 1960년 미국 대통령 선거에서 닉슨과 케네디 후보 간의 토론이 텔레비전을 통해 생중계됐다. 이는 토론을 생중계 한 첫 사례다. 선거 결과는 텔레비전 영상을 통해 젊고 자신감 있는 모습을 유권자에게 보여주는 데 성공한 케네디의 승리였다. 이후, 텔레비전은 정치 분야에서 큰 영향력을 발휘하기 시작했다. 텔레비전의 개입으로 정치라는 공적 영역과 일상생활이라는 사적인 영역의 경계가 불분명해졌다. 정치인들은 그들의 정치적 입장이나 견해보다는 외모, 말솜씨, 임기응변 능력에 의해 더 평가받기 시작했다. 이제 텔레비전 앞에서 정치인은 마음씨 좋고 친근한 이웃처럼 보이기 위해 노력한다.

텔레비전이 영향을 미치는 범위는 행동의 모방, 광고되는 상품의 소비, 정치인의 선택 등에만 한정되지 않는다. 텔레비전은 일회적인 소비의 대상이 아니라 일상적인 환경으로 존재한다는 점에서 명시적으로 측정하기 어려운 장기적이고 심층적인 영향력을 갖는다. 오늘날 태어난 지 얼마 되지 않은 아이들이 가장 먼저 접하는 미디어는 텔레비전이다. 많은 어머니들이 아이들에게 젖을 먹이거나 놀 때 텔레비전을 본다. 첫돌도 되기 전에 아이는 텔레비전을 스스로 켜고 채널을 바꾸고 끌 줄 알게 된다. 아이에게 텔레비전은 엄마만큼 친숙한 미디어가 된다. 이제 텔레비전은 단순히 영향을 줄 수 있는 미디어가 아니라 성장환경의 자연스러운 일부분이 된 것이다. 태어나자마자 텔레비전을 보며 자라는 아이들이 인지능력의 발달 과정이나 성격 형성 과정, 타인과의 관계 형성 과정 등에서 텔레비전으로부터 어떤 영향을 받게 될지는 예측하기 어렵지만, 부모 세대와는 다른 텔레비전 세대로 성장하고 있다는 것은 부인하기 어렵다.

7 | 변하는 텔레비전

텔레비전은 현재 급격한 변화의 시기를 맞이하고 있다. 더 좋은 화질과 소리를 제공하려는 텔레비전 제작자들의 노력은 디지털 기술을 만나 점점 구체화되고 있다. 벽걸이 TV, 16 : 9의 대형 화면을 가진 고화질 텔레비전, 생생한 소리를 전달하는 음향 기술 등, 새로운 기술 개발로 텔레비전이 제공하는 정보의 세밀도가 점점 더 높아지고 있다. 홈시어터라는 말이 일반화될 정도로 텔레비전과 영화가 전달하는 영상의 질 차이가 점점 줄어드는 추세다.

디지털 텔레비전의 개발로 다채널 시대가 열렸고, 텔레비전과 인터넷이 결합함으로써 정보전달의 쌍방향성이 증가했다. 시청자가 텔레비전을 통해 특정 프로그램이나 상품을 주문하고 방송 시간을 결정하거나 심지어 프로그램 내용까지 바꿀 수 있는 길이 열리고 있다. IPTV(인터넷 TV), 스마트 TV, OTT(over the top) 등의 새로운 미디어와 서비스가 상용화되면서 시청자는 텔레비전 수상기를 이용해 방송사가 전송하는 프로그램만 시청하는 것이 아니라 인터넷 검색 사이트에 접속해 정보를 검색하고 유튜브(Youtube), 넷플릭스(Netflix) 등이 제공하는 영화와 동영상 서비스를 이용하기도 한다. 디지털 기술과 접목된 텔레비전은 이제 단순한 볼거리로서의 영상미디어가 아니라 다양한 서비스를 제공할 수 있는 생활 미디어가 됐다.

기술의 발달로 고전적인 의미의 텔레비전은 점차 사라지고 있다. 대형 방송사에서 제작한 프로그램을 수신해 일방적으로 송출하는 방식의 텔레비전을 즐기는 사람들의 수는 계속 줄어들고 있다. 텔레비전 수상기는 인터넷을 통해 제공되는 정보와 동영상을 즐기는 장치가 되고 있다. 스마트폰, 노트북 등과 같은 휴대용 디지털 장치가 일상화되면서 방송사에서 송출한 영상을 텔레비전 수상기를 통해 보는 사람들의 수도 줄어들고 있다.

텔레비전을 시청한다는 것이 과거처럼 중앙집권적 방송사가 제작한 프로그램을 시청한다는 의미를 뛰어넘게 되면서 공동의 기억을 만들어내고 정치적·사회문화적으로 큰 영향을 끼치는 텔레비전의 힘은 점점 줄어들고 있다. 사람들은 이제 자신의 개인적 욕구를 충족시키기 위해 필요한 시간에 필요한 영상을 소비하는 방식으로 텔레비전을 이용한다. 젊은 세대에서는 고전적인 의미의 지상파 텔레비전을 아예 보지 않는 사람들도 늘고 있다. 과거에는 덩치가 컸던 텔레비전 수상기가 이제는 유리창만 한 두께의 수상기로 변한 만큼 현대사회의 영상문화에서 텔레비전이 차지하는 비중 역시 과거에 비해 점점 줄어들고 있다.

11장

비디오

1 ｜ 비디오의 개념

비디오는 정의 내리기 어려운 미디어다. 라틴어인 video는 '나는 본다 (I see)'는 의미가 있다. 하지만 이 용어는 오늘날 영상과 관련된 대단히 다양한 종류의 장치나 현상을 가리키는 데 사용된다. 비디오테이프, 비디오카세트, 비디오게임, 비디오카메라, 비디오플레이어, 홈 비디오, 뮤직 비디오, 비디오 영화, 비디오 방 등, 비디오로 총칭될 수 있는 것들은 아주 많다.

크게 보면, 비디오라는 용어는 두 가지 의미가 있다. 첫째, 비디오는 특정한 형태의 영상물을 가리키기 위해 사용됐다. 이 영상물은 비디오테이프라고 부르는 마그네틱테이프에 기록된 것이다. 현재는 비디오테이프가 시장에서 사라졌기 때문에, 비디오가 더는 특정한 영상물을 가리키는 용어로 사용되지 않는다. 둘째, 비디오는 소리와 영상을 기록하고 재현하는 특정한 방식과 장치를 의미한다. 비디오카메라, 비디오테이프, 비디오카세트리코더(VCR) 등과 같은 비디오 기술의 등장으로 텔레비전 영상의 기록과 보관이 가능해졌고, 녹화방송이 일반화됐다. 아날로그 비디오에서 디지털 비디오로 기술이 발달하면서 영상 기록과 보관은 이제 디지털 방식으로 이뤄진다.

한국에서 비디오테이프에 녹화된 동영상이라는 의미로서의 비디오라는 단어는 1980년대부터 2000년대까지 사용되다가 비디오테이프가 CD, DVD, USB 플래시 드라이브 등으로 대체되면서 더 이상 사용되지 않고 사라졌다. 오늘날 영화나 텔레비전이 아닌 다른 형식을 통해 제공되는 비디오는 단순히 동영상이라는 말로 총칭된다. 디지털 기술의 발달로 동영상을 촬영하고 편집할 수 있는 휴대장치들이 개발되면서 비디오는 누구나 쉽게 제작하고 유통시킬 수 있는 미디어가 됐다.

2 | 비디오의 발명

기술적 장치라는 의미의 비디오 발명은 비디오테이프 발명에서부터 시작된다. 텔레비전카메라를 통해 전기신호로 전환된 소리와 영상을 흑백으로 기록한 최초의 비디오테이프는 1951년 11월 11일 미국의 빙 크로스비 엔터프라이즈(Bing Crosby Enterprises)에서 개발했다. 1953년 12월 1일에는 RCA가 흑백뿐만 아니라 컬러로 영상을 기록하는 데 성공했다. 하지만 비디오테이프를 실용화한 것은 암펙스사(Ampex Corporation)였다. 암펙스사의 여섯 명의 공학자들로 구성된 연구 기술진은 1956년 4월 너비 2인치짜리 비디오테이프와 기록, 편집, 재생을 할 수 있는 장비를 개발했다.

이렇게 개발된 비디오테이프와 장비들은 곧 텔레비전 방송을 위해 사용됐다. 초기의 비디오테이프와 장비들은 크고 비쌌으며 소음도 심했기 때문에 텔레비전 방송사에서만 사용할 수 있었다. 1960년대 들어 비디오테이프와 장비들은 더 작아졌고, 1963년 12월 말 미국의 텔레비전에서는 미식축구 경기를 중계하면서 비디오 기술을 이용해 최초의 리플레이(replay) 영상을 방송했다. 1964년 텔레비전 방송에서 리플레이는 일반화됐고, 스포츠 경기 중계가 텔레비전 프로그램에서 차지하는 비중도 비약적으로 증가했다.

1960년대 들어 일본의 소니와 JVC(Japan Victor Company) 등은 가정에서 개인들이 사용할 수 있는 비디오테이프와 장비들을 개발하기 시작했다. 1964년 소니는 정지 영상과 슬로모션 영상이 가능한 비디오장비를 개발했고, 1968년에는 최초로 휴대용 비디오카메라를 개발했다. 그리고 1972년 비디오테이프를 카세트 방식으로 사용하는 U-매틱을 개발하고 휴대용 비디오카메라를 실용화함으로써 텔레비전 방송에서 ENG(Electronic News Gathering) 혁명을 불러일으켰다. 비디오카메라를 어깨에 메고 사건 현장에서 직접 촬영한 영상을 방송하는 것이 가능해졌기 때문이다.

1970년대 들어와 소니, 마쓰시타, JVC 등은 비디오장비의 소형화를 통

그림 11-1 **VHS 방식의 VCR, 비디오카 세트, 카메라**

해 가정용 비디오 시장을 공략하기 시작했다. 1974년 12월 소니는 1/2 인치 테이프를 사용한 베타맥스 (betamax)를 개발했다. 작고 가볍고 비교적 저렴한 베타맥스는 처음으로 가정용 비디오 시장을 열었다. 사람들은 이제 가정에서 텔레비전을 녹화해 시청할 수 있게 됐다. 하지만 베타맥스는 녹화 시간이 한 시간밖에 되지 않는다는 단점이 있었다.

한편 JVC는 1976년 9월 VHS 방식의 VCR을 개발했다. VHS는 베타맥스에 비해 화질은 떨어졌지만 녹화 시간이 두 시간이라는 장점을 갖고 있었다. JVC는 VHS 기술을 독점하지 않고 협력 업체와 공유하는 전략을 사용했고, VCR의 발매와 거의 동시에 VHS 테이프를 사용하는 비디오카메라를 개발·발매했다. 이러한 JVC 마케팅에 밀려 선발 업체인 소니의 베타맥스는 1980년대 초가 되자 시장지배력을 상실하기 시작했고 1988년 생산이 중단됐다.

가정용 비디오 시장의 선두 업체였으면서도 VHS에 밀린 소니는 1985년 8mm 비디오테이프와 캠코더(camera + recorder)를 개발하고, 1988년 Hi-8mm를 개발하며 다시 가정용 비디오 시장을 선도하기 시작했다. 8mm는 VHS보다 크기가 작고 화질이 뛰어날 뿐만 아니라 별도로 VCR을 구입할 필요 없이 카메라와 리코더를 하나로 합친 캠코더만을 보유하면 된다는 간편함까지 제공함으로써 가정용 비디오 시장을 석권했다. 한편, JVC는 1987년 VHS 화질을 크게 향상시킨 고화질의 S-VHS 기술을 개발한다.

S-VHS와 Hi-8mm는 화질이 뛰어나기는 하지만 아날로그 방식이기 때문에 복사할수록 화질이 저하되는 단점이 있었다. 이러한 단점을 극복하기 위해 개발된 것이 6mm 디지털 테이프와 캠코더다. 최초의 디지털 테이프

는 3/4인치 테이프로 1986년 암펙스와 소니에서 개발했다. 그 후 디지털 기술의 발달에 따라 테이프는 점점 소형화됐고, 마침내 1995년 히타치, JVC, 마쓰시타, 미쓰비시, 필립스, 산요, 샤프, 톰슨, 도시바 등의 가전제품 회사들은 6mm 디지털비디오 기술을 표준으로 삼겠다고 공동 발표했다. 2000년대 들어 6mm 디지털 테이프와 캠코더는 가정용 비디오 시장뿐만 아니라 방송용 비디오 시장에서 급속도로 확산됐다. 최근에는 비디오의 저장과 보관을 위해 메모리카드나 하드디스크 등을 활용한다.

비디오의 발명 과정에서 볼 수 있듯이, 이제 영상미디어의 발명은 한 사람의 뛰어난 천재적 영감에서 비롯되기보다는 기업조직의 이윤 획득을 위한 시장 공략의 한 방법으로 다수 연구자들의 공동 작업으로 이루어진다. 각 기업은 경우에 따라 경쟁 또는 협력을 하며, 시장조사를 하고, 판촉 활동을 벌이면서 새로운 영상미디어 개발에 투자한다. 영상미디어는 산업적으로 합목적성을 띤 활동의 산물이 된 것이다.

3 | 비디오 보급의 사회문화적 배경

비디오 기술은 텔레비전 산업의 필요에 의해 개발됐다. 텔레비전 방송사는 생방송만으로 다양한 프로그램을 제공하는 데 한계를 느꼈다. 방송사는 별도로 기록된 프로그램을 갖고 있다가 적당한 시간에 방송할 필요가 있었다. 초기에는 키네스코프(kinescope)라는 녹화용 필름을 이용한 장치를 통해 기록을 하고 그 필름을 상영하는 것을 텔레비전으로 생방송하는 방식을 이용해야만 했다.

1956년 처음으로 실용적인 비디오테이프가 개발된 후 3년도 되지 않아 전 세계의 거의 모든 텔레비전 방송국이 비디오 기술을 도입했다는 것은 텔레비전이 얼마나 비디오 기술을 필요로 했는지 보여준다. 비디오 기술이 텔레비전에 도입되면서 텔레비전 프로그램의 성격이 바뀌기 시작했다. 실시간으로 벌어지는 사건만을 보여줄 수 있었던 텔레비전은 비디오 기술을 통해 사전에 녹화된 프로그램들을 필요에 따라 방송할 수 있었다. 드라마와 같은 프로그램 제작이 활발하게 이루어지기 시작했으며, 특히 텔레비전 광고가 발달하기 시작했다. 배우나 진행자가 매번 직접 상품을 들고 나와 광고를 해야 했던 데서 벗어나 다양한 형식으로 기획·제작된 광고가 등장해 광고주와 시청자들의 관심을 끌었고, 이에 따라 텔레비전 방송사의 광고 수입도 증가했다.

1964년부터 리플레이 영상을 제공할 수 있게 되면서 스포츠경기를 텔레비전으로 보려는 사람들이 증가했다. 이후, 스포츠는 텔레비전에서 큰 비중을 차지하는 프로그램으로 자리 잡았다. 또한 뉴스 프로그램 제작이 활기를 띠게 됐다. 이미 작성된 신문 기사를 읽는 것에서 벗어나 방송기자와 카메라맨이 사건을 취재하고 영상 자료와 함께 뉴스를 보도할 수 있게 됐기 때문이다. 특히, ENG 시스템의 개발로 텔레비전은 사건이 일어나는 장소에서 촬영한 비디오를 이용해 현장감 있는 뉴스를 빠르게 전달할 수 있었다.

비디오 기술이 발전하던 1960~1970년대는 세계적인 격동기였다. 세계의 젊은이들은 기존 질서에 반대하고 저항하며 자유를 추구했다. 제3세계에서는 서구제국주의 지배에 대항하는 민족해방운동이 벌어졌고, 미국, 프랑스, 독일 등 서구 사회의 청년세대는 아버지세대의 모든 것을 부정하며 거리로 나섰다. 베트남전쟁은 가장 추악한 전쟁으로 간주되면서 격렬한 반전운동의 대상이 됐다. 1968년 5월에 프랑스의 청년 학생들은 구질서로 상징되는 드골 정권에 대항해 봉기했고, 사랑과 평화를 모토로 한 1969년의 우드스톡 페스티벌은 청년문화운동의 상징적 집회가 됐다. 반전, 평화, 인권, 자유, 섹스, 사랑, 혁명은 이 시기를 대표하는 개념이었다.

비디오 기술은 텔레비전 산업의 필요에 의해 개발된 것이었지만, 많은 사람들은 비디오 기술을 제도화된 상업적인 텔레비전을 거부하고 기성 권력에 대항하기 위한 수단으로, 혹은 기존의 문화적 질서를 파괴하는 도구로 이용하고자 했다. 비디오는 완전히 새로운 미디어였고, 그것을 어떻게 이용해야 되는지를 가르쳐주는 기존의 관습은 존재하지 않았다. 따라서 아주 새롭고 도전적인 방식으로 비디오를 이용하는 사람들이 생겨났다.

개인용 비디오의 사용이 가능해진 1970년대 초부터 프랭크 질레트(Frank Gillette), 마이클 샘버그(Michael Shamberg), 폴 라이언(Paul Ryan)과 같은 사람들은 "미학적으로 파탄에 빠져 있고 상업적으로 부패한" 텔레비전을 공격하고 전복시키기 위해, 나아가 서구의 지배적인 산업적이며 기술적인 문화 전반을 비판하기 위해 비디오를 이용했다. 그들은 이른바 '게릴라 텔레비전(Guerrilla Television)'을 주창했다. 레인댄스 커퍼레이션(Raindance Corporation), 비디오프리엑스(Videofreex), 글로벌 빌리지(Global Village), TVTV(Top Value Television), 피플스 비디오 시어터(People's Video Theater)와 같은 집단이 기존의 텔레비전과는 다른 새로운 형식과 내용의 전자 영상들을 만들어내기 시작했다.

이와는 조금 다른 방식으로 비디오를 통해 기존의 예술시장을 전복시키려는 예술가들도 있었다. 1960년대 초부터 플럭서스(Fluxus) 운동을 통해 실험적인 퍼포먼스를 보여주면서 예술과 삶의 경계에 대해 고민하던 일군의 예술가 중 몇몇은 새로운 미디어인 비디오에 눈을 돌렸다. 백남준 등은 비디오를 텔레비전의 지배로부터 해방시켜 비디오에 새로운 형식과 공간, 내용을 제공함으로써 비디오 예술(video art)을 창시했다. 하지만 제도에 반대하고 개인주의에 반대하며 자유로운 집단적 창작 활동을 벌인 '게릴라'들과는 달리 비디오 예술은 제도권 예술로 편입되면서 백남준이나 댄 그레이엄(Dan Graham)과 같은 스타 작가들을 중심으로 전개됐다.

1970년대 말부터 VCR의 가격이 하락하고 기기의 기능도 다양해졌을 뿐만 아니라 영화를 비디오화한 상품이 등장하면서 VCR에 대한 개인들의 관심이 높아지기 시작했다. 소니와 JVC가 가정용 VCR을 개발한 지 얼마 되지 않은 1977년, 미국의 20세기 폭스사는 몇몇 영화를 비디오로 제작·출시해 큰 호응을 얻었다. 이후, 영화 제작자들은 영화를 비디오로 제작해 판매하는 사업에 뛰어들기 시작했다.

비디오에 대한 대중의 이해와 관심이 증가하면서 VCR을 이용하는 가정수도 증가하기 시작했다. 미국의 경우, 1982년에 약 500만 대의 VCR이 보급돼 전체 TV 보유 가정의 9%가 VCR을 보유하는 데 그쳤지만, 1985년에는 2600만 대로 약 33%, 1988년에는 5200만 대로 약 60%, 1990년에는 약 7000만 대가 보급돼 75%의 가정이 VCR을 보유하게 됐다. 한국에서도 1978년 이후 삼성전자와 대한전선(대우전자)에서 VCR을 제작하기 시작했고, 1985년에 가격이 30만 원대로 떨어지면서 보급률이 10%를 넘기 시작했으며, 서울올림픽을 기점으로 보급률이 급성장해 1997년에는 80%의 보급률을 기록했다.

이러한 VCR의 보급에는 영화를 담은 비디오가 크게 기여했다. 사람들은 단순히 텔레비전을 녹화하기 위해 VCR을 사지 않았다. 그들은 텔레비전이 아닌 영화를 집에서 보고자 했다. 특히 일반 극영화보다는 좀 더 은밀한 쾌락을 위한 영화를 가정에서 사적으로 소비하려는 욕구가 강했다. 서구에서 1960년대의 저항적인 청년문화를 이어받은 1970년대의 프리섹스운동은 포르노 영화를 양산해 포르노 극장이 성업을 했다. VCR은 이러한 포르노 영화를 집에서 은밀히 즐길 수 있는 기회를 제공했다. 사실, 초기에 VCR이 빠르게 보급될 수 있었던 원인 중 하나로 이러한 포르노 영화에 대한 소비욕구를 들 수 있다. 1980년대 들어 포르노 극장이 쇠퇴한 것과 VCR의 보급이 확대된 것은 높은 상관관계를 갖는다.

한국의 경우에도 1980년대 초에 처음 VCR이 보급될 당시, VCR을 통해 볼 수 있는 비디오는 포르노 영화나 중국 무술 영화가 대부분이었다. 이 비디오 영화들은 속칭 '보따리 장사'라 일컫는 브로커(broker)들이 밀수를 하거나 판권을 구입해 제작사에 재판매하는 방식으로 공급됐다. VCR의

그림 11-2 비디오 대여점

보급에 포르노 영화가 상당히 기여했기 때문에 일반인들에게 비디오는 포르노라는 성적인 함축의미(connotation)를 가진 미디어로 각인됐다. 1990년대 후반 한국에서는 중고등학생들이 속칭 〈빨간 마후라〉라는 포르노 영화를 제작해 유통시키다 적발돼 사회적으로 큰 물의를 일으켰다. 이때, 학생들이 자신들이 만든 포르노 영상물에 붙인 제목은 〈비디오를 보다〉였다.

1980년대 들어 VCR을 장만하는 가정이 늘어나고 비디오로 제작된 영화가 증가하면서 비디오 대여점이 생겨나기 시작했다. VHS 테이프가 업계 표준이 되면서 많은 영화가 비디오로 출시됐다. 극장 상영이 끝난 영화는 비디오로 제작돼 판매되거나 대여점을 통해 대여되는 방식으로 유통됐다(〈그림 11-2〉). 비디오 시장은 영화산업의 부수적 수익 창출 창구로 각광받았다. 이런 창구 효과(window effect)를 통해 영화 제작비를 보전할 수 있게 되면서 큰 제작비를 들인 블록버스터 영화 제작이 활발해졌다. 1990년대에 들어 VHS 테이프를 CD로 대체하려는 시도가 있었고, 결국 1995년 DVD(Digital Versatile Disc)가 개발되면서 비디오 시장에서 DVD가 VHS 테이프를 대체했다. 한국에서는 비디오를 대여한 후 그 자리에서 볼 수 있는 비디오방이나 DVD방이 유행하기도 했다. 1990년대 중반 큰 호황을 누렸던 비디오 대여점은 2000년대 이후 인터넷을 통한 영화 다운로드가 성행하고 IPTV와 OTT 등 영화 스트리밍 서비스를 제공하는 미디어로 다양한 영화를 선택해 볼 수 있게 되면서 서서히 자취를 감췄다.

1980년대 후반 8mm 소형 캠코더가 개발되고, 1990년대 후반에는 6mm 디지털 캠코더가 보급되면서 비디오는 단순히 텔레비전 프로그램을 녹화하거나 비디오 영화를 보기 위해 사용되는 것에서 벗어나 결혼, 출생, 생일, 잔치, 관광 등 개인의 일상생활을 기록하는 수단이 됐다. 또 학교나 지역, 직장 등 동호회 모임을 통해 비디오 영상물을 제작하고 발표하는 일도 흔한 광경이 됐다. 2010년대에 들어 인터넷을 이용한 동영상 서비스가 발달하고 휴대용 비디오장비가 발전하면서 사람들은 단순히 개인의 일상사를 기록하거나 취미로 영상을 제작하는 데서 벗어나 상업적인 목적을 갖고 동영상을 제작해 유튜브 등 다양한 인터넷 서비스를 이용해 유통시키기 시작했다. 비디오 동영상을 이용한 1인미디어 시대가 본격적으로 열린 것이다.

4 | 비디오의 특성

비디오 장치는 원래 비디오테이프, VCR, 비디오카메라, 모니터로 이루어졌다. 디지털 비디오 기술이 발달하면서 VCR, 비디오카메라, 모니터가 하나의 기기 안에 통합됐고, 비디오테이프 대신에 메모리카드나 하드디스크가 이용된다. 최근에는 디지털 카메라와 스마트폰이 일상생활에서 비디오기기로 활용된다. 디지털 카메라는 사진만이 아니라 고화질 동영상 비디오를 촬영하는 데 사용되고 있다. 스마트폰을 이용해서는 사진과 동영상을 촬영할 뿐만 아니라 편집까지도 할 수 있다.

비디오가 가진 첫 번째 특성은 전자신호에 의해 정보를 전달한다는 점이다. 카메라는 빛을 전자신호로 바꿔 디스크나 카드 형태의 저장장치에 기록한다. 비디오기기는 저장장치에 담긴 전자신호를 해독하고 그것을 빛으로 전환해 영상화한다. 비디오 신호는 빛의 빠르기로 전달되기 때문에 영상 기록과 재생 사이의 시간차는 사실상 없다. 우리는 카메라가 촬영하는 것을 즉시 모니터를 통해 볼 수 있다. 결국, 비디오는 사건을 동시간대에 실시간 영상으로 재현한다.

스마트폰으로 촬영하는 모습

이처럼 시간차 없이 바로 대상을 영상으로 재현해 준다는 점에서 비디오는 인간의 눈을 대체할 수 있다. 비디오를 통한 감시나 다양한 목적의 촬영에서 이러한 특성은 잘 드러난다. 관광지에서 우리는 카메라나 스마트폰을 들고 촬영하는 사람들을 흔히 볼 수 있는데, 그들은 자신의 눈이 아니라 카메라의 눈을 통해 세상을 보면서 관광을 한다(<그림 11-3>). 손에 든 카메라의 화면을 보느라 현실의 대상을 볼 시간이 없는 것이다. 대상과 같은 장소, 같은 시간에 있지만, 카메라를 든 사람이 보는 것은 화면에 나타난 대상의 영상이다. 또 카메라 렌즈를 자신을 향해 돌리면 그는 자신의 얼굴을 실시간으로 볼 수 있다. 타인(카메라)이 바라보는 자신의 모습을 보는 것이다.

비디오의 두 번째 특성은 기기의 소형화와 저렴화로 개인의 소유물로 활용된다는 점이다. 비디오는 개인이 가정에서 사적으로 사용하는 것이다. 비디오는 사적인 친밀도(intimacy)가 가장 높은 미디어라고 할 수 있다. 비디오는 출생이나 생일, 가족 모임과 같은 사적인 활동을 기록할 뿐만 아니라 경우에 따라서는 매우 은밀한 성생활까지도 기록한다. 비디오를 제작할 수 있는 다양한 장치의 보급으로 사람들은 아주 쉽게 자신의 가장 은밀하고 사적인 부분을 영상으로 제작할 수 있게 됐다.

세 번째 특성은 비디오가 사용자의 능동성을 요구하는 미디어라는 것이다. 사람들은 비디오기기를 이용해 텔레비전 프로그램이나 영화를 저장해 원하는 시간에 원하는 부분만 반복해 볼 수 있다. 다양한 영화와 동영상들을 선택해 볼 수 있으며, 시청 시간이나 장면 등을 자신의 편의에 따라 조정할 수 있다. 그리고 비디오카메라를 사용하는 일은 사용자의 적극적인 참여를 요구하는 활동이다.

네 번째로 비디오는 다른 미디어와의 결합이 용이하다는 특성이 있다. 텔레비전과 비디오 기술의 결합은 물론이거니와 영화의 제작이나 편집에서도 비디오는 요긴하게 쓰이고 있다. 최근에는 인터넷을 통한 동영상 유통에 비디오 기술이 활용되고 있다. 화상 채팅, 웹캠(webcam) 등을 위해 비디오가 활용되고 있으며, 다양한 종류의 1인미디어 방송을 위해서도 비디오 기술과 장치가 적극적으로 이용된다.

5 | 비디오의 기능

비디오는 다른 미디어를 위한 보조 수단으로서의 사용이나 영리적 목적의 비디오 산업을 제외한다면, 크게 세 가지 목적으로 사용된다.

첫째, 비디오는 개인적인 목적으로 사용된다. 비디오장비가 소형화되고 가격이 저렴해졌을 뿐만 아니라 스마트폰과 같은 개인 미디어의 기능 중 하나로 비디오 촬영이 제공되기 때문에 비디오는 개인의 다양한 필요를 충족시켜 주는 수단이 됐다. 영화, 텔레비전 프로그램, 동영상 등을 저장하고 시청할 뿐만 아니라 개인의 사적이고 일상적인 생활을 촬영하고 저장·시청하는 일이 일상화됐다.

이처럼 일상적인 비디오의 이용 외에도 특이한 방식의 비디오 이용도 나타난다. 특히 인터넷을 통한 비디오 영상물의 유통은 노출증(exhibitionism), 관음증 논란을 일으킬 정도로 사회적인 이슈가 되기도 한다. 인터넷을 통해 비디오를 이용하는 초창기 사례로 대표적인 것이 웹캠과 화상 채팅이다. 화상 채팅은 인터넷을 이용해 소리와 영상으로 실시간 대화를 나누는 것을 말한다. 상대방을 직접 볼 수 있다는 점 때문에 많은 인기를 끌었다. 지금도 멀리 떨어져 있어 만나기 힘든 가족이나 친구들과 화상 채팅을 하는 일은 흔하다. 이런 현상은 스마트폰이 발전하면서 화상 통화로 이어진

그림 11-4　제니캠 캡처

다. 모르는 타인들과의 무작위 화상 채팅은 익명성이 보장되고 물리적 접촉의 위험이 없다는 점에서 종종 음란한 내용의 채팅으로 이어지기도 한다.

웹캠(webcam)은 World Wide Web과 Camera의 합성어로, 비디오카메라로 촬영한 영상을 실시간으로 인터넷 웹페이지를 통해 보여주는 것을 말한다. 이 웹캠은 주로 개인들이 자신의 홈페이지를 통해 자신이 생활하는 모습을 보여주는 데 사용했다. 웹캠이 널리 알려진 것은 1996년 미국 펜실베이니아의 대학생이던 21세의 제니퍼 링글리(Jennifer Ringley)가 제니캠(JenniCam)이라는 이름으로 자신의 방에 있는 컴퓨터에 설치된 카메라를 이용해 일상생활은 물론이고 성생활까지 있는 그대로 자신의 홈페이지를 통해 24시간 실시간으로 공개하면서부터다(<그림 11-4>). 제니캠은 인터넷 이용자들 사이에서 선풍적인 인기를 끌었고, 홈페이지에서 웹캠이 일상화되는 데 기여했다. 현재 웹캠은 상업적인 목적으로 제공되는 1인미디어 서비스 형태로 발전했다.

영화나 텔레비전이 단순히 관음증적인 쾌락을 부추긴다면, 비디오는 사용자가 단순한 시청자에 머무는 것이 아니라 능동적으로 자신의 영상을 공개한다는 점에서 노출증적인 쾌락과 관계가 있으며, 동시에 그러한 타인의 모습을 익명으로 보고자 한다는 점에서 관음적인 쾌락과도 관계가 있다. 이른바 셀프 카메라, 몰래 카메라라고 불리는 비디오 영상물은 사용자가 스스로 자신의 사적인 모습을 기록하거나 타인의 모습을 몰래 촬영한 것이다. 육체적 접촉 없이 오직 시각을 통해 자신을 노출하거나 타인을 바라보는 노출증이나 관음증적인 쾌락이 비디오를 통해 추구되는 것은 비디오가 바로 그러한 조건을 충족시키는 미디어이기 때문이다.

로드니 킹 구타 비디오 캡처

상업적인 목적으로 자신의 몸을 노출하거나 리벤지 포르노처럼 범죄가 되는 경우 또는 병적인 경우를 제외한다면 비디오를 통한 노출증이나 관음증적 쾌락 추구는 자연스러운 인간 활동에 속한다고도 볼 수 있다. 웹캠, 화상 채팅, 셀프 카메라를 통해 자신을 보여주거나 타인을 보려는 것은, 안전하지만 동시에 노골적인 방식으로 커뮤니케이션하려는 욕망의 발현이라고도 볼 수 있다.

둘째, 비디오는 사회적 목적을 위해 사용된다. 비디오는 우선 사회참여의 수단이 된다. 문제가 있는 사건을 우발적으로 비디오로 기록한 후 폭로하는 것은 소극적 형태의 사회참여에 해당된다. 1991년 미국에서 일어난 로드니 킹(Rodney King) 사건은 대표적인 사례다. 1991년 3월 3일 로드니 킹이라는 흑인이 과속과 음주운전으로 백인 경찰관들에게 체포되는 과정에서 불법적인 폭행을 당하는 사건이 발생했다. 이때 조지 홀리데이(George Holliday)라는 사람이 우연히 그 장면을 비디오로 촬영했고, 이 비디오는 텔레비전을 통해 공개됐다(<그림 11-5>). 이것은 미국 사회 내의 흑백 갈등과 공권력 남용 문제를 부각시키며 엄청난 사회적 사건으로 발전했다. 홀리데이는 비록 의도하지 않았지만, 비디오를 통해 미국 내 인종차별과 공권력 남용에 대해 비판을 한 셈이다.

이러한 우발적인 비디오 사용 외에, 개인이나 집단이 특정한 정치적·사회적·문화적 목적으로 비디오를 제작·공개할 수 있다. 미국의 '게릴라 텔레비전' 운동에서 볼 수 있듯이 비디오를 사회참여를 위한 수단으로 보는 집단들은 자신의 정치적 목소리를 표현하기 위해, 기존 사회질서를 비판하기 위해, 사회 변화를 이끌어내기 위해 비디오를 사용한다. 비디오를 통한 이러한 적극적 형태의 사회참여는 비디오카메라가 개인화·일반화되면서 더욱 확대되고 있다. 제도권 텔레비전과의 연계를 통한 사회참여적 비디오의 활용은 비디오 저널리즘 형태로 확산되기도 했다. 디지털 캠코더를 이용한 비디오 저널리스트(VJ)는 일상생활의 작은 부분을 밀착 취재하며 생생한 삶의 현장을 보여준다는 점에서 비디오를 활용한 적극적 사회참여의 새로운 형태를 제시했다고 할 수 있다.

스마트폰을 이용해 누구나 쉽게 영상을 촬영할 수 있을 뿐만 아니라 촬영된 영상을 인터넷을 이용해 유포할 수 있기 때문에 비디오를 이용한 사회참여적 활동은 더욱 일상화됐다. 사람들은 일상생활에서 벌어지는 다양한 사건을 현장에서 촬영해 필요하다면 인터넷을 이용해 다른 사람들과 공유하면서 사회적 이슈를 만들어내기도 한다.

비디오는 감시 수단으로서의 사회적 기능도 갖고 있다. 비디오는 폐쇄회로를 통해 원거리에서 실시간으로 대상을 관찰하고 기록하는 것이 가능하기 때문에 아주 훌륭한 관찰과 감시 수단이 된다. 현대사회에서는 목욕탕, 백화점, 은행, 주차장, 아파트, 지하철, 길거리 등 거의 모든 공공장소에 비디오카메라(CCTV)가 감시 목적으로 설치되고 있다. 자동차에 설치된 블랙박스 영상도 교통사고를 기록하는 데 그치는 것이 아니라 길거리의 CCTV처럼 공적 공간을 기록하고 감시하는 미디어처럼 활용된다.

CCTV는 범죄 예방과 수사 목적으로 설치되지만, 동시에 인권과 사생활을 침해한다는 논란을 불러일으키고 있다. 사실, CCTV는 범죄 자체를 저지하는 데 큰 도움이 되지 못한다. 감시카메라는 원리상 감시자와 감시 대상의 공간적 거리를 상정하기 때문에 범죄가 발생할 때 감시자는 현장에 곧바로 개입할 수 없다. 따라서 길거리의 CCTV는 행인을 소매치기나 살인자로부터 직접 보호하지 못한다. 감시카메라는 단지 범죄를 저지르는 것을 사전에 단념시킨다거나 범죄를 좀 더 치밀하게 계획하도록 만든다. 그리고 사후에 수사를 위해 필요한 자료를 제공하는 기능을 할 뿐이다.

감시카메라는 범죄를 막지 못하지만, 범죄 발생을 억제하는 효과가 있다. 감시카메라는 내가 볼 수 없는 곳에서 누군가가 나를 감시하고 있다는 생각을 불러일으키기 때문이다. 이것은 정확히 파놉티콘의 원리를 따르고 있는 것이다. 앞에서 설명했듯이, 파놉티콘은 18세기 말에 유럽에서 발명된 감옥 시스템이다. 한가운데 위치한 감시탑을 원형으로 둘러싼 감방이 있는 원형 감옥을 의미한다. 이 원형 감옥에서 감시자는 죄수를 볼 수 있지만, 죄수는 감시자를 볼 수 없다. 죄수는 감시자를 볼 수 없기 때문에 감시자가 있든 없든 항상 감시받고 있다는 생각을 하며 자신의 행동을 스스로 통제할 수밖에 없다. 따라서 감시자 없이도 죄수의 행동을 통제할 수 있다는 점에서 감시자 쪽에서는 아주 효과적인 감시 장치였다.

공공장소의 감시카메라도 마찬가지로 작동한다. 우리는 카메라와 연결된 모니터를 실제로 누가 바라보고 있는지 알 수 없지만, 누군가 보고 있다고 생각할 수밖에 없다. 따라서 카메라 앞에서는 자신의 행동을 스스로 통제하게 된다. 범죄를 저지르려는 확고한 의지가 있는 사람에게는 감시카메라가 무용지물이겠지만, 일상적인 삶을 살아가는 일반인들에게 감시카메라는 자신의 행동을 규제하도록 만드는 규율 기계가 된다.

셋째, 비디오는 예술적 목적을 위해 사용된다. 비디오는 등장하자마자 가장 적극적으로 예술에 이용된 영상미디어이다. 처음으로 일반인들에게 비디오 기술이 제공되자마자 백남준을 비롯한 현대 예술가들은 비디오를 새로운 예술적 표현 수단으로 사용하기 시작했다. 사진이나 영화가 예술로 인정받기까지 많은 논란과 상당한 시간을 필요로 했으며, 텔레비전은 지금도 여전히 상업적인 미디어로만 여겨지고 있다는 것과 비교하면 비디오가 예술 영역에서 받은 환대는 놀랄 만한 것이다.

우리가 비디오 예술이라고 부르는 것은 크게 두 종류의 형식을 갖고 있다. 하나는 특별히 제작된 특정한 내용의 영상을 비디오 모니터나 프로젝터를 통해 다양한 방식으로 제시하는 것으로 영상물의 제작과 전시 방식에 관심을 기울인 것이다. 백남준의 주요 작품이 이에 속한다. 다른 하나는 비디오 기술의 특성을 이용해 특이한 상황을 만들어냄으로써 시간과 공간의 의미에 대해 질문을 던지는 것이다. 폐쇄회로를 이용해 동 시간에 또는 시간차를 두고 다른 공간에서 영상을 상영할 수 있는 비디오 기술의 특성은 현실의 시공간 경험과는 다른 경험을 제공할 수 있다. 그레이엄이나 피터 캠퍼스(Peter Campus)의 주요 작품이 이에 해당한다.

그림 11-6 **Negative Crossing** 피터 캠퍼스, 1974년.

예를 들어, 캠퍼스의 비디오 설치 작품 〈Negative Crossing〉(1974)은 다른 많은 비디오 설치 작품들처럼 비디오를 통해 자신을 관찰하면서 거리를 두고 관찰되는 대상이 되는 관객의 모습을 보여준다. 어두운 방 안에 흰 빛이 비쳐 밝게 빛나는 스크린이 있고 그 앞에는 모니터가 있다. 이 두 장치 사이에 있는 빛이 비친 공간에 들어서면서 관객은 모니터에 자신의 영상이 나타나는 것을 본다. 포지티브 영상 위로 흑백으로 된 네거티브 영상이 겹쳐진 모습이 그것이다. 관객이 스크린을 향해 몸을 돌리면 관객은 그의 뒷모습의 네거티브와 포지티브 영상을 본다. 이 모든 것이 실시간으로 진행된다. 관객은 자신의 뒷모습을 바라보는 자신의 뒷모습을 본다. 즉, 관객은 스크린과 모니터 사이의 빛이 비친 공간에 들어서면서 모니터 뒤에 있는 카메라에 의해 네거티브 영상으로 촬영되고 그 영상은 동시에 모니터와 스크린에 투영된다. 이때 스크린에 투영된 관객의 네거티브 영상이 다시 카메라에 의해 촬영되면서 포지티브 영상으로 바뀌고, 모니터와 스크린에 투영되는 것이다(<그림 11-6>).

이런 식의 비디오 예술은 비디오 장치를 이용해 주체, 대상, 영상 사이의 관계에 대해 질문을 던진다. 사진이나 영화, 텔레비전과는 달리 비디오는 주체, 영상, 대상을 동시에 배치한다. 우리가 보는 바로 그 순간에 우리는 우리 자신에게 보인다. 이러한 상황은 거울을 연상시킨다. 그러나 비디오는 거울과 아무런 공통점이 없다. 우리가 거울을 바라볼 때 거울 속 영상의 형태를 결정하는 것은 우리 눈의 위치다. 거울 속의 영상은 관찰자의 움직임에 따라 변한다. 비디오의 경우, 영상의 형태를 결정하는 것은 카메라의 눈이다. 우리 몸이나 눈의 위치는 모니터에 나타나는 영상에 어떠한 영향도 미치지 않는다.

비디오 영상은 원칙적으로 두 개 장치에 의해 생산된다. 비디오카메라와 모니터가 그것이다. 카메라는 영상을 포착하고 모니터는 그것을 재생한다. 이렇듯 영상의 촬영과 재생이 서로 분리되기 때문에 우리는 결코 비디오 영상 안에서 스스로를 동 시간에 바라볼 수 없다. 내가 나를 촬영하는 카메라 렌즈를 바라보면 나는 모니터에 재생되는 내 영상을 볼 수 없다. 내 영상을 보기 위해서는 모니터를 바라봐야 하는데, 이 경우 모니터 속의 내 영상은 나를 바라보지 않는다. 결국, 비디오 영상에서 나는 결코 거울에서처럼 나 자신을 마주 볼 수 없다. 나 자신의 영상을 마주 보기 위해서 나는 카메라 렌즈를 바라봐야 하는데, 이 경우 나는 모니터에서 재생되는 내 영상과 마주 볼 수 없다. 우리는 스마트폰으로 셀카를 찍을 때 이것을 경험할 수 있다.

이러한 기술적 난제는 완벽한 화상 통화 실현에 걸림돌로 작용한다. 나와 통화하는 사람이 내가 그를 바라본다는 느낌을 갖도록 하기 위해서는 내가 나를 촬영하는 카메라 렌즈를 바라보고 이야기를 해야 하는데, 이때 나는 화면을 볼 수 없기 때문에 내 통화 상대자를 바라볼 수가 없다. 내가 만약 통화 상대자를 바라보며 이야기를 한다면 내 통화 상대자는 내가 다른 곳을 보면서 말을 한다고 느끼게 된다. 따라서 화상전화를 통해 서로 마주 보고 대화한다는 것은 가장된 연극일 뿐이다. 만약 화상전화를 통해 서로 마주 보고 말하는 일상적 대화의 효과를 얻으려면 카메라가 모니터의 화면 속에, 그것도 통화 상대자의 눈에 장치돼 있어야 한다.

비디오 영상 안에서 바라보는 주체는 자신을 주체로 구성하는 역할을 하는 바라보는 행위가 일어나는 바로 그 순간에 그 자신에 의해 바라보이는 대상이 된다. 이렇듯 비디오 영상은 인간이 대상을 마주 보며 주체로 구성되는 그 순간을 대상화한다. 나는 나를 바라보는 나를 비디오를 통해 관찰한다. 비디오 속의 나는 정체성을 가진 주체로서의 내가 아니라 시각적 대상으로서의 육체일 뿐이다. 따라서 인간은 비디오를 통해 정신과 육체의 분리를 경험하게 된다.

이러한 정신과 육체의 분리를 극명하게 경험할 수 있는 상황이 바로 셀카다. 셀카는 주체의 육체를 대상으로 만들고 관찰하고 분석할 수 있게 만들기 때문에, 셀카에 의해 영상화된 육체는 참을 수 없이 이질적이 된다. 우리는 셀카로 촬영한 자신의 영상을 애플리케이션을 통해 수정하면서 자신을 대상처럼 조작한다. 카메라라는 인공의 눈으로 본 육체는 주체와 분리된 대상으로서 시각적으로 제공된다. 주체로부터 육체를 분리시켜 동일한 시간과 공간에 공존시키는 비디오는 현대사회의 정체성 위기를 가장 가시적으로 보여준다. 카메라의 인공 눈이 주체의 눈을 대신하고 카메라가 바라보는 육체의 영상은 모니터에서 차갑게 제시된다. 나는 내 것이 아닌 카메라의 눈이 바라보는 나의 육체를 바라보며 나의 육체로부터 이질적인 존재가 된다. 비디오를 통해 주체는 가장 분명한 방식으로 분열되는 것이다.

6 | 1인미디어의 발달

비디오 제작 장비가 소형화되고 조작과 사용이 편리해지면서 누구나 쉽게 동영상을 제작하는 것이 가능해졌을 뿐만 아니라 인터넷을 이용해 많은 사람들에게 공개하고 유통하는 것이 쉬워졌다. 사람들은 자신의 방, 거실

등 작은 공간을 스튜디오 삼아 자신이 직접 기획·진행·촬영·제작·편집을 한 동영상을 인터넷을 통해 방송하기 시작했다. 이처럼 개인이 스스로 제작한 콘텐츠를 대중에게 제공하고 나아가 경제적

그림 11-7 유튜브 플랫폼 화면

수익까지도 얻을 수 있는 인터넷 기반 서비스를 1인미디어라고 한다. 원래 1인미디어는 인터넷 초기부터 있었던 개인 홈페이지, 미니 홈피, 블로그 등에서부터 시작됐다고 할 수 있다. 지금은 유튜브처럼 비디오 공유 서비스를 제공하는 사이트를 통해 방송을 하는 1인미디어가 일반화됐을 뿐만 아니라 큰 수입을 올리는 산업으로 발전했다.

유튜브는 1인미디어 서비스를 제공하는 업체 중에서 현재 세계적으로 가장 영향력이 큰 기업이다. 유튜브는 누구나 쉽게 비디오 영상을 공유할 수 있는 서비스를 제공할 목적으로 2005년에 설립됐는데, 2006년 구글(Google)에서 인수하고 2007년부터 국가별 현지화 서비스를 제공하면서 알려지기 시작했다. 한국어 서비스가 시작된 것은 2008년부터다. 2009년 유튜브는 세계적으로 월 방문자 수 1억 명을 기록했으며, 2018년 유튜브의 로그인 이용자 수는 18억 명을 넘어섰다(<그림 11-7>).

10대와 20대의 젊은 세대는 텔레비전 프로그램보다 유튜브 1인미디어 방송을 시청하는 것을 선호한다. 이들에게 유명한 유튜브 크리에이터는 할리우드 스타와 비교될 정도다. 유튜브 크리에이터는 유튜브에 개인 채널을 개설하고, 동영상 콘텐츠를 제작·방송하는 1인미디어 사업자를 의미한다. 유튜브 크리에이터는 연예 기획사가 인위적으로 만들어낸 스타가 아니라, 유튜브에 올라온 동영상을 보고 '구독'과 '좋아요'를 누른 이용자들이 만들어낸 스타다. 유튜브에서는 매스미디어에 잘 나타나지 않는 소수의 목소리, 언더그라운드 하위문화, 마니아적 취향을 다룬 내용이 주요한 콘텐츠로 자리 잡고 인기를 누릴 수 있다.

인터넷 사이트는 처음부터 이용자들이 글이나 영상을 마음대로 올리고 공유할 수 있는 방식으로 만들어지고 운영돼 왔다. 이용자들이 자발적으로 제작한 글이나 영상들이 인터넷 사이트의 주요 콘텐츠가 되면서 처음에는 이용자들이 단지 자신들의 재미를 위해 자발적으로 무보수 노동을 하고 있다는 지적이 있었다. 하지만 곧 인터넷 포털사이트나 동영상 플랫폼 사이트 등에서는 콘텐츠를 업로드하도록 이용자들을 유인하기 위해 인기 있는 콘텐츠를 제작하는 이용자들에게 보상을 해주는 다양한 방법을 개발했다. 그중에서 가장 일반화된 것이 바로 광고 수익을 배분하는 것이다. 유튜브의 경우에는 2007년부터 모든 동영상 콘텐츠 제작자에게 광고 수익을 배분하는 '파트너 프로그램'을 도입했다. 광고 수익의 최대 55%는 크리에이터가, 최소 45%는 유튜브가 가져가는 구조로 운영된 이 제도를 통해 기획력과 제작력을 갖춘 크리에이터들이 유튜브에서 개인 채널을 운영하기 시작했고, 큰 성공을 거뒀다.

한국에서는 2006년에 서비스를 시작한 '아프리카 TV'가 먼저 대중적 인기를 끌기 시작했다. '아프리카 TV'는 이용자가 제작자, 진행자, 해설자, 성우 등이 될 수 있는 UGC(User Generated Contents) 방송 플랫폼이다. 방송을 진행하는 1인미디어 사업자를 BJ(Broadcasting Jockey)라고 부른다. 주로 생방송으로 운영되는 '아프리카 TV' 채널은 BJ와 시청자가 실시간 채팅을 통해 친밀한 관계를 형성하는 특징을 보인다. 이런 관계는 이른바 '별풍선' 제도로 가시화됐다. '별풍선'은 개당 100원의 가치를 가진 아이템으로 시청자가 구매해 BJ에게 주는 일종의 선물 역할을 한다. 별풍선 판매를 통한 수익은 선물받은 BJ와 '아프리카 TV'가 7 : 3으로 배분한다. 인기 있는 BJ는 억대의 별풍선 수입을 얻기도 한다.

유튜브나 '아프리카 TV'와 같은 1인미디어 비디오 서비스가 대중적 인기를 끌면서 기존의 매스미디어에서 활동하는 연예인은 물론이고, 대중적 관심을 필요로 하는 정치인들도 1인미디어 방송에 뛰어들고 있다. 이제 1인미디어는 정치·경제·사회·문화·교육·오락·스포츠·여가 등 거의 모든 분야의 인간 활동에 대한 정보와 이야기를 제공하는 채널들도 가득 차 있다. 1인미디어는 이제 오랜 시간 지속돼 온 매스미디어의 지배력을 무너뜨리고 있다. 1인미디어 방송과 텔레비전과 같은 매스미디어의 차이를 비교해 보면 다음과 같다.

매스미디어는 소수의 생산자가 큰 비용을 들여 만든 콘텐츠를 다수의 소비자(사용자)에게 일방적으로 보내는 구조다. 반면에 1인미디어 방송은 누구나 방송의 진행자가 되고 제작자가 됨으로써 생산하고 소비하는 사람의 경계가 명확하지 않다. 이른바 생산자(producer)와 소비자(consumer)가 융합된 생비자(prosumer)를 구현한다.

매스미디어는 각본에 따른 진행과 편집이 필수다. 제작자에서 수용자로 콘텐츠가 전해지는 일방향적 구조다. 1인미디어 방송은 진행자와 시청자 간의 실시간 수평 소통에 따라 방송을 한다. 실시간 채팅 같은 경우가 대표적이다. 이는 양방향 커뮤니케이션 구조를 갖추고 있다. 매스미디어는 중앙집중식 커뮤니케이션을 구현한다. 반면에 1인미디어 방송은 수평적 소통을 지향한다. 매스미디어가 거대 기업조직의 형태를 가진 반면, 1인미디어 방송은 혼자이거나 소집단으로 운영되는 독립 미디어(independent media)다.

12장

컴퓨터 생성 영상

1 | CGI의 개념

컴퓨터 생성 영상(CGI: Computer Generated Imagery), 즉 CGI는 디지털 정보기술을 이용해 제작된 영상을 말한다. 디지털 정보기술은 두 종류의 영상을 생산하는 데 사용된다. 우선 이 기술은 사진이나 영화 같은 기존 영상의 제작 과정에 사용될 수 있다. 이 경우, 전통적 광학 체계에 의해 포착된 영상은 필름(사진, 영화)이나 마그네틱테이프(비디오) 대신에 디지털 정보 저장장치에 기록될 수 있다. 또 이미 제작된 그림, 사진 또는 영화 등이 스캐닝 작업을 통해 디지털 정보 저장장치에 기록될 수 있다. 이러한 영상들은 컴퓨터를 이용한 영상 편집 프로그램에 의해 마음대로 조작·변형이 가능하다. 이것은 컴퓨터 프로그램을 이용해 100% 생성된 영상이라기보다는 '디지털화된 영상'이다.

이와 달리 디지털 정보기술을 통해 완전히 새로운 형태의 영상을 만드는 것도 가능하다. 즉, 순수하게 컴퓨터의 프로그램을 이용해 영상을 제작할 수 있다. 컴퓨터 프로그래밍 언어들로만 영상을 만드는 것이 가능하다. 이렇게 만들어진 영상도 컴퓨터 프로그램을 통해 언제든지 조작, 변형이 가능하다. 이것이 엄밀한 의미의 CGI이다. 컴퓨터를 이용해 제작되는 영상이기 때문에 간단하게 CG(Computer Graphics)라고 하기도 한다.

2 | CGI의 발명

CGI의 발명은 컴퓨터의 발명과 불가분의 관계에 있다. CGI는 컴퓨터 장치 중에서도 특히 흔히 모니터라 부르는 문자표시장치인 컴퓨터용 CRT

(cathode ray tube: 음극선관)의 발명을 필요로 한다. 1946년에 발명된 최초의 전자식디지털컴퓨터로 알려진 에니악(ENIAC)은 복잡한 공식을 빠르게 계산하기 위해 만들어진 것으로 라인프린터를 이용해 결과를 출력했다. 초기의 컴퓨터는 모니터 없이 라인프린터나 XY 플로터에 의해 선이나 도형 같은 기초적인 CGI를 출력했다.

하지만 특수한 목적을 위해 CGI를 제작하고 이용하기 위해서는 CGI를 가시화할 디스플레이장치가 필요했다. 1951년 미국 MIT의 연구진은 음극선을 이용해 숫자, 문자, 영상 등을 화면에 표시할 수 있는 장치인 CRT를 개발했다. 1955년 MIT 연구진은 CRT를 이용해 미국 국방성의 방공 시스템, 즉 세이지(SAGE: Semi Automatic Ground Environment)를 개발하는 데 성공했다. 이 시스템은 레이더에 잡힌 각 물체를 점이 아닌 약정된 기호로 나타냈다. 작업자가 모니터 위의 물체에 대해 알고 싶을 때 광선총을 컴퓨터 모니터에 갖다 대면 원하는 정보를 얻을 수 있었다(<그림 12-1>).

1960년 미국 보잉사는 CRT를 이용해 보잉 737 여객기를 설계하는 데 성공함으로써 CAD(Computer Aided Design) 시스템을 완성했다. 1962년 MIT의 이반 서덜랜드(Ivan Sutherland)는 CRT 화면에 나타난 도형이나 영상을 라이트펜이나 조이스틱 트랙볼 등의 기능키를 사용해 화면 위에서 수정·가필할 수 있는 시스템인 스케치패드(Sketchpad)에 대한 아이디어를 발표했다. MIT, 벨연구소 등 여러 연구소들과 제너럴 모터스(GM), 록히드항공사와 같은 기업들이 스케치패드 기술을 계속 발전시켰다.

이처럼 CGI 기술은 컴퓨터 발명 초기부터 정부나 기업의 주도로 군사적·경제적 목적을 위해 적극적으로 개발되기 시작했다. 1970년대 들어 컴

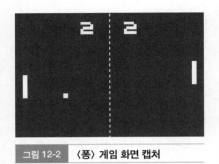

〈퐁〉 게임 화면 캡처

퓨터 기술이 발전하면서 그래픽 관련 기술도 점점 발전했다. 도색이 가능한 CRT가 개발됐고, 모든 제조업에서 CAD가 일반화되기 시작했다. 1970년대 후반에는 도형 중심의 그래픽 기술이 인간의 얼굴과 같은 구체적인 형태를 표현할 수 있는 애니메이션 기술로 발전했다. 이러한 CGI 기술이 비디오 기술과 접목되면서 광고나 비디오 예술 등 분야에서 새로운 영상을 만들어내는 데 사용되기 시작했다. 또한 NASA 등에서는 CGI를 이용한 비행 시뮬레이션 프로그램을 개발하기 시작했다. CGI 기술은 이제 2차원 영상에서 벗어나 3차원 영상을 제공할 수 있게 됐다.

CGI가 가장 먼저 적극적으로 활용됐고 현재에도 광범위하게 사용되는 분야는 디지털 게임 분야다. 1972년 미국의 컴퓨터게임 회사 아타리는 〈퐁(pong)〉이라 불리는 흑백의 CGI를 이용한 최초의 게임을 개발했다. 이것은 두 개의 막대가 공을 서로 튕겨 보내는 일종의 탁구 게임이었다(〈그림 12-2〉). 1977년 아타리는 게임 카트리지를 바꿔가며 게임을 즐길 수 있는 컴퓨터게임 시스템을 개발했다. 이 게임이 큰 인기를 끌면서 컴퓨터게임에 대한 사회적 수요가 증가했다. 1980년 최초의 개인용 컴퓨터(PC)로 개발된 애플의 등장으로 컴퓨터는 군사적·산업적 목적에서 벗어나 개인적인 용도로 사용되기 시작했다. 1980년대부터 CGI를 이용한 다양한 디지털 게임이 등장해 큰 인기를 끌었다. 1990년대 들어 개인용 컴퓨터가 보급돼 컴퓨터용 디지털 게임이 대중화됐고, 운영체제 UI가 CGI를 기반으로 제공되면서 사람들은 CGI에 익숙해져 갔다.

영화산업도 CGI를 적극적으로 사용하는 분야다. 1974년 컴퓨터의 연산 프로그램을 이용해 형태를 변형시키는 방식으로 제작된 애니메이션 〈허기

(La Faim)〉가 캐나다에서 제작됐다. 1982년에는 실사와 CG를 합성한 장편 영화 〈트론(Tron)〉이 제작돼 사람들에게 시각적인 충격을 주었다. 1986년 에는 100% CGI 단편영화 〈앙드레와 윌리 B의 모험(The Adventures of André & Wally B.)〉이 제작됐다. 1993년에 제작된 〈쥬라기 공원(Jurassic Park)〉에서 는 CGI로 제작된 공룡들이 영화의 주요 캐릭터로 등장했다. 1995년에는 100% CGI로 구성된 상업용 장편영화 〈토이 스토리(Toy Story)〉가 제작돼 흥행에 성공함으로써 CGI 애니메이션 시대가 열렸다. 이후 CGI는 영화 제 작 과정에서 꼭 필요한 중요한 기술이 됐다.

디지털기기의 사용자는 CGI로 구성된 게임이나 프로그램을 조작하기 위 해 초기에는 키보드, 마우스, 조이스틱과 같은 장치를 이용했다. 그러나 2000년대에 들어서서 특히 스마트폰과 같은 기기들이 대중화되면서 터치 스크린처럼 손가락을 이용해 직접 영상을 조작하는 장치가 사용되고 있다. 터치스크린 장치는 시각뿐만 아니라 촉각을 이용해서도 CGI와 상호작용 할 수 있게 만듦으로써 영상 사용 방식을 획기적으로 변화시켰다. 터치스 크린 기술에 대한 아이디어는 1960년대에 이미 등장했다. 이후 여러 산업 분야에서 다양한 방식의 터치스크린 장치가 개발됐다. 하지만 터치스크린 이 대중의 일상생활에서 의미 있는 기술로 자리 잡은 것은 2007년 애플의 스마트폰인 아이폰이 출시되면서부터다. 멀티 터치스크린 기술을 이용한 아이폰은 단지 CGI로 구성된 스마트폰의 화면을 손으로 만지는 행위만으 로 전화에서부터 사진 촬영, 인터넷 서핑, 문자 전송 등 다양한 작업을 할 수 있는 기능을 갖추고 있었다. 이후 멀티 터치스크린 기술은 CGI를 조작 하는 보편적 기술이 됐다.

한편, 1970년대부터 군사·의학·산업 분야에서 훈련용 시뮬레이션 작업 을 위해 개발·사용되던 가상현실(VR: Virtual Reality) 기술은 2010년 간편하 게 착용할 수 있는 헤드셋 장치 오큘러스 리프트(Oculus Rift)의 개발로 일반 인들의 접근이 용이해지면서 대중화되기 시작했다. 2015년에는 스마트폰을 이용해 VR을 체험할 수 있는 기술과 장치들이 개발되고 다양한 콘텐츠들이 제작돼 VR은 누구나 쉽게 경험할 수 있는 기술이 됐다.

VR 기술의 발달과 함께 현실의 영상에 가상의 영상을 결합한 증강현실(AR: Augmented Reality) 기술도 개발됐다. AR 기술은 주로 광고와 오락 분야에서 적극적으로 사용되고 있다. 2016년 AR 기술을 기반으로 출시된 게임 〈포켓몬 고〉는 현실 세계의 영상 안에 CGI로 구현된 가상의 포켓몬이 등장하도록 한 후 사용자가 포켓몬을 포획하고 훈련시켜 다른 포켓몬들과 대전하게 함으로써 세계적으로 인기를 끌었다. 이것은 AR 기술이 대중화됐음을 알린 사건이었다.

3 | CGI의 특성

1) 비물질성

CGI는 현실에 존재하는 사물과는 전혀 관계없는 영상이다. 이러한 의미에서 CGI는 회화에 비교될 수 있다. 회화는 구상이든 비구상 영상이든, 현존하는 대상과 필연적으로 연결돼 있을 필요가 없다. 즉, 그림 안에 재현된 어떤 대상도 실제로 존재하는 사물과 직접 연결돼 있을 필요가 없다. 그림 안에 재현된 대상이 특정한 사물과 형태 면에서 유사하다는 것을 수용자가 나중에 발견할 수는 있지만, 그 대상이 특정한 사물과 직접 관련되어 있다는 객관적 증거는 어디에도 없다. 그림의 대상과 현실의 사물을 연결하는 유일한 요소는 형태적 유사성이다. 그런데 앞에서 봤듯이 형태적 유사성은 사회적 인정을 통해 수용자에 의해 부여되는 것이다. CGI에 의해 표현된 형상도 특정한 사물과 닮아 보일 수 있지만, 그 사물과 직접적으로 연결돼 있지는 않다.

그림 12-3　3D 모델링 과정

회화와 CGI의 큰 차이점 중 하나는 바로 재료에서 찾을 수 있다. 회화는 물감, 기름, 물 등의 물질적인 재료로 제작되는 데 비해, CGI는 기본적으로는 0과 1이라는 수의 배열인 컴퓨터 프로그램을 통해 제작된다. CGI를 만들기 위해서는 원근법, 시선의 각도, 빛과 어둠의 정도, 색감의 차이 등 눈에 보이는 모든 것을 픽셀마다 계산해 저장해야 한다. 우리는 이렇게 각각의 픽셀에 저장된 정보들을 아주 쉽게 수정할 수 있다. 각각의 픽셀은 무제한으로 통제되고 조정될 수 있다. 이러한 이유로 CGI는 비록 완성된 후에도 큰 어려움 없이 변형하거나 원상복구 할 수 있다. 하지만 회화는 이런 작업이 사실상 불가능하다.

CGI가 또한 움직이는 삼차원의 영상일 수 있다는 사실 또한 회화와 CGI를 구분시킨다. 삼차원 영상이라는 말은 단순히 입체감을 주는 영상이라는 의미가 아니다. 단순한 입체감만이 문제라면, 이차원 영상도 얼마든지 입체감을 주도록 제작할 수 있다. 삼차원 영상은 X, Y, Z의 세 가지 좌표를 축으로 해서 제작되기 때문에 우리가 눈으로 볼 수 있는 면 외에도 볼 수 없는 면을 영상 자체에 항상 포함하고 있다(<그림 12-3>). 반면에 이차원 영상은 아무리 입체감이 있어도 우리에게 보이는 것만이 영상의 모든 것이다.

회화의 경우 드러나 보이는 것이 회화 영상의 전부라면, CGI의 경우는 드러나 보이는 것 외에도 보이지 않는 부분들이 영상 안에 존재한다. 그래서 일단 완성된 회화는 원래의 영상을 파괴하지 않는 한 영상의 변형이 불가능한 데 비해, CGI의 경우는 원래의 삼차원 영상을 여러 각도에서 돌려보는 것이 가능하기 때문에 가시적인 영상의 형태를 끝없이 변화시킬 수 있도록 한다. 그림을 기반으로 한 애니메이션과 CGI 애니메이션 사이의 근본적 차이가 바로 여기에서 발견된다. 대상이 회전할 때 셀 애니메이션은 회전하는 대상의 각각의 면을 하나씩 그림으로써 회전을 재현하지만, CGI 애니메이션은 이미 삼차원으로 만들어진 대상을 회전시키면 된다. 그래서 CGI 애니메이션을 흔히 3D 애니메이션이라고 한다.

이처럼 픽셀의 정보를 무한히 수정할 수 있고 눈에 보이지 않은 면을 포함한 삼차원 영상이라는 점에서 CGI는 모델의 형태로만, 즉 디지털 정보로만 존재한다. 이 모델-영상으로부터 CGI는 언제든지 수정될 수 있고, 통제될 수 있다. 각각의 픽셀은 n개의 정보를 저장하는데, 우리는 이 정보를 조정하면서 무제한으로 영상을 수정·변형시킬 수 있다. 따라서 CGI는 거의 무한정한 영상의 잠재태다. 어떤 의미에서 CGI는 완성이란 존재하지 않는 영원한 미완성의 영상이라고 할 수 있다. CGI가 스크린이나 모니터 등을 통해 가시화될 때 그것은 완성된 것이지만 동시에 거의 무한한 수의 다른 영상들을 내포한다는 점에서 잠재적인 영상이다. 이런 의미에서 CGI는 "잠재력을 가진 영상"(Couchot, 1987: 90)이라고 할 수 있다.

CGI에서 형상들은 쉼 없이 변형되고 변환될 수 있다. 우리가 흔히 '모핑(morphing)'이라고 부르는 기법을 통해 CGI는 하나의 형상을 다른 형상으로 전혀 어색하지 않게 변하는 것을 보여준다. 확실히 이러한 항구적인 변형은 만화영화에 의해서도 표현될 수 있다. 그러나 만화영화는 형태들의 변형을 재현하지만, CGI는 변형을 내재한다는 차이가 있다. 모델-영상으로서의 CGI는 변형을 재현하는 것이 아니라 구현하는 영상이다.

2) 사실성

포토리얼리즘이라는 말이 의미하듯이, 사물의 형태를 가장 사실적으로 재현하는 영상은 사진이라고 할 수 있다. 현실 세계는 광학 체계가 강제하는 하나의 시점을 바탕으로 구성되는 이차원 사진 영상 속에서 아주 사실적으로 재현된다. 사진과 같은 광학적 영상은 현실 세계의 물리적 흔적이다. 모든 광학적 영상은 현실 세계의 존재를 전제한다고 말할 수 있다. 광학적 영상이 화성의 표면이나 심해의 모습 등과 같이, 일상적 감각으로 느끼기에는 거의 '가상적'인 수준의 세계를 보여줄 수도 있다. 하지만 광학적 영상은 자신이 재현하는 현실 세계의 존재를 부정할 수 없다.

반면에, 수학적 프로그래밍 언어로 만들어지는 CGI는 현실의 사물과 어떠한 물리적 접촉 관계도 없다. 이런 점에서 CGI는 그림과 비슷하다. 하지만 그림과는 달리 CGI는 대상을 재현하지 않는다. 엄밀히 말하자면, 우리는 CGI의 대상에 대해 말할 수 없다. 왜냐하면 CGI는 대상을 재현하기보다는 그 자신이 대상으로 존재하기 때문이다. CGI는 대상의 충실한 모방이나 복제라기보다는 대상을 창조하거나 흉내(simulation)낸다. CGI가 현실에 존재하는 물체나 사람을 모방한다 해도 그 목적은 그들을 단순히 재현하는 것이 아니라 그들의 형태를 가지고 독자적으로 작동하는 존재를 만들어내는 것이다. 은행의 현금자동입출금기(ATM) 모니터에 있는 숫자 버튼의 CGI는 현실의 버튼을 재현하는 것이 아니라 현실의 버튼과 동일한 방식으로 작동하면서 실제적으로 작업한다.

CGI는 현실의 대상처럼 작동하기 위해 만들어지기 때문에, 최대한 현실의 인물이나 사물과 형태적으로 유사해지고자 한다. 사진이나 영화와 같은 광학적 영상과 구분할 수 없을 정도로 사실적인 형태를 가질수록 CGI는 좀더 쉽게 현실의 대상처럼 작동할 수 있다. CGI 제작자들은 단위 면적당 픽셀 수를 최대한 늘리고 사진 기술이 구현한 선원근법을 충실히 따르려 노력한다. 사물의 명암, 질감, 빛의 반사와 굴절 등은 사진처럼 사실감을 주도록 계산돼 영상에 반영된다. AI에 의한 딥러닝(deep learning)이 CGI 제작에 사용되면서 훨씬 적은 비용과 시간으로 더욱더 사실적인 CGI를 제작하는 일이 가능해졌고, 사진이나 영화 같은 광학적 영상에 CGI를 합성해도 알아차리기 어려울 정도로 사실적인 CGI 제작이 이뤄지고 있다. 이미 사망한 배우를 CGI로 구현해 현실의 배우와 함께 연기하는 모습을 담은 영화를 만들 수도 있고, 기존 영상에 재현된 사람의 얼굴을 다른 사람의 얼굴로 완벽히 바꿔치기 할 수도 있다. 관객은 별다른 이질감 없이 이미 사망한 배우와 살아 있는 배우가 함께 연기하는 모습을 영화에서 볼 수 있으며, 실제로 촬영한 영상과 합성한 영상 사이의 차이를 구분할 수 없다.

CGI는 비록 사진과 같은 광학적 영상처럼 대상의 흔적으로서의 지표가 되지는 못하지만, 광학적 영상이 가진 사실성을 구현하려 한다. CGI의 사실성은 CGI가 가진 삼차원성과 운동성 때문에 더욱 두드러진다. 움직임을 표현할 수 있는 삼차원 영상으로서 CGI는 이차원의 정지된 영상인 사진이나 움직임을 표현할 수는 있지만, 이차원 영상인 영화, 비디오(텔레비전 포함) 영상보다 훨씬 더 큰 현실감을 제공한다. 이미 CGI는 여러 영화에서 광학적 영상과 함께 사용되고 있으며, 관객이 영화에 사용된 CGI를 카메라가 촬영한 실제 대상과 구분하기는 매우 어렵다. CGI의 사실성은 VR이나 AR과 같은 시각 장치들의 효과를 극대화하는 데 기여한다.

그림 12-4 https://thispersondoesnotexist.com 사이트 캡처

실제로 촬영된 광학적 영상과 인위적으로 제작된 CGI 사이의 구분이 불가능할 정도로 완벽히 조작된 영상을 만드는 기술은 사실과 거짓 사이의 구분을 어렵게 한다. 예를 들어, 영상 조작기술인 딥페이크(deepfake)는 영화와 같은 픽션의 등장인물은 물론이고, TV 뉴스와 같은 현실을 전달하는 프로그램 진행자까지도 만들어낸다. 이들은 실제 사람과 동일한 사실성을 갖고 영상에 재현된다. 2019년 공개된 '이 사람은 존재하지 않는다(This Person Does Not Exist)'라는 이름의 웹사이트에서 볼 수 있는 사람들의 얼굴 사진은 완전히 진짜로 보이지만,

그런 얼굴을 한 사람들은 실제로는 존재하지 않는다(<그림 12-4>). 이처럼 광학적 영상인지 CGI인지 육안으로는 구별할 수 없는 영상들은 영상의 이용과 관련된 기존의 관습, 법, 문화를 혁명적으로 변화시킬 힘을 갖고 있다.

3) 상호작용성

단순히 사실적인 영상을 원한다면 CGI보다는 사진이나 영화와 같은 광학적 영상을 제작하는 것이 더 쉽게 사실적인 영상을 제공할 수 있는 방법이다. 또 단순히 허구의 상상적인 영상을 원한다면 CGI보다 그림을 그리는 것이 더 쉽고 간단할 수 있다. CGI가 제공하는 공간적 현실감도 파노라마 장치나 입체영화, 홀로그램을 통해 상당 부분 제공할 수 있다. 하지만 CGI는 이러한 속성을 모두 갖는 동시에 상호작용이 가능한 영상을 제공한다.

CGI는 제작자 또는 수용자의 작용에 반응할 수 있다. 한마디로 CGI는 상호작용적인 영상이다. 이러한 의미에서 CGI는 기존의 모든 영상과 다르다. 각종 시뮬레이션 장치나 비디오게임의 경우, 조작자의 명령에 대한 영상의 반응은 거의 즉각적이다. 즉, 영상과 조작자 사이에는 일종의 대화 관계가 형성된다. 우리는 키보드, 마우스, 전자펜, 손가락, 심지어는 입김을 가지고 영상을 조작할 수 있다. 에드몽 쿠쇼(Edmond Couchot)가 미셸 브레(Michel Bret), 마리엘렌 트라뮈스(Marie-Hélène Tramus)와 함께 제작한, 이미 고전이 된 CGI 작품 〈나는 바람에 씨를 뿌린다(Je séme à tout vent)〉(1990)에서 우리는 대단히 미세한 방식으로 작용하는 시뮬레이션을 볼 수 있다. 이 작품에서 우리는 대형 스크린 위에서 CGI로 된 민들레꽃이 마치 산들바람에 흔들리듯 움직이는 것을 본다. 관객이 스크린 위의 민들레꽃을 향해 입으로 바람을 불어주면 꽃씨들이 흩어지며 날아간다. 꽃씨들이 다 떨어지면 새로운 민들레꽃이 생기고 다시 새로운 시뮬레이션이 가능해진다. 영상은 관객의 입김에 민들레 꽃씨들이 실제로 반응하듯이 움직인다.

착용 가능한 디스플레이 기기들과 동작 인식 장치들을 이용해 우리가 경험하는 VR은 현실과 동일한 존재감을 주면서 조작자의 움직임에 반응한다. CGI로 만들어진 세계는 방문할 수 있고 탐사할 수 있으며 심지어는 만져볼 수도 있다. CGI는 이제 더 이상 바라보는 물체가 아니라, 그 안에서 행동할 수 있는 하나의 세계를 만들어낸다.

관객과 영상 사이의 상호작용은 그림에서 비디오에 이르는 전통적인 영상이 만들어내는 관객과 영상 사이의 거리를 없앤다. CGI는 이제 거리를 두고 바라봐야만 하는 사물이 아니라, 즉시 접근할 수 있고 수정 가능한 것이 된다. 이렇게 해서 CGI는 주체와 대상 사이의 미디어가 되는 것을 멈춘다. CGI는 대상을 재현하는 것이 아니라 스스로를 대상으로 제시한다.

4) 현재성

CGI는 잠재적 영상이다. 베르그송(Bergson, 1993)에 따르면, 잠재적인 것(the virtual)은 실재(the real)와 반대되는 것이 아니라 현재적인 것(the actual)과 반대되는 것이다. 잠재적인 것은 현재적인 것과 동등한 수준으로 실제적이다. 그런데 CGI가 시간의 영향을 전혀 받지 않는 비물질적 재료로 제작된다는 점에서 CGI의 영역에서 잠재적이라는 용어는 과거의 축적, 기억, 지속적 시간 또는 의식과 같은 뜻을 지닐 수 없다. CGI는 항상 현재(present)로서 지각된다. CGI에서 시간의 축적으로서의 과거는 존재하지 않는다. 만약 과거가 존재한다면 그것은 영원한 현재의 형태로서 존재한다. 시간의 영향력 밖에 있는 불변의 영상으로서 말이다.

CGI의 시간성이 영원한 현재라는 것은 CGI와 대상 사이의 관계를 통해 더욱 명확히 드러난다. 광학적 영상과는 달리 CGI는 존재하는 물체의 흔적을 기록하지 않는다. CGI는 독자적인 형상을 만들어 그 자체로 충분한 시각적 존재성을 그것에 부여한다. CGI는 어떤 사물의 외형을 복제하는 것이 아니라 어떤 형상 자체를 구현한다. CGI는 그 자체로 고유한 존재 이유를 가진 형상을 제시한다. CGI가 제공하는 형상은 CGI와 함께, CGI 안에서 존재한다. 따라서 CGI가 구현하는 것은 CGI가 현재적인 것(actual)이 되기 이전에는 어떠한 존재성도 갖지 않는다. 잠재적 상태의 CGI가 구현하는 형상은 보이지도 않고, 만질 수도 없으며 조작할 수도 없다. 현재적인 것이 되기 전까지 CGI는 현실의 것처럼 드러나지 않는다. CGI에 의해 구현되는 형상은 CGI가 현재화될 때만 존재하는 것처럼 제시된다. 그것은 과거도 없고 미래도 없으며 현재만을 살아갈 뿐이다. 따라서 CGI에 의해 구현된 형상이나 VR은 영원한 현재의 현실이다. VR은 밖으로 향한 어떠한 출구도 없이 안으로 접혀 자신 안에 스스로 갇혀 영원한 현재를 산다. 그것은 바로 순수한 '여기 지금'의 존재다.

4 | 디지털 복제 시대의 영상

디지털 기술이 영상 제작에 불러일으킨 가장 근본적인 변화는 재료의 대체다. 디지털 기술은 개념적 재료, 즉 비물질적 재료로 영상을 만든다. CGI는 물리적 형태로 존재하지 않는다. 우리는 CGI를 모니터 화면 위에 나타낼 수도 있고 종이 위에 인쇄할 수도 있지만, CGI의 진정한 존재는 메모리 카드 안에 저장할 수 있는 수학적 언어의 형태로 발견된다. 수학적 언어로 만들어지기 때문에 CGI는 불멸의 존재다. 시간은 CGI의 질에 전혀 영향을 미치지 않는다. 그림에서 비디오 영상까지 아날로그 방식으로 처리된 영상들은 시간이 흐르면서 그 질이 변하지만, CGI는 시간에 관계없이 항상 같은 질을 유지한다. 또 같은 이유로 CGI의 재생산이나 복제란 존재하지 않는다. CGI의 복제는 수학적 언어의 복제이기 때문에 한 CGI의 모든 복제품은 특별한 조작을 가하지 않는 한 원칙적으로 100% 동일하다.

문제는 전통적인 작품을 디지털 기술로 복제할 때 생긴다. 베냐민은 예술 작품의 기계적 복제는 작품을 시리즈로 재생산하고 그 재생산물에 일정한 지위를 제공하면서 작품의 아우라를 제거한다고 주장했다. 그런데 베냐민이 보지 못했던 것은 시간의 흐름과 더불어 기계적으로 복제된 재생산물도 나름의 아우라를 획득하게 된다는 사실이다. 시간의 흐름과 더불어 시리즈로 대량 복제·생산된 사진도 '지금 여기에 있는 유일한 존재'로서의 독특한 물질성을 갖게 된다. 유일한 작품을 복제한 표준화된 대량생산품이었던 광학적 영상이 이제는 스스로 유일한 것이 된다. 그것은 바로 시간이 복제물에 유일하고 독특한 삶을 만들어주기 때문이다. 복제물은 시간이 흐름에 따라 일정한 질적 변화를 가지며, 그 과정을 통해 독특한 형태를 획득한다. 이렇게 복제물은 모두 동일한 형태를 가진 표준화된 단순한 대량 산물로 존재하는 것이 아니라 자신만의 시간과 자리를, 즉 자신만의 유일한 역사를 갖게 된다. 예를 들어, 같은 필름에서 인화된 사진이라도 수첩에 간직한 채 오랜 시간이 흘러 빛바래고 가장자리가 낡은 사진은 시간의 흔적을 고스란히 간직하므로, 새로 인화된 사진과는 다른 시간적 고유성을 획득한다.

그런데 디지털 복제는 시간의 영향을 받지 않기 때문에 기계적 복제가 중도에서 실패한 아우라의 파괴를 완수한다. 디지털 복제물은 작품의 원형태를 완벽하게 유지하면서 예술 작품이 가지지 못한 편재성을 부여한다. 인터넷망 덕분에 복제물은 세계 어디에나 동시에 존재할 수 있게 되는 것이다. 디지털기기가 인터넷망에 접속돼 있다면 디지털 복제물은 언제 어디에서나 원형의 모습대로 나타날 수 있다. 게다가 수학적 언어로 만들어지기 때문에 한 작품의 시리즈로 생산된 디지털 복제물들은 모두 완벽하게 같은 모습을 갖는다. 그들은 서로 100% 동일하다. 모든 디지털 복제물은 자신만의 독특한 시공간 골격을 가지고 있지 않다.

디지털로 복제된 영상은 언제든지 조작이 가능하다. 디지털 복제품의 등장으로 예술 작품이 가지고 있던 의례 가치는 영원히 사라졌고, 그것의 전시 가치마저도 사라지고 있다. 디지털 복제물은 숭배의 대상도 아니고 관찰의 대상도 아니다. 그것은 조작이 가능한 물체일 뿐이다. 이제 이러한 조작 가치가 영상의 수용 과정에서 지배적인 역할을 하게 된다.

디지털 복제물이 가진 조작의 용이성은 원작의 아우라를 또 다른 방식으로 파괴한다. 디지털로 스캔된 원작은 더 이상 '지금 여기'라는 침범할 수 없는 독특성을 지니지 않는다. 복제물은 언제 어디에서나 볼 수 있을 뿐만 아니라 조작할 수 있다. 비물질적인 존재 양식을 가지고 있기 때문에 디지털 복제물은 관찰자와의 물질적 접촉을 허용하지 않는다. 우리는 단지 화면 위의 영상 형태로만 디지털 복제물에 접근할 수 있다. 우리는 그것을 확대하고 회전시키고 복사하고 자르고 변형시키는 등의 여러 조작을 할 수 있지만, 이러한 조작은 단지 화면 위에서만 이뤄진다. 즉, 어떠한 물리적 접촉도 없이 조작이 행해지는 것이다. 이렇듯 영상의 조작이 물질적 부분의 변화를 내포하지 않기 때문에 디지털화된 영상의 원형은 원한다면 다시 그대로 복원될 수 있다. 디지털 복제물을 조작하는 것은 반드시 원본과 다른 또 하나의 독특한 영상을 만들어내는 것을 의미하지 않는다. 이와 달리 기계적으로 복제된 영상들의 경우에, 예를 들어 콜라주(collage)처럼 영상에 가해지는 조작들은 또 하나의 독특한 작품을 제작하는 수단이 된다.

만약 우리가 기존의 관습적 영상이나 광학적 영상의 디지털 복제에서 CGI의 디지털 복제로 분석 대상을 옮긴다면, 작품의 아우라에 대한 문제는 영원히 사라져버린다. CGI로 만들어진 작품은 어떠한 정보 손실도 없이 무제한 복제가 가능하다는 점에서 유일한 작품이 될 수 없다. CGI의 경우, 최초의 영상과 그것의 복제물 사이에 양과 질의 모든 측면에서 아무런 차이가 없다는 점에서 원작이 존재하지 않는다. 같은 영상이 동시에 여러 다른 장소에 존재할 수 있다. 작품의 유일무이한 현존성은 영상의 편재성에 의해 대체된다. 사방에 동시에 존재하는 CGI는 모든 이에게 열려 있고 모든 이에 의해 조작이 가능하다.

그런데 모두가 쉽게 CGI를 제작할 수 있는 것은 아니다. 비교적 조작이 간단한 카메라 같은 기계와는 달리 컴퓨터를 조작해 CGI를 만드는 것은 쉽지 않다. 컴퓨터를 통해 영상을 조작하는 것은 컴퓨터와 관련 프로그램에 대한 많은 지식을 필요로 한다. CGI를 제작하기 위해서는 사진 영상을 만들 때처럼 단추 하나를 누르는 것만으로는 충분치 않다. 프로그래밍에 대한 전문적 지식을 갖춘 사람들과 자본이 필요하다. 아마도 이것이 초기의 CGI가 군, 영상산업, 커뮤니케이션 분야 등에서 우선적으로 사용된 이유 중 하나일 것이다. 다양한 프로그램의 개발로 디지털 기술을 이용한 영상 조작이 점점 더 쉬워지고 있기는 하지만, 영상을 제작하는 프로그램 자체의 개발은 아직까지 전문가의 영역에 속한다.

  예술 분야에서 CGI가 사용된 것은 훨씬 나중의 일이다. 사진이나 텔레비전과는 달리 CGI는 예술 분야에서 적대적인 반응을 불러일으키지 않았다. 오히려 디지털 기술이 충분히 일반화되자 예술가들은 즉시 그것에 대해 특별한 관심을 표시했다. 이렇게 디지털 기술이 예술 영역에 쉽게 도입될 수 있었던 것은 아마도 사진과 영화가 많은 어려움을 겪으며 예술 분야에서 한자리를 차지하게 된 것이 예술 영역에 새로운 기술이 도입되는 데 대해 예술가들의 관용도를 높이는 데 기여했기 때문이기도 하지만, 컴퓨터가 기계라기보다는 도구적인 속성이 많다는 점도 도움이 됐을 것이다. 즉, 카메라와는 달리 컴퓨터는 예술가가 그것을 가지고 자신의 의도를 충분히 드러낼 수 있다는 인상을 준다. 바르도네슈(Bardonneche, 1995: 82)는 이렇게 말했다. "눈은 화면과 그 화면이 제시할 수 있는 영상들의 은하수 속에 빠져들고 뇌는 기계의 뇌에 접속한 채, 이 풍부함 속에 자리 잡은 조물주로서 예술가는 검열하고 감시하고 선택한다. 기술의 봉쇄와 논리에 맞서 예술가는 선별의 의도와 엄격함을 보여준다."

  예술가가 컴퓨터에 대해 느끼는 이러한 친밀감에도 불구하고 컴퓨터는 여전히 이해하기 어려운 장치다. 컴퓨터의 메커니즘과 명령체계는 눈에 보이지 않고 통제하기가 어렵다. 대부분의 경우, 예술가는 프로그래밍 전문가에 의해 미리 만들어진 프로그램을 가지고 영상을 제작한다. 따라서 예술가는 이미 존재하는 프로그램에 의해 제시된 기능들에 의존하면서 영상을 제작하는 것이다. 그는 어떤 언어로 프로그램이 만들어졌는지 모른 채 프로그램에 의해 제시된 기능을 조작하는 것을 배우는 데 만족한다. 그런데 프로그램에 의해 제시된 기능의 수가 한정돼 있다는 점에서, 이론적으로 그 프로그램에 의해 제작 가능한 영상의 수 또한 제한돼 있다. 달리 말해, 예술가의 창조성은 예술가가 사용하는 프로그램에 의해 제작 가능한 영상의 수 안에 머물러야 한다는 것이다. 우리는 심지어 영상의 형태가 예술가가 개입하기 전에 이미 프로그램에 의해 부여돼 있다고도 말할 수 있다. 즉, 디지털 장치의 속성이 가능한 영상의 모습을 미리 결정하는 것이다.

5 | CGI의 사회문화적 영향

1) 불확실한 세계

비물질성, 사실성, 상호작용성, 현재성과 같은 CGI의 기술적 속성은 기본적으로 영상이 오랫동안 실재와 유지해 왔던 재현의 관계를 근본적으로 위기에 빠뜨리면서 인간이 영상을 매개로 실재와 맺어온 관계에도 큰 변화를 불러왔다. CGI는 실재를 객관적으로 재현하는 광학적 영상이 가진 것과 유사한 사실성을 갖고 있으면서 동시에 상상의 세계를 상징적으로 재현하는 관습적 영상에 비견되는 창조성을 갖고 있다. 게다가 CGI는 현실의 인물이나 사물이 가진 상호작용성을 갖고 있다. CGI는 실재와 아무런 물리적 연결관계나 인과관계를 갖지 않으면서도 현실과 비슷한 시공간의 느낌을 제공한다. 이것이 가능한 것은 CGI가 현실의 시공간에서 얻은 데이터를 기반으로 허구의 세계를 창조하기 때문이다. CGI는 실재에서 얻은 데이터로 만들어지지만 허구의 세계를 제시한다. 또한 CGI가 제시하는 허구의 세계는 실재의 데이터를 기반으로 하기 때문에 완전한 허구도 아니다. 결국, CGI는 실재이면서 허구인 세계를 제시함으로써 실재와 허구 사이의 오래된 이항대립 구도를 파괴한다. 그 덕분에 CGI는 현실 시공간의 제약들을 받지 않으면서 '지금 여기'라는 단 하나의 양식 위에서 실재처럼 제시되는 허구의 가상현실을 제공한다.

CGI는 지금까지 보이지 않았고 알려지지 않았던 것을 형상화함으로써 실재를 창조한다. 그런데 보이지 않는 것을 형상화하는 기능은 CGI만이 가진 것이 아니다. 예를 들어, 서구에서 중세 시대 영상은 보이는 현실이 아니라 보이지 않는 신을 재현하는 수단이었다. 영상은 인간과 신 사이의 중개 수단으로 이용됐다. 르네상스가 돼서야 영상은 다시 인간이 눈으로 보는 것을 재현할 수 있었다. 르네상스의 사람들은 눈에 보이는 것을 재현하는 방식을 합리화하려고 시도했다. 기하학적 원리를 바탕으로 하나의 고정된 눈이 바라보는 방식으로 영상의 공간을 구성한 것이다. 이처럼 그림에 재현되는 공간을 통제한 후에 사진, 영화, 텔레비전의 등장을 통해 시간을 통제하는 것이 가능해졌다. 결국, 인간은 광학적 영상을 이용해 현실의 시공간을 합리적인 방법으로 재현하게 됐다.

앞에서 설명했듯이, 기존의 영상들과 CGI의 가장 큰 차이점은 기존의 영상들이 대상을 영상 형태로 재현하는 데 반해, CGI는 대상을 재현하는 것이 아니라 스스로를 대상으로 제시한다는 데서 찾을 수 있다. 기존의 영상에서 대상과 주체는 서로 분리된 별개의 존재로서 영상을 매개로 서로 만난다면, CGI를 통해서는 대상과 영상 사이의 구분이 사라지고 주체 또한 대상을 바라보는 별개의 존재라기보다는 영상 안에 잠긴(immersion) 존재가 된다.

주체는 영상을 통해 대상을 바라보면서 대상과 거리 두기를 시도한다.

그림 12-5 **VR 체험**

영상이 주체가 파악하고 이해한 대상의 모습을 외화한 것(관습적 영상)이든, 주체의 의지와 별개로 존재하는 기계에 의해 생산된 영상(광학적 영상)이든, 기존의 영상들은 모두 바라보는 주체와 바라보이는 대상 사이의 확고한 분리를 바탕으로 구성된 사회의 상징적 질서를 유지하는 데 기여한다.

그런데 CGI는 스스로를 대상으로 제시함으로써 주체와 대상 사이의 분리를 어렵게 한다. 나비가 나의 꿈을 꾸는지 내가 나비의 꿈을 꾸는지 모른다고 한 장자(莊子)처럼 CGI가 제시하는 세계에 빠진 인간은 자신의 행위에 반응하는, 그러나 존재하지 않는 대상 앞에서 자신의 행위에 대한 확신을 잃으며 대상에 대한 믿음을 갖지 못한다. 대상은 항상 나에게 대립해 존재함으로써 내가 자기동일성을 가진 확고한 실체임을 일깨워주는 역할을 한다. 그런데 CGI를 통해 구현되는 대상은 잠재적이고 가능하지만, 반드시 존재한다고는 말할 수 없는 것이 됐다. 결국, 이러한 불확실한 대상을 마주하는 주체의 자기동일성(정체성)도 불확실해진다.

CGI가 제공하는 세계의 모습은 실제로 존재하지 않는 가상의 세계라는 점에서 꿈의 세계와 비슷하다. 꿈에서도 주체와 대상의 관계는 대단히 불명확하다. 하지만 꿈은 기본적으로 주체에 의해 생산된 정신적 영상이라는 점에서 주체의 욕망과 기억에 의해 그 모습이 결정된다. 반면에 CGI에 의해 제시된 세계는 실재하지는 않지만 현실과 유사한 사실성을 갖고 있을 뿐만 아니라 주체의 작용에 반응하는 세계다. 즉, CGI의 세계는 주체의 기억과 욕망에 저항하는 나름의 존재 양식을 가지고 있다. CGI가 제시하는 세계는 가상의 세계이지만, 일정한 현실적 구속력을 가진 세계다.

CGI는 현실에서 존재하지는 않지만 사실성과 현실적 구속력을 가진 세계를 제시한다. 이 가상 세계 안에서는 영상과 대상 사이의 재현 관계가 부재하거나 불명확해지고 주체는 영상(대상)과 유희적 관계를 맺는다. 딥페이크 기술을 이용해 실제로는 존재하지 않는 인물이나 사건을 마치 존재하는 것처럼 영상으로 제시하는 행위는 영상과 대상 사이에 유지되던 기존의 재현관계를 심각하게 훼손시키고 파괴한다. 또한 대상을 재현하는 것이 아니라 스스로를 대상처럼 제시하면서 주체와 상호작용 하는 CGI와의 관계 안에서 주체는 영상에 가하는 자신의 행위에 대해 책임질 필요가 없기 때문에 유희적 태도를 취하게 된다. 가상 세계 안에서는 사회적 법이나 규칙, 관습에 따라야 하는 현실원리가 아니라 자신의 욕망을 즉각 충족시키는 데 열중하는 쾌락 원리에 따라 행동하는 것이 가능하기 때문에 CGI와의 상호작용을 통해 주체가 얻는 쾌감은 매우 클 수밖에 없다. CGI를 이용한 수많은 게임들이 정신적 의존과 중독을 초래할 수 있는 위험이 있는 것은 이런 이유에서다.

　　CGI가 가상 세계를 제시하는 데 머무르지 않고 현실 세계의 대상을 재현하는 과정에 개입하면서 현실의 정치적·사회적 이슈를 건드릴 경우 심각한 문제를 초래할 수 있다. CGI는 광학적 영상이 가진 사실성을 구현할 수 있기 때문에, 예를 들어, 일반적인 시지각으로는 사진과 CGI를 구별할 수 없다. 더구나 사진이나 동영상 일부를 CGI 기술을 이용해 변형할 경우에는 조작의 흔적을 발견하기 더욱 어려워진다. 이런 기술을 이용해 현실의 사건을 조작하거나 날조할 경우에 진짜와 가짜, 사실과 허위 사이의 구분을 바탕으로 유지돼 온 사회적 제도와 가치판단에 혼란이 야기될 수 있다. 광학적 영상이 가진 다큐멘터리로서의 힘과 기능은 매우 약화될 것이고 영상은 오직 유희 수단으로서만 이용될 것이다.

2) 즉각적 쾌락의 사회

3장에서 기술했듯이 근대사회는 사회적 관계에서는 인간의 이성과 합리성을 기반으로 하고, 자연과의 관계에서는 주체와 대상 사이의 분리를 기반으로 관찰·분석·정복·착취의 모습을 보여준다. 그리고 영상은 시각을 통해 주체와 대상 사이의 분리를 확고히 하고 대상에 대한 관찰과 분석에 기여한다.

반면에 탈근대성은 인간의 이성을 기반으로 한 합리적이고 계약적인 사회의 형성이라기보다는 감정이입을 통한 감성적이고 비합리적(non-rational)인 공동체의 형성 현상을 통해 나타난다. 자연과의 관계에서도 주체와 대상 사이의 분리가 불분명해지고 나르시시즘의 관계가 나타나는 것, 현재의 쾌락을 추구하는 것이 탈근대성의 특성이다.

보드리야르(Baudrillard, 1981)는 현대사회에서 모든 영상이 어떠한 현실과도 관계를 맺지 않은 채 자기 자신만을 지칭하는 순수한 시뮬라크르가 된다고 주장하면서 모든 영상이 재현하는 것과 재현되는 것 사이의 구분이 없는 시뮬레이션 차원에 들어가 있다고 본다. 시뮬레이션 차원에서 영상은 다른 영상을 지칭하고, 그 영상은 또 다른 영상을 지칭하는 방식으로 영상들이 연쇄적으로 서로를 지시하는 관계에 놓이게 됨으로써 영상이 지칭해야 하는 진정한 기의인 대상은 영원히 후퇴해 버리고 기표인 영상들만이 서로를 지칭하게 된다. 결국, 보드리야르는 현대의 커뮤니케이션은 기의가 존재하지 않는 기표들만의 소통이 됐기 때문에 기표와 기의의 분리, 주체와 대상의 분리라는 근대성의 중심 사유체계는 붕괴됐다고 본다.

이와 같은 보드리야르의 접근방식은 모든 영상을 기호라는 보편적인 개념으로 접근하기 때문에 각 영상이 가진 기술적 특성에 따라 발생하는 차이들을 무시해 버리는 문제가 있다. 영상의 기술적 속성을 통해 주체와 대상 사이의 관계가 달라질 수 있다는 것을 보지 못할 수 있는 것이다. 영상을 통한 주체와 대상과의 관계를 영상이 가진 기술적 특성의 관점에서 접근할 필요가 있다. 영상이 가진 기술적 속성을 통해 탈근대성을 가장 잘 드러내 보여주고, 어떤 점에서는 탈근대성의 여러 요소를 조장하기까지 하는 영상이 바로 CGI다. 오히려 광학적 영상은 탈근대적 현상에 대한 부분적인 역행 도구로 기능하기도 한다. 예를 들어, 도로나 빌딩 곳곳에 설치된 감시 카메라, 교통법규 위반 현장을 사진 찍는 범칙금 사냥꾼들은 감시하는 자와 감시받는 자의 분리를 통해 철저한 통제·관찰·착취의 상징이 된다. 교통 감시카메라에 찍힌다는 것은 부유하는 기표가 아니라 현실적 제약(범칙금)을 초래하는 사실이다.

앞에서 살펴봤듯이, CGI는 본질적으로 0과 1로 구성된 수의 조합으로 이뤄진다는 점에서 구체적인 물질의 형태가 아니라 정보의 형태로 존재한다. CGI가 정보의 형태로 존재한다는 것은 현실의 시간과 공간의 제약으로부터 대단히 자유롭다는 것을 의미한다. CGI는 현실의 시간과 공간으로부터 직접적인 영향을 받지 않는 정보 형태로 존재하면서 필요한 경우에만 자신만의 시간과 공간을 만들어내면서 현재화된다.

CGI는 주체와 영상 사이에서 이뤄지는 상호작용에 의해 형태가 결정된다. 쿠쇼(Couchot, 1987)에 따르면, 디지털 정보기술에 의해 구현된 주체와 영상 사이의 이러한 상호작용성은 사회적 커뮤니케이션 과정에 아주 큰 변혁을 불러일으킨다. 그는 서로 분리된 송신자와 수신자가 메시지를 교환하는 형태의 커뮤니케이션, 즉 메시지의 부호화, 전달, 수신, 해독 등을 통해 매개되는 커뮤니케이션이 아니라 직접적이고 즉각적으로 접촉하고 감염되고 융합되는 형태의 커뮤니케이션이 등장한다고 주장한다.

가상현실을 탐닉하다가 현실 생활에 대한 감각을 잃어버리는 사람들의 경우에서 볼 수 있듯이 CGI는 주체와 대상 사이의 관계를 모호하게 만들면서 인간이 가진 주체로서의 자의식에 혼란을 가져올 수 있다. 전통적인 의미의 영상은 주체를 위해 대상을 지시하는 기능을 함으로써 바라보는 자로서의 주체와 보이는 자로서의 대상을 분리하고, '그(영상)'를 통해 '너(대상)'

를 바라보는 '나(주체)'가 있는 상징계(le Symbolique)로 인간을 진입시킨다. 하지만 CGI에서는 '나'가 바라보는 '그'와 '너'의 관계가 불명확해짐으로써 '나'가 '그'를 통해 '너'와 분리되지 못한 채 '나'와 '너'가 융합된 상상계 (l'Imaginaire)에 인간을 가둬둔다. CGI가 시각적이면서 동시에 촉각적이라는 사실은 주체와 영상 사이의 실효적(effective) 상호작용을 가능하게 함으로써 주체가 영상을 대상으로 간주하게 만든다. 그런데 문제는 이 영상이 현실 시공간 속에는 존재하지 않는다는 점에서 발생한다. 이처럼 실재하지 않은 영상을 실재하는 대상으로 간주하다 보면 신문의 사회면을 종종 장식하는 것처럼 가상현실에 빠져 현실감을 잃어버리는 일이 발생한다.

제3의 존재인 '그'의 개입을 통한 '나'와 '너'의 구분은 사회를 구성하는 기본적인 인식론적 구조다. 근대성의 시대에서 영상은 주체와 대상 사이를 매개하면서 주체가 대상을 관찰하고 표현하는 수단으로, 또 주체가 대상에 대한 욕망을 투사하는 수단으로 기능하면서 어떤 의미에서는 바로 상징계에 필요한 제3자의 역할을 해왔다고 볼 수 있다. 그런데 CGI에서는 재현되는 대상의 존재가 모호해짐으로써 실재의 존재에 대한 불안감이 커질 수밖에 없다. 실재의 존재를 명확히 파악할 수 없다는 불안은 인간의 정신적 공황을 야기하고, 인간은 이러한 정신적 공황에서 벗어나기 위해, 아니 어쩌면 이러한 정신적 공황을 즐기기 위해 더욱 자극적이고 감각적인 영상과의 접촉을 요구하게 된다. 거리를 두고 눈으로 보는 영상이 아니라 만질 수 있는, 만진다는 환상을 주는 영상을 요구하는 것이다.

실재의 존재에 대한 확신이 사라지면서 현재를 기반으로 설계돼야 하는 미래에 대한 믿음도 소멸된다. 실재의 존재를 확신할 수 없는데 실재가 미래에도 존재할 것이라는 것은 더더욱 확신할 수 없기 때문이다. 더는 미래를 믿지 않고 진보를 꿈꾸지 않으며 전망하지 않는 사회는 찰나의 쾌락만을 추구하게 된다. 지금 여기에서 얻을 수 있는 즐거움이 가장 중요한 것이 된다. 불확실한 세계에서 가장 확실한 것은 내가 지금 여기에서 느끼는 쾌락이기 때문이다. 현재를 판단·비판하고 미래를 설계하기 위해 이성에 호소하기보다는 지금 이 순간을 즐기기 위해 감각과 감성에 의존한다. 세계를 관찰하고 분석하는 것이 중요한 것이 아니라 얼마나 강렬한 시각적 자극을 얻을 수 있는지가 중요해진다. 이러한 시대정신은 모든 영상의 제작과 수용에 영향을 미친다. 그리고 그 중심에 CGI가 있다.

현대사회에서 몸에 대한 관심이 증폭하는 것 또한 이러한 인식론적 변화와 맥을 같이하는 것이라 볼 수 있다. 지금 여기에서 쾌락을 즐길 수 있는 대표적 미디어가 바로 몸이기 때문이다. 흥미롭게도 촉각적인 미디어인 몸이 이처럼 부각되는 것은 이 시대의 지배적인 영상인 CGI가 단순히 시각에만 호소하는 미디어라기보다는 육체적 접촉을 전제로 함으로써 시각과 촉각 모두에 호소하는 미디어라는 사실과도 관계가 있을 것이다.

13장

전자 영상미디어의 미학

1 | 섬광 세계

현대사회는 전자 영상미디어가 지배하는 사회이다. 전자 영상미디어란 전자 디스플레이장치를 사용하는 미디어를 말한다. 텔레비전 프로그램부터 시작해서 최근의 CGI를 이용한 다양한 영상 콘텐츠까지 모든 영상이 전자 디스플레이장치를 통해 구현된다. 텔레비전 수상기, 각종 모니터, 노트북, 태블릿, 스마트폰 등 우리가 사용하는 거의 모든 영상 기기들이 전자 디스플레이장치를 사용한다. 음극선관(CRT)부터 시작해서 PDP, LCD, LED, OLED 등에 이르기까지 다양한 방식의 전자 디스플레이장치들이 발명돼 사용되고 있다. 전자 디스플레이장치들은 모두 자체적으로 빛을 발산하는 방식으로 영상을 구현한다. 또한 단순히 영상을 시각적으로 제시하는 데 그치는 것이 아니라 터치스크린 기술과 결합해 사용자의 접촉에 반응하는 영상을 구현한다.

전자 디스플레이장치를 사용하는 텔레비전, 모니터, 노트북, 태블릿, 디지털사이니지(Digital Signage), 스마트폰 등의 기기들은 다양한 크기를 갖고 있지만 거의 모두 사각형의 틀을 갖고 있다. 디스플레이장치의 크기는 사용자와의 거리에 따라 결정된다. 스마트폰을 볼 때와 건물 벽에 붙은 디지털사이니지를 볼 때 적절하다고 여겨지는 사용자와 디스플레이장치 사이의 거리는 다르다. 사용자의 눈이 디스플레이장치에 너무 가까이 있어도 영상을 지각하기 힘들지만 디스플레이장치의 크기에 비해 너무 멀리 떨어져 있어도 곤란하다.

인간의 눈은 끊임없이 움직인다. 눈은 대상 전체를 단번에 지각하는 것이 아니라, 반짝거리거나 움직이는 의미 있는 세부 요소를 연속적으로 보는 방식으로 대상을 지각한다. 세부 지점마다 짧게 머무르는 방식으로 지각을 하기 때문에 우리는 눈에 포착된 시야의 모든 것을 단숨에 본다고 느끼지 않고, 시야의 중앙에 위치한 부분들만을 보고 있다고 느낀다. 눈은 망막에서 시세포가 가장 잘 분포된 중심와에 포착된 영상을 집중적으로 지각하는 일종의 정신적 줌(zoom)을 사용해 가상적인 확대를 한다. 중심와를 통해 포착된 부분은 주변부보다 더 선명히 지각되며 실재보다 더 크고 더 입체적으로 보인다. 중심와에 포착된 중심 부분이 선명하고 명확한 영상으로 지각되는 반면, 주변부의 모습은 상대적으로 약하게 지각되기 때문에 주변부는 대개 중심부의 영상을 기반으로 추론된다.

우리가 전자 영상미디어에 나타난 영상을 볼 때도 눈은 끊임없이 움직이면서 영상을 지각한다. 전자 디스플레이장치가 구현하는 영상은 우리 눈이 보는 전체 풍경 안에서 작은 부분을 차지한다. 예를 들어, 우리가 텔레비전을 시청하는 경우를 생각해 보자. 텔레비전 화면은 비교적 작기 때문에 텔레비전 시청 행위는 겉으로는 수동적인 관람 형태를 띠고 있지만, 작은 화면의 요소들을 명확히 파악하기 위해 텔레비전 화면을 중심와에 위치시켜야 하는 등 시각적 지각을 위해 상당한 노력이 요구된다. 눈의 망막에 맺힌 텔레비전 영상의 크기는 몇 밀리미터에 불과하지만, 우리는 집중적인 종합과 상상 활동을 통해 텔레비전이 보여주는 가시 세계를 완전히 파악한다.

텔레비전, 태블릿, 스마트폰과 같은 여러 전자 영상미디어의 영상은 시청자의 눈을 통해 항상 클로즈업처럼 확대돼 지각된다. 시청자는 망막에 맺힌 미니어처와 같은 작은 영상 세계를 온전히 파악하기 위해 화면 위의 모든 것을 확대해 보는 상상적 지각 활동을 벌인다. 이처럼 확대해 보는 작업은 시청자들이 보는 것을 친숙한 세계로부터 분리시키고, 신선하고 새로운 것처럼 느껴지게 한다.

전자 영상미디어가 보여주는 작은 영상 세계는 현실 세계의 부분이지만 광학적으로, 시각적으로 확대되고 왜곡된 것이다. 시청자가 그 세계를 시각적으로 줌인하고 줌아웃할 수 있다는 점에서 그 세계는 현실 세계와는 달리 시청자가 지배하는 세계이며, 위험이 없는 세계다. 시청자는 그 세계를 시각적으로 쉽게 소유한다. 전자 영상미디어의 번쩍이는 섬광은 시청자의 관심을 끌고, 시선을 통해 시청자를 그 섬광 세계로 유인한다. 전자 영상미디어가 보여주는 섬광 세계를 지각하기 위해 모든 시각적 능력을 동원하고 시각적 자극에 감정적으로 반응하는 동안 시청자의 지적 활동은 일시 정지된다.

전자 영상미디어가 제공하는 영상을 지각하는 동안 정지되는 것은 지적 활동만이 아니다. 시청자의 삶도 정지된다. 전자 영상미디어가 보여주는 다양한 영상 콘텐츠는 현실 세계를 사는 사람들의 기쁨, 슬픔, 고통을 보여주고, 시청자들은 그것을 간접적으로 체험한다. 하지만 그 간접 체험은 시청자 자신의 기쁨, 슬픔, 고통을 증가시키거나 감소시키지 않는다. 전자 영상미디어의 섬광 세계 속에 시각적으로 흡수돼 간접 체험을 하는 동안 시청자의 개인적 삶은 발전하거나 완성되지 못한 채 정지된 상태로 머문다.

아브롱(2005)은 전자 디스플레이장치를 이용한 텔레비전이 보여주는 섬광 세계와 우리의 관계가 지각적 믿음에 기반을 두고 형성된다고 주장한다. 텔레비전이 보여주는 섬광 세계는 현실 세계와 똑같은 자명함을 갖는다. 텔레비전 화면의 섬광 세계와 텔레비전 수상기를 둘러싼 주위 세계가 얽혀 있는 혼합물은 시각적으로 명확히 지각되는 자명한 세계다. 메를로퐁티(Merleau-Ponty, 1964: 48)가 "세계에 대한 지각적 현존은 …… 믿음이지 지식이 아니다"라고 말했듯이, 시각적으로 지각된 세계도 현존한다고 우리는 믿는다. 이런 지각적 믿음을 통해 전자 영상미디어의 섬광 세계는 자명한 세계로 지각된다. 현실 세계와 전자 영상미디어의 섬광 세계는 동일한 지각적 믿음의 대상이 된다. 지각적 믿음은 자연적 물체와 인공적 영상, 실재와 가상 등을 구분하기 이전에 존재하는 것이기 때문이다. 전자 영상미디어의 섬광 세계와 주위 세계가 서로 구별되기 전에 우선 지각적 믿음이 개입한다. 우리는 아침에 눈을 뜨면 항상 그곳에 존재하는 세계가 있을 것이

그림 13-1 **섬광 세계 앞에 앉은 시청자**

라고 믿는 것처럼 텔레비전이나 스마트폰과 같은 전자 영상미디어의 화면을 볼 때마다 화면과 스피커가 뭔가를 보여주고 말할 것이라고 믿는다. 그런 믿음이 없다면 우리는 그런 전자 영상미디어의 스위치를 켜지 않을 것이다. 그것은 무엇인가가 이미 그곳에 있다는 믿음이 현실 세계와 섬광 세계를 지각하기 전에 이미 존재한다는 것을 말해준다.

현실 세계에 대한 어떤 의견보다도 지각적 믿음이 먼저이듯이 전자 영상미디어의 섬광 세계가 가진 현실 효과도 지각적 믿음에서 비롯된다. 내가 보는 영상을 믿는 것은 그것이 어떤 사물과 닮아 있기 때문이 아니다. 메를로퐁티(Merleau-Ponty, 1964: 48)의 말대로 영상에 대한 나의 믿음은 "내가 내 시선을 통해 세계에 접속돼 있다는 확신"으로부터 나온다. 전자 영상미디어는 이 믿음을 이용해 우리를 사로잡는다. 전자 영상미디어는 현실 세계를 축소해 그것을 대체할 수 있는 섬광 세계로 만들어 보여줌으로써 오히려 현실 세계를 증가시킨다. 우리의 지각적 믿음이 그것을 가능하게 만든다.

우리는 전자 영상미디어를 시청하면서 그것이 보여주는 영상 세계가 있다고 믿는다. 전자 영상미디어는 내 몸의 접촉 한계를 넘어선 어딘가에 내 시각을 통해 접촉되고 경험되는 세계가 존재한다는 것을 확인하게 해준다. 그렇기 때문에 우리는 몇 시간이고 전자 영상미디어 화면을 보면서 앉아 있을 수 있다. 전자 영상미디어 화면 위에 나타나는 어떤 것이 정말로 있다는 믿음은 그것을 지각하는 데 눈속임이나 환영은 없다는 일종의 신뢰를 만들어낸다.

현실 세계에 대한 믿음과 전자 영상미디어 세계에 대한 믿음은 서로를 지지한다. 그리고 보는 것과 믿는 것을 교환하면서 전자 영상미디어 전반에 대한 신뢰를 만들어낸다. 시청자는 전자 영상미디어의 콘텐츠를 신뢰하고 콘텐츠 제작자를 신뢰하며 전자 영상미디어가 전달하는 내용을 신뢰한다. 이것은 오늘날 전자 영상미디어가 가진 강력한 사회적 영향력의 기반이 된다.

그런데 지각적 믿음이 맹목적인 것은 아니다. 믿음은 매순간 불신과 의심에 의해 위협받는다. 믿음은 우선 감각을 넘어서는 과다한 자극에 의해 흔들릴 수 있다. 전자 영상미디어 영상이 지나친 자극을 전달할 경우 시청자는 발작을 일으키거나 환영과 최면을 경험할 수 있다. 실제로 1997년 12월 일본 어린이 다수가 텔레비전에서 방영된 애니메이션 〈포켓몬스터〉를 시청하다가 발작을 일으켰다. 이런 현상은 전자 영상미디어의 섬광 세계와 현실 세계 사이의 균형이 깨지고 섬광 세계가 현실 세계를 압도했기 때문에 발생한다. 이에 대한 해결책은 전자 영상미디어 주위를 밝게 하고 멀리 떨어져 시청함으로써 섬광 세계와 주위 세계 사이의 균형을 맞추는 것이다.

또한 자극이 너무 적을 때도 지각적 믿음은 흔들린다. 현실 세계를 지각할 때는 보는 것, 듣는 것, 만지는 것이 서로 뒤섞인다. 전자 영상미디어의 섬광 세계를 지각하는 경우, 소리는 영상이 존재하고 있다는 것을 믿게 하는 중요한 기능을 한다. 따라서 소리가 약하거나 영상과 부합하지 않을 경우 지각적 믿음이 흔들릴 수 있다. 소리 없이 동영상만을 보는 것은 지겨움을 유발하지만, 비현실적인 느낌을 주기도 한다.

전자 영상미디어가 제공하는 콘텐츠에 대한 지각적 믿음을 강화하기 위해 여러 기술이 개발된다. 기술자들은 현장감을 줄 수 있는 큰 화면과 고화질 디스플레이 기술을 개발하고 영상뿐만 아니라 소리에도 입체감을 주고자 노력한다. 고화질 대형 화면, 스테레오 음향, 3D 영상 장치, 멀티 터치스크린에 이르기까지 지각적 믿음을 유지하기 위한 기술적 개발이 계속된다.

전자 영상미디어의 섬광 세계는 일차적으로 카메라를 통해 취사선택 된 현실 세계의 파편들로 구성된다. 카메라는 프레이밍을 통해 특정 부분을 촬영하고 다른 부분은 제외시킨다. 또 초점이나 렌즈의 조작, 카메라의 이동 등을 통해 촬영된 부분 중 일부를 강조하거나 흐리게 만든다. 카메라에 의해 촬영된 영상들은 다시 편집을 통해 조작된다. CGI로 만들어진 가상현실의 세계도 카메라로 촬영된 현실 세계처럼 구현된다. 카메라로 촬영된 현실 세계의 파편들과 CGI를 봉합선이 보이지 않도록 이어붙이는 것도 중요하다. 이렇게 해서 전자 영상미디어의 섬광 세계는 현실 세계의 파편들과 CGI로 만들어진 새로운 세계를 보여준다.

전자 영상미디어의 섬광 세계는 우리가 몸으로 느끼는 감각세계가 아니라 그것을 흉내낸 유사 감각세계다. 따라서 우리 몸의 감각으로 섬광 세계의 존재를 즉각 검증할 방법은 없다. 또한 전자 영상미디어의 섬광 세계는 계속 변한다. 텔레비전은 '흐름'의 방식으로 끊임없이 프로그램을 송출하고 디지털사이니지 영상들도 쉴 없이 바뀌면서 사람들의 시각을 자극한다. 인터넷과 연결된 태블릿과 스마트폰 화면들도 사용자의 손길에 반응하면서 무궁무진한 섬광 세계를 보여준다. 전자 영상미디어가 연속적으로 보여주는 섬광 세계를 사용자는 여행할 수 있게 된다. 좀 더 정확히 말하자면 사용자는 여행한다고 생각하게 된다. 전자 영상미디어는 마치 세계 곳곳을, 나아가 우주 곳곳을 보여주는 것을 사명으로 삼고 있는 것처럼 보인다. 전자 영상미디어의 섬광 세계는 누구나 보고 싶고, 가고 싶어 할 가장 매력적이면서 신기한 세상을 보여준다.

전자 영상미디어 화면에서 나타나는 섬광 세계는 현실의 주위 세계에 둘러싸여 있다. 우리는 지각적 믿음을 통해 이 두 세계를 동시에 믿는다. 이두 세계는 모두 단숨에 부여된 것이기 때문이다. 섬광 세계와 주위 세계는서로 침투하고, 사용자와 전자 영상미디어도 서로 침투한다. 전자 영상미디어가 사용자 안에 들어오고 사용자는 전자 영상미디어 안으로 들어간다. 메를로퐁티(Merleau-Ponty, 1964: 188)가 말한 것처럼 "만져지는 것과 만지는 것의 순환이 있다. 만져지는 것은 만지는 것을 잡는다. 보이는 것과 보는 것의 순환이 있다. 보는 것은 보이는 존재 없이 존재하지 않는다". 감각하는 주체와 감각되는 대상은 서로 뒤바뀔 수 있는 관계라고 할 수 있다. 그런데 섬광 세계와 현실 세계의 관계는 단순한 대체 관계가 아니라 포함관계다. 그것은 내가 세계 안에 존재하는 것과 같은 관계다. 메를로퐁티(Merleau-Ponty, 1964: 183)가 "모든 시각에는 근본적인 나르시시즘이 있다"라고 말했듯이 전자 영상미디어를 보면서 내가 보는 것은 나 자신의 시선이다.

2 | 전자 영상미디어의 특성

전자 영상미디어가 가진 기술적 특성에 주목한 아브롱(2005)은 전자 영상미디어가 진동(vibratile), 휘발(volatile), 변덕(versatile), 장황(volubile)이라는 네 가지 성향이 있다고 주장한다. 각각의 성향은 특정한 심리적 상태와 연관이 있다. 진동성은 일종의 불안(가만히 있지 않는다는 어원적 의미에서의 불안)과, 휘발성은 가벼움과, 변덕은 보수성과, 장황은 탐욕과 관계가 있다. 미디어 자체가 메시지라고 한 매클루언의 말처럼, 전자 영상미디어의 특성이 전자 영상미디어가 담은 메시지에 결정적인 영향을 미친다는 것이 아브롱의 생각이다.

첫째, 진동은 어떤 특성을 말하는가? 전자 디스플레이장치의 주사선을 따라 연속적으로 번쩍이는 점들은 일종의 빛의 경련 효과를 발생시킨다. 이 빛의 떨림 현상에 스피커의 진동판을 통해 나오는 소리의 떨림이 더해진다. 이 시청각적 진동은 자극과 단절로 이뤄져 있다. 전자 영상미디어의 영상은 여러 단절로 구성된다. 화면 위에 비연속적인 방식으로 배치된 발광체 사이의 단절, 주사선 사이의 단절, 광도가 다른 영역 사이의 단절, 장면 사이의 '컷(cut)' 등 단절을 통해 전자 영상미디어의 영상이 구성된다. 그런데 비연속성은 자극을 강화한다는 점에서 자극과 단절은 상호 보완적이다.

진동의 특성은 전자 영상미디어 영상을 소란스럽게 만든다. 계속 바뀌는 영상, 빠르게 지껄이는 말, 끊이지 않는 음향효과, 중단되지 않고 계속되는 송출, 끊임없이 증가하는 채널 등, 전자 영상미디어가 보여주는 영상의 특징은 결코 멈추지 않고 계속된다는 것이다. 만약 전자 영상미디어 영상이 멈춘다면 그것은 죽는 것이다. 작동하지 않는 디지털사이니지, 전원이 꺼진 텔레비전, 먹통이 된 스마트폰은 단순히 기계의 작동 중지로 인식되는 것이 아니라 주변 사람들의 기분까지도 우울하게 만드는 어떤 삶의 종말처럼 여겨진다.

전자 영상미디어는 가시 세계를 항상 자극시켜 움직이게 만든다. 화면의 크기, 관찰 거리, 눈의 광학적·해부학적 구조 때문에 사용자의 눈은 항상 움직이면서 끊임없이 영상의 표면을 향한다. 주사선을 따라 점멸하는 빛에 따라 끊임없이 갱신되며, 움직이는 영상들은 잠깐도 멈출 권리가 없는 눈과 만난다. 사실 전자 영상미디어의 화면 자체가 눈처럼 작동한다. 그것은 활동적으로 움직이면서 "아무것도 보지 않지만 모든 것을 보여주는 다른 눈"(아브롱, 2005: 153)이라 한다. 전자 영상미디어는 모든 것을 보여주는 눈이지만, 동시에 눈을 속이는 것이기도 하다. 전자 영상미디어의 영상은 일종의 광학적 환영이기 때문이다. 전자 영상미디어의 영상은 조직된 가짜 가시 세계를 보여주지만, 우리는 그것을 알면서도 그 세계를 마치 가시 세계를 보듯이 받아들인다.

둘째, 전자 영상미디어의 휘발적 특성이란 영상과 소리가 점차 소멸하는 현상을 가리킨다. 전자 영상미디어의 영상과 소리는 자연스럽게 공기 중으로 증발된다. 그것들은 나오는 순간 사라지며 기억에 남지 않는다. 그렇기 때문에 전자 영상미디어는 돌이킬 수 없이 지나가는 순간에 대한 노스탤지어를 불러일으킨다. 휘발성은 전자 미디어가 가진 기본적 특성이기도 하다. 우리는 녹음이나 녹화 등 여러 가지 저장 기술을 이용해 어느 정도 휘발성을 막을 수 있다. 하지만 전자 영상미디어 영상의 소비는 언제나 현재에 초점을 맞춘다는 점에서 휘발성은 전자 영상미디어의 피할 수 없는 속성이다.

셋째, 전자 영상미디어의 섬광 세계는 표면적 수준에서 끊임없이 변하는 변덕적 속성을 갖는다. 전자 영상미디어의 콘텐츠는 항상 현재에서 소비되기 때문에 보수적이다. 전자 영상미디어의 영상 콘텐츠를 소비하는 것은 마치 아프리카 부족의 전통 춤을 즐기는 것과 유사하다. 둘 다 현재 순간에서의 완전한 감각적 몰입을 요구하기 때문이다. 그런데 아프리카 부족의 전통 춤은 현재 진행 중인 리듬에 의해 발현되고 효과를 발휘한다. 이 전통 춤은 현재 순간에만 존재하기 때문에 리듬 단위들이 따로 분리되거나 성찰돼 발전할 수 없다. 다시 말해, 춤의 혁신이 일어나기 힘들다는 것이다. 전자 영상미디어도 가시 세계를 현재 보여주는 작업에 특화돼 있다. 이미 알려진 내용을 얼마나 효율적이고 자극적인 방식으로 시각화하느냐는 문제가 전자 영상미디어의 콘텐츠 제작을 지배한다. 전자 영상미디어의 창조성은 산업적 연구를 통한 기계의 끊임없는 정교화와 작업의 생산성 영역에서 드러난다. 영상물의 내용과 같은 소프트웨어 영역에서가 아니라 전자 영상미디어 기계장치의 개발과 같은 하드웨어 영역에서 주로 창조성이 발휘되는 것이다. 예를 들어, 같은 장소를 보여주더라도 드론을 이용해 보여주는 것이 더 효율적이다. 전자 영상미디어의 섬광 세계는 깊이 변할 수도 없고 변하려고도 하지 않는다. 단지 표면적으로 새로운 것이 도입될 뿐이다. 동일한 영상들을 다른 장치로 제작하고, 다르게 편집하면서 전자 영상미디어의 섬광 세계는 표면적으로는 끊임없이 변한다.

넷째, 전자 영상미디어의 장황함은 나선형으로 쌓이면서 축적되는 수집에서 비롯된다. 전자 영상미디어는 통제할 수 없는 과다한 식욕을 가진 미디어다. 전자 영상미디어는 끊임없이 영상과 소리를 내보내야 한다. 전자 영상미디어에서는 동일한 형식이 반복될 뿐이며 변화는 일어나지 않는다. 변화하지 않은 채 현재에서만 소비되기 때문에 전자 영상미디어는 끊임없이 표면을 갱신한다. 표면을 계속 갱신하기 위해서는 엄청난 양의 영상과 소리가 필요하다. 전자 영상미디어는 백과사전적 모델에 따라 가능한 한 많은 것을 축적한다. 겉모습들만이 수집되고 축적된다는 점에서 그것은 진동, 휘발, 변덕이라는 전자 영상미디어의 속성에도 일치하는 일이다. 전자 영상 미디어의 이런 장황함은 수집된 자료의 관리라는 새로운 문제를 불러일으킨다. 계속 쌓여가는 텔레비전 프로그램의 관리, 유튜브 동영상의 관리 문제가 중요해진다.

3 | 전자 영상미디어 광고의 특성

진동, 휘발, 변덕, 장황이라는 전자 영상미디어의 특성은 어떤 콘텐츠보다도 광고를 통해 가장 잘 드러난다. 광고는 기본적으로 잠재적 소비자들의 주의를 끌고 그들에게 호의적으로 평가되고 기억될 수 있는 메시지를 전달함으로써 상품이나 서비스, 혹은 기업이나 인물에 대한 태도를 변화시키고 궁극적으로는 구매와 같은 특정한 행동을 유발시키는 콘텐츠다. 전자 영상미디어를 통해 제공되는 광고도 우선적으로 시청자들의 주의와 관심을 끌기 위해 제작된다. 광고의 이런 목적을 달성하기 위해서는 전자 영상미디어가 가진 기술적 특성을 최대한 활용할 수밖에 없다. 현대 자본주의 사회에서 광고는 전자 영상미디어 산업을 유지시키는 가장 중요한 재원이며, 가장 다양한 형식을 통해 가장 유행하는 음향과 영상의 제작 방식을 보여주는 콘텐츠다. 전자 영상미디어의 콘텐츠에서 광고가 차지하는 비중은 매우 높다. 특히 디지털사이니지는 광고를 전달할 목적으로 운영되는 경우가 대부분이다. 전자 영상미디어의 네 가지 특성이 광고를 통해 어떻게 드러나는지를 자세히 살펴봄으로써 전자 영상미디어가 제공하는 영상의 미적 속성을 알아보도록 하자.

1) 진동하는 광고

전자 영상미디어는 화면에서 점멸하는 빛의 점들로 구성된 영상을 통해 메시지를 전달한다. 화면의 주사선을 따라 배열된 발광체들은 우리 눈이 지각하지 못할 정도로 빠르게 점멸하면서 전체적인 영상을 지각할 수 있도록 한다. 이 빛들은 주위 세계보다 더 밝게 빛나면서 영상을 뚜렷이 지각하도록 이끈다. 하지만 전자 영상미디어 광고가 시청자의 주의를 끌기 위해서는 이런 섬광만으로는 부족하다. 정지된 영상은 시청자의 주의를 오래 끌지 못하기 때문이다. 따라서 전자 영상미디어 광고는 쉼 없이 바뀌는 영상들로 구성된다. 한 영상이 다른 영상으로 바뀌기 전에 화면에 머무는 시간이 1초가 안 되는 경우도 많다. 영상이 자주 바뀌는 것으로만 그치는 것이 아니다. 한 영상 안에서도 줌의 사용, 카메라의 움직임, 문자들의 바뀜, 영상의 분할 등 많은 움직임과 변화가 일어난다. 한마디로 단절과 변화를 통해 쉼 없이 시각적 자극이 제공되는 것이다.

전자 영상미디어 광고는 전자 영상미디어의 콘텐츠 중에서 가장 단절과 변화가 심한 모습을 보여준다. 영상의 단절은 일차적으로 컷에 의해 일어난다. 컷은 영상과 영상을 연결시키는 가장 기본적인 방법이다. 전자 영상미디어 광고는 컷을 통해 상당히 빠르게 영상들을 바꾼다. 예를 들어, 텔레비전 광고의 일반적 지속시간은 15초인데, 그 시간 동안 10개 이상의 숏이 연속적으로 나타난다. 쉼 없이 바뀌는 영상들 때문에 전자 영상미디어 화면은 어지러울 정도로 깜박거린다.

빠른 숏의 전환은 전자 영상미디어 중 특히 텔레비전 광고가 가진 특징 중 하나다. 숏이 빠르게 바뀌는 것은 시청자의 눈을 잡아두기 위해서다. 리모컨을 사용하는 덕분에 아주 빠른 채널 바꾸기 능력을 갖춘 시청자들은 조금이라도 지루한 영상은 참고 기다리지 않는다. 따라서 시청자가 리모컨 버튼을 누르기 전에 영상이 먼저 바뀌는 것이 좋다. 게다가 텔레비전 광고의 평균 시간은 15초 정도이기 때문에 짧은 시간 안에 많은 것을 보여주기 위해서는 숏의 전환이 빠를 수밖에 없다.

이런 특성은 텔레비전 광고가 고전적 서사구조를 갖기 어려운 이유가 된다. 최근 들어 텔레비전 광고에서는 인과적 스토리, 시간적 연속성, 갈등 상황 등을 담은 고전적 드라마 광고보다는 그런 요소들이 없는 비넷 드라마 광고(vignette advertizing dramas)나, 단순히 생활의 단면을 보여주는 광고 또는 연기자의 개인적 퍼포먼스 능력에 기대는 광고들이 더 많이 발견된다(안의진, 2008). 정교한 서사구조를 통해 시청자의 주의와 관심을 끌고 나아가 몰입을 유도하기 어렵기 때문에 전자 영상미디어 광고는 서사보다는 시각적 자극을 더 중요시한다. 매력적이거나 특이한 외모의 모델들을 주로 등장시키고 그들의 외형적 모습을 강조하는 방식으로 영상을 제작한다. 시각적 즐거움을 제공하는 완벽하게 정돈된 풍경 등을 재현하는 영상, 광각렌즈나 망원렌즈처럼 왜곡을 통해 특별한 시각적 자극을 주는 장치들의 사용을 통해 만들어진 영상 등이 빠른 속도로 전환되면서 시청자의 주의를 끈다. 강렬한 원색의 사용, 특수 필터나 디지털 기술을 통한 색채 조화의 파괴 등도 시각적 자극을 통해 시청자의 주의를 끌려는 수단 중 하나다(원경인, 2003).

영상의 진동은 컷을 통해서만 나타나는 것이 아니다. 최근에는 하나의 화면 안에 여러 영상이 동시에 나타나는 분할 영상들을 통해 전자 영상미디어 광고는 극단적인 방식의 단절을 보여준다. 2010년 7월에 등장한 '처음처럼'이라는 소주 광고의 경우에는 한 화면에 49개의 분할 영상을 보여준다. 49개의 분할 영상이 화면에 머무는 시간은 2초가 되지 않는다. 각각의 분할 영상을 개별적으로 지각할 시간은 없다. 이 경우 영상은 어떤 것을 재현하는 것이라기보다는 단순히 시각적 자극 자체로 지각된다.

영상의 분할은 전자 영상미디어 광고에서 집중적으로 사용되는 기법이다. 영상의 분할, 다시 말해 하나의 화면 안에 다른 시공간을 재현하는 여러 개의 영상이 공존하도록 화면을 구성하는 기법은 초기 영화에서부터 사용된 오래된 기법이다. 영화에서 영상 분할 기법은 두 개의 다른 시공간에서 벌어지는 사건들을 관객에게 보여줌으로써 관객에게 극적 긴장감을 유발하고, 결국 두 사건이 하나의 사건으로 연결되는 것을 보여줌으로써 하나의 이야기를 전달하는 극 서술 방식으로 사용돼 왔다. 하지만 영화의 경우, 특히 고전적 서사구조의 영화에서 영화 속 이야기에 대한 허구적 믿음을 중요시하게 되면서 한 화면에서 두 개의 다른 시공간을 보여주는, 인위적인 속성이 강한 영상의 분할은 금기시되는 경향이 강했다(서현석, 2004).

전자 영상미디어는 기본적으로 완결된 이야기를 전달하기 위해서라기보다는 가시 세계를 보여주는 시각적 자극을 통해 쾌감을 불러일으키고자 이용되는 경우가 많기 때문에 전자 영상미디어에서 영상 분할 기법은 적극적으로 사용된다. 예를 들어, 텔레비전의 뉴스나 생중계방송 프로그램에서 영상의 분할은 다른 시공간의 두 사건을 동시에 보여주기 위해 가장 자주 사용되는 기법이다. 영화의 분할 영상이 관객에게 전지적 시점을 제공하는 대신 영화 속 사건의 허구성을 폭로하는 기능을 한다면, 텔레비전의 분할 영상은 반대로 관객에게 관찰자의 자리를 제공하면서 두 사건이 동시에 바로 지금 발생하고 있다는 사실성을 확고히 하는 기능을 한다.

그런데 광고 자체가 이미 생방송과 같은 동시성이나 현장성과는 관계가 없는 것이며, 또한 영화처럼 허구적 믿음을 바탕으로 한 환영성을 요구하지도 않는다. 광고의 목적은 잠재적 소비자의 주의를 끌고 궁극적으로 그의 태도를 변화시키는 것이다. 따라서 광고의 영상 기법들은 일차적으로 주의를 끌기 위한 시각적 자극의 효율성을 위해 동원된다고 할 수 있다. 전자 영상미디어에서 제공하는 광고의 경우, 분할 영상은 계속 증가하는 추세다. 주된 이유로는 디지털 기술을 통한 영상 제작 기법의 발달, 시청자의 지각적 수용 능력의 확대 등을 들 수 있다. 컴퓨터와 스마트폰을 사용하면서 자란 젊은 세대들은 광고의 분할 영상이 제공하는 강한 시각적 자극에 대해 거부감을 느끼기보다는 오히려 아이디어의 확장이나 참신한 것으로 받아들인다(이호은, 2005).

전자 영상미디어 광고에도 이야기를 담은 드라마 광고가 존재하지만, 광고의 분할 영상은 영화나 드라마에서처럼 이중 행동선을 표시함으로써 극적 긴장감을 제공하거나 극 서술의 재미를 높이기 위해 사용되기보다는, 강한 시각적 자극이나 상세한 정보를 제공하기 위해 사용된다고 볼 수 있다. 2008년에 방영된 〈빈폴 인터내셔널〉 광고의 경우, 두 개의 영상으로 분할된 화면의 한쪽 영상은 어딘가로 향하는 여성의 모습을, 다른 쪽 영상은 거리를 걷는 남성의 모습을 보여준다. 마지막 숏에서 이 둘은 한 장소에서 만나며, 분할된 영상도 하나로 합쳐진다. 두 남녀가 커피숍에서 만날 약속을 하고 서로 약속 장소로 가서 만난다는 짧은 이야기를 담은 이 광고의 경우, 분할 영상은 영화에서와 마찬가지로 이중 행동선을 표시한다. 다른 두 시공간에서 벌어지는 2개의 사건을 한 화면에 동시에 보여줌으로써 시청자가 두 사건 사이의 관계에 대해 궁금해하거나 추론하게 함으로써 극적 재미를 준다. 하지만 이 광고가 우선적으로 보여주고자 하는 것은 등장인물들이 입고 있는 옷이 현대적인 도시 공간에서, 그리고 좀 더 고전적인 공간으로 재현된 현실 세계에서 매력적인 모습으로 사용되는 사례다. 따라서 두 개의 분할 영상은 짧은 시간 안에 남자와 여자가 착용한 옷을 다양한 공간 속에서 매력적으로 보여줄 수 있는 효율적인 시각적 장치다. 매력적인 대상을 보여주는 다양한 앵글과 카메라 거리를 가진 영상들이 분리선 양쪽에서 계속 뒤바뀌는 시각적 구성은 시청자의 주의를 끌기 위해 최적화돼 있다.

사실 전자 영상미디어 광고에서 나타나는 대부분의 분할 영상은 드라마적 요소를 갖고 있지 않다. 그중 상당수는 광고 대상인 상품의 다양한 부분을 여러 각도에서 촬영한 영상들을 한 화면에 분할 영상으로 보여줌으로써 상품에 대한 상세한 정보를 제공하고 상품의 매력을 시각적으로 강조하는 기능을 한다. 또는 이항대립적인 가치들을 분할 영상을 통해 대립시키고 비교하는 상징적인 장치로 기능하기도 한다. 그리고 형태와 색을 이용한 조형적 유희를 통해 주의와 관심을 끄는 시각적 자극 장치로 기능한다. 하지만 어떤 경우이든 전자 영상미디어 광고에서 분할 영상은 무엇을 보여주는가를 따지기 전에 그 자체로서 주의를 끄는 시각적 볼거리다.

계속 변화하면서 시청자들의 시선을 붙잡으려 하는 전자 영상미디어 광고의 단절된 영상들을 이어주는 것은 소리다. 광고에 삽입된 음악, 내레이션, 음향 효과들은 영상의 단절과 관계없이 연속적으로 이어지면서 단절의 흔적을 보지 못하게 하는 기능을 한다. 이 소리들은 영상이 제공하는 시각적 자극을 극대화하는 청각적 자극이 된다. 전자 영상미디어 광고에서 소리가 없다면 영상은 단지 주위 세계를 밝히는 조명에 불과하게 될지도 모른다. 소리는 영상의 시각적 자극에도 불구하고 끊임없이 움직이며 전자 영상미디어의 섬광 세계를 벗어나려 하는 눈을 붙잡는 중요한 기능을 한다. 많은 전자 영상미디어 광고에서 음악에 맞춰 영상이 전환되는 것처럼 소리는 영상과 함께 진동하면서 시청자와 전자 영상미디어를 둘러싼 주위 세계를 가득 채운다.

2) 휘발되는 광고

전자 영상미디어 광고는 현재 순간에만 소비되고 사라지는 휘발성을 갖는다. 시청자들은 지나간 광고를 보지 못한 것을 아쉬워하지 않는다. 또 미래에 어떤 광고를 보기 위해 계획을 세우고 시간을 비워두지도 않는다. 오히려 유튜브와 같은 사이트가 제공하는 동영상에서처럼 광고는 일정 시간이 지나면 건너뛰어야(skip) 하는 콘텐츠인 경우가 더 많다. 시청자가 전자 영상미디어 화면을 보는 바로 그 순간에 시청자에게 제시되는 광고만이 소비된다. 시청자는 지금 여기에서 자신의 눈앞에서 번쩍이는 전자 영상미디어 광고의 시청각적 자극에 포획돼 순간적으로 광고 세계에 몰입하지만, 시청자가 다른 외부 자극에 눈을 돌리는 순간 광고는 시청자의 관심 밖으로 사라져버린다.

광고는 전자 영상미디어가 가진 휘발성을 극명하게 보여준다. 굉장히 많은 전자 영상미디어 광고가 제작되고 방영되지만, 광고는 시청 순간에만 주목을 받을 뿐 곧장 기억에서 사라진다. 그렇기 때문에 광고주는 일정 기간 동일한 광고를 되풀이해 계속 방영시킴으로써 조금이라도 오랫동안 시청자의 기억 속에 머물게 하도록 노력한다. 하지만 그런 노력은 엄청난 양의 다른 광고들 속에 묻혀 큰 효과를 얻지 못할 수도 있다.

전자 영상미디어 광고는 작품 단위로 소비되지 않는다. 전자 영상미디어 광고는 모든 광고의 연속된 흐름 속에서 소비된다. 일반적으로 사용자는 특정한 광고를 보기 위해 전자 영상미디어를 바라보지는 않는다. 그저 전자 영상미디어 화면을 보는 상태에서 흘러가는 특정 광고와 우연히 맞닥뜨릴 뿐이다. 사용자는 광고의 시청각적 자극에 감각을 사로잡히지만 하나의 광고 뒤에 다른 광고나 콘텐츠가 연속으로 이어지면서 끊임없이 감각을 자극하기 때문에 하나의 광고가 지속적인 여운을 갖고 시청자의 기억에 머물기는 매우 힘들다.

광고 시간대가 존재하는 텔레비전의 경우, 광고와 광고 사이에 어떤 인과관계나 논리적인 연결관계나 연대기적 연속성이 존재하지 않는다. 하나의 광고는 다른 광고와 전혀 어떤 관계도 없이 단순한 시청각적 자극으로 제시된다. 그런데 다른 광고도 동일한 시청각적 자극으로 존재하기 때문에 광고 사이의 의미적인 단절과 차이보다는 자극의 연속성이 더 강하게 지각된다. 이런 상황에서 한 편의 광고가 가진 독자적인 서사구조를 이야기한다는 것은 별 의미가 없는 일이다. 시청자들은 개별적인 광고의 서사구조에 주목하기보다는 여러 광고가 연속적으로 제공하는 시청각 자극을 더 즐긴다(<그림 13-2>).

**런던 피카딜리 서커스의
옥외광고 영상**

전자 영상미디어 광고는 매순간
공기 중으로 흩어져 버린다. 하지만
끊임없이 계속 쏟아지는 광고는 시
청자가 전자 영상미디어를 사용하
면 언제든지 접할 수 있는 항상적
환경으로 머물면서 꾸준히 시청자
에게 뭔가를 소비해야 할 필요를 상
기시킨다. 그리고 특정한 소비 욕구
를 가진 시청자가 특정한 광고를 우연히 만났을 때 실질적인 구매 행위로 연
결될 수도 있다. 일상생활 곳곳에 편재하는 광고는 사람들의 감각을 자극하
면서 언제든지 소비 활동에 나설 수 있는 잠재적인 소비자로 만든다.

3) 변덕스러운 광고

전자 영상미디어를 통해 제공되는 광고는 보수적인 성격을 띤다. 이 보
수성은 크게 두 가지로 나뉠 수 있다. 하나는 내용의 보수성이고, 다른 하
나는 형식의 보수성이다. 우선 전자 영상미디어 광고는 다른 광고들과 마
찬가지로 현재 사회의 지배적 가치들을 확대·재생산하는 내용을 갖는다.
전자 영상미디어 광고는 안정된 사회에서 건강하고 젊음을 누리는 사람들
이 마음껏 소비하는 행복한 모습을 보여준다. 광고 안에서는 가족의 사랑,
국가와 사회의 질서와 안정, 소비주의의 긍정적 측면 등이 항상 찬양된다.
그 가치들을 위협하는 모든 것이 우리의 삶을 어려움에 빠뜨릴 때 우리는
상품과 서비스를 소비함으로써 언제든지 위험에서 벗어날 수 있다는 것이
광고의 주된 내용이다.

전자 영상미디어 광고는 상품이나 서비스를 대중에게 알리고 대중의 태
도 변화를 이끌어내면서 구매 행동을 유발해야 하기 때문에 누구에게나 쉽

게 이해될 수 있는 방식으로 구성돼야 한다. 전자 영상미디어 광고가 사람들이 일반적으로 기대하고 있는 수준을 넘어 혁명적인 방식으로 제작될 경우, 광고가 전달하고자 하는 내용이 이해되기 어려울 위험이 크다. 광고 형식이 보여주는 혁신성 때문에 대중이 광고의 내용을 잘 이해하지 못한다는 것은 그 광고가 쓸모없다는 것을 의미한다. 따라서 전자 영상미디어 광고는 이미 대중에게 익숙한 형식을 모방하기 좋아한다. 현재 대중의 인기를 끌고 있는 유명인이나 성공을 거둔 영화와 음악 등은 즉각적인 사용과 모방의 대상이 된다.

하지만 역설적으로 광고는 제작부를 지칭하는 데 크리에이티브(creative)라는 명칭을 사용할 정도로 창의성을 대단히 중요시하는 분야다. 매년 많은 광고제 등에서 창의적 광고를 선정해 상을 주는 행사를 벌이고 있기도 하다. 그런데 광고가 말하는 창의성은 다른 분야에서 말하는 창의성과는 다른 성질의 것이다. 일반적으로 창의성이란 내용과 형식의 혁신을 통해 어떤 것이 현 상태에서 다른 상태로 변하도록 하는 능력을 말한다. 따라서 창의성이 실현된 결과로 우리는 새로운 사물이나 사상의 등장을 보게 된다. 하지만 광고에서 말하는 창의성은 그런 것이 아니다. 창의적인 광고란 사람들에게 순간적인 놀라움을 제공함으로써 광고에 주목하게 만들고 나아가 광고된 상품이나 서비스를 기억하게 만드는 것이다. 창의적 광고는 재치 있는 농담이나 수수께끼에 가깝다. 그것은 사람들의 호기심을 유발시키고 순간적으로 집중하게 한다. 하지만 결말이 알려진 농담이나 답이 알려진 수수께끼처럼 일단 내용이 공개되고 나면 더 이상 사람들을 유인하지 못한다. 그래서 광고는 항상 바뀌어야 한다. 광고는 대중에게 익숙한 것이어야 하지만, 동시에 항상 새로운 것이어야 한다. 이것이 광고가 가진 모순이다.

특정 상품에 대한 광고의 경우, 메시지의 일관성을 유지하기 위해 동일한 모델, 동일한 슬로건, 동일한 로고, 심지어는 동일한 색을 유지해야 한다. 그러면서도 소비자의 주의를 계속 끌기 위해 이전과는 구별되는 광고를 제공해야 한다. 특정 광고가 아니라 광고 일반을 생각하더라도 광고가 전달하는 내용은 항상 동일하다. 광고는 항상 상품이나 서비스를 이용하라고 말한다. 광고는 그 내용을 끊임없이 주기적으로 바꿔야 하는 수사적 기법으로 표현해야 한다. 광고에서 창의성이란 바로 그 일시적인 효과를 가질 수밖에 없는 수사적 기법을 계속 바꿔나가는 능력이다. 현대 자본주의 사회의 지배적 가치들을 익숙한 형식 안에 담을 수밖에 없으면서도 지속적으로 사람들의 주의와 관심을 끌어야 하는 광고는 표면적인 수사적 표현들을 끊임없이 갱신해 나갈 수밖에 없다. 광고, 특히 전자 영상미디어가 제공하는 광고는 변덕스러울 수밖에 없는 것이다.

4) 장황한 광고

전자 영상미디어 광고는 수다스럽다. 장황하게 말을 늘어놓고 계속해서 영상을 내보내는 것은 전자 영상미디어 자체의 특성이다. 전자 영상미디어 광고는 전자 영상미디어가 가진 이 장황한 수다를 구현하는 콘텐츠 중 하나다. 전자 영상미디어에서 소리와 영상 없는 공백이 용납되지 않듯이 전자 영상미디어 광고에서도 공백은 용납되지 않는다.

모든 것을 소리와 영상으로 바꿔 쉼 없이 보여주려는 전자 영상미디어에 내포된 탐욕은 대중을 항상 잠재적인 소비자로 묶어두려는 광고의 탐욕과 만난다. 전자 영상미디어 광고는 전자 영상미디어를 위한 콘텐츠 제작을 가능하게 만드는 자금원 역할을 하면서 동시에 전자 영상미디어가 공백을 만들지 않기 위해 필요한 영상과 소리의 공급원이 된다. 전자 영상미디어 광고는 쉴 새 없이 바뀌는 소리와 영상을 이용해 시청자를 유혹하고 몰입시키고 압박한다. 전자 영상미디어 광고 한 편은 대부분 짧은 동영상이지만 상품과 기업의 수만큼 광고의 수도 많고, 모든 광고가 주기적으로 바뀌기 때문에 매일 전자 영상미디어를 이용하는 사용자들도 크게 지루해하지 않고 광고 자체를 즐길 수 있다.

수많은 상품과 서비스, 기업을 알리기 위해 전자 영상미디어 광고는 현미경 속 미생물의 세계에서 지구 밖 우주까지, 한국의 산골 마을에서 아마존의 밀림까지, 2차원의 애니메이션에서 3차원 애니메이션까지 현실 세계와 가상 세계를 아우르며 담아내는 엄청난 양의 영상과 소리를 사용한다. 엄청난 양의 전자 영상미디어 광고가 쉼 없이 바뀌면서 사용자들을 유혹하지만 정작 사용자의 기억에 남거나 별도로 보관되는 광고는 거의 없다. 순간의 화려한 불꽃놀이처럼 전자 영상미디어 광고는 화면을 화려하게 장식하자마자 곧 사라져버린다. 하지만 전자 영상미디어 광고는 너무나 장황하기 때문에 우리는 광고의 공백을 느끼지 못한다. 끝없이 갱신되는 광고들이 전자 영상미디어 화면을 탐욕스럽게 채우고 우리를 유혹하며 스쳐 지나간다.

4 | 광고의 세계

광고는 뚜렷한 목적을 갖고 제작된다. 광고는 특정 상품, 기업, 서비스를 기억하고 이용해 달라고 시청자에게 요구한다. 이 요구는 광고의 유일한 본질적인 메시지다. 이 메시지를 소비자에게 확실히 전달하는 광고가 좋은 광고이고 모든 광고 제작자가 꿈꾸는 광고다. 이 간단하고 단순한 목적을 위해 광고는 기획되고 설계되고 제작되고 전달된다. 시장이 원하는 것은 아름다운 광고가 아니라 효율적인 광고다. 광고가 제공할 수 있는 감동, 웃음, 놀라움 등은 그 자체가 목적이 아니라 원래 목적을 실행하는 가운데 발생한 부산물이거나 목적을 달성하기 위해 이용되는 수단이다.

총탄을 만들 때 중요한 것은 그것이 얼마나 아름다운 형태를 갖느냐는 것이 아니라 정확하게 표적을 타격할 수 있도록 얼마나 효율적 형태를 갖느냐는 것이다. 마찬가지로 사람들을 잠재적인 소비자로 만드는 것을 주목적으로 삼는 광고는 메시지를 전달하는 과정에서 일차적으로 아름다움을 추구하지는 않는다. 하지만 전자 영상미디어 광고의 경우, 기본적으로 영상을 통해 메시지를 전달한다는 점에서 아름다움에 대한 고려에서 벗어날 수도 없다. 인공적인 사각형의 틀 안에서 영상과 소리로 메시지를 표현하는 전자 영상미디어 광고는 그 자체로 미적 감흥을 불러일으키기 때문이다. 전자 영상미디어 광고를 보면서 시청자가 느낄 수 있는 미적 감흥은 광고의 효과를 얻기 위한 수단으로 적극 활용된다.

그런데 전자 영상미디어 광고가 주는 미적 감흥은 영상이나 소리의 조화로운 구성을 통해 느껴지는 것이 아니다. 사용자가 한 편의 전자 영상미디어 광고만을 별도로 분리해 시청하는 경우는 거의 없다. 전자 영상미디어 광고는 다른 콘텐츠들과 연속적으로 이어지면서 계속 진동하기 때문에 사용자들이 안정적인 상태에 머물면서 편안하게 영상과 소리를 즐기기는 사실상 불가능하다. 주위의 빛과 소리를 압도하기 위해 전자 영상미디어 화면 위에서 번쩍이는 영상과 스피커를 울리는 소리는 불규칙적으로 진동하면서 관객의 시청각을 쉬지 않고 자극한다. 이 자극들은 현재에서 소비되고 사라지는 휘발성을 갖고 있다. 시청자는 광고를 한 편씩 분리해 따로 미적 감흥을 느낄 시간적 여유가 없다. 쉴 새 없이 제공되는 자극들을 그 즉시 받아들이며 소비한다. 전자 영상미디어 광고가 제공하는 진동에 감각기관을 연동시킬 경우 시청자는 가벼운 트랜스(trance) 상태에 빠질 수도 있다. 이 상태는 다른 외부 자극이 들어올 경우 언제든지 사라질 수 있는 것이다.

전자 영상미디어 광고는 멀리 떨어진 것을 동시에 다른 장소에서 보도록 하는 것이 아니다. 전자 영상미디어 광고는 스포츠 경기나 행사의 생중계 방송과는 근본적으로 다르다. 한 편의 전자 영상미디어 광고는 사전에 기획되고 제작된 후에 일정 기간 되풀이해서 전자 영상미디어를 통해 전달된다. 또한 현실의 다른 시공간을 전송해 보여주는 일반적인 동영상 콘텐츠와는 달리 전자 영상미디어 광고에서는 집보다 더 큰 사람, 팔이 10개 달린 사람, 무지개색의 피부를 가진 돼지, 하늘을 나는 자전거 등, 온갖 종류의 상상 가능한 모든 것이 등장할 수 있다. 광고의 세계는 현실 세계와는 완전히 다를 수 있는 것이다.

광고의 세계는 대부분 이상적인 세계이거나 상상의 세계다. 광고의 세계는 재미있고 부유하고 행복하고 건강하고 평화로운 세계다. 그곳에서는 죽음, 노화, 질병, 환경오염, 빈곤, 인간의 한계는 존재하지 않거나 극복된다. 현실 세계와 광고 세계 사이의 간극이 크지만, 광고 세계의 현실성에 대해 의문을 제기하거나 비판하는 사람은 사실상 없다. 왜냐하면 전자 영상미디어 광고는 우선적으로 시청자의 감각을 자극하는 시청각적 진동으로 지각되기 때문이며, 지각되는 즉시 휘발돼 날아가기 때문이다.

전자 영상미디어 광고의 진동, 휘발, 변덕, 장황이라는 네 가지 특성이 만들어내는 시청각적 흥분 상태 덕분에 사용자의 지적 활동은 일시적으로 중단된다. 전자 영상미디어 광고의 세계가 아무리 비현실적인 요소를 담고 있다고 해도, 사용자들이 그것에 대해 깊이 생각하기에는 광고가 지속되는 시간이 너무 짧다. 사용자는 진동하는 자극들을 받아들이기에 급급하다. 자극에 의해 유발된 순간적 몰입 상태에 빠진 광고 시청자는 지각적 믿음을 강화하기 위해 개발된 다양한 장치를 통해 광고 세계 속으로 들어간다.

주위의 현실 세계가 존재하듯이 전자 영상미디어의 섬광 세계가 존재한다고 믿는 지각적 믿음은 전자 영상미디어 광고에도 적용된다. 그런데 전자 영상미디어 광고의 세계에 대한 믿음은 단지 지각적 믿음에서만 비롯되는 것은 아니다. 광고의 세계가 존재한다고 믿는 과정에는 지각적 믿음 외에도 욕구 충족적 기대가 작용한다. 전자 영상미디어 광고가 보여주는 세계는 고통과 불안에서 벗어난 세계로, 모든 사람의 꿈이 이뤄지는 세계다. 세상을 살면서 사람들이 느끼는 모든 욕구가 쉽게 해결되는 광고 세계는 모두가 꿈꾸는 세계다. 소비자는 자신의 욕구가 해결된 광고 세계를 아무 조건 없이 믿고자 한다. 비록 일시적이지만 전자 영상미디어 광고의 진동이 주는 감각적 트랜스 상태에 욕구 충족의 환상이 제공하는 감정적 만족이 더해진다. 소비자는 이런 전자 영상미디어 광고의 세계를 거부하고 의심할 이유가 없다. 그렇기 때문에 광고의 세계는 현실적으로 존재할 수 없는 세계이지만, 소비자는 어려움 없이 그 세계 안에 자신을 투영하고 그 세계 속에서 기꺼이 자신의 가능한 미래의 모습을 발견한다.

전자 영상미디어 광고가 한 편씩 소비되지 않는다는 점에서 광고 한 편의 의미나 서사구조를 말하는 것은 큰 의미가 없다. 전자 영상미디어 광고들은 다른 콘텐츠들과 집단을 이뤄 제공되며, 집단 형태로 소비된다. 각각의 광고는 그 자체로 분리된 하나의 세계나 하나의 이야기로 이해되기보다 전체 광고가 보여주는 세계나 이야기의 한 부분으로 이해된다. 전자 영상미디어 광고들은 다양한 인물, 시간, 장소, 이야기들을 반복적으로 보여줌으로써 전체적인 광고 세계를 보여준다. 광고들의 집합은 시공간적인 연속성, 동일한 인물, 갈등의 시작과 해소를 포함하는 이야기를 제공해 주는 대신에, 다양하고 이질적인 요소를 반복해 보여줌으로써 소비자들에게 어떤 이야기가 있는 세계를 연상하도록 만든다. 그것은 다양한 상품과 서비스를 소비함으로써 젊음, 재미, 행복, 건강, 사랑, 평화를 얻는 세계다.

텔레비전에서 아동을 위한 상품광고(주로 장난감)를 보는 어린이들을 관찰해 보라. 어린이들은 즉각적으로 광고가 제공하는 시청각 자극에 눈과 귀를 고정시킨다. 광고 속 장난감은 살아 움직이면서 이상적인 장난감의 모습을 보여준다. 광고 속 장난감은 어린이의 손에 의해 수동적으로 움직이는 물건이 아니라 어린이와 소통하는 친구로 묘사된다. 어린이들은 광고 세계의 존재를 믿어 의심치 않으며 장난감과 함께 있는 자신의 모습을 발견한다. 연속적으로 제공되는 아동 상품 광고들은 각각 분리된 세계로 지각되지 않는다. 각각의 광고는 다른 상품을 다른 형식을 통해 보여주지만,

어린이 시청자들에게 그것들은 모두 동일한 시청각적 자극이며 그들의 꿈이 이뤄지는 세계다. 어린이 시청자는 그 광고 세계에서 자신의 모습을 발견한다. 그 상품을 소유하게 됐을 때 어린이는 광고 세계 속 자신의 모습이 마침내 현실 세계에서 구현되는 것을 보게 될 것이다.

전자 영상미디어 광고의 진동에 동조한 채 멍하니 광고를 바라보는 성인들도 어린이들과 크게 다르지 않다. 전자 영상미디어 광고 전체는 친구들과 만나 즐겁게 신용카드를 쓰고 맛있는 음식을 먹으며, 연인과 휴대폰으로 통화를 하고 집에 돌아가 편리하고 아름다운 가전제품들을 사용하며, 가족들과 건강하고 행복한 삶을 누리는 세계를 보여준다. 전자 영상미디어가 제공하는 광고는 지각적 믿음과 욕구 충족적 기대를 통해 소비자와 전자 영상미디어의 섬광 세계를 소통시키고, 사람들의 소비 욕구를 끊임없이 자극하면서 그들을 항구적인 잠재적 소비자의 상태에 위치시킨다. 전자 영상미디어 앞의 사용자는 광고의 진동에 동조하는 한 무엇이든 살 수 있고 사고 싶다는 행복한 가상적 소비자로 머문다. 이것은 마치 시장에서 '골라, 골라'를 외치는 상인의 소리가 가진 리듬감에 자신도 모르게 이끌려 들어가며 잠재적 소비자로서 시장을 거니는 것과 같다. 상인의 '골라, 골라' 소리가 가진 내용이 아니라 그것의 리듬감이 소비자를 이끌듯이 전자 영상미디어 광고도 광고의 내용보다는 전자 영상미디어 자체가 가진 진동, 휘발, 변덕, 장황의 속성이 시청자의 감각을 울림으로써 광고의 목적을 달성한다.

14장

새로운 영상문화

1 | 재현과 진실

영상은 항상 인간과 세계를 매개해 왔다. 영상은 세계가 자신의 존재를 드러내는 가장 분명한 수단들 중 하나였고, 인간이 세계를 지각하고 인식하기 위해 사용하는 가장 확실한 미디어 중 하나였다. 그림, 만화, 판화, 사진, 영화, 텔레비전, 비디오, CGI와 같은 다양한 종류의 영상은 각각 나름의 기술적 속성을 바탕으로 인간과 세계를 매개해 왔다. 각 시대와 사회는 다른 시대나 사회와는 구별되는 고유한 방식으로 인간과 세계를 파악하고 이해했으며, 이렇게 파악한 인간과 세계의 모습을 당시의 지배적인 영상 기술을 이용해 재현하고 유통했다.

선사시대 사람들은 동굴 벽에 들소, 사슴, 말 등을 그렸고, 이집트 사람들은 다양한 석조건물의 벽에 신들과 인간들의 삶을 기록했다. 모든 고대 문명사회와 국가들이 벽, 돌, 점토, 도자기, 종이 등 그들이 사용할 수 있는 공간 위에 그들이 바라보고 파악한 인간과 세계의 모습을 영상으로 만들어 남겼다. 중세, 근대를 거쳐 현대에 이르기까지 많은 영상 기술들이 개발됐고 다양한 형태의 영상이 제작·유통돼 왔다. 영상은 종교, 정치, 사회, 문화, 예술 등 모든 인간 활동 영역에서 개인적 메시지는 물론이고 사회적 메시지를 전달하기 위해 이용돼 왔다. 영상은 때로는 신성한 힘을 가진 것으로 경외되기도 했고, 때로는 시각적·미적 쾌락을 주는 것으로 사랑받기도 했으며, 때로는 사람들을 속이고 소외시키는 악으로 비난받기도 했다. 결국 영상미디어의 역사는 누가 무엇을 어떻게 재현하느냐에 관련된 문제를 중심으로 전개돼 왔다고 할 수 있다.

대상을 재현한다는 것은 글자 그대로 대상을 다시 보여준다는 의미다. 즉, 대상을 직접 보여주는 것이 아니라 특정한 언어를 이용해 간접적으로 묘사하는 것이 재현이다. 재현은 특정한 언어를 이용해 대상에 의미를 부여하는 작업이다. 영상이 대상을 재현한다는 것에는 의문의 여지가 없다. 문제는 이 과정에서 영상이 대상에 대해 어떤 의미를 만들고 구성해 유통하느냐에 있다. 다시 말해, 인간이 대상에 대해 인지하고 이해한 내용이 어떻게 영상을 통해 드러나느냐가 문제다. 그런데 영상은 대상이 자신의 존재를 드러내는 가장 확실한 수단이기도 하다. 주체가 이해한 대상의 의미가 영상을 통해 드러나기도 하지만, 대상의 존재가 영상을 통해 주체에게 드러나기도 한다. 이것은 영상이 미디어이면서 동시에 메시지가 될 수 있는 이유이기도 하다. 영상은 주체가 대상을 드러내기 위해 이용하는 미디어이면서, 동시에 대상의 존재가 드러나는 메시지이기도 하다. 이 과정에서 재현의 문제는 미디어로서의 영상(미디어-영상)과 메시지로서의 영상(메시지-영상)이 과연 일치하느냐는 질문 형식으로 나타난다. 그리고 재현 관계 안에서 일치의 문제는 진실에 대한 질문으로 이어진다.

미디어-영상과 메시지-영상 사이의 일치 문제는 주체가 영상을 매개로 대상을 파악하는 관계에서 가장 첨예하게 드러난다. 주체와 대상 사이를 매개하는 영상은 그림, 사진, 비디오, CGI 등처럼 인간이 다양한 물질적·기술적 수단을 이용해 만든 미디어-영상들로 구성된다. 이 미디어-영상들은 오직 주체와 대상 사이를 매개하는 것을 존재 이유로 하는 영상미디어다. 이것들은 주체가 대상에 대해 가진 생각이 물질적으로 외화된 것들이며, 동시에 대상의 형상이 영상으로 재현된 것이기도 하다. 미디어-영상이 대상을 메시지-영상으로 전환시키는 것이라는 점에서 메시지-영상과 미디어-영상의 일치 문제는 영상과 대상 사이의 일치 문제로 나타난다.

예를 들어 사진은 대상의 정확한 형태를 재현하면서 대상이 존재했다는 것을 증명하는 다큐멘트(document)일 수 있다. 사진을 통해 대상을 재현하는 것은 마치 거울이 대상을 그대로 비추듯이 대상을 완벽히 반영하는 것으로 이해될 수 있다. 사진에 의한 재현을 이렇게 이해한다면, 재현을 통해 생산되는 대상의 의미는 대상에 대한 진실을 담은 것이 된다. 왜냐하면 어떤 진술이 대상과 일치(correspondence)할 때 우리는 그 진술이 진실이라고 말할 수 있기 때문이다. 예를 들어, "현재 이 교실에 50명의 학생이 있다"와 같은 진술은 쉽게 진실 여부가 밝혀질 수 있다. 이때의 진실은 객관적으로 확인 가능한 사실로서의 진실이다. 사진은 대상과 형태적으로 일치하기 때문에 대상에 대한 진실을 보여준다고 간주될 수 있다. 실제로 이런 판단을 기반으로 언론에서는 광학적 영상이 객관적 사실을 전달하는 중요한 도구로 사용된다.

사진이 객관적 사실로서의 진실을 전달한다는 생각은 기본적으로 광학적 영상의 특성에 대한 지식에서 나온다. 광학적 영상인 사진을 제작하는 과정을 주체가 완전히 조작하지는 못하기 때문에 사진 안에는 오로지 대상이 원인이 돼 발생한 부분이 들어 있을 수밖에 없다고 생각하는 것이다. 그림이 온전히 주체가 지각한 것만을 재현한다면 사진은 주체가 지각하지 못하는 것도 재현한다. 미켈란젤로 안토니오니(Michelangelo Antonioni)의 영화 〈욕망(Blow-up)〉(1966)은 광학적 영상의 특성을 잘 보여준다. 이 영화에서 사진가는 공원에서 포옹하는 한 쌍의 연인을 보고서 그들을 카메라로 촬영한다. 그런데 사진을 인화하는 과정에서 그는 자신이 보지 못했던 것이 사진에 재현된 것을 발견한다. 사진가는 다시 현장으로 가서 그것이 시체라는 것을 확인하지만, 사진은 곧 도난당하고 이와 동시에 시체도 사라져버린다. 살인은 이제 확인할 수 없는 일이 된다.

사진은 주체와는 별개로 대상과 인과관계를 맺으면서 주체가 인지하지 못하는 대상의 모습을 재현할 수 있다. 사진뿐만 아니라 카메라를 이용해 제작되는 모든 광학적 영상은 당연히 대상과 일치한다고 여겨진다. 오늘날 길거리와 건물 안은 물론이고 자동차 안에까지 설치된 CCTV가 기록한 영상들은 사람의 눈으로 보지 못하는 것들을 재현하면서 사소한 시시비비에서부터 큰 범죄에 이르는 다양한 사건을 해결하는 데 기여한다. 이것은 광

〈욕망〉의 확대된 사진

학적 영상이 대상과 일치한다고 간주되기 때문에 가능한 일이다.

하지만 광학적 영상이라 하더라도 영상과 대상 사이의 일치 문제는 그렇게 단순한 인과관계로만 설명될 수는 없다. 〈욕망〉에서 사진가가 확대한 사진에 재현된 대상은 엄밀히 말한다면 시체가 아니라 시체처럼 보이는 것이다. 사진가가 필름의 작은 부분을 크게 확대했기 때문에 사진에 재현된 형상은 거친 입자들로 표현된 불분명한 형상이다(〈그림 14-1〉). 사진가는 불분명한 형상에 의심을 품었고 자신의 의심을 확인하기 위해 다시 촬영 장소를 찾아간다. 거기서 비로소 그는 대상을 확인하고 그 형상이 시체라는 것을 깨닫는다. 여기에서 영상과 대상 사이의 일치는 주체의 개입에 의해 밝혀지고 인정된다. 귀신, 외계 비행체, 공룡 등의 대상을 재현한다고 주장되는 수많은 광학적 영상들이 있지만, 그 영상들이 귀신, 외계 비행체, 공룡이라는 각각의 대상과 일치한다고 인정받지 못하는 것은 바로 이런 이유에서다. 영상과 대상 사이의 일치는 결국 주체에 의한 사회적 인정의 문제인 것이다.

물론 그림은 주체의 의도에 의해 영향을 받는 반면, 사진은 주체의 의도보다는 대상이라는 원인에 의해 직접 영향을 받는다. 그래서 그림은 대상의 존재에 대한 증거가 될 수 없지만, 사진은 증거로서 역할을 할 수 있다고 간주된다. 하지만 과연 그런가? 내가 아무도 가보지 않은 오지에 들어갔다가 아무도 본 적이 없는 동물을 봤다고 하자. 나는 내가 본 동물의 모습을 충실히 그림으로 옮길 수 있다. 만약 내가 카메라를 들고 있었다면 동물 사진을 촬영할 수도 있다. 확실히 내가 그린 동물의 그림이 동물의 존재를 증명하는 증거물이 되지는 못할 것이다. 그렇다면 내가 촬영한 동물의 사진은 그것의 존재에 대한 증거가 되는가? 그렇지 않다. 그 동물의 존재에 대해 회의적인 사람들은 사진이 조작됐다거나 다른 사물이 이상한 각도로 촬영된 것이라거나 동물 자체가 조작된 것이라거나 사진을 잘못 해석한 것이라는 이유 등을 들어 그 사진의 증거물로서의 가치를 인정하지 않을 것이기 때문이다. 결국 혼자만의 증언과 사진 한 장만으로는 그 동물의 존재를 증명할 수 없다. 동물에 대한 다른 수많은 사람들의 목격담과 그것을 기록한 수많은 영상 그리고 동물의 실제 표본이 있어야만 비로소 그 동물의 존재가 인정될 것이다. 일단 동물의 존재가 사회적으로 인정되면 그림과 사진은 모두 동일하게 그 동물을 재현하는 영상으로서의 지위를 갖는다.

대상이 사회적으로 잘 알려진 것이라 해도, 사진이나 CCTV 동영상과 같은 광학적 영상만으로 대상의 정체가 식별되지는 않는다. 예를 들어, 대한항공기 폭파범으로 알려진 김현희가 북한에서 성장했다는 것을 증명하기 위해 제시된 김현희처럼 보이는 인물의 어릴 적 사진들에 대한 논란이나 잘 알려진 연예인처럼 보이는 인물의 사생활을 담은 동영상의 진위와 관련된 논란들을 보면, 최종적으로 영상과 대상의 일치를 결정하는 것은 영상의 내적인 정보뿐만 아니라 외적인 정보들을 토대로 이뤄지는 사회적 인정이다. 이것은 딥페이크 기술에 의해 제작된, 실제로 존재하지 않는 사람의 사진이나 조작된 동영상에도 동일하게 적용된다.

영상과 대상 사이의 일치를 주체가 인정하기 위해서는 주체가 영상과는 별개로 대상에 대해 갖고 있는 영상의 외적 정보가 중요한 역할을 한다. 〈욕망〉의 경우, 사진가가 촬영 장소에 가서 실제로 시체의 존재를 확인했을 때 비로소 확대된 사진에 보이는 흐릿한 형상을 시체와 일치시킬 수 있었다. CCTV에 촬영된 모습을 갖고 범죄 용의자를 찾으려는 경우, 경찰은 수많은 사람을 탐문해 모은 정보를 바탕으로 영상과 용의자 사이의 일치를 확인하려 노력한다.

영상과 대상 사이의 일치를 사회적으로 인정하기 위해 필요한 영상의 내적·외적 정보를 우리는 리던던시(redundancy)라고 부를 수 있다. 리던던시는 일종의 부가적인 정보의 과잉이다. 1메가 픽셀의 영상보다는 8메가 픽셀의 영상이, 흑백 영상보다는 컬러 영상이 더 높은 리던던시를 갖는다. 영상의 리던던시가 높다는 것은 영상과 대상 사이의 일치를 사회적으로 인정할 수 있는 가능성이 높다는 것이다. 왜냐하면 리던던시는 불확실하고 무질서한 부분들을 제거하면서 영상이 재현하는 대상을 뚜렷하고 명확히 드러내기 때문이다. 리던던시는 불확실하고 무질서하게 보이는 영상 안에서 일종의 질서를 발견하도록 돕는 기능을 한다. 그런데 이 질서는 영상을 보고 판단하는 사람에 의해 발견되는 것이기 때문에 사회적 속성을 갖고 있다. 이것은 결국 영상과 대상 사이의 일치를 인정하는 작업은 영상의 내적·외적 정보를 바탕으로 영상의 내용을 사회적으로 구성하는 작업이라는 것을 의미한다.

영상과 대상 사이의 일치가 사회적 인정의 문제라는 것은 또 다른 유형의 진실 문제와 연결돼 있다. 진실은 대상과의 단순한 일치의 관점이 아니라 대상에 대한 옳은 해석이라는 관점에서 접근할 수 있다. 이것은 대상과의 일치 여부로 확인되는 진실이 아니라 대상에 대한 올바른 사회적 해석으로서의 진실이다. 어떤 진술이 사회의 지배적 가치에 조응하는 일관성(coherence)을 갖고서 대상을 설명할 경우, 그 진술은 사회 구성원들에 의해 대상에 대한 옳은 해석, 즉 진실로 인정받는다. 이 두 번째 유형의 진실은 역사적·사회적·문화적으로 구성되는 진실이다. 이런 진실은, 예를 들어, 푸코(Foucault, 1969: 62~63)가 말한 담론의 구성 규칙들(règles de formation)인 에피스테메(Episteme)에 의해 구성되는 것일 수 있다. 푸코에 따르면, 유럽에서 르네상스 이전에 미친 사람(광인)은 인간의 언어로 표현할 수 없는 우주의 신비한 섭리를 표현할 수 있는 일종의 지혜를 가진 자로 여겨졌고, 사회로부터 격리되지 않았다. 하지만 17세기에 들어 광인은 사회로부터 격리되고 감금돼야 할 비정상적이고 위험한 존재로 인식됐으며, 19세기에 정신의학의 발달과 함께 광기는 치료해야 할 질환으로 이해됐다. 광기의 진정한 본질에 대한 생각이 시대가 바뀌면서 달라진 것이다. 푸코는 광기에 대한 담론 분석을 통해 시대와 사회가 변한다면 어떤 대상에 대한 올바른 해석으로서의 진실이 변할 수 있다는 것을 보여줬다. 우리는 이 두 번째 진실의 관점에서 영상 문제에 접근할 수 있다. 영상이 대상과 형태적으로 일치한다는 것과 대상에 대해 올바른 해석을 보여준다는 것은 다른 차원의 문제다. 영상이 단순히 대상의 모습을 다시 보여주는 차원에 그치지 않고 대상에 의미를 부여하고 해석을 제공하려 할 때 영상은 두 번째 유형의 진실과 관계를 맺는다.

첫 번째 유형의 진실, 즉 일치 관계에 의해 작동하는 진실은 엄밀히 말하면 진실이 아니라 사실의 문제다. 사실을 보여주는 것과 진실을 말하는 것은 다르다. 사실은 발생하는 것이지만 진실은 구성되는 것이기 때문이다. 예를 들어, 사진은 발생한 사건을 보여줄 수 있을 뿐 사회적으로 구성된 의미를 증명할 수는 없다. 카메라는 위험에 빠진 어린아이를 촬영할 수 있지만 그렇게 촬영된 사진이 어린이는 보호받아야 할 존재라는 말을 증명하지는 못한다. 어떤 대상을 보여주는 것과 대상의 의미에 대해 말하는 것은 완전히 다른 차원의 일이다. 영상은 대상을 보여줌으로써 진실을 말하는 것이 아니라 사회가 진실이라고 여기는 것을 구성하는 데 기여한다.

1972년 6월 8일 네이팜탄이 베트남의 작은 마을에 떨어졌을 때, 화상을 입은 아이들이 울부짖으며 도망쳐 나왔다. AP통신 사진가였던 닉 우트 (Nick Ut)는 불붙은 옷을 모두 벗어던지고 알몸으로 도망치는 어린 소녀와 다른 아이들을 촬영했다. AP의 편집자는 소녀의 알몸이 드러난다는 이유로 처음에는 사진 공개를 거부했지만 전쟁의 참상을 재현하는 사진의 힘이 워낙 컸기 때문에 결국 사진을 출판하기로 결정했다. 이 사진은 당시 미국 대통령 닉슨이 조작한 사진이 아닌지 의심했을 정도로 대중에게 큰 충격을 줬고, 반전 여론을 확산시키는 데 기여했다. 우트의 사진은 어린 소녀의 알몸을 영상으로 보여주는 것은 옳지 않다는 사회적 진실과는 충돌하면서 갈

등 관계에 놓였지만, 약자에게 고통을 주는 전쟁은 추악한 행위라는 또 다른 사회적 진실을 구성하는 작업을 했다.

그런데 디지털 기술을 이용한 다양한 미디어가 일상적인 커뮤니케이션을 위해 폭넓게 사용되고 있고, 이 과정에서 특히 인터넷, 소셜미디어 등과 연결된 영상의 사용이 대중화되면서 영상과 대상 사이의 재현 관계에서 진실의 문제가 다른 방식으로 제기되고 있다. 특히 2010년 이후 발생한 일련의 사건들은 이런 변화를 잘 보여주고 있다. 1991년 로드니 킹 구타 사건의 비디오 영상 사례에서 볼 수 있듯이 영상 촬영 장비가 대중에게 보급되어 일반인들이 촬영한 영상이 사건에 중요한 의미를 부여하면서 사회적으로 큰 영향력을 발휘하는 일들이 증가했다. 하지만 이런 영상들이 대중과 만나려면 우선 매스미디어에 의해 선택되고 매개돼야 했다. 2001년 9·11 테러 당시에도 많은 일반인들이 영상을 촬영했지만, 매스미디어를 통해 비로소 공개될 수 있었다. 2000년대 말부터 세계적으로 인기를 끌며 사용되기 시작한 소셜미디어와 스마트폰은 개인들이 매스미디어를 거치지 않고 네트워크로 연결되도록 만들었다. 이제 사람들은 매스미디어와 전문가 집단이라는 매개를 통하지 않고, 개인적으로 바라본 세상의 모습을 함께 공유할 수 있게 됐다. 이것은 영상을 통해 사람들이 세상을 인지하고 이해하는 방식을 바꾼 혁명적 사건이다.

2 | 수행과 진실

세계의 모든 카메라가 네트워크로 연결되는 일은 크게 두 가지 방향성에서 전개됐다. 우선, 네트워킹을 통해 사적 사진들이 일상적 세계로 확장해 간다. 페이스북, 인스타그램 등으로 대표되는 소셜미디어는 우선 사적 사진들의 공유 플랫폼으로 작동한다. 시시콜콜한 일상의 모습을 보여주는 개인적 사진들이 네트워크를 통해 공개적으로 확산되면서 개인이 경험하는 일상적 시공간 범위가 세계적 차원으로 넓어졌다. 텔레비전이 '지구촌 (global village)'을 만들었다고 매클루언이 말했지만, 현재의 소셜미디어는 '지구 가정(global home)'을 만든다. 이제 사람들은 마치 자기 방을 돌아다니듯이 세계 모든 곳과 모든 사람의 사적인 경험들을 자신의 일상으로 구성할 수 있다. 소셜미디어에서 볼 수 있는 광학적 영상들은 개인의 삶을 보여주는 다큐멘터리다. 네트워크를 통해 공개되는 이 영상들은 개인 앨범에 보관되던 기존 사진들과는 달리 과거 사건의 단순한 아카이브로 머물지 않는다. 소셜미디어로 공개되는 영상들은 실시간으로 공유되고 향유되기 때문에 과거의 삶에 대한 다큐멘트로 보존되는 아카이브가 아니라 현재의 삶을 구성하는 사건이다. 이 영상들은 네트워크로 연결된 전 세계의 가상적 친구들로부터 '좋아요'와 댓글을 이끌어내면서 개인의 현재 삶을 구성한다.

네트워크를 통한 영상의 공유가 개인의 현재 삶을 새롭게 구성하고 확장시키는 것과 비슷하게 공적인 사건들을 기록하는 영상도 네트워크를 통해 공유되면서 기존의 영상이 가졌던 기능과 역할을 뛰어넘는다. 공적인 사건들은 원래 전문가들에 의해 영상으로 재현돼 신문, 잡지, 영화, 텔레비전 등과 같은 매스미디어를 통해 공개되고 유통되면서 사건들에 의미를 부여해왔다. 하지만 누구나 스마트폰으로 언제든지 영상을 촬영할 수 있고 촬영된 영상을 실시간으로 세계의 모든 다른 사람들과 공유할 수 있는 상황이 되자 사건 보도 영역에서 전문가와 매스미디어가 가졌던 독점적이고 권위적인 지위가 위태로워졌다.

2009년 6월 20일 이란의 테헤란에서 부정선거를 비판하는 반정부 시위가 일어났다. 거리에서 네다 아가 솔탄(Neda Agha Soltan)이 민병대원이 쏜 총에 맞았다. 가슴에 총을 맞고 쓰러진 그녀는 곧 피를 토하며 죽어갔다. 여러 시민이 동영상을 촬영했다. 동영상은 곧 인터넷을 통해 전 세계에 공개됐다. 영상을 보고 분노한 사람들은 솔탄의 피로 뒤덮인 얼굴 사진을

네다 아가 솔탄의 모습
자료: https://www.youtube.
com/watch?v=8zFslcGmZnM

들고 반정부 시위에 나섰다(<그림
14-2>). 피가 그녀의 얼굴을 뒤덮은
장면을 캡처한 사진은 수없이 복사
되어 여러 시위에 사용되었다.

2011년 12월 17일 이집트 카이로
에 있는 타흐리르 광장(Tahrir Square)
에서 이집트 군인들이 시위를 진압
하는 과정에서 쓰러진 한 여성을 구

타하면서 끌고 갔다. 군인들이 땅에 쓰러진 여성을 질질 잡아끄는 과정에서
여성의 웃옷이 말려 올라가 브래지어가 노출됐다. 한 시민이 근처에 있는
건물 위에서 이 장면을 촬영했다. 동영상은 즉시 인터넷을 통해 전 세계로
퍼졌고, 영상을 보고 분노한 이집트 시민들은 속옷이 노출된 채 군인들에게
끌려가는 여성을 담은 사진을 인쇄해 들고 나와 시위를 벌였다. '파란 브라
를 한 여성'이라고 명명된 이 사진은 이집트 시민혁명의 아이콘이 됐다. 이
처럼 2011년 튀니지·이집트 등에서 벌어진 일련의 민주화운동에서 일반인
들이 거리에서 촬영한 영상들이 실시간으로 공유되면서 반정부 시위를 격
화하는 동력으로 작용했다.

일반 시민에 의해 촬영되는 새로운 유형의 다큐멘터리 사진과 동영상을
'시민 다큐멘터리 영상'이라 부르기로 하자, 일반적으로 매스미디어를 통해
유통되는 전문가의 영상에서 재현은 사진가, 대상, 관객의 관계 안에서 구
축된다. 사진가는 자신이 이해한 대상의 의미를 영상에 담아 관객에게 전
달한다. 이 과정에서 관객은 영상을 통해 사진가의 의도와 만나면서 영상
이 재현하는 사건의 의미를 구성한다. 시민 다큐멘터리 영상은 이런 재현
관계 안에서 만들어지지 않는다. 이 다큐멘터리 영상은 사진가의 의도와는
무관하게 갑작스러운 사건의 발발에 의해 촉발된다. 시민 다큐멘터리 영상
전체를 지배하는 것은 바로 사건의 돌발적인 발생이다. 사건의 현장성과

직접성이 영상의 미적·서사적 구조를 압도하면서 사진가, 대상, 관객에 의해 구성되는 재현 관계가 성립할 여지를 주지 않는다. 우선 사진가의 의도가 개입하지 않고, 관객도 대상의 의미를 분석할 시간을 갖지 못한다. 한마디로 시민 다큐멘터리 영상은 관객을 위해 대상을 재현하지 않는다. 시민 다큐멘터리 영상에는 재현 관계가 단절돼 있다.

시민 다큐멘터리 영상의 일차적 존재 의의는 사건을 직접적으로 목격할 가능성을 제공하는 데 있다. 사진가가 사건을 재현하지 않는다는 것은 사건의 의미가 사진가의 의도에 의해 부여되지 않는다는 뜻이다. 따라서 시민 다큐멘터리 영상에서 말하는 자는 사진가나 관객이 아니라 사건의 참여자들이다. 이 과정에서 사진은 단순한 다큐멘트가 아니라 사건이 된다. 시민 다큐멘터리 영상은 단순히 사건이 일어났다는 것을 보여주는 것이 아니라 사건이 일어나고 있다는 것을 보여주고 사진가가 거기에 있다는 것을 보여준다. 이를 통해 결정적으로 관객도 거기에 있을 수밖에 없다는 것을 드러낸다.

소셜미디어의 등장으로 누구나 어디에서나 손쉽게 다른 사람들과 연결된 네트워크를 통해 자신의 일상을 말하고 보여줄 수 있게 되면서 사람들은 이제 매스미디어가 주는 정보를 받아보기만 하는 수동적 수용자에서 직접 정보를 전달하고 공유하는 능동적 행위자가 됐다. 기존의 다큐멘터리 영상에서 시민은 사진가의 카메라 앞에 놓인 촬영 대상이거나 사진가가 촬영한 영상을 보는 관객일 뿐이었다. 하지만 시민 다큐멘터리 영상에서 시민은 사진가이자 대상이자 관객으로서 사건에 참여한다.

시간을 들여 깊이 있게 정보를 수집하고 분석해 사건의 의미를 치밀하게 구성하고 해석하는 다큐멘터리 작업이나 저널리즘 작업에서 영상은 최종 결과물로서 사건을 재현하고 사건에 대한 의미를 부여하는 역할을 한다. 반면에 돌발적인 사건의 한가운데에서 생산되고, 실시간으로 유통되고 공유되는 시민 다큐멘터리 영상은 사건을 재현한다기보다는 사건을 구성하는 중요한 행위자의 역할을 한다. 과거의 사건이 먼 곳에서 일어나는 일로서 매스미디어에 의해 재현되고 의미가 부여돼 관객에게 전달되는 것이었다면, 현재의 사건은 스마트폰, 소셜미디어, 유튜브 등에 의해 매개되면서 많은 사람들에 의해 실시간으로 경험되는 것이다. 이 과정에서 영상은 단순히 사건을 재현하는 것이 아니라 관객과 상호작용 하면서 사건을 구성하는 행위자가 된다.

시민 다큐멘터리 영상에서 누가 영상을 촬영했는지는 중요하지 않다. 사건 현장에 있는 누구라도 그런 영상을 촬영할 수 있기 때문이다. 누구나 인터넷망과 연결돼 있는 스마트폰을 들고서 언제든지 페이스북이나 인스타그램과 같은 소셜미디어 플랫폼을 통해 내가 보고 있는 사건을 촬영해 다른 사람들과 공유할 수 있다. 실시간으로 공유된 영상은 즉각적인 반응을 불러일으키면서 사건이 진행되는 방향에 영향을 미친다. 따라서 중요한 것은 오히려 스마트폰, 소셜미디어, 유튜브, 인터넷 등이다. 그런 장치들이 시민 다큐멘터리 영상을 가능하게 만든다. 기술이나 기계를 단순한 도구가 아니라 인간과 동등한 위치에서 상호작용 하면서 네트워크를 형성하는 행위자로 보는 행위자 네트워크 이론(actor-network theory)의 관점에서 본다면 (Latour, 2005: 70~78), 영상을 촬영하는 것은 시민도 아니고 카메라도 아닌 시민, 스마트폰, 소셜미디어, 인터넷을 연결하는 혼종 네트워크다.

혼종 네트워크 안에서 서로 연결된 인간 행위자들과 비인간 행위자들은 쉼 없이 연결고리를 확장하고 수정하면서 사건을 구성해 간다. 네다 솔탄과 파란 브라의 여성을 촬영한 영상은 우선 페이스북과 유튜브를 통해 공개됐고, 곧 다른 인터넷 사이트로 퍼져나갔다. 영상을 본 사람들은 즉각적으로 반응했다. 영상의 대표적인 장면이 사진으로 만들어져 유포됐고, 사람들은 크게 인쇄된 사진을 들고 항의 시위에 나섰다. 매스미디어는 이 영상을 재매개하면서 정부의 폭력에 확정된 의미를 부여했다. 매스미디어에서 영상을 재매개하면서 사건을 재현하고 의미를 부여하기 전까지 네트워크로 연결된 시민들과 스마트폰, 소셜미디어는 연속적으로 행위를 유발하며 사건을 만들어갔다.

사건의 한복판에서 만들어지고 유통되는 시민 다큐멘터리 영상은 사건에 대한 재현이라기보다는 사건의 일부분으로서 사건을 만들어가는 수행 행위(performance)에 더 가깝다. 시민 다큐멘터리 영상은 사람들이 사건에 대해 생각하게 만들기보다는 사건 안에서 행동하게 만든다. 기존의 다큐멘터리 사진이 사건을 기록하고 재현하는 다큐멘트로서 사건에 대한 아카이브를 구성하고 사건의 의미를 부여하는 것이었다면, 시민 다큐멘터리 영상은 현재의 사건을 만들어가는 역할을 한다. 시민 다큐멘터리 영상은 사건에 대한 보고서라기보다는 사건 안에서 외치는 말과 같다. 그것은 사람들을 부르고 행동하게 만든다. 스마트폰을 손에 든 시민은 전문 사진가의 카메라 앞에 위치한 수동적인 대상이 아니라 직접 사건을 목격하고 만들어가는 자율적인 행위자다.

2019년 3월 15일 뉴질랜드 크라이스트처치의 이슬람 사원에서 브렌턴 태런트(Brenton Tarrant)가 사람들에게 총을 난사해 50명이 사망하고 다수의 부상자가 발생했다. 이 남성은 헬멧에 부착한 카메라를 이용해 촬영한 총격 장면을 페이스북을 통해 17분간 생중계했다. 영상은 페이스북 운영진이 삭제하기 전까지 1시간 동안 전 세계에 공개됐으며, 다른 사이트를 통해 공유됐다. 태런트는 사건의 주된 행위자였을 뿐만 아니라 인터넷에 연결된 카메라를 통해 수많은 사람을 사건에 끌어들였다. 사람들은 사건의 의미를 알기 위해 영상에 접속한 것이 아니라 사건 자체에 들어가기 위해 영상을 클릭했다. 영상은 사람들에게 즉각 충격을 줬다. 사람들은 그의 행위에 이슬람 혐오나 인종차별 등의 의미를 부여하기 전에, 이미 영상을 통해 사건을 보는 것 자체로 정서적 영향을 받았다. 그의 영상은 사건을 재현하고 사건의 의미를 전달하는 것이 아니라 수많은 행위자들과 만나고 부딪치면서 사건을 진행시키는 행위자로 작용한다. 태런트는 영상을 촬영하고 인터넷에 유포시키면서 사건을 온전히 자신의 통제하에 두고자 했지만, 그 영상에 접속하고 공유한 사람들, 생중계를 금지시킨 페이스북, 영상이 업로드된 인터넷 플랫폼들, 사건을 보도한 매스미디어 등에 의해 사건은 그가 생각한 것과는 다른 방향으로 전개되고 구성되고 재현되고 의미가 부여됐다.

정부나 조직의 게이트키퍼에 의해 검열과 심의를 받아야 하는 매스미디어와는 달리 시민 다큐멘터리 영상은 손쉽게 인터넷을 통해 유통될 수 있다. 다시 말해, 시민 다큐멘터리 영상은 사회문화적으로 고정된 관습적 의미 체계에 의해 사전에 걸러지지 않는다. 이것은 시민 다큐멘터리 영상이 기존의 관습과 통념에 균열을 일으킬 가능성이 크다는 것을 의미한다. 시민 다큐멘터리 영상은 아직 사회적으로 의미가 부여되지 않은 현실을 보여줌으로써 사람들을 사건에 끌어들이고 사건의 의미를 만들어가도록 요구한다. 인터넷에서 유통되는 시민 다큐멘터리 영상은 기본적으로 항상 이동 중인 상태에 있다. 이 근본적인 이동성 때문에 시민 다큐멘터리 영상은 매스미디어에 의해 포획돼 고정된 의미를 부여받을 때조차도 항상 다른 의미를 향해 열려 있다.

전문가에 의해 촬영돼 매스미디어와 정부의 게이트키핑에 의해 걸러진 영상이 아니기 때문에 시민 다큐멘터리 영상은 기본적으로 열린 영상이다. 시민 다큐멘터리 영상의 제작과 유통에서는 영상을 만드는 전문가와 만들어진 영상을 소비하는 대중 사이의 분리가 명확히 드러나지 않는다. 자크 랑시에르(Jacques Rancière)는 보고 말할 수 있는 자와 볼 수 없고 말할 수 없는 자 사이에서 나타나는 감각적인 것의 분할(partage du sensible)이 모두가 참여하는 민주정치를 불가능하게 하고 있다고 주장하면서 이런 분할의 논리에서 벗어나 모든 사람의 동등함을 인정하는 것이 진정한 해방이라고 말했다(랑시에르, 2016: 24~36). 랑시에르의 관점에서 본다면, 시민 다큐멘터리 영상은 해방된 영상이다. 시민 다큐멘터리 영상 안에는 사진가가 설명하는 사건의 고정된 의미가 존재하지 않고 영상을 촬영한 시민과 영상에 접속한 시민들이 함께 찾아가면서 구성하는 의미만이 존재하기 때문이다. 시민 다큐멘터리 영상에는 촬영자와 관객의 구분이 없다. 촬영자는 영상을 통해 동등한 다른 시민들을 불러낼 뿐이지 자신의 생각을 영상에 담아 관객에게 강요하지 않는다. 따라서 시민 다큐멘터리 영상은 사회문화적으로 고정된 특수한 진실의 담론에서 벗어나 있다. 네트워크로 연결된 시민 다큐멘터리 영상은 자유롭게 이동하면서 다양한 행위자들과의 관계 속에서 계속 의미를 구성해 간다. 그 의미는 다른 사람들이 시민 다큐멘터리 영상에 부여한 의미가 아니라 시민 다큐멘터리 영상이 행위자로서 만들어가는 의미다. 시민 다큐멘터리 영상은 인터넷 안에서 이동하면서 다른 행위자들과 관계를 맺어가는 사건으로서의 행위자다. 이 사건으로서의 영상은 기존의 재현 체계에 균열을 일으키면서 새로운 의미를 구성해 간다.

사건이자 수행으로서의 시민 다큐멘터리 영상은 대상과 일치하는 진실을 증명하거나 사회문화적으로 구성된 진실을 말하는 것이 아니라 그 자체로 진실이라는 것이 드러난다. 이 세 번째 유형의 진실은 내재적 진실이다. 바뤼흐 스피노자(Baruch Spinoza)는 진실이란 외재적 대상과는 무관하게 스스로 진실이라는 것이 드러나는 것이라고 했다(스피노자, 2007: 129~132; 스피노자, 2015: 43~49). 이 진실은 어떤 생각이나 사람, 사물이 가진 내재적 자질이다. 생각, 담론, 사람, 사물의 진실은 자신을 참되게 드러내는 힘에 의해 스스로 진실이라는 것을 보여주고 거짓을 폭로한다. 예를 들어, 빛은 그 자체로 자신을 진실로서 드러내는 동시에 어둠을 드러나게 만든다.

어떤 사람이 진실하다는 것은 세 가지 의미로 해석될 수 있다. 우리는 어떤 사람이 자신의 생각이나 말과 일치하는 행동을 할 때 그를 진실하다고 말한다. 이처럼 언행일치로 드러나는 진실은 첫 번째 유형의 진실이다. 우리는 어떤 사람이 시대가 요구하는 참된 인간상을 보여줄 때 그를 진실하다고 말한다. 이것은 역사적으로 구성되는 두 번째 유형의 진실이다. 마지막으로 우리는 어떤 사람의 본질이 스스로 드러날 때 그가 진실하다고 말할 수 있다. 이 사람은 자신이 믿는 것을 실천하는 사람도 아니고 사회가 요구하는 것을 따르는 사람도 아니다. 그는 모든 내적·외적 요인들과 관계없이 오직 인간으로서의 존재감을 드러내는 사람이다. 어떤 사람이 자신의 삶을 진정으로 충실히 산다면 그는 자신이 살아온 삶 자체를 그대로 드러내게 된다. 이때 그는 진실한 사람이라고 평가될 수 있다. 예를 들어, 평생 한 가지 일을 해오면서 그 분야에서 일가를 이루고 자신의 삶에 만족해하는 사람을 만나면 우리는 그 사람을 보는 것만으로도 진실을 느낄 수 있다. 세 번째 유형의 진실은 사람이나 사태가 어떤 정점에 달했을 때 드러난다.

시민 다큐멘터리 영상은 사건으로서 스스로 드러나는 수행성(performativity)을 통해 진실이 된다. 기존의 다큐멘터리 사진에서 진실의 문제는 현실과의 일치 관계나 사회적 진실을 구성한다는 점에서 논의돼 왔다. 하지만 시민 다큐멘터리 영상에서 발견되는 진실은 그런 진실들과는 다른 유형의 진실이다. 시민 다큐멘터리 영상이 수행성을 갖는다는 말은 그 영상이 현실의 사건에 의미를 부여하면서 재현하는 영상으로 기능하는 것이 아니라, 그 자체가 하나의 행위자로서 다른 행위자들과 연쇄적으로 연결되는 과정에서 현실의 사건을 만들어가는 기능을 한다는 의미다. 시민 다큐멘터리 영상은 사건의 의미를 재현하는 것이 아니라 다른 행위자들과의 연쇄적 고리 안에서 사건으로서 수행된다. 그래서 시민 다큐멘터리 영상은 일치로서의 진실이나 재현으로서의 사회적 진실이 아니라 수행으로서의 진실이라는 관점에서 이해될 수 있다. 디지털 정보기술은 일반 시민들이 생산하는 영상을 실시간 네트워크로 연결시켜 사건으로 만들면서 세 번째 유형의 진실이 행사될 수 있는 가능성을 연다. 사건으로서의 시민 다큐멘터리 영상은 우리의 감성을 일깨우고 지성을 자극하면서 우리를 네트워크를 구성하는 행위자로 만들고, 새로운 사건을 창조할 수 있는 계기를 만든다. 이때 시민 다큐멘터리 영상은 그 자체로 진실임이 드러난다.

현대사회의 지배적 기술인 디지털 기술은 모든 카메라와 영상 장치를 네트워크로 연결시키고 사진과 동영상을 네트워크 공간에서 실시간으로 공유되는 사건으로 만들었다. 네트워크로 연결된 영상은 이제 대상과 사건에 대한 단순한 기록이나 재현이라는 위치에 머물지 않는다. 소셜미디어 등을 통해 돌발적으로 공유되는 영상은 나를 잠재적으로 전 세계 모든 사람의 삶 속으로 밀어 넣는 행위자다. 네트워크 안의 사진은 나를 불러 세우고 다른 공간으로 데려간다. 사진은 대상이나 사건을 재현하는 것이 아니라 대상과 사건을 경험하게 만들면서 끝없이 연결되는 사건들의 연쇄를 만들어낸다.

기존의 다큐멘터리 영상이 전문가와 매스미디어에 의해 만들어진 재현으로서 관객을 위해 사건을 매개했다면, 네트워크 안에서 공유되는 시민 다큐멘터리 영상은 사건을 매개하는 것이 아니라 그 자체가 사건이 된다. 기존의 다큐멘터리 영상은 거리를 두고 사건을 바라보면서 사건에 대해 전문가와 매스미디어가 부여한 의미를 전달하거나 사건에 대한 사회적 의미가 특정한 방향으로 구성되도록 만들었다. 반면에 시민 다큐멘터리 영상은 사건의 일부분으로서 돌발적으로 발생하고 네트워크 안에서 무작위로 전달되면서 연쇄적으로 일어나는 새로운 사건의 고리가 된다. 실시간으로 연쇄적으로 발생하는 사건들의 고리로 작동함으로써 시민 다큐멘터리 영상은 전문가와 매스미디어에 의해 회수되는 데 저항한다. 전문가와 매스미디어는 사회적 담론 체계 안에서 시민 다큐멘터리 영상을 회수하려 하지만, 네트워크 안에서 다양한 행위자와 상호작용 하는 행위자이자 사건이 된 시민 다큐멘터리 영상은 끊임없이 유동적이고 가변적인 상태로 존재한다.

시민 다큐멘터리 영상은 재현의 논리에 의해 이해되지 않는다는 점에서 현실과 일치하는 사실로서의 진실이나 일관성 있게 구성되는 사회적 진실로서의 의미를 갖지 않는다. 시민 다큐멘터리 영상은 사건을 재현하면서 해석하거나 사건에 의미를 부여하는 역할을 하기 전에 우선 스스로 사건으로서 발현되고 다른 사건들, 행위자들과의 연쇄 네트워크 안에서 움직이는 수행성을 갖는다. 시민 다큐멘터리 영상은 외부 사건에 종속되는 재현이 아니라 사건 자체로서 다른 사건들과의 연쇄 속에서 작동한다는 점에서 기존의 진실과는 다른 세 번째 유형의 진실을 드러낼 수 있는 가능성을 갖게 된다.

3 ¦ 영상의 과잉과 투명함

영상과 대상 사이의 관계를 일치의 관점에서 보려는 우리의 욕망은 사실 미디어로서의 영상이 소멸되기를 바라는 욕망이다. 제욱시스가 파라시오스의 그림을 덮은 천을 치우려고 했던 바로 그 순간 사실은 천을 재현한 그림이었던 것은 사라진다. 제욱시스가 그림을 천으로 지각하는 순간 미디어로서의 그림은 소멸한 것이다. 볼터와 그루신(2006)은 최소한 르네상스 시기부터 인간은 미디어-영상의 소멸을 꿈꿔왔다고 주장한다. 그들의 주장에 따르면, 르네상스 시대에 발명된 선원근법은 그림을 사라지게 해 관람객이 대상을 직접 보는 것과 같은 효과를 내기 위한 것이었다. 또한 화가들은 그림이 그림처럼 보이지 않고 대상 자체로 보이게 만들기 위해 그림의 붓 자국을 없애는 노력을 했다. 그림의 공간을 현실의 공간과 연속된 것으로 보이게 만드는 눈속임 그림(trompe l'oeil)이 유행한 것도 같은 맥락에서 이해될 수 있다.

볼터와 그루신에 따르면, 19세기 이후에 발명된 사진, 영화에서부터 현재의 CGI에 이르기까지 많은 영상은 모두 주체와 대상 사이를 매개하기보다는 보이지 않게 사라지게 하는 것을 지향한다. 주체와 대상 사이를 매개하는 미디어를 투명하게 사라지게 함으로써 비매개(immediacy) 상태에 도달하려는 인간의 욕망이 새로운 영상미디어의 발명과 사용에 관여한다는 것이 그들의 주장이다. 카메라를 이용한 만들어진 사진 같은 영상미디어는 그림의 선원근법을 기계적으로 완성시키고 형태적으로 매우 유사하게 대상을 재현함으로써 투명해지려고 했다. 최근에 등장한 디지털 장비를 이용해 생산되는 CGI는 가상현실을 구현하고 이용자들이 현실 공간 안에서처럼 가상공간 안에 잠기도록(immerse) 하면서 투명해진다.

그런데 비매개에 도달하는 과정에서 미디어는 투명해지기도 하지만 동시에 역설적으로 인위적인 모습을 드러내기도 한다. 사람들은 미디어의 흔적을 지우려고 노력하는 대신에 오히려 여러 미디어의 존재를 상기시키기도 한다. 예를 들어, 그림과 사진들을 뒤섞어 콜라주나 몽타주를 만들기도 하고 실사와 그래픽을 뒤섞은 영상을 만들기도 한다. 컴퓨터 화면의 인터페이스나 인터넷 사이트 영상에도 다양한 영상미디어가 뒤섞여 있다. 이처럼 하나의 영상미디어 안에 서로 다른 영상미디어들이 자신의 모습을 드러내면서 서로 연결된 것을 볼터와 그루신은 하이퍼매개(hypermediacy)라고 부른다. 하이퍼매개는 미디어의 현존을 지나치게 드러냄으로써 미디어가 매개하는 과정 자체를 하나의 현실로 만들어 비매개의 속성을 갖게 된다.

볼터와 그루신은 비매개와 하이퍼매개를 디지털 미디어의 특성으로 제시하면서 이 두 개념을 재매개(remediation)라는 용어로 설명한다. 모든 미디어는 비매개를 지향하든, 하이퍼매개를 지향하든 모두 기존의 미디어들을 재매개한다는 공통점을 갖는데, 디지털 미디어의 경우에 이 두 특성을 모두 발견할 수 있다는 것이다. 예를 들어, 시뮬레이션 게임은 사진이나 영화의 카메라적 시점을 재매개하면서 마치 게임 속에 내가 있는 것 같은 비매개를 추구한다. 또한 동시에 이 게임은 서로 연결된 다양한 인터페이스 장치들을 드러내는 하이퍼매개의 모습을 보인다. 게임 속에 드러난 비매개와 하이퍼매개는 모두 미디어 간의 재매개 결과이며, 미디어의 투명함에서 오는 현실감과 미디어의 인위적 형상에서 오는 조작감이라는 두 가지 매력적 감정을 동시에 제공한다(<그림 14-3>). 비매개와 하이퍼매개는 재매개의 두 가지 다른 논리인 것이다.

볼터와 그루신이 말한 비매개는 일치의 개념으로 이해할 수 있다. 일치가 단순히 영상과 대상 사이의 형태적 유사성에서 비롯되는 것이 아니라

비매개와 하이퍼매개를 보여주는
디지털 게임 인터페이스 화면

사회적 인정을 필요로 하는
것이듯이 비매개도 미디어
가 대상을 형태적으로 아주
유사하게 재현한다고 해서
도달되는 것이 아니다. 동일
한 영상도 대상과의 형태적
유사성을 사회적으로 인정
받는다면 비매개로 이해될
수 있지만 그렇지 못하다면 미디어의 인위성이 드러나는 하이퍼매개에 머
문다. 예를 들어, 18세기 한국에서 그려진 그림들에 대해 당시 사람들은 핍
진(逼眞)한 사실성을 가진 것으로 대상과 구분할 수 없는 경지에 이른 것이
었다고 평가했다. 조선 시대의 권섭은 홍수주가 그린 포도 그림을 보고 사
람들이 손을 뻗어 따려고 했다든가, 김진여가 그린 자신의 백부 초상화를
꺼내볼 때마다 "쭈뼛하게 쳐다보기가 평일과 같아서 구분이 안 됐다"라고
전하고 있다(윤진영, 2007: 160에서 재인용). 하지만 현재를 사는 사람이 18세
기 그림을 보면서 대상을 사실대로 묘사했다고 생각하기에는 왜곡과 변형
이 심하다고 평가하면서, 그림을 보고 대상과 구별할 수 없다고 한 것은 당
시 양반들의 가식과 허풍일 뿐이라고 보기도 한다(이태호, 2008). 한 시대의
그림이 당시에는 비매개라는 관점에서 오늘날에는 하이퍼매개의 관점에서
이해되는 것이다.

비매개 혹은 일치가 결국 사회적 인정의 문제라면, '어떤 미디어가 재매
개를 통해 더욱 효과적으로 비매개를 달성하거나 더욱 투명해진다'는 주장
은 설득력을 잃는다. 과거에는 기술적인 문제로 영상미디어가 덜 투명했으
나 현재는 발전한 기술의 도움을 받아 투명성을 획득한 영상미디어가 등장
하고 있다고 말할 수 없다. 영상과 대상의 비매개, 일치 혹은 투명성의 문
제는 기술적 발전이나 완성도의 문제가 아니라 사회문화적 선택과 인정의

문제이기 때문이다. 15세기 선원근법 발견 이전의 그림은 투명한 비매개성에 도달하지 못했고, 선원근법을 통해 그림이 그리고 카메라 기계를 통해 사진이, 움직임과 소리를 재현하는 영화와 텔레비전이 그리고 상호작용적 인터페이스를 통해 CGI가 이전 미디어들을 재매개하면서 투명한 비매개성에 더 근접하게 되는 것은 아니다.

모든 영상미디어는 특정 시기마다 당시 사회가 인정하는 투명성을 갖는다. 그리고 그 투명성은 미디어가 가진 기술적 속성에 대한 사회적 인지를 바탕으로 구성된다. 예를 들어, 사진이 가진 미디어로서의 투명성은 사진 기술에 대한 사람들의 지식에 기대어 획득된 것이다. 현미경을 통해 촬영된 미세한 사물의 사진이나 하늘 높이 올라간 기구에 장착된 카메라로 촬영된 지표면의 사진은 인간의 일상적 시각으로 접할 수 없는 대상을 재현하지만, 사람들은 사진이 어떤 방식으로 제작되는지 알기 때문에 미디어로서의 사진을 보는 것이 아니라 사진에 재현된 대상을 직접 본다고 생각한다. 매우 낯선 대상을 재현하지만, 사진은 관찰자의 눈앞에서 투명해지는 것이다.

엑스레이(X-Ray), 초음파, 시티(CT), 엠아르아이(MRI)와 같은 도구를 이용해 얻은 의학적 영상의 경우에도 영상미디어 자체는 일상적 시각을 통해서는 결코 지각될 수 없는 대상을 보여준다. 인간의 육체 내부를 보여주는 이 의학적 영상들은 그것들에 대한 지식이 없는 사람들에게는 식별될 수 없는 이상한 사물일 뿐이다. 하지만 현대 의학 장비를 일상적으로 접하는 사람들에게 그 영상들은 우리 몸을 보여주는 투명한 미디어다. 우리는 사람들이 일상적 활동에서 X-Ray나 MRI 영상을 인간을 재현하는 것으로 인식하고 활용하는 것을 흔히 볼 수 있다. 따라서 어떤 영상미디어가 비매개하느냐, 하이퍼매개하느냐는 영상미디어의 문제가 아니라 그 영상미디어를 사용하는 사회와 사람들의 문제다.

그런데 영상미디어의 투명성을 획득하고자 하는 노력의 하나로 디지털 기술을 이용해 추구되는 것이 바로 과잉이다. 디지털 기술을 이용한 영상의 제작과 처리에는 과잉이라는 특징이 나타난다. 현대사회에서 디지털 기술을 이용해 처리된 영상은 넘쳐난다. 인간이 생산했던 기존의 모든 영상이 디지털 방식으로 전환됐거나 전환되는 중이다. 전문가들은 물론이고 일반인들도 디지털기기를 이용해 수많은 영상을 제작·유통하고 있다.

디지털 기술을 이용해 처리된 영상(디지털 처리 영상)의 과잉은 단순히 수의 과잉에 머물지 않는다. 영상이 담는 정보도 과잉이다. 초기의 디지털 처리 영상은 정보의 부족을 치명적 약점으로 갖고 있었다. 정보 처리와 정보 저장 기술이 아직 걸음마 단계일 때 디지털 처리 영상이 전달하는 정보는 너무나 적어서 사람들은 어떤 사물의 형태를 디지털 처리 영상 안에서 식별하는 데 어려움을 겪을 정도였다. 따라서 초기에는 디지털 처리 영상이 대상과의 일치를 바탕으로 작동하는 영상처럼 기능할 수 있기 위해서는 내적인 리던던시를 높이는 것이 시급한 문제였다. 예를 들어, 디지털 카메라로 촬영한 사진의 경우, 픽셀 수가 적었기 때문에 사진에 재현된 대상의 모습을 뚜렷이 구분하기 어려울 정도였다.

정보 처리와 저장 기술의 쉼 없는 발전을 통해 디지털 처리 영상의 내적 리던던시는 이제 지나칠 정도로 높아졌지만, 멈추지 않고 계속해서 높아지고 있다. 디지털 처리 영상은 과잉의 욕망에 의해 지배된다고 말할 수 있을 정도다. 예를 들어, 한 장소의 여러 지역을 각각 촬영한 사진을 조합해서 그 장소에 대한 매우 상세한 시각적 정보를 담은 거대한 파노라마 영상을 제공하는 기가팬(gigapan) 장치나, 역시 한 장소에서 사람들이 촬영한 수많은 사진 영상 데이터들을 인터넷을 통해 입수해 그 장소에 대한 상세한 시각적 정보를 담은 입체적 영상을 구성해 제공하는 포토신스(photosynth) 장치 등에서 볼 수 있듯이 엄청난 수의 영상을 조합하거나 연결시켜 만들어진 디지털 처리 영상은 무한에 가까운 시각적 정보를 종합해 현실 세계를 재현하거나 가상 세계를 창조하면서 더 자세히 보려는 인간의 욕망에 부응한다(<그림

그림 14-4　포토신스를 위한 DB

14-4>). 이 디지털 처리 영상이 담은 정보량은 이미 인간의 시각으로 한 번에 지각할 수 있는 범위를 넘어서기 때문에 디지털 처리 영상은 이동, 확대, 탐색 등과 같은 관찰자의 능동적 작업에 반응하며 공간에 대한 상세한 정보를 제공한다.

　디지털 처리 영상에서 정보의 과잉은 현실 세계의 정보량에 필적하거나 심지어는 넘어서려는 노력의 결과물이다. 이 노력은 크게 세 가지 분야에서 진행되고 있다. 현실 세계의 재현 분야, 허구 세계의 재현 분야, 가상 세계의 창조 분야다. 이 중 허구 세계의 재현 분야는 그 자체로 새로운 논리를 만들어내기보다는 영화와 같은 기존 영상미디어의 논리를 따른다는 점에서 현실 세계 재현 분야와 가상 세계 창조 분야의 디지털 처리 영상과는 구별된다.

　허구 세계의 재현은 인간이 상상한 허구 세계를 실재와 동일한 사실성을 갖고 재현해 내는 것이다. 디지털 기술은 그래픽, 애니메이션, 영화, 텔레비전 등 기존의 영상미디어가 가진 허구 세계의 재현 기능을 강화하기 위해 사용된다. 과거 사람들이 세밀하게 묘사된 용 그림을 보고 당장이라도 하늘로 날아오를 것처럼 느꼈다면, 현재 사람들은 마치 카메라로 촬영한 듯한 영화 속 용을 보며 감탄한다. 모션캡처 기술과 정교한 그래픽 기술, 3D 디스플레이 기술은 허구의 사물과 사건을 현실의 것과 동일한 사실감을 제공하면서 재현한다. 이런 기술 덕분에 사진, 영화, 텔레비전은 기존의 형식과 논리를 유지하면서도 새로운 콘텐츠 제작과 이윤 창출의 기회를 확보하게 됐다.

　허구 세계의 재현과는 달리 현실 세계의 재현과 가상 세계의 창조는 단순히 좀 더 실감 나는 영상을 제공하는 차원을 넘어 디지털 처리 영상을 이용해 이전에 우리가 경험하지 못한 새로운 세계를 볼 수 있는 가능성을 보여준다는 점에서 흥미롭다. 현실 세계의 재현은 카메라를 이용해 획득된 영상을 디지털 기술로 재가공하는 작업을 통해 이뤄진다. 따라서 이것은 기본적으로 사진 기술을 바탕으로 한 작업으로, 영상이 재현하는 대상은 어쨌든 현실 세계에 존재하거나 존재했던 것이다. 가상 세계의 창조는 디지털 기술을 이용해 영상을 만들어내는 것으로 현실 세계의 대상을 재현한다기보다는 대상 그 자체를 창조해 내는 작업이다. 디지털 기술로 창조해 낸 영상은 일관성 있는 형태와 동작을 보여주기 때문에 현실 세계의 대상과 동일한 방식으로 지각된다.

디지털 처리 영상의 고유한 특성은 그것이 현실 세계의 재현이든, 허구 세계의 재현이든, 가상 세계의 창조이든 모두 영상이 현실 세계와 동일한 방식으로 지각되는 것을 지향한다는 점에 있다. 이 특성은 과잉을 통해 달성된다. 카메라 기술을 바탕으로 제작되는 디지털 처리 영상은 엄청난 수의 사진 데이터를 이용해 현실 세계를 거의 무한에 가깝게 재현해 낸다. 수많은 사진을 결합해 하나의 사물이나 경치를 극히 세세한 부분까지 재현해 내는 기가팬 영상이나 포토신스 영상 등은 정해진 대상을 한정되고 구획된 틀에 가두어 재현하던 기존의 영상미디어들과는 달리 한계가 없는 재현의 가능성을 보여준다.

가상 세계를 창조하는 디지털 처리 영상은 CGI로 구성되는데 엄청난 정보처리 기술을 바탕으로 현실 세계의 대상을 똑같이 흉내낸다. 그것은 대상의 형태와 동작, 기능 등 모든 측면을 흉내내는 것일 수도 있고 동작, 기능 등 일부 측면을 흉내내는 것일 수도 있다. 하지만 어떤 경우이든 CGI의 목적은 대상을 재현하는 것이 아니라 대상으로서 존재하고 기능하는 것이다. 이 CGI는 현금자동인출기 화면에서 버튼으로 존재하며 기능하기도 하고, 모니터 위에서 비디오게임의 캐릭터나 배경으로 존재하기도 하며, 하쓰네 미쿠(初音ミク)처럼 공연장에서 합성된 음성으로 노래하는 가수로 등장

하기도 한다. 현금자동지급기 화면의 버튼이나 비디오게임 속 캐릭터, 공연장의 영상 가수는 어떤 것을 재현하지 않는다. 그 자체로 존재한다.

CGI의 정보 과잉은 인간의 감각으로 지각할 수 있는 수준을 뛰어넘는다. CGI 속에는 인간이 현재 지각하는 것보다 훨씬 더 많은 정보가 가상(virtual) 상태로 존재하며, 인간의 작용에 반응해 언제든지 현재화(actualize)될 수 있다. 정보 과잉을 바탕으로 가상과 현재를 오가는 CGI는 현실보다 더 현실 같은 모습을 보여주며 투명해진다. 그런데 CGI의 투명함은 그림이나 사진 등의 영상미디어가 가진 투명함과는 다르다. 그림이나 사진 같은 영상미디어는 대상과의 일치를 사회적으로 인정받으며 투명해진다. 하지만 대상과의 일치를 추구하지 않는 CGI는 대상 그 자체로 존재하면서 투명해진다.

〈욕망〉에서 크게 확대된 사진의 한 부분이 시체와 일치하기 위해서는 실제로 그 장소에 있던 시체의 확인이 필요했다. 사회적 인정을 미처 받지 못한 채 시체와 필름이 사라지자 사진의 확대된 부분은 단지 뭔가가 있었을 것이라는 의문만 남긴 채 불확실한 영상에 머문다. 하지만 그런 불확실성에도 그 확대된 사진은 존재했을 대상에 대한 계속된 의문을 불러일으킨다는 점에서 대상의 진실을 찾고자 하는 노력과 연결된다. 대상을 재현하는 영상미디어는 재현된 대상에 대한 진실을 추구하는 사회적 노력의 출발점이자 결과물이다. 대상과의 일치를 사회적으로 인정받는 과정에서 영상미디어는 진실이거나 오류이거나 조작이라는 가치 평가의 장에서 논의됐다.

그러나 CGI에서는 영상 자체가 대상이기 때문에 이전의 영상미디어들과는 달리, 더는 대상에 대한 의문을 유발하거나 대상의 진실에 대해 논하는 움직임을 만들어내지 않는다. 다시 말해, 영상과 대상 사이의 일치 여부가 더 이상 관심거리가 되지 않는 것이다. CGI는 그 자체로 존재하며, 사용자는 그것을 즐길 것인가, 사용할 것인가, 아니면 외면할 것인가를 선택하면 된다. CGI를 보면서 진실, 오류, 조작, 거짓을 말하는 것은 의미 없는 일이다. CGI와의 일치 여부를 사회적으로 인정받아야 할 대상이 없기 때문이다. 기가팬, 포토신스 등처럼 카메라 기술로 얻어진 영상을 바탕으로 현실 세계를 과잉되게 재현하는 디지털 처리 영상도 기존의 사진과는 달리 단순히 대상을 재현하는 것을 목적으로 하지 않는다. 그것의 목적은 현실을 재현하는 영상을 이용해 사용자가 놀 수 있는 새로운 공간을 창조하는 것이며, 이 공간은 사용자가 탐사(explorer)하기 전에는 가상의 공간에 머문다. 이미 스마트폰이나 스마트패드에 익숙해진 어린아이들은 이제 책을 볼 때도 먼저 글씨나 그림을 손가락으로 꾹 눌러본다. 그 터치가 지금 눈에는 보이지 않지만 새로운 어떤 것을 불러와 줄 것이라 믿으면서 말이다.

디지털 처리 영상은 우리에게 대상과의 일치 여부를 확인할 것을 요구하지 않는다. 그것은 우리에게 자신이 제공하는 세계를 탐사할 것을 요구한다. 과거의 영상미디어가 대상을 알고 표현하기 위해 우리가 사용하는 수단이었다면, 과잉된 디지털 처리 영상은 우리가 즐거움을 얻기 위해 탐사하는 대상이 된다. 사회적으로 유통되는 과잉된 디지털 처리 영상 앞에서는 진실과 거짓을 찾기 위해 논리적으로 무장하고 지적으로 탐구하는 사람보다는 지금 여기에서 즐거움을 찾는 유희적 인간이 더 적합하다. 디지털 처리 영상은 현실과 사실의 일치라는 관점에서 평가되지 않는다. 그것은 얼마나 큰 재미와 즐거움을 주느냐에 따라 평가된다. 여전히 디지털 처리 영상 앞에서 그것이 진짜인지 가짜인지 판단하려 애쓰고, 또 그래야 한다고 믿는 사람들이 있다. 그들은 오직 디지털 처리 영상을 그 자체로 탐닉하며 즐거워하는 새로운 감성을 지닌 사람들을 보면서 당혹감을 느낀다. 그 이유는, 그들이 영상미디어와 대상이 디지털 처리 영상 안에서 기존의 것과는 다른 관계를 맺는다는 것을 아직 깨닫지 못하기 때문이다. 디지털 처리 영상은 스스로 대상 자체로 기능하기 때문에 영상과 대상 사이의 일치 문제에서 자유로워진다. 과잉된 디지털 처리 영상을 통해 비로소 영상은 참과 거짓이라는 오래된 이항대립 구도에서 벗어날 수 있게 된 것이다.

영상은 보이지 않는 것을 보이게 하는 마술 같은 힘을 갖고 있다. 이것은 두 가지 의미로 해석될 수 있다. 하나는 영상이 형체를 갖지 않는 것에게 형상을 부여하는 능력을 갖고 있다는 것이고, 다른 하나는 영상이 부재하는 것을 현재하는 것처럼 보이게 만든다는 것이다. 어떤 관점에서 보느냐에 따라 영상은 실재가 아닌 허상으로 이해되기도 하고 실재를 알 수 있도록 돕는 수단으로 이해되기도 한다. 어떤 의미이든 영상은 자신이 아닌 다른 것을 재현하고 나아가 그것을 대체하거나 대신하는 힘을 가진 것처럼 보인다. 게다가 미디어로서의 영상과 메시지로서의 영상이 종종 구별 없이 인식되기 때문에 다른 것을 재현하거나 대체하는 영상의 힘은 사람들을 매혹시키거나 두려움에 휩싸이게 만든다.

　영상 기계의 발달과 영상의 과잉에 대해 비판적인 분석과 전망을 제공하는 사람들은 많다. 그런 분석과 전망들은 상당히 흥미로울 뿐만 아니라 현대사회를 이해하는 데 큰 도움을 준다. 하지만 영상 기계나 영상의 과잉에 대해 그다지 부정적으로 볼 필요는 없다. 미디어-영상과 메시지-영상 사이의 일치라는 문제가 결국은 사회적 인정을 통해 구성되는 문제라면, 실재는 인식론적 장애물인 영상을 극복하고 도달해야 하는 근원이 아니다. 실재나 영상 모두 인간의 활동에 의해 구성되는 것이기 때문이다. 더구나 디지털 영상처럼 현실 세계를 재현하기보다는 그 자체로 탐사되는 세계로서 존재하는 과잉된 영상은 이미 진리와 거짓이라는 패러다임을 넘어섰다. 따라서 영상이 실재를 대체하느냐, 실재가 영상을 유발시키느냐는 것은 그리 중요한 문제가 아니다. 중요한 것은 우리가 실재와 혹은 영상과 어떤 관계를 유지하느냐 하는 것이다. 이 관계는 우리가 어떤 사회적·문화적 환경 속에서 성장했고, 살고 있느냐에 의해 결정된다. 영상미디어가 가진 기술적 속성은 그 자체로 일정한 영향력을 갖지만, 더 중요한 것은 영상미디어를 이용하는 사람들이 그것을 어떻게 이해하고 있으며 그것을 통해 무엇을 욕망하느냐는 것이다.

참 고 문 헌

곰브리치, 에른스트 H.(Ernst Hans Josef Gombrich). 1997. 『서양미술사』. 백승길·이종숭 옮김. 예경.

김형곤. 2003. 「사회 감시자로서의 사진」. ≪한국언론정보학보≫, 20호, 33~56쪽.

김호. 2002. 「남성의 몸에 대한 인문학적 반성: 조선시대 "남성"의 몸」. ≪인문학 연구≫, 9권, 15~39쪽.

다발, 장 뤽(Jean-Luc Daval). 1999. 『사진 예술의 역사』. 박주석 옮김. 미진사.

드브레, 레지(Régis Debray). 1994. 『이미지의 삶과 죽음』. 정진국 옮김. 시각과 언어.

랑시에르, 자크(Jacques Rancière). 2016. 『해방된 관객: 지적 해방과 관객에 관한 물음』. 양창렬 옮김. 현실문화.

매클루언, 허버트 마셜(Herbert Marshall McLuhan). 2002. 『미디어의 이해: 인간의 확장』. 성기·이한우 옮김. 민음사.

메를로퐁티, 모리스((Maurice Merleau-Ponty). 2008. 『눈과 마음』. 김정아 옮김. 마음산책.

밀턴, 존(John Milton). 1999. 『실낙원』. 이창배 옮김. 범우사.

박희경. 2002. 「어떻게 우리는 여자 혹은 남자인가? : 독일 내 젠더 논의에 있어서 몸과 육체」. ≪한국여성학≫, 18권 2호, 107~135쪽.

배첸, 제프리(Jeffrey Batchen). 2006. 『사진의 고고학: 빛을 향한 열망과 근대의 탄생』. 김인 옮김. 이매진.

베냐민, 발터. 2007. 『기술복제시대의 예술작품/사진의 작은 역사 외』. 최성만 옮김. 길.

볼터, 제이 데이비드(Jay David Bolter)·리처드 그루신(Richard Grusin). 2006. 『재매개: 뉴

미디어의 계보학』. 이재현 옮김. 커뮤니케이션북스.

서유리. 2018.「검은 미디어, 감각의 공동체: 1980년대의 시민미술학교와 민중판화의 흐름」.
　　　≪민족문화연구≫, 79권, 79~126쪽.

서현석. 2004.「분열의 미학: 분리화면의 기호적 기능과 이데올로기 작용」. ≪한국방송
　　　학보≫, 18권 3호, 335~384쪽.

손택, 수잔(Susan Sontag). 2005.『사진에 관하여』. 이재원 옮김. 이후.

스피노자, 바뤼흐(Baruch Spinoza). 2007.『에티카』. 강영계 옮김. 서광사.

＿＿＿. 2015.『지성개선론』. 강영계 옮김. 서광사.

아브롱, 도미니크(Dominique Avron). 2005.『섬광세계: 텔레비전 현상에 대한 에세이』. 주
　　　형일 옮김. 한울아카데미.

안의진. 2008.「드라마광고의 개념과 유형」. ≪한국극예술연구≫, 28집, 345~401쪽.

원경인. 2003.「포스트모던 사회의 색채상징에 대한 기호학적 접근: TV광고영상 분석을 중
　　　심으로」. ≪정보디자인학연구≫, 6권, 73~94쪽.

윤진영. 2007.「옥소(玉所) 권섭(權燮)(1671~1759)의 그림 취미와 회화관」. ≪정신문화
　　　연구≫, 30권 1호(통권 106호), 141~171쪽.

이태호. 2008.「실경(實景)에서 그리기와 기억으로 그리기」. ≪미술사학연구≫, 257호,
　　　141~ 185쪽.

이호은. 2005.「텔레비전 광고의 화면분할영상에 따른 수용자의 태도 연구」. ≪언론과학연
　　　구≫, 5권 3호, 548~580쪽.

주은우. 2003.『시각과 현대성』. 한나래.

주형일. 2001.「영상의 기술적 존재 방식과 시대정신: 근대성, 탈근대성 개념과 관련해서」.
　　　≪한국방송학보≫, 13권 3호, 265~332쪽.

＿＿＿. 2003.「사진매체의 수용을 통해 본 19세기 말 한국사회의 시각문화에 대한 연구」.
　　　≪한국언론학보≫, 47권 6호, 354~379쪽

＿＿＿. 2004.「이미지로서의 육체, 기호로서의 이미지: 살과 틀의 육체 담론」. ≪인문연
　　　구≫, 47호, 111~140쪽.

＿＿＿. 2006.「사진의 지표성과 의미에 대한 고찰」. ≪한국언론학보≫, 50권 1호,
　　　355~377쪽.

＿＿＿. 2012.「이미지의 과잉과 실재: 매체와 메시지의 관계」. ≪커뮤니케이션 이론≫, 8권

1호, 213~244쪽.

_____. 2014.「텔레비전 광고에 대한 매체미학적 고찰」. ≪언론정보학 연구≫, 20집, 57~80쪽.

_____. 2019.「디지털 기술 시대의 다큐멘터리 사진영상: 재현에서 수행으로」. ≪미학예술학 연구≫, 57호, 183~214쪽.

이토 도시하루(上田利治). 1994.『사진과 회화: 원근법. 리얼리즘. 기억의 변모』. 김경연 옮김. 시각과 언어.

쿨레, 코린(Corinne Coulet). 1999.『고대 그리스의 의사소통』. 이선화 옮김. 영림카디널.

파노프스키, 에르빈(Erwin Panofsky). 2001.『도상해석학 연구』. 이한순 옮김. 시공사.

페이터, 월터(Walter Pater). 2001.『르네상스』. 이시영 옮김. 학고재.

프로인트, 지젤(Gisèle Freund). 2006.『사진과 사회』. 성완경 옮김. 눈빛.

해리슨, 랜들 P.(Randall P. Harrison). 1989.『만화와 커뮤니케이션』. 하종원 옮김. 이론과 실천.

후지무라(이나바) 마이[Fujimura(Inaba) Mai]. 2015.「중일 판화운동의 상호영향에 관한 고찰: 루쉰(魯迅)의 목각(木刻)운동과 전후 일본의 민중판화운동을 중심으로」. ≪기초조형학연구≫, 16권 6호, 789~801쪽.

Anderson, B. 1983. *Imagined Communities: Reflections on the Origin and Spread of Nationalism*. London: Verso.

Arago, F. 1839. *Rapport de M. Arago sur le daguerréotype, lu à la séance de la Chambre des députés, le 3 juillet 1839. et à l'Académie des sciences, séance du 19 août. 1839*. Paris: Bachelier.

Aumont, J. 1990. *L'Image*. Paris: Editions Nathan.

Bardonneche, D. 1995. "Constructions mentales et Images/Lumière: L'écume du calcul." In Epoque. M.(sous la direction de). *Arts et Technologies: Nouvelles approches de la création artistique*. Paris: Méridien.

Barthes, R. 1980. *La chambre claire*. Paris: Cahiers du cinéma/Gallimard/Editions du Seuil.

Baudelaire, Ch. 1859. "Lettre à M. Le Directeur de la Revue Française sur le Salon de

1859." In Frizot, M. & Ducros, F(eds.). 1987. *Du bon usage de la photographie.* Paris: Centre National de la Photographie.

Baudrillard, J. 1976. *L'échange symbolique et la mort.* Paris: Editions Gallimard.

_____. 1981. *Simulacres et simulation.* Paris: Editions Galilée.

Bazin, A. 1994. *Qu'est-ce que le cinéma?.* Paris: Cerf.

Berger, J. 1972. *Ways of Seeing.* London: British Broadcasting Corporation and Penguin Books.

Bergson, H. 1993. *Matière et mémoire.* Paris: PUF.

Comment, B. 1993. *Le XIXe siècle des panoramas.* Paris: Société Nouvelle Adam Biro.

Couchot, E. 1987. "Sujet. Objet. Image." In *Cahiers internationaux de sociologie. vol.LXXXII.* Paris: PUF. pp.85~97.

Crary, J. 1992. *Techniques of the Observer: On Vision and Modernity in the Nineteenth Century.* Cambridge: MIT Press.

Darras, B. 1996. *Au commencement était l'image: du dessin de l'enfant à la communication de l'adulte.* Paris: ESF.

Debray, R. 1991. *Cours de médiologie générale.* Paris: Gallimard.

_____. 1994. *Manifestes médiologiques.* Paris: Gallimard.

Delage, Ch. 1989. *La vision nazie de l'histoire à travers le cinéma documentaire du Troisième Reich.* Lausanne: Editions L'Age d'Homme.

Descartes, R. 1991. *Discours de la Méthode suivi de La Dioptrique.* Paris: Editions Gallimard.

Eco, U. 1986. "The Myth of Superman." Rpt. in Davis, R. C(ed.). *Contemporary Literary Criticism: Modernism Through Poststructuralism.* New York: Longman. pp.330~344.

Foucault, M. 1966. *Les mots et les choses.* Paris: Editions Gallimard.

_____. 1969. *L'archéologie du savoir.* Paris: Éditions Gallimard.

_____. 1975. *Surveiller et Punir: Naissance de la prison.* Paris: Editions Gallimard.

Gaudin, M. A. 1944. "Traité pratique de Photographie." in Frizot, M. & Ducros, F(eds.). 1987. *Du bon usage de la photographie.* Paris: Centre National de la Photographie.

Gombrich, E. H. 1956. *Art and Illusion*. Princeton: Princeton University Press.

Goodman, N. 1976. *Languages of Art*. Indianapolis: Hackett.

Gusdorf, G. 1960. "Réflexions sur la civilisation de l'image." *Civilisation de l'image: Recherches et débats du Centre catholique des intellectuels français, nouvelle série,* 33, pp.11~36. Paris: Librairie Arthème Fayard.

Hall, E. T. 1966. *The Hidden Dimension*. New York: Doubleday.

Innis, H. A. 1950. *Empire and Communications*. Oxford, Clarendon Press.

Ivins, W. M. 1964. *Art and Geometry: A Study in Space Intuition*. New York: Dover.

_____. 1973. *On the Rationalization of Sight*. New York: Da Capo Press.

Lacan, J. 1966. "Le Stade du miroir comme formateur de la fonction du Je." in *Ecrits*. Paris: Editions du Seuil.

Landau, P. S. 2002. "The Visual Image in Africa: an Introduction." in Landau, P. S. & Kaspin, D(eds.). *Images and Empires: Visuality in Colonial and Post-colonial Africa*. The University of California Press.

Latour, B. 2005. *Reassembling the Social: An Introduction to Actor-Network-Theory*. Oxford: Oxford University Press.

Le Breton, D. 1990. "Anthropologie du corps et modernité." *Quadrige/PUF*. Paris.

Maffesoli, M. 1988. *Le Temps des Tribus: Le déclin de l'individualisme dans les sociétés de masse*. Paris: Plon.

Maffesoli, M. 1990. *Au Creux des Apparences: Pour une éthique de l'esthétique*. Paris: Meridiens Klincksieck.

Merleau-Ponty, M. 1964. *Le visible et l'invisible*. Paris: Gallimard.

Mitchell, W. J. T. 1986. *Iconology: Image·Text·Ideology*. Chicago: The University of Chicago Press.

Ong, W. J. 1982. *Orality and Literacy: The Technologizing of the Word*. London & New York: Routledge.

Peirce, Ch. S. 1978. *Ecrits sur le signe*. Paris: Editions du Seuil.

_____. 1991. *Peirce on Signs*. The University of North Carolina Press.

Préaud, M. 2009. "Les arts de l'estampe en France au xviie siècle: panorama sur trente ans de recherches." *Perspective*, 3, pp.357~390.

Reynolds, R. 1992. *Super Heroes: A Modern Mythology*. Jackson: University Press of Mossissippi.

Saussure, F. 1972. *Cours de linguistique générale*. Paris: Payot.

Sternberger, D. 1996. *Panoramas du XIXe siècle*. Paris: Editions Gallimard.

Wallon, H. 1987. *Les origines du caractère chez l'enfant*. Paris: PUF.

Wey, F. 1851. "De l'Influence de l'Héliographie sur les Beaux-arts." in Frizot, M. & F. Ducros (eds.). 1987. *Du bon usage de la photographie*. Paris: Centre National de la Photographie.

찾아보기

지은이

●

주형일(周炯日)

서울대학교 언론정보학과를 졸업하고, 프랑스 파리 5대학교와 1대학교에서 공부했다. 현재 영남대학교 언론정보학과 교수로 재직 중이다. 『사진과 죽음』, 『영상커뮤니케이션과 기호학』, 『랑시에르의 무지한 스승 읽기』, 『문화연구와 나』, 『이미지를 어떻게 볼 것인가?』, 『미디어학교』, 『이미지가 아직도 이미지로 보이니?』, 『똑똑한, 이상한, 꿈틀대는 뉴미디어』 등을 저술했으며, 『문화의 세계화』, 『일상생활의 혁명』, 『중간예술』, 『미학 안의 불편함』, 『가장 숭고한 히스테리환자』, 『정치 실험』 등을 번역했다.

한울아카데미 2217

[전면개정판]
영상미디어와 사회

ⓒ 주형일, 2020

지은이 ㅣ **주형일**
펴낸이 ㅣ **김종수**
펴낸곳 ㅣ **한울엠플러스(주)**
편집책임 ㅣ **최진희**

초판 1쇄 발행 ㅣ 2004년 3월 10일
전면개정판 1쇄 발행 ㅣ 2020년 3월 20일

주소 ㅣ 10881 경기도 파주시 광인사길 153 한울시소빌딩 3층
전화 ㅣ 031-955-0655
팩스 ㅣ 031-955-0656
홈페이지 ㅣ www.hanulmplus.kr
등록 ㅣ 제406-2015-000143호

Printed in Korea.
ISBN   978-89-460-7217-6 93070 (양장)
         978-89-460-6876-6 93070 (무선)

* 책값은 겉표지에 표시되어 있습니다.
* 이 책은 교재를 위한 강의용 교재를 따로 준비했습니다.
  강의 교재로 사용하실 때는 본사로 연락해 주십시오.